Volker Neuhaus

Der Roman

Von der Antike bis zur Postmoderne

marixverlag

Fiction's about what it is to be a fucking human being.
›Im Roman geht es immer nur darum, was es heißt,
Scheiße nochmal ein menschliches Wesen zu sein.‹

David Foster Wallace

Inhalt

Vorwort

Einen Überblick über mehr als 2000 Jahre Geschichte einer höchst produktiven Gattung, wie der »Roman« es zweifellos ist, auf einem Raum vorzulegen, den man eher einem Kurzroman zubilligt, ist ein kühnes Unterfangen. Die Herausforderung wird dadurch nicht kleiner, dass es sich beim Roman ja keineswegs um ein auf Deutschland einzugrenzendes Phänomen handelt, wie schon der Name besagt. Als *romans* bezeichnete man im Mittelalter im romanischen Raum ursprünglich Vers- und Prosaerzählungen, die in der Volkssprache und nicht auf Latein abgefasst wurden, während man im deutschen Sprachgebrauch nur volkssprachliche Prosaerzählungen so zu nennen pflegte, was dem heutigen Begriff einer »weiträumigen Prosaerzählung« nahekommt.

Seit ihren Anfängen in der Antike entstehen Romane im europäischen Austausch, ab dem 19. Jahrhundert auch in Wechselwirkung mit Amerika. Dabei hat Deutschland, wie fast immer in literarischen Dingen, eine stark negative Handelsbilanz aufzuweisen: Entwicklungen des Romans wurden hierzulande in viel stärkerem Maße rezipiert als initiiert. Selbst bei einer weitestgehenden Fokussierung auf den deutschen – womit hier stets gemeint ist: deutschsprachigen – Roman gerät dennoch das weite Feld des europäischen und amerikanischen Romans notgedrungen immer wieder mit in den Blick.

Verschärft wird dieses Problem noch durch die massenhafte Verbreitung der Gattung seit ihren Anfängen, die keine generelle Wertung nach hoch und niedrig, wertvoll und trivial zulässt, sondern vom kontinuierlichen Austausch zwischen solchen zwar immer wieder nach »oben« und »unten« differenzierten, aber im Grunde fluktuierenden Sphären lebt.

Ich begreife das Problem als Herausforderung und stelle mich ihm, indem ich von der Antike bis zur Moderne Schneisen durch das weite Feld des Romans schlagen werde, die sich an herausragenden Markierungspunkten ausrichten. Das Typische und Exemplarische steht dabei im Mittelpunkt, weniger das Individuelle und die einzelnen Beispiele. Dieses Verfahren versagt jedoch weitgehend beim Roman der Gegenwart: Als plötzlich die Moderne an ihr Ende gekommen zu sein schien und nahezu

über Nacht die »Postmoderne« ausgerufen wurde, stand vor
allem die gesamte Gilde der Literaturkritiker plötzlich vor dem
Nichts – ihnen war ihr wichtigster Maßstab, der des »Neuen«,
ja das gesamte Konzept eines epischen »Fortschritts« aus der
Hand geschlagen worden, wie zu zeigen sein wird. Ohne ein
Linné'sches Nachschlagewerk sahen sie sich plötzlich einem
wirklichen und nicht von Mao Tse Tung erlogenen »Lasst tausend Blumen blühen«-Feld gegenüber und waren ratlos. Wenige Perioden der Literatur hätten einen solchen Reichtum an
höchst individuellen Autoren, an Visionen und Ideen, an Themen und Formen aufzuweisen wie die Postmoderne, heißt es
entsprechend in der Verlagsankündigung zu einer Einführung
in den postmodernen amerikanischen Roman.

Mit diesem von nahezu sämtlichen Kritikern zuvor kaum jemals hinterfragten Konsens fiel für den deutschsprachigen
Raum zusätzlich die Schranke zwischen hoch und niedrig, trivial und anspruchsvoll, »U«- und »E«-Literatur fort, die es etwa
im englischsprachigen Raum so nie gegeben hatte und die im
deutschen Raum nur auf eben diesem Konsens beruhte (s. dazu
S. 192 f.). Also galt es, einen panoramatischen Blick über das gesamte blühende Feld zu wagen und nach etwaigen von Autoren
etablierten, von Kritikern goutierten und vom Publikum weltweit honorierten Mustern Ausschau zu halten und diese nach-
zuzeichnen, oder auch nur das Auge für einen Moment auf besonders herausragenden Einzelexemplaren ruhen zu lassen.

Da es für diesen Zeitraum weder einen Kanon noch Handbü-
cher zum Nachschlagen gibt und bei erhofften Lesern auch keine von der Schule und aus eigener Lektüre gewonnenen zumindest vagen Vorstellungen vom Gegenstand, mussten auf diesem
völligen Neuland die Ausführungen zu Romangruppen wie
Einzelwerken notwendig ausführlicher ausfallen. Auch konnten
bei einer wesentlich vom Beifall der Kritik und von der Zahl der
Käufer bestimmten Auswahl in einzelnen Fällen eigene, jeweils
zu begründende Werturteile nicht immer ausbleiben, wie sie
sonst in wissenschaftlichen Ausführungen eher unüblich sind.
Das ergab eine gewisse Disproportion zwischen 2000 Jahren auf
150 Seiten und gut 30 Jahren auf 100 Seiten, doch ich hoffe, dass
der Leser hierfür dankbar sein wird.

Am Ende sollte er eine Übersicht über das Gelände gewonnen haben. Dann bleibt ihm nur noch die Aufgabe, besser: das

Vergnügen, sich auf das Einzelwerk in seinen Händen so einzulassen, wie dies bei Romanen von jeher allein möglich ist: durch Lesen. Schließlich sind lesende Menschen die letztlich alles entscheidende Instanz, haben sie doch davon einst ihren altmodischen Namen bekommen: der Leser.

Ursprung, Anfänge,
antike Tradition

Wie fast die gesamte europäische Weltliteratur hat auch der Roman seine Wurzeln in der Antike. Liegen die Entstehung des Epos im Dunkel des 8. Jahrhunderts vor Christus, das Wirken des Hymnendichters Pindar im frühen und die Blütezeit des Dramas im mittleren 5. vorchristlichen Jahrhundert, wirkten Vergil, Horaz und Ovid in der augusteischen Zeit, so gehört der Roman überwiegend dem späten Hellenismus und der Spätantike an: Er blühte vom 2. Jahrhundert vor Christus bis zum 3. Jahrhundert nach Christus. Das Epos ist die Form des mythischen und heroischen Zeitalters, das Drama entstand, blühte und verfiel mit der griechischen Polis, während der Roman die Gattung einer hellenistisch geprägten kosmopolitischen Welt ist.

Eine Theorie des Romans hat die Antike nicht entwickelt, sein Aufstieg vollzog sich abseits des akademischen Betriebs der Grammatiker und Rhetoriker und erst nach der Blütezeit der alexandrinischen Philologie, was sich als Vorteil erweisen sollte: Kein anderer Zweig der antiken Literatur wirkt so »modern« auf uns, kann so unvermittelt rezipiert werden wie dieses spätgeborene und ohne gelehrte pädagogische Kontrolle aufgewachsene Kind, das so gar nichts von Winckelmanns »edler Einfalt, stiller Größe« hat, die man bis heute klischeehaft mit den »Alten« zu verbinden pflegt.

Die Theorieferne des Romans – die sich bei seiner Wiedergeburt in der frühen Neuzeit ähnlich fruchtbar wiederholen wird (s. S. 36) – geht so weit, dass es selbst während seiner frühen Blütezeit keinen Begriff für die neue Literaturform geben wird. Erst Macrobius definiert den Roman Anfang des 5. Jahrhunderts n. Chr. als *argumenta fictis amatorum casibus referta*, als ›Berichte von erfundenen Schicksalen Liebender‹. Bereits hier taucht der Begriff auf, der im englischsprachigen Raum den Roman bis heute bezeichnet: *fiction*. Die Altertumswissenschaft hat deshalb den modernen Romanbegriff übernommen und bezeichnet damit längere fiktionale Prosaerzählungen mit erotischen Motiven und einer Serie meist auf Reisen erlebter Abenteuer. Niklas Holzberg hat in seiner umfassenden und den aktuellen Forschungsstand wiedergebenden »Einführung« aus eher beiläufigen und späten Stichwörtern wie »drama«, »dramatikon« oder »komodia« im Zusammenhang mit solchen antiken »Romanen« und der Ähnlichkeit der Liebeshandlungen in den Prosatexten wie in einigen späten Tragödien des Euripides oder Komödien von Menander, Plautus und Terenz schon für die Spätantike die Bezeichnung *syntagma dramatikon* (›dramatische Erzählung‹) als Gattungsbezeichnung für die, wie die Komödie als »realistisch« geltenden erzählenden Prosatexte wahrscheinlich gemacht.

Der ernsthafte Liebesroman ist die herrschende Form, daneben gibt es auch Reiseromane, biographische Romane, mythologische Romane mit fließenden Übergängen zum Historischen Roman, etwa den Alexanderroman, und bereits Parodien auf den »hohen« Liebesroman. Sogar christliche Romane in der Nachfolge der »Apostelgeschichte« des Lukas sind bekannt.

Die Entstehung des Romans wird erklärt als »Frucht einer Liaison, die das gealterte Epos mit der kapriziös reizvollen hellenistischen Geschichtsschreibung einging« (Otto Weinreich) – und mit der Komödie, muss man mit Holzberg hinzufügen. Pate standen die ethnographisch zentrierte Reiseliteratur und die leichtlebigere Reisefabulistik, wobei in der antiken Literatur generell weniger zwischen *fact* und *fiction* unterschieden wird. Lebte das Epos »vom Mythos als einer geglaubten Wirklichkeit, die Historiographie von einer erkundeten Wirklichkeit«, so bot der Roman die »glaubhaft sein sollende Erfindung als eine potentielle Wirklichkeit« (Otto Weinreich), wie es auch die Komödie tat. Schon für den antiken Roman gilt der Grundsatz, der leider bis heute noch nicht immer beherzigt wird und den die Postmoderne dann wieder in den Vordergrund treten ließ: »Die scharfe Trennung von ›ernster‹ und ›unterhaltender‹ Literatur erweist sich wieder einmal als undurchführbar.« (Michael von Albrecht)

Von seinen Anfängen an kann der Roman in seine von einer Liebesgeschichte, einer Reise, einer Biographie oder einer mythischen oder historischen Handlungsfolge gestifteten und bestimmten Kontur Exkurse, weitere Erzählungen, Abschweifungen, Dialoge, Abhandlungen zu Themen aller Art usw. aufnehmen – schon der antike Roman ist bunt und vielstimmig. Und: Alle Gestalten der komplett oder in längeren Fragmenten überlieferten Romane sind dem geistigen Klima der damaligen universellen Umbruchszeit gemäß Suchende. Wenn Georg Lukács in seiner *Theorie des Romans* 1920 den neuzeitlichen Roman im Gefolge von Goethes Definition als »subjektiver Epopöe« (subjektives Epos), als »Form der transzendentalen Heimatlosigkeit« – gemeint ist wohl »transzendenten« – bestimmt hat, so gilt dies schon für den spätantiken Roman. Der Held des Apuleius erlebt als letzte seiner Metamorphosen die zum Adepten des Isis-Kults, und Heliodor wurde von der späteren Tradition gar zum christlichen Bischof gemacht. David Foster Wallace hat es an der Schwelle zur Postmoderne so simpel wie drastisch auf den Punkt gebracht: *Fiction's about what it is to be a fucking human being* – ›Im Roman geht es immer nur darum, was es heißt, Scheiße nochmal ein menschliches Wesen zu sein.‹

Literatursoziologisch setzt der spätantike Roman das weit entwickelte Buchhandels- und Verlagswesen des Hellenismus voraus, so wie der Neuansatz rund 1200 Jahre später nicht ohne den Buchdruck denkbar ist. Erst eine sich nach Christi Geburt rasch entwickelnde Massenproduktion machte den privaten Bücherbesitz, d. h. Bibliotheken mit in Tonröhren aufbewahrten Papyrusrollen, möglich. In Schreibsälen vervielfältigte eine ganze Schar von Sklaven nach Diktat eines Vorlesers alle gängigen Texte, und besonders marktgängig waren eben die Romane.

Fünf antike Werke haben sich dabei als besonders wirkungsmächtig erwiesen. Ohne sie ist die Neuentwicklung des Romans seit der frühen Neuzeit nicht denkbar; im Grunde hat jedes von ihnen eine eigene Gattungstradition begründet, die bis heute wirksam ist. Nacherzählungen der bekannteren Texte findet der Interessent in Rudolf Helms Werk *Der antike Roman*, vor allem aber in Niklas Holzbergs *Der antike Roman. Eine Einführung*.

Petronius: *Satyrikon*

Der älteste der Texte ist zugleich der vielschichtigste, doppelbödigste und am stärksten polyphone. Zugeschrieben werden die *(Libri) satyrikon*, ›Bücher mit Schelmengeschichten‹, dem bei Tacitus bezeugten Titus Petronius aus Neros engerer Umgebung, der in Henryk Sienkiewicz' Roman *Quo vadis* (1895/96) sowie im gleichnamigen Film von 1951 eine wichtige Rolle spielt. Erhalten sind uns nur Bruchstücke, die einerseits die verschwenderische

Fülle skurrilster und heterogenster Einfälle des Verfassers ahnen lassen, andererseits gerade ob ihrer Heterogenität keinen Eindruck von der Struktur des Ganzen vermitteln. Die die Fragmente durchziehenden Liebeswirren zwischen Enkolpius, dem Träger und Erzähler der Handlung, und seinem Lustknaben Giton werden als Parodie auf den griechischen Liebesroman gelesen, wie er uns in Heliodors *Aithiopika* vollendet vorliegt. Die Kenntnis dieser Tradition konnte Petronius offensichtlich bei seinen Lesern voraussetzen.

Die Form des Romans ist einzigartig: Angelehnt an die Stilmischung aus Lyrik und Prosa der offenen Menippeischen Satire erlaubt sie jederzeit Verseinlagen unterschiedlichster Couleur, von der Lyrik bis zur Epenparodie, und entspricht so formal der offenen Vielfalt des Inhalts. Eigene Berühmtheit erreichte das erst 1650 aufgefundene in sich recht geschlossene Fragment mit der »Cena Trimalchionis«, dem ebenso prunkvollen wie stillosen Gelage des reich gewordenen Freigelassenen Trimalchio, dessen Name so viel wie »der dreifach Üppige« bedeutet. Zum einen ist es eine Parodie auf Platons *Symposion* und andere uns verlorene Vertreter der Gattung, eine Art »Anti-Symposion«, zum anderen nimmt es alle möglichen gesellschafts- und bildungskritischen Themen der römischen Satire auf.

Immer dann, wenn es um kaleidoskopartiges, überbordendes Erzählen aus Lust am Erzählen ging, beriefen sich Spätere gern auf den seit 1482 neu edierten Petronius – Fellinis Film *Satyricon* (1969) mag das illustrieren. Der von Petronius formal überhaupt nicht beeinflusste Roman *Der große Gatsby* (1925) von Francis Scott Fitzgerald um den *from rags to riches* gekommenen Neureichen Jay Gatsby, der mit rauschenden Partys in seinem märchenhaften Anwesen in West Egg auf Long Island der verlorenen Geliebten im gegenüberliegenden East Egg imponieren will, hatte den Arbeitstitel »Trimalchio in West Egg«.

APULEIUS: *DIE METAMORPHOSEN* ODER *DER GOLDENE ESEL*

Der gegen Ende des 2. Jahrhunderts nach Christus datierte komische Roman des Afrikaners Lucius Apuleius ist der älteste vollständig erhaltene antike Vertreter seiner Gattung. Von vielen Einlagen unterbrochen erzählt der junge Lucius in der Ich-Form, wie er im Zauber- und Hexenland Thessalien in einen Esel verwandelt wird. Damit beginnt seine Odyssee, die ihn u. a. zu Räubern, Tierquälern, heuchlerischen Priestern und zu einer vornehmen zoophilen Dame führt. Vor einem öffentlichen so-domitischen Schauakt flieht er, und Isis zeigt ihm das Mittel zu seiner Rückverwandlung. Mit der Einführung in den Isis- und Osiris-Kult schließt das Buch, das sich gleich zu Anfang zum Programm eines ausschließlichen *delectare* (›unterhalten‹) des Le-sers bekennt: »Deine Belustigung ist allein mein Zweck.«

Seine Überlieferung verdankt das Werk sowohl seinem amü-santen wie seinem erbaulichen Charakter – der populäre Titel *Asinus aureus*, ›Der Goldene Esel‹, geht auf den Kirchenvater Au-gustinus zurück und ist, wie das *divina* vor Dantes *Commedia*, als hohes Lob gemeint. Der Roman hat die christliche Autobiogra-phik ebenso wie den »Picaroroman« der Barockzeit beeinflusst, aber auch durch die zahlreichen eingelegten Erzählungen die Novellensammlungen nach Art des *Decamerone*, dessen Autor Boccaccio den Kodex im Kloster Monte Cassino aufgespürt und an sich gebracht hat. Die bekannteste der Einlagen ist das Mär-chen von »Amor und Psyche«.

Longos: *Hirtengeschichten von Daphnis und Chloe*

Vom Ende des 2. Jahrhunderts stammt auch der einzige überlie-ferte Hirtenroman der Antike, der ebenfalls zum Vorbild für ei-nen blühenden Romanzweig seit der frühen Neuzeit wurde. Sein ansonsten unbekannter griechischer Verfasser Longos, wohl aus Lesbos stammend, wo der Roman auch spielt, trat durch ihn als Prosaschriftsteller ebenbürtig neben die Väter der europäischen Hirtendichtung in Versen, den Griechen Theokrit und den Römer Vergil.

Die Hirtendichtung entsteht im Hellenismus als Gegenbewe-gung gegen die kulturelle Verfeinerung und Verstädterung. Sie ist eine Projektion idealisierter Vorstellungen von einem einfa-cheren, naturnäheren und unkomplizierteren Leben auf eine domestizierte Natur. Das ursprüngliche Personal waren Rinder-hirten, die ein zwar naturnahes, aber eben auch recht beschwer-liches – »Eine Kuh macht Muh, viele Kühe machen Mühe« – und karges Leben in Arkadien führten, das eher Züge des heutigen Marlboro County hatte. Sobald aus den ursprünglichen Rinderhirten Schäfer werden, wird die Dichtung niedlicher und tändelnder. So sind Longos' Held Daphnis und seine Angebetete Chloe Schäfer, Dorkon hingegen, Daphnis' männlicherer Rivale bei Chloe, ist Rinderhirt.

Als die antike Bukolik in den oberitalienischen Stadtstaaten der Renaissance neu belebt wird, kann gerade die Schäferdichtung die biblischen Züge der alttestamentlichen Patriarchen und die Gleichnisse und Bilder Jesu vom guten Hirten mit der antiken Tradition verschmelzen. Psalmen und Hohes Lied gelten als Hirtendichtung und sind somit Urpoesie der Menschheit. Immer aber liegt der Hirtendichtung die Flucht aus einem gesellschaftlich-politisch bestimmten Alltag in ein Reich ewigen Friedens zugrunde, in dem Löwe und Lamm beieinander wohnen und der Mensch, dem Luxus abhold, sich bescheiden frugalen Genüssen hingibt – »Bukoliker sind immer Utopiker« (Horst Rüdiger).

In diesem weiten Kontext wird nun das Werk des Longos zum Vorbild für alle neuzeitlichen Schäferromane. Innerhalb des antiken Romans steht das Werk aus mehreren Gründen einzig da: seines Themas wegen (Hirtenkinder, die Schritt für Schritt gemeinsam die Liebe erst entdecken); des Milieus wegen (Beschränkung auf ein Landgut und einen Herrensitz in Lesbos); der literarischen Eigenart wegen (der Stoff wird, in der Nachfolge Theokrits und seiner Schüler, auch Vergils, zur ländlichen Idylle umgeformt). Gewalt dringt zwar von außen ein, wird aber stets abgewehrt. Eine Gemeinsamkeit mit dem »hohen« Roman, wie Heliodor ihn verkörpert, liegt lediglich darin, dass sowohl Held wie Heldin sich am Ende in den schon von Aristoteles so außerordentlich hochgeschätzten Wiedererkennungsszenen (*anagnorisis*) als verlorene Kinder vornehmer Eltern erweisen. Noch Johann Christoph Gottsched hat das Werk im 18. Jahrhundert ins Deutsche übersetzt, um ein Muster für zukünftige Schäferromane aufzustellen. Darüber hinaus war dieser Kurzroman für Goethe der Inbegriff des »Klassischen«, worunter er ja keineswegs, wie gelegentlich immer noch angenommen wird, die eigenen Werke verstand – er wusste, dass er wie auch Schiller unrettbar »Moderner« oder »Romantiker« war, und gerade deshalb »bei den schlechten Zuständen, in denen man lebt«, regelmäßig des heilenden Bades im »Klassischen«, d. h. bei ihm immer: antiken, bedurfte: »Das Gedicht ist so schön, [...] dass man den Eindruck davon, bei den schlechten Zuständen, in denen man lebt, nicht in sich behalten kann, und daß man immer wieder erstaunt, wenn man es wieder liest. Es ist darin der helleste Tag, und man glaubt lauter herkulianische Bilder zu sehen [...]. Alles Widerwärtige, was von außen in die glücklichen Zustände des Gedichts störend hereintritt, wie Überfall, Raub und Krieg, ist immer auf das schnellste abgetan und hinterlässt kaum eine Spur [...]. Man tut wohl, es alle Jahr einmal zu lesen, um immer wieder daran zu lernen und den Eindruck seiner großen Schönheit aufs neue zu empfinden.« (Goethe zu Johann Peter Eckermann, 20. März 1831)

HELIODOR: *AITHIOPIKA*

Hirtendichtungen zählen in der standesbewussten Antike wegen ihres niederen Personals und dessen alltäglichen Verrichtungen zum *genus humile* (›niederen Stil‹), wie auch Petrons *Satyrikon* und die *Metamorphosen* des Apuleius als satirische bzw. komische Romane zu den niederen Gattungen gerechnet werden. Diese Trennung gilt ungebrochen bis ins 18. Jahrhundert weiter, in dem uns erste Mischformen von »hoch« und »niedrig« begegnen werden. (Dies hat übrigens nichts mit unserer heute noch in den Köpfen spukenden Einteilung in »hohe« und »niedrige« im Sinne von »E« (ernster)- und »U« (Unterhaltungs)-Literatur zu tun, sondern bezeichnet die feste Zuordnung von Gattung, Personen, Handlung und Stil: In der Hirtendichtung ist das Personal niedrig, die Verrichtungen sind alltäglich und der Stil ist schlicht; selbst wo beispielsweise von Göttern die Rede ist, geschieht dies auf einfältige Weise. Richard Alewyn hat den ehernen und seit der Antike unwandelbaren Gattungsbegriff in einen Satz zusammengefasst: »Bis zum Ende des 18. Jahrhunderts ist eine Gattung ein deutlich umrissenes Modell, in dem nicht nur ein obligater Komplex von Stoffen, Motiven und Personen, nicht nur eine obligate Sprache und Technik, sondern auch ein vorgeschriebenes Weltbild und ein vorgeschriebener Gedankengehalt so zusammengehören, daß keiner seiner Bestandteile verrückbar und auswechselbar ist.«

In diesem Sinne kannte auch die Antike eine »hohe« Form des Romans und hat sie in einem herausragenden Vertreter an die Neuzeit weitergegeben, den *Aithiopika* des Griechen Heliodor, wohl zwischen 230 und 250 n. Chr. entstanden. In den *Aithiopika* sind Personal wie Stil wie Weltbild wie Gedankengehalt »hoch«, und so folgen sie auch der von Horaz formulierten Regel, hohe Epik habe »medias in res« zu springen und die Vorgeschichte nachzuholen, während niedere »ab ovo« beginne und chronologisch erzähle (wie der komische Roman des Apuleius das tut). In solch feierlicher Umstellung erzählt Heliodor die Geschichte vom Liebespaar Theagenes und Charikleia, das nach ständigen Trennungen und Proben schließlich zueinanderfindet. Wie auch der spätere Roman bieten bereits die *Aithiopika* Raum für die Aufnahme gelehrten Bildungsstoffs aus Geschichte, Kunst und Natur- wie Völkerkunde. Auch das den Roman in seiner ganzen Geschichte immer wieder auszeichnende selbstreflexive Spiel mit der Fiktion ist bereits bei Heliodor zu finden. So wird die abschließende Enthüllung der wahren Identität der Liebenden immer wieder »mit einem Theaterstreich«, mit »einer Theaterszene, wo auf der Höhe der Verwicklung die wunderbare Wendung eintritt«, verglichen und der Schluss geradezu »Höhepunkt des Schauspiels« genannt.

In Byzanz erfreut sich Heliodor, von der Legende gar zum Bischof befördert, einer ungebrochenen Aufmerksamkeit, Tradierung und produktiven Rezeption, die sich nach der Eroberung von Konstantinopel 1453 im Westen lückenlos fortsetzt. Nach der Neuausgabe Basel 1534 (*Aithiopikes historias biblia deka*) folgen die – nach damaligem Brauch sehr freien – Übersetzungen ins Lateinische und in alle gängigen europäischen Sprachen einander auf dem Fuße. Der Einfluss dieses »Homers der Prosa«, als der Heliodor allgemein galt, auf den neuzeitlichen Roman kann für dessen Frühzeit gar nicht hoch genug eingeschätzt werden. Der im Barock in ganz Europa verbreitete »heroisch-galante Roman«, der als einzige Variante der damals ansonsten generell verachteten Gattung ästhetische Beachtung fand, ist ohne ihn nicht denkbar.

XENOPHON: *KYRU PAIDEIA – DIE ERZIEHUNG DES KYROS*

Neben dem Ich-Roman aus der Unterschicht, dem Hirtenroman und dem hohen Liebesroman wurzelt noch eine weitere neuzeitliche Romanform in der Antike. Vorbild für den Individualroman wurde die vom Sokrates-Schüler Xenophon (um 430–um 360 v. Chr.) als Spätwerk nach 366 verfasste idealisierte romanhafte Biographie von Kyros II., genannt »der Große« (reg. 559–528 v. Chr.), dem Begründer des Perserreiches.

Wie nahezu stets im antiken Schrifttum ist die Grenze zwischen romanhafter Historie und Historischem Roman fließend. Nach Egidius Schmalzriedt initiierte Xenophon den Erziehungsroman: »Parzival, Simplicius, Émile, Anton Reiser, Wilhelm Meister, selbst noch Oskar Matzerath, der Blechtrommler – sie alle erscheinen […] als verborgene Nachkommen des Xenophontischen Kyros.« Am nächsten stehen Xenophons Kyros dabei Parzival, Simplicius und Oskar Matzerath: Alle vier sind ihrem Wesen nach statisch, wie es auch Daphnis und Chloe sind, während neuzeitliche Helden von Émile bis Wilhelm Meister sich in Auseinandersetzung mit der Welt dynamisch »entwickeln«. Außerdem wurde die *Kyrupädie* von Anfang an als Fürstenspiegel gelesen und begründete auch diesen Literaturzweig, in dem zukünftigen Regenten ein Spiegel mit dem Ideal herrscherlicher Tugenden vorgehalten wird, nach dem sie das eigene Bild formen sollen. So war diese Literaturform auch in Zeiten monarchischer Staatsmodelle eine wichtige Variante des Staatsromans. Das europaweit berühmteste Beispiel sind, mit Seiteneinflüssen Heliodors, François Fénelons *Abenteuer des Telemach*, geschrieben für den Thronfolger Ludwigs XIV.; im deutschen Raum sind Wielands *Der goldene Spiegel* (1772) und Jean Pauls *Titan* (1800/03) die wichtigsten Vertreter.

Der deutsche und europäische Renaissanceroman

Die Anfänge des deutschen Romans

Ab dem Ende des 13. Jahrhunderts zieht auf breiter Front die Prosa in die spätmittelalterliche Literatur ein und wird vom Mittel der Alltagskommunikation zur Kunstform. Offensichtlich geht die Freude an Versformen verloren und Prosa wird als das adäquatere Ausdrucksmittel empfunden. In den Städten breitet sich die Lesefähigkeit in immer mehr Schichten aus, sodass sich so etwas wie ein literarischer »Markt« entwickeln kann, den der Buchdruck dann bedient. Handschriften von unterhaltenden Prosatexten sind in aller Regel private Gebrauchskopien oder – wie im Hellenismus – gewerbliche Vervielfältigungen.

Vorbild für die deutsche Entwicklung im 15. Jahrhundert ist Frankreich, wo schon über hundert Jahre vorher Prosadichtungen zu Stoffen aus der römischen und französischen Geschichte und der Artus-Sage und Abenteuerromane entstehen. Neben dem »Prosa-Lancelot« aus dem Artuskreis waren in Deutschland vor allem Übernahmen der französischen »Chanson de geste«-Stoffe erfolgreich, besonders in den vier deutschen Prosaromanen der Elisabeth von Nassau-Saarbrücken (um 1396–1456), die dem französischen Kulturkreis entstammte. In *Huge Scheppel*, der deutschen Namensform von Hugo Capet, erzählt sie die Gründungssage des französischen Königsgeschlechts der Kapetinger. Ein in Handschriften wie Frühdrucken gleichermaßen weit verbreitetes Werk war die *Melusine* des Schweizers Thüring von Ringoltingen von 1456, das die vornehme provenzalische Familie der Lusignans auf eine Wasserfrau als Stammmutter zurückführt und noch von Goethe gern gelesen und neu bearbeitet wurde.

Eine Vorform des Personalromans, vor allem des späteren episodisch erzählten Picaroromans, ist die an eine Zentralgestalt angelehnte Schwanksammlung. Beispiele hierfür sind Philipp Frankfurters *Pfaffe vom Kahlenberg* (1473) oder der bis heute populäre *Till Eulenspiegel* (*Ein kurtzweilig lesen von Dil Ulenspiegel, geboren vß dem land zu Brunßwick, wie er sein leben volbracht hat* […], anonym: Straßburg um 1510), eins der weltweit erfolgreichsten deutschen Werke. Charles De Coster (1827–1879) versetzte ihn nach Flandern und ließ den Narren unter Übernahme einiger der Volksbuchschwänke als »Geist Flanderns zum Augenzeugen und Mitspieler niederländischer Geschichte im 16. Jahrhundert werden. Daniel Kehlmann (s. S. 254 f.) hat erst kürzlich Gestalt und Teile des Stoffs sowohl aus dem Volksbuch wie aus De Costers Roman für historische Szenen aus dem Dreißigjährigen Krieg adaptiert. Bereits im Original zeichnen sich in der Episodenkette um den Schwankhelden durch die vierfache Taufe zu Beginn und die ungewöhnliche senkrechte Beerdigung nach Ende seines Lebens Konturen eines Lebensromans ab. Noch einheitlicher und damit romanhafter wird die *Historia von D. Johann Fausten* (1587) dadurch, dass durch den Teufelspakt und dessen Einlösung nach 24 Jahren den eingelegten Zauberschwänken ein fester Rahmen gegeben wird.

Schwanksammlung und früher Roman prägen gleichermaßen das Werk des ersten deutschen Romanautors, des Elsässers Jörg Wickram (um 1500–um 1560). Sein *Rollwagenbüchlein* – der Rollwagen ist die süddeutsche Überland-Reisekutsche der Zeit – von 1555 wurde vorbildlich für Sammlungen wie *Gartengesellschaft*, *Wegkürzer*, *Rastbüchlein* oder *Nachtbüchlein* anderer Autoren. Dass er das Derbe bis Unflätige anderer Sammlungen bewusst meidet, unterstreicht er durch Titelzusätze wie »sunder allen anstoß zu lesen und zu hœren«. Nachfolger hat dieser erste frühbürgerliche Autor in seinem eigentlichen Romanschaffen nicht gefunden.

Seit Ende des vorigen Jahrhunderts liegen seine Werke in einer Gesamtausgabe vor; stellvertretend seien hier für dessen Spannbreite repräsentative Titel genannt, die für sich sprechen – damaligem Brauch entsprechend ersetzen sie die heutigen Klappentexte und umreißen werbend ihre Inhalte und die angesprochenen Zielgruppen: 1551: *Ein schoene und doch klaegliche History von dem sorglichen Anfang und erschröcklichen Ausgang der brinnenden Liebe namlich vier Personen betreffen, zwen edle Jüngling von Pariss und zwo schoener Junckfrawe uss Engelandt, eine des Küniggis Schwester, die ander eines Graffen Tochter. Allen Junckfrawen ein gute Warnung fast kurtzweilig zu lesen.*

1555: *Das Rollwagenbuechlin. Ein neüws, vor unerhœrts Buechlein, darinn vil guter schwenck und Historien begriffen werden, so man in*

schiffen und auff den wegen, deßgleichen in scherheuseren unnd bad-
stuben, zu langweiligen zeiten erzellen mag, die schweren Melancoli-
schen gemueter damit zu ermündern, vor aller menigklich Jungen und
Alten sunder allen anstoß zu lesen und zu hœren, Allen Kauffleüten
so die Messen hin und wider brauchen, zu einer kurtzweil an tag bracht
und zusamen gelesen.

1557: Der Goldfaden. Ein schöne liebliche und kurtzweilige Histori
von eines armen hirten son / Lewfrid genant / welcher auß seinem flei-
ßigen studieren / underdienstbarkeyt / und Ritterlichen thaten eines
Graven Tochter uberkam / allen Jungen knaben sich der tugendt zube-
fleissen / fast dienstlich zu lesen [*fast* heißt damals ›sehr, besonders‹].

Der europäische Renaissanceroman

Die im 17. Jahrhundert einsetzende kontinuierliche und Kontinuität stiftende deutsche Romanproduktion ist nicht denkbar
ohne zwei in ihrer Weise isoliert dastehende Romane, die die antiken Vorbilder um einen französischen und einen spanischen
»Klassiker« je eigener Art ergänzen und erweitern.

Rabelais: *Gargantua und Pantagruel*, 1532–1564

Ohne direkten Vorläufer, aber von bis heute nicht zu unterschät-
zender Wirkung sind die fünf separat erschienenen Bücher – das
fünfte postum von fremder Hand ergänzt – des Franziskaner-
und Benediktinermönchs, Priesters, Mediziners und Schriftstellers François Rabelais (1494(?)–1553), die erst später unter dem
Sammeltitel *Gargantua und Pantagruel* zusammengefasst wurden.
Angeregt vom zeitgenössischen Volksbuch über den Riesen Gargantua von 1532, das Elemente eines Riesenmärchen mit Einflüs-
sen der Artus-Epik verband, schuf der häufig mit kirchlicher
und weltlicher Obrigkeit in Konflikt lebende Humanist Rabelais
ein durch Sprachexperimente wie hemmungslose Fabulistik
gleichermaßen ausgezeichnetes Werk, das vor allem als offene
Form zum weiträumigen, stets aktuellen Gefäß für Papst-, Scho-
lastik- und Gesellschaftskritik und zur Propagierung der Re-
naissance-Ideale taugte. Berühmt wurde unter vielem anderen

die Abtei Thélème (gr. *thelema*, ›Wille‹) als humanistisch geprägtes Anti-Kloster für Männer und Frauen unter der Devise »Tu, was du willst«.

Johann Fischarts nachdichtende, stark erweiternde und veränderte Übersetzung des ersten Buches, *Affentheurlich Naupengeheurliche Geschichtklitterung* (1575), beeinflusste die Sprachschöpfungen des deutschen Barocks, während die Wahl einer offenen, sich während der Abfassungszeit ständig ändernden und flexibel auf Vorgaben der Außenwelt reagierenden Schreibweise wie auch die satirische Intention am ehesten auf Irmtraud Morgners offenen Montageroman um die *Trobadora Beatriz* und ihre Spielfrau Laura vorausweist (s. S. 254 f.), aber auch auf die Digressionen bei Laurence Sterne, *Gullivers Reisen* von Jonathan Swift – schon Rabelais bietet satirisch-fantastische Reiseabenteuer –, Wieland, und vor allem Jean Paul. Goethe plante 1792 einen nur bis zu knappsten Fragmenten gediehenen fantastischen Reise-Abenteuer- und Zeitroman mit dem Titel *Reise der Söhne Megaprazons*, eines Urenkels Pantagruels, als Satire auf die Auswirkungen der Französischen Revolution: Laut Testament ihres Vaters sollen sie die von »[s]einem unermüdlichen Urgroßvater« »teils besuchten, teils entdeckten« und auf keiner Karte verzeichneten Inseln, die inzwischen wohl erneut entdeckt und »umbenannt« worden sind, nach dessen Aufzeichnungen aufsuchen, um dort »die Sitten der Völker [...] und die Spuren veränderter Zeiten« zu betrachten und ihm so »eine glänzende Nachlese zu halten, die Ehre eures Ältervaters wieder aufzufrischen und euch selbst einen unsterblichen Ruhm zu erwerben«. Pantagruels fantastische Reiseberichte wollte Goethe so mit satirischen Darstellungen der unmittelbaren Folgen der Revolution von 1789 aktualisieren, wie die Skizze zum Schicksal der »Insul der Monarchomanen« zeigt, die ein grässlicher Vulkanausbruch in drei Teile zerrissen habe, die nun führer- und steuerlos durch den Ozean trieben.

Der Belgier Charles De Coster berief sich für das bewusst altertümelnde Französisch seiner zum belgischen Nationalepos gewordenen *Die Geschichte von Tyll Ulenspiegel und Lamme Goedzak* (1867) wie für die »Roheiten und Wagnisse [s]eines Stils« und die bunte Szenenfolge und Figurenfülle, »für dieses dicke Buch, diesen Elefanten von einem Buch« ausdrücklich auf Rabelais gegen die allzu glatte französischsprachige Literatur seiner Zeit und schilt sich selbst: »O du waghalsiger Poet, der du Rabelais und die alten Meister so sehr liebst.« Von der sprachschöpferischen Kraft Rabelais' wie Fischarts wurde vor allem Arno Schmidt in seinem ständigen Spiel mit Worten und ihren denkbaren homonymen Nebenbedeutungen als Kalauern beeinflusst. Günter Grass las in den späten Fünfzigerjahren auf Anraten Paul Celans *Gargantua und Pantagruel* in der als kongenial geltenden Übersetzung von Gottlob Regis (1832) in Paris als Anregung und Bestätigung während der Arbeit an der *Blechtrommel*. Gleich zu Arbeitsbeginn schreibt er am 24. März 1958 an Walter Höllerer, der ihm die Regis'sche Ausgabe besorgt hat: »Ich habe mich jetzt episch dickarschig hingesetzt und meinen Roman angefangen. Die Handlung des Romans ist […] stark mit Fabeln und Episoden durchsetzt«, was ein direktes Echo der Rabelais-Lektüre sein mag.

Der russische Literaturwissenschaftler Michail Bachtin (1895–1975) hat in seiner umfangreichen Studie *Rabelais und seine Welt* (1965, dt. 1987) das Werk in eine »Geschichte des Lachens« (Kapitel 1) eingeordnet, das, einer förmlichen »Karnevalskultur« zugeordnet, bei Rabelais seinen Höhepunkt erreicht:

> »Man begriff, daß sich hinter dem Lachen niemals Gewalt verbirgt, daß das Lachen keine Scheiterhaufen aufrichtet, daß Heuchelei und Betrug niemals Lachen, sondern eine ernsthafte Maske anlegen, daß das Lachen keine Dogmen erzeugt und keine Autorität aufrichtet, daß das Lachen nicht von Furcht, sondern vom Bewußtsein der Kraft zeugt, daß das Lachen […] mit der irdischen Unsterblichkeit des Volkes, endlich mit der Zukunft und dem Neuen zusammenhängt, daß es ihnen den Weg bahnt. Deshalb mißtraute man spontan dem Ernst, traute man dem festtäglichen Lachen.«

In Umberto Ecos *Der Name der Rose* (1980) will der blinde Bibliothekar genau diese Lachkultur im Namen eines immerwährenden »Ernstes« unterdrücken und sekretiert und vernichtet deshalb den der Komödie geltenden Teil von Aristoteles' *Poetik*, dessen einzige Handschrift in seiner Bibliothek die Zeiten überdauert hat.

Mit Rabelais beginnt die Romanschule, die über Jahrhunderte hinweg immer wieder das Konzept verwirklicht, das im Grunde Friedrich Schlegel in ihrer Blütezeit um 1800 mit seiner Skizze einer »romantischen« – d. h. im damaligen Sprachgebrauch sowohl »romanisch« wie »romanzenhaft«, »romanhaft« –, »progressiven Universalpoesie« (s. S. 68 ff.) erschöpfend umrissen hat: Bachtins »Lachkultur« weist zurück auf Schlegels »wirklich transzendentale Buffonerie«, auf die »mimische Manier eines gewöhnlichen guten italiänischen Buffo«, in die Schlegels Ausführungen gipfeln. »Transzendental« verwendet Schlegel hier analog zur Kantischen Philosophie und bezeichnet damit eben die Kunst eines solchen Virtuosen, der sich zugleich der Bedingungen seiner Buffonerie bewusst ist, sie mitreflektiert und in sein Spiel eingehen lässt, d. h. ein Erzählen, das – wie bei Sterne – um sich selbst weiß und sich des Subjekts des Erzählens, seiner Bedingungen und seiner »Manier« und des Erzählt-Seins der so geschaffenen Welt unablässig bewusst ist. Nicht zufällig heißt David Foster Wallaces Roman, den der Kritiker Denis Scheck gerade in seiner nun wirklich auf die äußerste Spitze getriebenen »transzendentalen Buffonerie« mehrfach als »Portalwerk für das 21. Jahrhundert« bezeichnet hat, nach Hamlets Charakteristik der Narrenspäße Yoricks, *Infinite Jest* – *jestful* heißt im Englischen nichts anderes als Schlegels italienisches *buffo*; von Wallace wird dieses Charakteristikum des »spaßhaft Komischen« der »progressiven Universalpoesie« dann zum »grenzenlosen« oder »unendlichen Spaß« gesteigert, der sich zugleich unablässig seiner *infinity* wie seiner *jestfulness* bewusst ist.

Cervantes: *Don Quijote*, 1605/1615

Cervantes' Ritterroman ist nicht verständlich ohne eine vorangehende wahre Flut von Ritterbüchern, die das 16. Jahrhundert förmlich überschwemmen. Zu Anfang des Jahrhunderts erscheinen in Spanien in je vier Bänden 1508 die Abenteuer des *Amadís de Gaula* (wohl Wales) und 1510 die *Heldentaten Esplandians*, seines Sohnes, von Garci Rodríguez de Montalvo. Die Entstehung aus etwaigen portugiesischen Vorlagen des 15. Jahrhunderts, die ihrerseits auf französische Quellen zurückgehen, ist bis heute ungeklart, auf jeden Fall hat der in Europa weitverbreitete Prosa-Lancelot aus dem Artus-Kreis Montalvo wichtige Anregungen für seine Bücher gegeben. So werden sie zu zentralen Vermittlern zwischen den Ritterepen und -romanen des Mittelalters und denen der Neuzeit. Und da Sir Walter Scott den *Amadís* für seine mit dem *Ivanhoe* (1819) beginnenden Mittelalterromane benutzt hat, entfaltet das Werk seine Wirkung im Grunde bis hin zu den heutigen Fantasy-Abenteuern aller Medien.

Diese Wirkung war von Anfang an ungeheuer. Spanische Fortsetzungen erweiterten das Werk rasch auf zwölf Bände, in französischen Übersetzungen wuchs es im Lauf des 16. Jahrhunderts mit der Ritterrenaissance in der höfischen Kultur auf über zwanzig Bände an; deren deutsche Übersetzung erschien 1569–1595 in 24 Bänden. So wurde der walisische Ritter zu einer Art »Harry Potter« eines ganzen Jahrhunderts, samt dessen Schwestern und sonstigen Nachahmern.

Dem neuen Jahrhundert erschien er dann aufgrund eines allgemeinwerdenden Überdrusses reif zur Zweitverwertung als Travestie und Parodie. Miguel de Cervantes y Saavedra (1547–1616) fand nach einem abenteuerlichen Leben (Flucht vor der Justiz nach Italien, Berufssoldat, Verlust der linken Hand in der Seeschlacht von Lepanto, fünfjährige Sklavenzeit in Algier) erst 1582 zur Schriftstellerei. Neben dramatischen Arbeiten und den für die deutsche Novelle des 19. Jahrhunderts wichtigen *Novelas ejemplaras* (1613) schrieb er drei Romane in den für die Zeit typischen populären Gattungen: als Erstling 1584 die *Galatea*, einen Schäferroman mit den typischen Elementen des Schlüsselromans, 1605 und 1615 die beiden Teile des *Don Quijote* und als letztes Werk *Die Leiden des Persilus und der Sigismunda*, erschienen 1617, einen heroisch-galanten Roman, der »sich erkühnt, mit Heliodor in die Schranken zu treten«, wie er in der »Vorrede an den Leser« in den *Exemplarischen Novellen* ankündigt.

Auf Hegel geht das Wortspiel zurück, Cervantes habe den Ritterroman »aufgehoben«, und das in dem dreifachen Sinne seiner Dialektik: Zum einen hat er den Ritterroman für unser heutiges Bewusstsein »aufgehoben«, indem er ihm ein Ende setzte. In seiner Parodie erscheint Niederes im hohen Gewande, ein armer verkleideter Landjunker wird zum fahrenden Ritter und in der gegenläufigen Travestie erscheint zugleich Hohes im niederen Gewande. Das Rittertum als ehemals idealistisches »Beamtentum Gottes auf Erden« wird im modern-nüchternen Spanien um 1600 schlicht zur Narrenposse.

Neben dieser »negierenden Funktion« hebt Cervantes den Ritterroman auch im »konservierenden« Sinne auf, er »bewahrt« ihn, indem er zumindest Autoren und Titel lebendig hält. Im Kapitel I, 6 sichten der Pfarrer und der Barbier als Freunde des Junkers Quijano alias »Don Quijote« dessen Sammlung von Ritterromanen, werten sie kritisch und »heben sie auf« – so den originalen *Amadís* – oder lassen sie vernichten – so die Abenteuer seines Sohnes Esplandian. Bei dieser inquisitorischen Sichtung von Quijanos Bücherbeständen wird auch Cervantes' Schäferroman *Galatea* kritisch, aber wohlwollend gesehen, wie auch der Autor selbst in einer Binnenerzählung während seiner algerischen Sklavenzeit einen Hitchcock'schen Kurzauftritt hat. An anderer Stelle wird die neue, von *Lazarillo de Tormes* (s. S. 38 f.) ausgehende Verbrecherautobiographie persifliert, und in einem weiteren Kapitel erläutert ein Domherr seine Vorstellung von wahrer Romanliteratur.

Während der Roman auf der dritten Hegel'schen Stufe des »Aufhebens« als eines »Elevierens« die typischen Episoden des Ritterromans noch einmal auf höherer Ebene erzählt und damit ebenfalls »bewahrt«, nutzt sein Autor die Neulektüre der alten Romane zu einem äußerst elaborierten Spiel mit der Gattung selbst. Das Buch durchzieht eine in der Folgezeit oft – zuletzt bei Umberto Eco in *Der Name der Rose* – nachgeahmte komplizierte Quellenfiktion, in der das Werk eines arabischen Autors übersetzt und, bisweilen distanzierend, kommentiert wird. Dies wird noch einmal gesteigert, wenn im zweiten Teil von 1615 Don Quijote und sein Knappe Sancho Pansa Leuten begegnen, die den ersten Teil gelesen haben und mit ihnen darüber kritisch diskutieren. Hinzu kommen Figuren aus einer zwischen 1605 und 1615 erschienenen, nicht autorisierten Fortsetzung aus fremder Feder. Sie werden u. a. gezwungen, vor einem Notar zu bekunden, dass der Don Quijote dieses Buchs nicht der aus dem anderen sei. Nach einer Niederlage von einem falschen Kollegen zur Beendigung seiner Irrfahrten gezwungen, droht Don Quijote nunmehr, genügend Schafe zu kaufen, um einen Schäferroman inszenieren zu können, stirbt dann aber, versöhnt mit der Wirklichkeit.

Cervantes' *Don Quijote* ist zugleich ein Anti-Roman, der Topoi der Romankritik integriert, die noch lange virulent bleiben werden. Zwei Dinge werden im Roman dem Roman vorgeworfen, sein asozialer Charakter und seine Fiktionalität. Epenverse wollen gehört, Liedverse gesungen, Dramen vor Publikum aufgeführt werden – der Roman ist das erste literarische Medium, dem man sich jederzeit und allerorten exzessiv hingeben kann und das den ihm Frönenden der Gesellschaft entfremdet und mit ihr der Wirklichkeit, wie man an Don Quijote selbst sieht. Jede neue Romanmode wird hinfort solche Don Quijoterien hervorbringen; noch Flauberts *Madame Bovary* (1857) wird über der Lektüre empfindsamer Liebesromane erst die Wirklichkeit und dann das Leben verlieren. Zudem aber böten Romane nur Lügen; erbaulich und belehrend sei nur wahres Heldentum, wie es das *Buch der Richter* in der Bibel kundtut oder wie die Taten Alexanders, Hannibals, Cäsars oder des Cid – Argumente, die noch Gotthard Heidegger in seiner zu ihrer Zeit breit rezipierten Schrift gegen den Roman, *Mythoscopia Romantica* (1698), vertreten wird.

Wenn einer der ersten Leser des Romans im Roman prophezeit, »daß es bald kein Land und keine Sprache mehr gibt, wo man die Geschichte nicht übersetzen werde«, so sollte er recht behalten. Der ungeheure Erfolg des Werks beruht zum einen auf der Literatursatire, die sich immer wieder aktualisieren ließ, zum anderen auf dem souveränen Spiel der Form mit sich selbst und nicht zuletzt auf dem als Sympathieträgern angelegten Heldenpaar. Hier sind die Nachfolger Legion und einfach nicht mehr zu benennen, seien es nun Diderots *Jacques le fataliste et son maître* (1796), Watson und Sherlock Holmes bei Doyle oder Hoftaller und Fonty in Grass' *Ein weites Feld* (1995). Cervantes zeigt hier das wohl wichtigste Merkmal des großen Epikers: Er liebt seine Gestalten, wie Thomas Mann das ganze schräge, bunte Völkchen auf dem *Zauberberg* (1924), während sein Bruder Heinrich im *Untertan* (1918) das gesamte Personal bis auf den alten Buck nur denunziert und karikiert.

Weit davon entfernt, eine Karikatur zu sein, ist der Ritter von der traurigen Gestalt der edelste Mensch und sein Knappe Sancho Pansa der treueste in einer sich auf über tausend Seiten ausbreitenden Welt. Nicht nur Spanien hat in *Don Quijote* geradezu seine literarische Mythisierung gesehen; die deutsche Romantik hat seit Ludwig Tiecks Neuübersetzung von 1799–1801 eine radikal neue Lesart entwickelt. In ihr wird Don Quijote zum positiven Helden, der die Welt ständig in Novalis' Sinn zu ihrem wahren Charakter romantisiert, wenn böse Zauberer sie immer wieder trivialisieren und damit verfälschen und entstellen. Mit dieser Lesart präfigurierte *Don Quijote* geradezu einen speziellen Heldentyp der Moderne, der unter dem Motto »Live in your head« »die Phantasie an die Macht« bringt – die bekannteste und knappste Präsentation bietet James Thurber in seiner legendären Kurzgeschichte *The Secret Life of Walter Mitty* (1939). Was sind Arno Schmidts Protagonisten im Spätwerk seit *KAFF auch Mare Crisium* (1960) anderes als ihren tristen Alltag unter Zugrundelegung literarischer Muster poetisierende und romantisierende Don Quijotes, wenn Schmidts Erzähler Karl Richter ein Kaff in der Lüneburger Heide permanent zur Landschaft auf dem Mond verfremdet und die einsetzende Menstruation seiner Partnerin zu Hygieneproblemen der Siedlerinnen auf dem Mond wird? In dieser Tradition führt eine direkte Linie von der Erfindung einer *Amadís*-Welt durch einen verarmten und vereinsamten Landjunker in der Mancha zu Frank Witzels *Erfindung der Roten Armee Fraktion durch einen manisch-depressiven Teenager im Sommer 1969* (2015, s. S. 208 ff.) in Wiesbaden-Biebrich, die durch die von Witzel gewählte Ich-Perspektive noch verstärkt wird.

DER BAROCKROMAN

DER HEROISCH-GALANTE ROMAN

Auch der deutsche Barockroman wird zunächst durch ausländische Vorbilder und deren Übersetzungen angeregt. Die vor allem von Martin Opitz und den barocken Sprachgesellschaften
geforderte und geförderte Entstehung einer deutschen Kunst-
dichtung von europäischem Rang sieht zunächst eine radikale
Abwendung von den volkstümlichen Formen des 16. Jahrhunderts vor. In Opitz' Poetik einer zukünftigen neuhochdeutschen
Dichtung, dem *Buch von der deutschen Poeterey* (1624), kommt die
Gattung Roman zwar nicht vor, aber in seiner Praxis übersetzt
er gleichzeitig John Barclays Roman *Argenis*, um ähnliche deutsche Originalwerke anzuregen. Neue Romane sollen nicht zuletzt entstehen, um »der Jugend den Amadis aus den Händen
zureissen«, wie das der Pfarrer Andreas Heinrich Bucholtz in
der Vorrede zum ersten Teil seiner *Des Christlichen Teutschen
Groß-Fürsten Herkules / Und Der Böhmischen Königlichen Fräulein
Valiska Wunder-Geschichte* 1659 ausdrückt.

John Barclays 1621 erschienener Roman *Argenis* steht dadurch,
dass er in der damals von allen Gebildeten wie eine zweite Mut-
tersprache beherrschten lateinischen Sprache abgefasst und veröffentlicht wurde, praktisch an der Spitze aller europäischen Ba-
rockromane. Von Italien bis England erschienen in ganz Europa
Nachdrucke, außerdem 64 Übersetzungen in 13 europäische
Sprachen, vor allem für das meist des Lateinischen unkundige
»Frauenzimmer«, das im 17. Jahrhundert mehr und mehr als Ro-
manpublikum angesprochen wurde. Barclay war sich der völligen Innovation seines Unternehmens bewusst. In der Vorrede
an den französischen König Ludwig XIII. unterstreicht der Autor (in Opitz' Übersetzung) »diese newe Art zu schreiben / die
man zweifels ohne bey den Lateinern niemals zuvor gesehen
hat«.

Mit ihr wurde Barclay neben Heliodor zum wichtigsten Vorbild für die nationalsprachlichen Romane im hohen Ton, den
später sogenannten heroisch-galanten Roman – »heroisch«, weil
seine Helden, männlich wie weiblich, in allen Leiden und Wid-

rigkeiten ihre hohen Tugenden und Gesinnungen niemals verlieren. Das ganze 17. Jahrhundert ist geprägt von einem in den
Niederlanden entwickelten Neo-Stoizismus, der Besonnenheit,
Mannhaftigkeit, Leidenschaftslosigkeit, Unerschütterlichkeit
und Selbstbestimmtheit in allen Widrigkeiten lehrt. Wie schon
in der Spätantike konnte er sowohl in Rückbindung an einen
streng jenseitigen Gott als jüdisch-christlicher Stoizismus, wie
ihn die Weisheitsbücher der hebräischen Bibel oder die Ethik des
Apostels Paulus predigen, wie auch angesichts eines blinden Fa-
tums oder vor einem leeren Himmel in einer chaotischen Welt
als philosophischer Stoizismus »heroisch« praktiziert werden.
Als »galant« wurden diese Romane bezeichnet, weil sie von den
Liebesschicksalen durch Tausende von widrigen oder gar feindlichen Umständen getrennter Paare handeln, die als wahrhaft
Liebende stets dem Verhaltenskodex höfischer Liebe, vor allem
dem der Treue *à tout prix* entsprechen und diese Werte zugleich
didaktisch propagieren.

Neu war, dass auch Frauen Subjekte von Abenteuern werden können, wie es dem Einfluss Heliodors entsprach, während
sie in der von Barclay gleichfalls als Stoffreservoir benutzten
Amadís-Tradition allein die Rolle der passiv Angebeteten und ak-
tiv höchstens grüßend »Huld« spendenden Dame hatten – wie
noch die von Don Quijote verehrte Dulcinea bei Cervantes. Neu
waren auch die Elemente des Schlüsselromans aus dem damaligen Europa, die Barclay mit der fiktiven Handlung verband und
mit deren Hilfe er die aktuellen gesellschaftlichen, politischen
und historischen Ereignisse seiner Zeit reflektierte. Hierfür nutz-
te der 1582 in Frankreich geborene und 1621 in Rom gestorbene
Schotte seine europäisch-kosmopolitische Weltläufigkeit. Späteren Ausgaben waren regelrechte gedruckte Entschlüsselungslis-
ten beigebunden.

Neben diesem wahrhaft europäischen Vorbild wurden vor allem die französischen heroisch-galanten Romane für die deutsche Literatur maßgebend. Deren Autoren wollten der minder-
gewerteten Gattung dadurch Anerkennung verschaffen, dass
sie auch ihre Romane der die gesamte französische Literatur-
gesellschaft absolutistisch dominierenden »doctrine classique«
zu unterwerfen suchten. Diese forderte u. a. die *vraisemblance*
(›Wahrscheinlichkeit‹, ›Glaubhaftigkeit‹), die ihr maßgeblicher
Theoretiker – und Romangegner – Nicolas Boileau im Gefolge

des Aristoteles höher einschätzte als die Wahrheit selbst, die bisweilen absurd wirken könne. Ebenso wichtig war das für die
Tragödie entwickelte Konzept der *bienséance* (›Wohlanständig-
keit‹): Kein Wort durfte geäußert werden, das nicht auch in guter, d. h. höfischer Gesellschaft fallen durfte, die Tugend musste
belohnt und das Laster bestraft werden. Um darüber hinaus den
legitimen Anschluss des Romans an die als absolut vorbildlich
angesehene antike Literatur sicherzustellen, berief man sich auf
Heliodor als den »Homer der Prosa«.

Antikes Erbe war ebenfalls die kompromisslose Stiltrennung,
nach der Hohes im hohen Stil und Niederes im niederen Stil zu
gestalten war. Grass erzählt 1979 in *Das Treffen in Telgte* von einem Treffen deutscher Barockdichter 1647, auf dem Philipp von
Zesen aus dem »Manuskript seiner ›Teutschen Redebind-und
Dicht-Kunst‹« diese klassischen Regeln vorträgt, »nach denen
der Autor jeder Person anständige Rede in den Mund zu legen
hätte: ›[...] maßen die Kinder kindisch, die Alten verständig, die
Frauenpersonen züchtig und zärtlich, die Helden dapfer und heroisch, die Bauern grob reden sollen [...]‹.« Der zukünftige Verfasser »niedriger« pikarischer Romane, Hans Jakob Christoph
von Grimmelshausen, hält als Zufallsgast »Stoffel« dagegen:

> »Er wolle nur anmerken, daß nach seinem kreuzqueren Wissen of-
> ten die Alten kindisch und die Kinder verständig, die Frauenperso-
> nen grob, die Bauern züchtig und die ihm bekannten dapferen Hel-
> den, selbst wenn's ans Sterben ginge, lästerlich redeten. Zärtlich
> habe zu ihm, mit Vorzug an Kreuzwegen, nur der Teufel gesprochen.
> Worauf der Regimentssekretär aus dem Stegreif alle angeführten
> Personen mitcinander, zum Schluß den Höllenfürsten parlieren ließ.
> Selbst Gryphius lachte«.

Allein der »niedere Roman« ließ hingegen »Wahrheit« zu und
wurde so zum literarischen Experimentierfeld, bis auch in der
zweiten Hälfte des 18. Jahrhunderts der ästhetisch revolutionäre Aufstand gegen die »doctrine classique« im tragischen All-
tagsprosastück alias »comédie larmoyante« in Frankreich und
dem korrespondierenden deutschen »bürgerlichen Trauerspiel«
»Wahrheit« und »Realismus« auch in der Sprache zuließ. (Entgegen einem offenbar unausrottbaren Irrtum hatte der Begriff
»bürgerliches Trauerspiel« nichts mit dem noch gar nicht ausge-
bildeten Stand irgendeines »Bürgertums« zu tun, sondern be-

deutet hier schlicht *civilis* und bezeichnet eine »tragische Handlung im alltäglich familiären Bereich ohne Staatsaktion«.) Bis dahin verharrte der konservative Kreis der maßgeblichen Kritiker in der strikten Ablehnung der neuen Gattung »Roman«. In der schon zitierten, im Grunde bis zur französischen Romantik unverbrüchlich gültigen klassizistischen, an Horaz' Vorbild angelehnten Verspoetik *L'art poétique* von Nicolas Boileau heißt es noch 1674: »Dans un roman frivol aisément tout s'excuse«: »In einem leichten Roman ist alles ohne Weiteres erlaubt, / Es reicht, wenn er beim Durchlesen unterhält, / Eine allzu große Strenge wäre da fehl am Platze, / das Drama hingegen verlangt nach strengster Vernunft.« (III, 119–122).

Aber gerade sein schlechter Ruf sollte es sein, der es dem Roman erlaubte, in der Folgezeit unbeachtet von den ästhetischen Tugendwächtern mit ihrer »Strenge« im Abseits heranzuwachsen, dort »leicht« alle Wandlungen des Lebensgefühls in sich aufzusaugen und die Lockerheit, Offenheit und Weltläufigkeit zu erwerben, die ihn im 19. und 20. Jahrhundert zur unangefochten beliebtesten Literaturgattung aufsteigen ließen. Kritisch beachtet wurde einstweilen nur der heroisch-galante Roman

Von besonderer Vorbildlichkeit und Bedeutung für diese partielle Aufwertung des Genres Roman war das Fräulein Madeleine de Scudéry (1607–1701), das deutschen Lesern allein noch als liebenswerte Detektivin in E. T. A. Hoffmanns gleichnamiger Novelle bekannt ist. In *Artamène ou le grand Cyrus* (1649–1653) erzählt sie in zehn Bänden im Gefolge Heliodors und Xenophons mit Seiteneinflüssen des Ritter- und des Schäferromans Abenteuer um den persischen König Kyros. 1654–1660 erschien, ebenfalls in zehn Bänden, ihre *Clélie, histoire romaine*, wobei sie sich auf die in Livius' Römischer Geschichte farbig geschilderten Umstände beim Sturz des letzten römischen Königs Tarquinius Superbus stützt.

Als Einleitung zu einem weiteren heroisch-galanten Roman, Mme de La Fayettes *Zayde, histoire espagnole* erscheint in Paris 1670 der auch in Deutschland breit rezipierte *Traité sur l'origine des romans* aus der Feder des Bischofs Pierre Daniel Huet, entstanden 1666. Neben einer Geschichte des Romans seit der Antike bietet er eine Verteidigung der auch in Frankreich nach wie vor stark umstrittenen Gattung, allerdings gilt sie nur ihrer heroisch-galanten Variante. In ästhetischer Hinsicht verweist er auf ihre Bezüge zu Aristoteles und Heliodor, in ethischer auf ihre Tugendlehren und in didaktischer auf die moralische und gesellschaftliche Vorbildlichkeit ihrer Helden in allen Fragen der Sittlichkeit wie der Sitte, also auch des Stils, des Benehmens und der angemessenen Rhetorik, sowie generell auf ihre Fähigkeit zur elegant unterhaltenden Vermittlung von Weltwissen. Der maßgebliche Dichtungstheoretiker der frühen Aufklärung, Johann Christoph Gottsched, nimmt in die vierte Auflage seiner für viele Jahrzehnte verbindlichen *Critischen Dichtkunst* 1751 ein auf Huet gestütztes Kapitel über den Roman auf.

Den äußerst erfolgreichen und Maßstäbe setzenden Übersetzungen aus dem Französischen folgen ab der Jahrhundertmitte deutsche Originalwerke. Besonders bewundert wurden die beiden seiten- und bändereichen Romane des Mitregenten von Braunschweig-Wolfenbüttel Herzog Anton Ulrich, *Die Durchleuchtige Syrerinn Aramena* (1669–1673) und *Octavia. Römische Geschichte* (1677–1707), für deren Lektüre »ein rüstiger Leser« (R. Alewyn) sechs Wochen à zwölf Stunden am Tag benötigt. Leser werden daher in erster Linie weibliche Vertreter des Landadels oder des provinziellen Bildungsbürgertums gewesen sein und ihre Lesezeiten so lange wie dunkle und unterhaltungsarme Winter.

Philipp von Zesen, gegen seinen Willen so etwas wie der erste neuhochdeutsche Berufsschriftsteller und u. a. Übersetzer des Erstlingswerks des Fräuleins von Scudéry, des *Ibrahim ou l'illustre Bassa* (1641), hatte bereits 1646 seine *Afrikanische Sofonisbe* veröffentlicht. Ihr folgte 1670 *Assenat*, seine Behandlung des biblischen Stoffes von Joseph aus der *Genesis* im Gewande des hohen Romans, dessen Helden er zum »Spiegel« eines vollkommenen Herrschers macht, wie es später im Einsatz gegen Hitler und für Roosevelt auch Thomas Mann tun sollte. Da sein Vater Jakob eine Art König ist, wird Joseph gattungsgemäß zum Prinzen und steigt letztlich zum Regenten von Ägypen auf. Auch im *Simson* 1679 bearbeitete Zesen einen biblischen Stoff aus dem *Buch der Richter*.

Einer der letzten heroisch-galanten Romane war der 1689/90 postum veröffentlichte *Großmütige Feldherr Arminius [...] nebst seiner durchlauchtigsten Fürstin Thusnelda* des berühmten Dramatikers Daniel Casper von Lohenstein (1635–1683), der aus schlesischem Beamtenadel stammte. Der Roman galt den Zeitgenossen wegen seiner klaren Handlungsführung, seiner reizvollen Verschlüsselung historischer und zeitgenössischer Gestalten und seines patriotischen Stoffes und Gehalts als Höhepunkt der Gattung, dem selbst Heliodor weichen müsse. Bewundert wurde der Schlüsselcharakter, bei dem jede fiktionale Person, ähnlich wie in Manns späterem *Doktor Faustus* (1947), einem zeitgenössischen Vorbild entspricht.

Die im selben Jahr wie von Lohensteins Roman erschienene *Asiatische Banise* von Heinrich Anshelm von Zigler und Kliphausen wurde bis 1766 immer wieder aufgelegt und hat noch Goethes Wilhelm Meister als Kind zu Puppenspielen inspiriert. Seinen Erfolg verdankt das Werk seiner bewusst genutzten Exotik, dem hohen Erzähltempo, das zu einer größeren Straffheit gegenüber anderen Vertretern der Gattung führt, und der überaus grellen Handlung, in der zugleich dem hohen Personal wie bei Cervantes oder in den Schauspielen Calderóns ein komischer Diener mit burlesk niedrigem Ethos kontrastierend zugeordnet ist. Einen Überblick über Entstehung und Inhalt gibt Leo Cholevius: *Die bedeutendsten deutschen Romane des siebzehnten Jahrhunderts* (1866, Nachdruck 1965).

DIE ENTSTEHUNG DES PICAROROMANS

Die Entstehung des Picaroromans lässt sich exakt datieren, ebenso wie wir seine Herkunft genau erfassen können. Beeinflusst gleichermaßen von der lockeren Episodentechnik der Schwanksammlungen und -romane wie der einheitsstiftenden Gesellschafts- und Moralsatire und dem antiken Vorbild des Apuleius-Romans erschien sein Prototyp *La Vida de Lazarillo de Tormes* anonym 1554 gleichzeitig in Spanien und den Niederlanden. Alle Merkmale sind in diesem – Goethe'sch ausgedrückt – »Urei« der Gattung bereits präsent: die Ich-Erzählung »ab ovo«, beginnend mit der Geburt des nach dem armen Lazarus von Lukas 16 benannten Helden in dubiosen Verhältnissen, die entlarvende Sicht vom glücklosen »Unten« auf ein heilloses »Oben«, der Blick unter die Röcke der Ehrbaren und hinter die Kulissen der ehrwürdigen Institutionen von Kirche und Gesellschaft zwischen Salamanca und Toledo, die lockere episodische Reihung und das Ende im Abseits der Gesellschaft, das zugleich zu endlosen immer gleichen Fortsetzungen einlädt. Man kann mit Erich Kästner resümieren: »[...] und wer die Welt von hinten sah, der sah ihr ins Gesicht.« In allen diesen Zügen ist Grass' zwergwüchsiger Oskar in der *Blechtrommel* als zur Gestalt gewordener Blick von unten und von hinten – man denke an die berühmte Tribünenszene – geradezu eine Inkarnation aller europäischen Picaros.

Das Inhaltsverzeichnis des *Lazarillo* verdeutlicht beides – den Picaro als Diener vieler Herren und die recht weit unten angesiedelten Mini-Obrigkeiten, die samt und sonders von ihm entlarvt werden, da niemand vor seinem Kammerdiener ein Held ist. Die Struktur der Kapitelüberschriften ist entsprechend von eintöniger Homogenität: »Wie Lazarillo in die Dienste eines Pfarrers – eines Junkers, eines Barmherzigen Bruders, eines Ablasskrämers, eines Kaplans, eines Landrats – trat und wie es es ihm dort erging« – nämlich schlecht. Er endet als Pro-forma-Ehemann der lebenslangen Geliebten seines letzten Herrn, deren Kinder fortan als die seinen gelten. In einer der zahllosen Fortsetzungen, die das kurze Werk bis weit ins 17. Jahrhundert hinein erfuhr, findet sich Lazarillos Grabinschrift, die so allen Picaros gesetzt werden könnte: »Hier ruht N. N., der nacheinander auf dem Theater dieser Welt folgende Rollen verkörpert hat: Er war Blindenführer, Dorfschreiber, Bedienter von allerhand Herren und Herrinnen, Wasserverkäufer, öffentlicher Ausrufer, Kaufmann in Indien, Seeungeheuer, Knappe, Lastträger usw. usw. und starb als Einsiedler am ... im Alter von ... Requiescat in pace.«

DIE BLÜTEZEIT DES PICAROROMANS

So klar die Entstehung der wohl folgenreichsten europäischen Romangattung ist, so rätselhaft und bis heute unerklärt ist die Pause von einem halben Jahrhundert zwischen dem »Urei« und der überwältigenden Blüte der Gattung, die mit Mateo Alemáns *Guzmán von Alfarache* (1599–1604) einsetzt. Stärker als Lazarillo erzählt Guzmán aus der Perspektive des zur Einsicht Gelangten und lässt dabei die Berichte von den Abenteuern des erlebenden Ichs mit belehrenden Kommentaren des erzählenden Ichs in Anreden an den Leser abwechseln: »Ich kriege hier die Prügel und du die Lehre, die in ihnen steckt.« Zugleich ist Guzmán stärker sozial isoliert, ist der auf sich gestellte Außenseiter und Vogelfreie, der von seinen Gaunereien und Verbrechen leben muss.

Stärker noch als sein Vorgänger Lazarillo ist Guzmán von Alfarache wie alle seine Nachfolger *pícaro*, was so viel wie ›Gauner, Verbrecher, (Klein-)Krimineller‹ bedeutet. Die Übersetzung des damit sehr exakt definierten Gattungsnamens – fiktive, chronologisch »ab ovo« erzählte Autobiographie eines Kriminellen, deren Episoden ausnahmslos die Schlechtigkeit der Welt beweisen, bis das Ich im Abseits, irgendwo von Galeere bis Einsiedelei, seinen Frieden oder zumindest seine Ruhe findet – mit »Schelmenroman« hat sehr viel Verwirrung gestiftet, ja, geradezu Unheil angerichtet – selbst in der Wissenschaft. ›Schelm‹ war ursprünglich wie ›Aas‹ und ›Luder‹ eine Bezeichnung für den Tierkadaver; in allen drei Fällen wurde daraus eine abwertende Bezeichnung für einen Kriminellen – das allein meint der »Schelmenroman«. Erst sehr viel später stieg das Wort zur eher neckischen Bezeichnung für einen »lustigen, meist harmlose Streiche spielenden Menschen« auf – der Picaro- oder Schelmenroman jedenfalls hat mit dem Schelm im Sinne Heinz Erhardts nichts, aber auch gar nichts zu tun.

Alemáns Buch war ein unmittelbarer europaweiter Erfolg beschieden: Die Neuauflagen und Nachdrucke, fiktiven Fortsetzungen, Nachahmungen aller Art und Übersetzungen überschlugen sich förmlich. Bereits 1605 tritt eine weibliche *pícara Justina* wohl von Francisco López de Úbeda, auf, als *Landstörtzerin Justina Dietzin* 1626 ins Deutsche übersetzt. Bei ihr, mehr noch bei ihren Nachfolgerinnen, betont die Autobiographie natürlich immer auch die Bewahrung oder den Verlust der Geschlechtsehre – Grimmelshausens Courasche hat ihren Namen geradezu von jenem Teil, das sie als ehrbare Frau besonders zu hüten hätte. Die Heldin von John Clelands pornographischem Klassiker *Fanny Hill* (1749) ist noch ebenso eine »Picara« wie weitere 150 Jahre später *Josefine Mutzenbacher* (1906). Im Gefolge der Eselsabenteuer des Apuleius mehren sich auch die Picaroromane aus der Sicht nichtmenschlicher Zeugen, zu denen mutatis mutandis Grimmelshausens *Wunderbarliches Vogelnest*, das seine Träger unsichtbar macht, gehört. 1751 erscheinen die »Life and Adventures« eines Schoßhündchens, 1753 eines Halfpennys, 1760 einer Guineamünze und eines schwarzen Rocks, 1770 die einer Banknote, 1781 einer Katze und 1785 eines Flohs.

Die Produktivität der Gattung zeigt sich vor allem daran, dass noch über hundert Jahre nach ihrer spanischen Hochblüte in anderen Ländern klassische Werke nach ihren Vorgaben geschrieben werden, die ihrerseits wieder europaweit erfolgreich sind und der Gattung neuen Auftrieb geben. In Frankreich erscheint, wenn auch im spanischen Kostüm, von 1715–1735 Alain-René Lesages *Histoire de Gil Blas de Santillane* als satirische Darstellung Frankreichs unter der Regentschaft Phillips von Orléans. In England gehören die meisten Romane Daniel Defoes in die Picaro-Tradition. Bereits sein *Robinson Crusoe* von 1719 war, bevor er selbst zum Ahnherrn der Robinsonaden wurde, zunächst einmal Nachfahre der Picaros. Bevor der fast drei Jahrzehnte während einsame Inselaufenthalt einsetzt, ist Robinson als Junge zur See entlaufen und hat die typische pikareske Abenteuerkette, u. a. mit einer Episode als Sklave in Afrika, durchlebt. Nach seiner Rückkehr von der Insel erlebt er in einer der für das Genre typischen Fortsetzungen schlicht so benannte *Farther Adventures of Robinson Crusoe* (1719). Robinson, der in England eine Familie gegründet hat, bricht noch einmal zu einer großen, abenteuerlichen Reise auf, die ihn außer zurück zu seiner Insel unter anderem nach Persien, Indien, China und Russland führt.

Außer in dieser Fortsetzung kehrt Defoe auch in *The Life, Adventures and Pyracies of the Famous Captain Singleton* (1720) voll ins pikareske Genre zurück, nur dass die gattungsgemäßen Episoden in diesem Fall von innerafrikanischen Entdeckungsreisen und Piratenstücken bestimmt werden. Eine weibliche Picara macht Defoe 1722 in *The Fortunes and Misfortunes of Moll Flanders* zur Heldin und Erzählerin. Bereits im berüchtigten Zuchthaus von Newgate geboren, fristet sie ihr Dasein voller genretypischer plötzlicher Glückswechsel durch Heiraten, Liebschaften und Diebstähle, bis sie in eine neuenglische Strafkolonie deportiert wird, wo ihr Lebensschiff einen behaglichen Hafen findet. Es ist überhaupt ein Merkmal der Picaros des 18. Jahrhunderts, dass sie zum einen aus Sündern zu Verbrechern werden und dass zum andern ihr Ende im Abseits, wie es der Picaro im Jahrhundert zuvor in der Einsiedelei oder auf der Galeerenbank erfuhr, zu einem Lebensende im Frieden mit Welt und Gesellschaft mutiert.

Der bei Weitem bedeutendste deutsche Beitrag zur Gattung des Picaroromans ist zweifellos Hans Jakob Christoph von Grimmelshausens *Der abentheuerliche Simplicissimus Teutsch. / Das ist: Die Beschreibung deß Lebens eines seltzamen Vaganten / genant Melchior Sternfels von Fuchshaim / wo und welcher gestalt Er nemlich in diese Welt kommen / was er darinn gesehen / gelernet / erfahren und außgestanden / auch warumb er solche wieder freywillig quittirt. Überauß lustig / und männiglich nutzlich zu lesen. An Tag geben von German Schleifheim von Sulsfort* von 1668. Das Werk ist nicht denkbar ohne die freie Übertragung und Umdichtung auf deutsche Verhältnisse von Alemáns *Guzmán* durch Aegidius Albertinus (1615) in *Der Landstörtzer Gusman von Alfarache*. Albertinus war niederländischer Herkunft, Jesuitenzögling, Hofkanzlist und Hofsekretär im Dienste Kurfürst Maximilians in München. Unter seinen Übersetzungen bzw. – damaliger gängiger Praxis zufolge – Überarbeitungen nehmen die Erbauungsschriften des Antonio de Guevara (1480–1545), des franziskanischen Hofpredigers Karls V. in Madrid, den breitesten Raum ein; das »Adieu Welt« des Simplicissimus am Ende des 5. Buches ist direktes Guevara-Albertinus-Zitat. In dieser Tradition erweitert Albertinus die moralischen Exkurse seiner Vorlage zu förmlichen Bußpredigten, die an den Leser appellieren und in denen der Held, weit davon entfernt, Individuum zu sein, lediglich »Exembel« ewiger Wahrheiten ist.

Grimmelshausens Held und Ich-Erzähler durchläuft das typische episodenreiche, von ständigen Glückswechseln geprägte Leben der Picaros. Episodengruppen sind die um den unbedarften, reinen Toren des Anfangs, der als Narr durch seinen fremden Blick eine ihrerseits viel närrischere Welt entlarvt, was ihm die Namen Simplex, dann Simplicius und schließlich Simplicissimus einträgt, die Soldatenabenteuer um den »Jäger von Soest« und die – schon damals! – in Paris angesiedelten erotischen Callboy-Schwänke um den »Beau Alman«.

Von der genuin pikarischen Tradition weichen die die reinen Episodenketten übergreifenden Elemente ab. Hierzu zählen die wiederholten Begegnungen mit Ulrich Herzbruder einerseits und Olivier andererseits. Herzbruder verkörpert die guten Tendenzen im Helden, Olivier seine schlechtesten, an dessen Seite erreicht sein Lebensweg den Tiefpunkt; er wird Straßenräuber und Genosse eines Raubmörders. Vor allem aber ist es seine Herkunft, die in übergreifendem Sinne symbolisch wird: Spät erfährt er, dass nicht das Spessart-Bäuerlein »Knän« sein Vater ist, sondern dass er in Wirklichkeit Melchior Sternfels von Fuchshaim heißt und der leibliche Sohn des Einsiedlers war, der nach Simplex' Entführung durch die Soldaten zu seinem geistigen Vater wurde. Er hatte ihn noch vor seinem Eintritt in die Welt gelehrt, dass allein in völliger Abkehr von ihr das Seelenheil zu bewahren sei, was sein gesamtes wirres Leben im Folgenden lediglich nur bestätigen wird.

Als Simplex am Ende des 5. Buches zum ersten Mal der Welt den Rücken kehrt, nimmt er als letzte Verbindung zu ihr noch ein Fernrohr in die Einsiedelei mit – das allein schon genügt, um ihn zu Beginn des 6. Buches wieder in die Welt zurück zu locken. Die Welt aber ist des Teufels Wirtshaus, wer sie betritt, muss mit dem Wirt seine Geschäfte machen. Simplicius beginnt auf der Stelle wieder sein altes Sündenleben, bis er am Ende seinen Frieden als einsamer Schiffbrüchiger auf einer Insel findet. Sie wird ihm zum »Asyl«, nicht zum »Exil« wie dem späteren Robinson Crusoe, weshalb er im Gegensatz zu seinem Nachfolger bei Defoe flieht und sich versteckt, als endlich ein Schiff die Insel anläuft. Dem Kapitän aber gibt Melchior Sternfels von Fuchshaim sein Buch mit, das er »in einer Insul gleichsamb mitten im Meer allein wohnhafftig / wegen Mangel Papiers auß Palmblättern gemacht und seinen gantzen Lebens-Lauff darin beschrieben« hat. Der Kapitän gibt es dann weiter an seinen Freund German Schleifheim von Sulsfort. Im »Beschluß« des Werkes, unterzeichnet mit Grimmelshausens Initialien, heißt es, hinter diesem Namen verberge sich als wahrer Herausgeber ein Samuel Greifnson vom Hirschfeld. So beherrscht »Baldanders« nicht nur den Lebenslauf des Simplicius, sondern auch die Entstehungsfiktion seiner Autobiographie: Bei allen drei gestaffelt genannten Namen handelt es sich um Anagramme von Grimmelshausens eigenem vollen Namen – ein Spiel mit Masken, dessen Selbstaufklärung in einem der »hohen« Romane Grimmelshausens erst 1835 von Hermann Kurz entdeckt wurde.

Außer in dem der Neuauflage von 1669 beigegebenen 6. Buch, das erst die nicht zum Schluss des 5. Buches passende Erzählfiktion nachliefert, hat Grimmelshausen mit vier weiteren Wer-

ken an den buchhändlerischen Erfolg des Hauptwerks ange-
knüpft und sie zu den Büchern 7–10 des *Simplicissimus* erklärt:
*Trutz Simplex: Oder Ausführliche und wunderseltzame Lebensbe-
schreibung Der Ertzbetrügerin und Landstörtzerin Courasche Wie sie
anfangs eine Rittmeisterin hernach eine Hauptmännin ferner eine Leu-
tenantin bald eine Marketenderin, Mußquetirerin / und letztlich eine
Ziegeunerin abgegeben* (1669), *Der Seltsame Springinsfeld* (1670) und
Des wunderbarlichen Vogelnest erster und zweiter Teil (1672). Es handelt sich um Seitenstücke, nicht Fortsetzungen des *Simplicius*, die
ebenfalls Episoden des Dreißigjährigen Krieges zum Thema haben. Da die Courasche ihre Geschichte nur Simplex zum »Trutz«
schreibt, über dessen Buch sie sich geärgert hat und das sie nun
korrigieren will, vertritt sie den Typ der reuelosen Picara, bei der
es nicht zu einer Spannung zwischen dem erzählenden und dem
erlebenden Ich kommt.

Simplex und Courasche treten gut 300 Jahre später erneut als
Quartiermacher und Herbergswirtin für Günter Grass' *Treffen
in Telgte* (1979) auf. Grass stattet damit sogleich seinem Lehrmeis-
ter Grimmelshausen verdeckt eine Dankesschuld ab: In einem
Rückblick auf die *Blechtrommel* nannte der Autor 1973 als seine
damalige Schreibintention u. a. »der bis dahin ängstlich zurück-
gepfiffenen Sprache Auslauf zu schaffen«. Und genau dies kehrt
1979, 20 Jahre später und zugleich 326 Jahre früher, im *Treffen in
Telgte* von 1647 wieder, wenn dieser Grimmelshausen als Stoffel
seine literarischen Pläne für die Zukunft verkündet, eben den
Simplicius Simplicissimus, aus dem Grass später so viel lernen sollte: Darin werde er »der Sprache den Freipaß geben, damit sie lau-
fe, wie sie gewachsen sei: grob und leisgestimmt, heil und verletzt, hier angewelscht, dort maulhenckolisch, immer aber dem
Leben und seinen Fässern abgezapft« – der Picaro Oskar ist beim
Picaro Simplex in die Schule gegangen.

DAS DIALEKTISCHE VERHÄLTNIS VON HEROISCH-GALANTEM
UND PIKARESKEM ROMAN

Dass die beiden bei Weitem populärsten Gattungen des barocken Romans nicht wirkliche Gegensätze, sondern dialektisch
aufeinander bezogen sind, hat Richard Alewyn in einem Vortrag *Gestalt als Gehalt: Der Roman des Barock* (Erstdruck 1963) in

einer kontrastierenden Gegenüberstellung beider Charakteristika aufgewiesen, die hier nachgezeichnet wird.

Der Stoff des Picaroromans ist stets der Gegenwart entnommen, und zwar exklusiv deren gesellschaftlicher Unterschicht. Sein Personal entstammt der dienenden oder nicht sesshaften Klasse, vom städtischen oder bäuerlichen Gesinde bis zum fahrenden Volk der Söldner, Gaukler, Gauner und Quacksalber, ja, hinunter zu veritablen Straßenräubern. Andere Schichten geraten nur dort in den Blick, wo der Kontakt von unten nach oben es mit sich bringt; aufgeführt wird damit ein Pandämonium physischer, moralischer und ästhetischer Abnormitäten.

Ebenso exklusiv bewegt sich der heroisch-galante Roman ausschließlich am oberen Ende der Skala, spielt unter Fürsten, Prinzessinnen, Hohepriestern, Heerführern und ihrem edlen Gefolge. Alle Frauen sind von exorbitanter Schönheit, alle Männer von geradezu übermenschlicher Schönheit und Tapferkeit und beide Geschlechter zeichnen sich durch eine nie befleckte Tugend aus und ihr Liebesdiskurs entspricht stets ihrem Rang. Der gesellschaftlichen Höhe korrespondiert die geographische Weite wie die zeitliche Ferne: Die Handlungszeit ist die Antike der Bibel und der alten Schriftsteller, der Schauplatz das Römische Weltreich und seine Nachbarn von Indien bis Großbritannien.

In seiner Struktur zeichnet der Picaroroman die einsinnige Lebenslinie des Ich-Erzählers oder seines weiblichen Pendants von der unordentlichen und dunklen Kindheit über eine missbrauchte und verfehlte Jugend, in der Held oder Heldin aber zugleich lernen, sich letztlich mit allen Wassern gewaschen und von allen Hunden gehetzt mal rauf, mal runter durchs Leben zu schlagen, in im Grunde austauschbaren Episoden, bis der alles zusammenhaltende Handlungsträger aus dem Spiel genommen wird – mal auf eine Galeere (Alemán Guzmán) oder in eine Strafkolonie (Defoes Moll Flanders) verbracht, mal reuig in der Einsiedelei (Grimmelshausens Simplicissimus) oder in einer dauerhaften Randexistenz. Fortsetzungen sind nicht nur jederzeit möglich, sondern, ob durch den Autor selbst oder einen skrupellosen Trittbrettfahrer des Erfolgs, geradezu die Regel.

Im Gegensatz dazu ist der heroisch-galante Roman äußerst kompliziert strukturiert. Ein allwissender Erzähler hält sich strikt an Horaz' Vorschrift, »ab ovo« zu erzählen sei kunstlos;

wie Homer müsse man »medias in res« springen und die Vorgeschichten an geeigneter Stelle, etwa in Gesprächen, nachholen. Da die Geschichte eines Paares erzählt wird, das ständig durch unterschiedlichste Widrigkeiten getrennt wird, ergibt sich grundsätzlich Zweisträngigkeit und zusätzlich stets die Gelegenheit zu eingelegten Ich-Erzählungen von den Abenteuern mit Piraten, Gefahren durch Seestürme, Entführungen und Anschläge auf die Tugend. Diese Erzählungen werden dazu ständig unterbrochen und so mehrfach ineinander geschoben vermittelt. Nun sind es in Anton Ulrichs »Römischer Octavia« 24 Paare, somit 48 ineinander verschlungene Lebensläufe voller sich überschlagender Ereignisse, und der ihnen zugebilligte Raum beträgt 7000 Quartseiten – Alewyns »rüstiger Leser« – eher wohl: eine unermüdliche Leserin – mit sechs Wochen Lesezeit à zwölf Stunden am Tag wurde schon erwähnt. Ohne eine Personenkartei und Handlungsdiagramme ist das unmöglich, zumal – wie schon im antiken Roman – nur selten jemand er selbst ist, sondern als Kind geraubt, vertauscht, ausgesetzt oder unabhängig davon derzeit inkognito unterwegs ist.

In ihrer ethischen Botschaft erweisen sich die so gegensätzlichen Romanwelten als die zwei Seiten einer Medaille: Während der Picaroroman in ideologischer Vorentscheidung seine Welt a priori als »Negativ der Norm« schildert – ihre Schönheit ist hässlich, ihre Moral Unmoral, ihre Treue Verrat, ihre Wahrheit Lüge und ihr Prinzip verkörpert Grimmelshausens allegorische Gestalt des »Baldanders« –, gibt der heroische Roman statt Wirklichkeit Idealismus. Er spielt in zeitlich wie räumlich entlegenen Welten, in denen die Lebensläufe der hohen Helden und Heroinen durchaus denen ihrer niederen Vettern und Cousinen gleichen. Aber wo diese sich vom Rad der Fortuna munter umtreiben lassen, leisten die Heroen Widerstand, bewähren und bewahren eine passive Tugend, wie sie im Geist des Stoizismus dem Heroen – nicht dem Helden – zukommt. Während das Nacheinander im Picaroroman den Wankelmut des Menschen abbildet, der haltlos der Zeit verfallen ist, »bietet jenes Nebeneinander eine Probe der Treue quer über den Raum der Trennung hinweg« (Alewyn) und wird am Ende so ausnahmslos wie überschwänglich belohnt.

Für den angeblichen Realismus des Picaroromans, von dem bis heute hartnäckig die Rede ist, hat Alewyn wiederholt den

Stilbegriff – durchaus von der Epochenbezeichnung vom Ende des 19. Jahrhunderts genommen – »Naturalismus« vorgeschlagen. In ihm werde Wirklichkeit genauso von einem Ideal her konstruiert wie im Idealismus, nur in konsequenter Umkehrung als simple Umkehr der herrschenden Normen. Im akademischen Unterricht demonstrierte Alewyn dies einmal am Paradestück des Naturalismus, *Die Familie Selicke* von Arno Holz und Johannes Schlaf. Schon der Name der unseligen Kleinbürgerfamilie ist Programm: Die Verlobung der Tochter mit dem Untermieter, einem braven Kandidaten der Theologie, zerbricht, zwei Söhne geraten auf die schiefe Bahn, ein Kind stirbt, der Kandidat verliert seinen Glauben und der Vater kommt verspätet und betrunken aus dem Büro, ohne den versprochenen Baum und ohne Geschenke – denn, ach ja, rein zufällig ist Heiligabend. D. h. alle mit dem Weihnachtsfest im Jahr der Uraufführung 1890 verbundenen Werte werden von den Autoren ausnahmslos schlicht und fast mechanisch in ihr direktes Gegenteil verkehrt. Wissenschaftlich hat Alewyn ein solches Vorgehen in minutiösen Stiluntersuchungen zum angeblichen Realismus bei Neidhart von Reuenthal als Umkehr der konventionellen Minnetopik und bei Grimmelshausen als Verspottung der herrschenden ethischen wie ständischen Normen ex negativo nachgewiesen. Erst im Werk des von ihm entdeckten Johann Beer entwickele sich »der Geist reiner und uneingeschränkt bejahter Wirklichkeit, aus den Sinnen geboren und durch die Phantasie belebt […]. Es ist das Weltgefühl des Realismus, den alle Dinge, wie sie sind und weil sie sind, schön und gut dünken« (s. dazu S. 48 ff.).

Gern wies Alewyn als Kenner und Liebhaber des klassischen Detektivromans auch darauf hin, dass der sogenannte »Realismus« des amerikanischen Roman noir in Wirklichkeit ein konstruierter Naturalismus sei, indem er schlicht die Normen seiner Vorbilder umkehre – der gesamte staatliche Sicherheitsapparat ist korrupt und seine Gegenspieler verbergen sich nicht länger hinter Masken des Anstands und der Bonhomie, sondern sind Gangster und sonstige Berufsverbrecher und ihre Welt für den amerikanischen wie europäischen Leser schiere Romantik und Exotik.

Vom »Picaro« zum »Robinson« und zum »Aventurier«, vom »Heroischen« zum »Galanten« – Der Roman in der ersten Hälfte des 18. Jahrhunderts

Grimmelshausen ist in Rang und Popularität eine singuläre Gestalt innerhalb der frühen deutschen Romangeschichte. Als Nachfolger zu nennen wäre allenfalls der von Richard Alewyn 1932 hinter einer Nebelwand von Pseudonymen, vergleichbar den gestaffelten Masken seines Vorbildes Grimmelshausen, hervorgeholte Johann Beer (1655–1700). Restlos scheint aber dessen Einbürgerung in unser literarisches Bewusstsein nicht gelungen zu sein, trotz des von Alewyns Studie erregten Aufsehens, einiger populärer Neuausgaben und einer repräsentativen Gesamtausgabe (1981 ff.). Vor allem frühe Titel wie *Der Simplicianische Welt-Kucker* (1677–79) oder *Jucundi Jucundissimi Wunderliche Lebens-Beschreibung* (1680) verweisen auf Grimmelshausen als Beers Vorbild.

Besonders in seinen reiferen Werken, *Teutsche Winter-Nächte* (1682) und *Die kurtzweilgen Sommer-Täge* (1683) verschmilzt Beer das Pikarische mit den Lebensformen des Landadels und nimmt so die herrschende Tendenz des Romans im 18. Jahrhundert vorweg: Die Extreme des 17. Jahrhunderts schleifen sich gleichsam zur Mitte hin ab. Im Schäferroman wurde immer schon eine Welt gestaltet, die Ideale des ländlichen Adels mit denen des gelehrten Bürgertums, zwei Trägerschichten der damaligen Literatur, verbindet; die »niederen« Picaroromane werden nach dem Vorbild des Picaros Robinson einerseits von den Robinsonaden (etwa 50 in deutscher Sprache!) abgelöst, andererseits von den »Aventuriern«. Die einen zeigen in einer Art frühem Rousseauismus, dass in der Abgeschiedenheit einer Insel ein vernunftbestimmtes Leben möglich ist, und beerben so die Schäferdichtung mit ihren Utopien vom einfachen Leben. In den Aventurierromanen, vom *Kurtzweiligen Aventurier* (1714) über den *seltsamen* (1724), den *lustigen* (1738) usw. bis hin zum *Leipziger Aventurier* (1756), begegnet der Leser jungen Leuten, die nach meist bürgerlicher Geburt wie der Picaro eine Abenteuerkette durchlaufen, an deren Ende sie aber ihr Leben nicht im Abseits der Gesellschaft zwischen Kerker und Einsiedelei beschließen, sondern, zufrieden mit Welt und Gesellschaft, in behaglichem Wohlstand.

Den heroisch-galanten Roman beerbt der »galante Roman«, als dessen bekanntestes Beispiel Christian Friedrich Hunolds *Die liebenswürdige Adalie* (1702) gilt. Auch hier ersetzt der Landadel das ehemals fürstliche Personal: Einziger Maßstab rechter Lebensführung ist das höfische Verhalten, und letzte richterliche Instanz ist die Gesellschaft, über der es keinen Gott mehr zu geben scheint und der noch kein zu eigenen Ansprüchen berechtigtes Individuum gegenübersteht. Der »Glaube« wandelt sich zur »Frömmigkeit«; wo der Glaube Welt konstituierte, befriedigt die Frömmigkeit innerhalb der vorgegebenen Welt religiöse Bedürfnisse, und die Moral wird vom alleinigen Weg zu Gott zum Maßstab des rechten Wandelns im Diesseits. Die rhetorisch aufgeputzten Prunkreden der Heldinnen und Helden des Barockromans wandeln sich ebenfalls zu höfisch-zierlichen Zeugnissen eines mittleren Stils zwischen den Niederungen des Alltags und höfischem Prunk. Solch gesellschaftskonformes, eben »galantes« Verhalten samt der angemessenen Konversation zu lehren ist der Nützlichkeitserweis für den unterhaltsamen galanten Roman.

Ab jetzt beginnt Goethes im Zusammenhang mit Georg Lucácz' »Theorie des Romans« schon zitiertes Diktum vom Roman als »subjektiver Epopöe« zu gelten und damit als Literaturform für die Bewohner einer »transzendent obdachlos« gewordenen Welt. Vollständig lautet es: »Der Roman ist eine subjektive Epopöe, in welcher der Verfasser sich die Erlaubnis ausbittet, die Welt nach seiner Weise zu behandeln. Es fragt sich also nur, ob er eine Weise habe; das andere wird sich schon finden.«

Zwei Pole machen für Goethe also die »romantische« Gattung »Roman« aus – für Goethe und seine Zeit war die Grundbedeutung von »romantisch« immer noch »romanhaft«: eine subjektiv gesehene »Welt« als Gegenstand und eine ebenso subjektive »Weise«, d. h. »Manier« im Sinne von *maniera*, ihrer Behandlung. Nach beidem haben seitdem Leser wie Kritiker stets zu fragen, und unsere Darlegungen werden dies auch tun. Waren bislang »ein vorgeschriebenes Weltbild«, ein »vorgeschriebener Gedankengehalt« und ein »obligater Komplex von Stoffen, Motiven und Personen« ebenso vorgegeben wie die dazu passende »Sprache und Technik«, wie wir oben mit Richard Alewyn den bis ins 18. Jahrhundert gültigen Gattungsbegriff definiert haben (s. S. 20), so sind nun beide ins subjektive Belieben eines Autors gestellt.

Schnabel: *Insel Felsenburg*, 1731–1743

Seit Ludwig Tiecks Neuausgabe von 1828 kennen wir Johann Gottfried Schnabels (1692–vor 1760) Hauptwerk unter dem Titel *Die Insel Felsenburg oder wunderliche Fata einiger Seefahrer. Eine Geschichte aus dem Anfang des achtzehnten Jahrhunderts.* Die 1731–1743 in vier Bänden erschienene Originalausgabe trägt als vollständigen Titel *Wunderliche Fata einiger Seefahrer, absonderlich Alberti Julii, eines gebohrnen Sachsens, Welcher in seinem 18den Jahre zu Schiffe gegangen, durch Schiff-Bruch selbte an eine grausame Klippe geworffen worden, nach deren Übersteigung das schönste Land entdeckt, sich daselbst mit seiner Gefährtin verheyrathet, aus solcher Ehe eine Familie von mehr als 300 Seelen erzeuget, das Land vortrefflich angebauet, durch besondere Zufälle erstaunens-würdige Schätze gesammlet, seine in Teutschland ausgekundschafften Freunde glücklich gemacht, am Ende des 1728sten Jahres, als in seinem Hunderten Jahre, annoch frisch und gesund gelebt, und vermuthlich noch zu dato lebt, entworffen Von dessen Bruders-Sohnes-Sohnes-Sohne, Mons. Eberhard Julio. Curieusen Lesern aber zum vermuthlichen Gemüths-Vergnügen ausgefertiget, auch par Commission dem Drucke übergeben von Gisandern.* Das Werk bewahrt in seiner Struktur in einzigartiger Weise den Übergang vom Barock zur Aufklärung. Ein Herausgeber namens Gisander will von einem tödlich verunglückten Mitreisenden, dem literarischen Agenten eines Eberhard Julius, 1730 ein Manuskript erhalten und für den Druck bearbeitet haben. Mit dem eigentlichen Verfasser steht er noch über Mittelsmänner in Kontakt, sodass die Fortsetzungen bereits Bestandteil der ursprünglichen Fiktion sind.

Der Erzähler Eberhard Julius, geb. 1706, wird von seinem Urgroßvater 1725 auf die Insel Felsenburg eingeladen, auf der dieser seit 1646 lebt und Patriarch eines blühenden Gemeinwesens ist. Diese Inselutopie wird dem Urenkel nach seiner Ankunft in Form einer Inspektionsreise vorgeführt. Darin eingelegt sind, beginnend mit der Lebensgeschichte des Urgroßvaters Albert Julius, Ich-Erzählungen aller möglichen Personen, die auf der Insel als Gestrandete, Ausgesetzte oder später auch als Einwanderer eine Heimstatt gefunden haben. Alle diese Lebensläufe sind kurze Picaroromane, in denen die Männer von ihrem wirren und unglücklichen Leben vor der Ankunft auf der Insel, voller Peripetien und Glückswechsel, berichten, während die Frauen in der heroischen Tradition ihre Geschlechtsehre vor den unwahrscheinlichsten und grausigsten Nachstellungen endlich auf die Insel gerettet haben.

Wo Simplicius seinen Inselaufenthalt als Einsiedelei begreift, als Asyl vor der Welt, das er nie mehr verlassen will, Robinson hingegen nichts sehnlicher wünscht als die möglichst rasche Beendigung seines unfreiwilligen Exils, wird Albert Julius und seinen »Seefahrer«-Kollegen das Exil zum Asyl, zu einer der wirren und verderblichen Außenwelt entgegengesetzten utopischen Gegenwelt. Auf drei Säulen ruht die perfekte Gemeinschaft: Geld und böse Lust, die Reizmittel zu allem Bösen, sind aus der Welt geschafft und durch eine lutherische Berufsethik und Ehemoral ersetzt, wie überhaupt ein pietistisch eingefärbtes Luthertum als dritte Säule den ideologischen Überbau stiftet. Hierfür ist ein Geistlicher zuständig, der als »berufener Diener am göttlichen Wort« – lutherisch – wie als »Glaubenszeuge« – pietistisch – gleichermaßen verehrt wird. Es gibt kein Geld auf der Insel, jeder tut seine Berufsarbeit als Dienst an Gott und am Nächsten, und die Sexualität macht keine Probleme, weil als »Heilmittel gegen die Unzucht« alle jung verheiratet werden. Halfen anfangs rechtzeitig angespülte junge Frauen und Witwen gegen Frauenmangel und drohenden Inzest, wird später eine gezielte Anwerbungs- und Einwanderungspolitik betrieben. Als reif für die Insel erweist man sich durch die eingelegte pikarische Ich-Erzählung, die als reuige Lebensbeichte und Absage an das Leben in einer verbrecherischen Außenwelt dient.

Der Staatsroman in der deutschen Aufklärung

Schnabels ideales Gemeinwesen ist zu klein und zu weit abgelegen, um als förmliche Staatsutopie zu gelten – der Staatsroman der deutschen Aufklärung ist die Xenophons *Kyrupädie* und

Fénelons *Aventures de Télémaque* (1699) verpflichtete Gattung des Fürstenspiegels. Fénelons Werk, als »Fortsetzung des vierten Buchs der Odyssee von Homer« (so der Haupttitel) deklariert, wertet wie später der Engländer Henry Fielding die Gattung Roman durch bewusstes Anknüpfen an das Epos auf. Athene, die Göttin der Weisheit, begleitet Telemach, den Sohn des Odysseus, verkleidet als dessen Erzieher mit dem später zum festen Begriff gewordenen Namen Mentor auf der Suche nach dem immer noch verschollenen Vater. Dabei lehrt sie den Thronfolger (in der Fiktion den auf Ithaka, in der Realität den für Frankreich, dessen Erzieher Fénelon war) die Vorzüge eines aufgeklärten Absolutismus, dessen Repräsentant nur auf das Wohl seines Volkes, das Wachstum der Bevölkerung und die steigende Produktion der Güter der Erde als der einzigen Quelle des Reichtums bedacht sein soll. Das Buch wurde mit seiner abenteuerlichen Handlung, zu der auch die Vermittlung einer positiven Liebesideologie gehört, ein europäischer Erfolg. Die deutsche Übersetzung von August Bohse unter dem Pseudonym »Talander« von 1700 nennt die Vorzüge des Romans schon im Titel: *Staats-Roman / welcher unter der denckwürdigen Lebens-Beschreibung Telemachi Königl. Printzens aus Ithaca [...] vorstellet / wie Die Königl. Und Fürstl. Printzen vermittelst eines anmuthigen Weges zur Staats-kunst und Sitten-Lehre anzuführen.* Die Mentor-Gestalt wurde von da an zum festen Bestandteil der Gattung. Johann Michael von Loëns *Der redliche Mann am Hofe* (1742) ist ein solcher Mentor; der Roman schließt sich schon in seiner Vorrede an *Kyros* und *Telemach* an. Wieland hoffte aufgrund seines Romans *Der goldene Spiegel oder Die Könige von Scheschian* (1772) zum »Gehülfen« Josephs II. »in dem glorreichen Werke, ganze Nationen zu bilden«, berufen zu werden, und wurde dann immerhin Prinzenerzieher in Weimar. Auch Albrecht von Hallers *Usong. Eine morgenländische Geschichte* (1771) wurde als »nouveau Télémaque« rezipiert. Eine andere Staatsform als der Absolutismus schien in Deutschland bis tief ins 18. Jahrhundert hinein nicht denkbar, und wenn dem schon so war, wollte man wenigstens einen aufgeklärten und tugendhaften Herrscher.

GELLERT: *DAS LEBEN DER SCHWEDISCHEN GRÄFIN VON G****, 1747/48

Schnabels Buch ist geradezu das mustergültige Dokument einer Epochenablösung, indem die alte Absage an eine unvollkommene Welt in der neuen Utopie einer perfekten menschlichen Gemeinschaft im Diesseits »aufgehoben« erscheint. Dagegen wird Christian Fürchtegott Gellert (1715–1769) mit seinem anonym veröffentlichten Roman zum unfreiwilligen Muster eines Scheiterns. Um die Bewährung der inneren Tugend im Alltag in einem Roman zu gestalten, häuft er solche Ungeheuerlichkeiten an, dass einer Anekdote zufolge eine Inhaltsangabe um 1840 für eines der unsittlichsten Produkte des jungen Deutschlands gehalten wurde.

Die schwedische Gräfin G*** erzählt im Alter aus ihrem Leben und setzt diesen Bericht bewusst immer wieder von einem Roman ab, weshalb es zum Beispiel keine Entführungen zu berichten gebe. Als Waise einer adligen Familie wurde sie gegen die Konventionen der Mädchenbildung in allen Wissenschaften unterrichtet und heiratete mit 16 Jahren den schwedischen Grafen von G***. Als der im Krieg durch die Machenschaften eines der Heldin nachstellenden Prinzen zu Tode gekommen ist, flieht die Witwe nach Holland und heiratet dort seinen besten Freund, den sie wie den Verstorbenen liebt. Als aber der Totgeglaubte zurückkommt, gilt wieder die erste Ehe; der zweite Mann verzichtet gern und lebt als Hausfreund im Haushalt, zu dem auch noch die voreheliche Geliebte des Grafen und Mutter seiner Kinder gehört. Nach dem Tode des ersten Mannes, der auf die Rehabilitation durch den reuigen Prinzen und die Rückkehr in die große Welt verzichtet, macht der Prinz der schon immer von ihm geliebten Gräfin einen Heiratsantrag. Die aber will nun mit dem auf dem Sterbebett erteilten Segen des ersten Mannes die Ehe mit dem Hausfreund wieder aufleben lassen, welcher allerdings vor der erneuten Heirat stirbt.

Gegenbild zu diesem »Musterfall moralischer Planwirtschaft« (Martin Greiner) ist die jüngere Generation. In ihr kommt es zu Inzest, Freundesmord und Selbsttötung, weil man es nicht versteht, wie die Eltern auf das überall waltende »Verhängnis« – »ein Schicksal, das wir nicht erforschen können« – mit Gelassenheit, Tugend und Religiosität zu reagieren.

Die Blüte des Romans im
18. Jahrhundert

Die Wendung nach innen: Richardson und der Briefroman

Gellert hatte an Samuel Richardsons (1689–1761) *Pamela or Virtue Rewarded* (1740) die »Wendung nach innen«, die die größte Innovation im Roman des 18. Jahrhunderts darstellte, gründlich studieren können – er hatte Teile des Romans ins Deutsche übersetzt. Die inneren Konflikte, die allein die Romane Richardsons bestimmen, vermag Gellert aber nur durch Anhäufung äußerer Gräuel gewaltsam zu inszenieren, während sie sich bei dem Briten ganz zwanglos ergeben. In *Pamela* wie in *Clarissa, or, The History of a Young Lady* (1747/48) ist die Grundsituation gleich schlicht: Pamela/Clarissa lieben die durchaus liebenswerten Mr. B./Lovelace, die jedoch die ihrerseits von ihnen geliebten jungen Mädchen nicht heiraten wollen (Mr. B., aus Standesdünkel) oder dürfen (Lovelace, wegen des Widerstands von Clarissas Familie), sie aber dennoch durch Verführung zu besitzen trachten. In Pamelas Fall kommt es schließlich zur Ehe mit einem gewandelten B., in Clarissas Fall zu deren Tod nach ihrer Vergewaltigung durch Lovelace unter Drogeneinfluss.

Dass im einen Fall das Geschehen einen, im anderen vier stattliche Bände füllt – *Clarissa* ist eins der umfangreichsten Werke der gesamten englischen Literatur –, liegt an der neuen, von Richardson entwickelten Technik des Erzählens in Brief- bzw. in Tagebuchform. Richardson soll die Idee hierzu bei seiner Alltagsarbeit als Drucker und Verleger gekommen sein, als er einen »Briefsteller«, d. h. einen Band mit Musterbriefen, zusammenstellen wollte. Zum einen entspricht die Briefform der um die Jahrhundertmitte aufkommenden Ablehnung des »Romanhaften« oder »Romantischen«, das geradezu zum Synonym für Unwahrscheinliches und Märchenhaftes wird, und der Hinwendung zum Natürlichen. Dies zeigt sich schon an den jetzt in Mode kommenden Romantiteln wie »History of …«, »La Vie de …«, »Mémoires de …«, »Histoire vraie …« usw., die wie in Gellerts *Leben der schwedischen Gräfin von G****, Authentizität simulieren – und was könnte authentischer sein als eine Sammlung von Originalbriefen, die nicht einem Autor, sondern einem Herausgeber ihre Veröffentlichung verdanken? Von Zeitgenossen wurde *Clarissa* auf diese Weise gelesen – man fuhr nach Hampstead, um den Ort ihrer Gefangenschaft aufzusuchen, so wie man bis heute zu den Stätten pilgert, an denen Goethes Werther (s. S. 58 ff.) gelitten haben soll.

Zugleich ermöglicht der Brief aber auch die Dominanz des Inneren über das Äußere, des Intimen über das Öffentliche. Briefe schreibt wohl eher der, dem der Mangel an äußeren Erlebnissen und Zerstreuungen Zeit dafür lässt. Fiktionale Briefwechsel wie die Richardsons haben ihre Parallele in den Korrespondenzen der Zeit, die das Intime öffentlich machen, Briefroman und empfindsame Korrespondenz beeinflussen sich dabei wechselseitig. Der Empfindsame im Roman wie in der Wirklichkeit schreibt seine Briefe, weil er in seiner eigenen Umgebung »unverstanden« ist. Das Wort »verstehen« erhält jetzt, nicht zuletzt durch die Romane, seine empathisch ganzheitliche Bedeutung. Andere empfindsame Seelen dürfen an solchen »Seelenbesuchen«, wie die Briefe nun genannt werden, durchaus teilnehmen, bleiben sie doch in der empfindsamen Familie.

Bewirkt wird diese Konzentration auf das Seelische durch die Erzähltechnik. Jede Form der Ich-Erzählung bringt logisch die Verdoppelung des Ichs in ein schreibendes und ein erlebendes mit sich (s. dazu S. 113 f.). Im Brief- und im Tagebuchroman beträgt die zeitliche Distanz zwischen diesen beiden Tage oder Stunden und rückt den Zeitpunkt des Berichts so eng wie möglich an den des Erlebens heran, bleibt aber – außer in den seltenen Fällen, in denen der Schreibvorgang selbst im Schreiben kommentiert wird – selbstverständlich immer bestehen. Dies sei betont, weil in der Forschungsliteratur gelegentlich anderes zu lesen ist. Strukturell unterscheiden Brieffolge und Tagebuch sich nicht. Die lange von ihrem Möchtegern-Verführer gefangen gehaltene Pamela führt in dieser Zeit ein Tagebuch, das sie durchaus mit Anreden versehen und bei sich bietender Gelegenheit abschicken kann. Ein Unterschied besteht also höchstens inhaltlich in Bezug auf den Adressaten – das Tagebuch führt man eher für sich, der Brief will einem anderen etwas mitteilen. Erst Henry James wird weit über hundert Jahre später im Experimentieren mit dem personalen Erzählen an die im fiktiven Brief erreichte Intensität in der Darstellung seelischer Vorgänge anknüpfen können (s. S. 110 f.).

Besteht der erste und in fünf Auflagen selbstständig veröffentlichte Teil der *Pamela* wie der spätere *Werther* nur aus Briefen einer Person, so führen Clarissa und ihr geliebter und gehasster Gegenspieler Briefwechsel, die noch durch Briefe aus ihrer Umgebung ergänzt werden. In ihnen lässt Richardson das Urdrama zwischen Gott und Teufel aus der *Hiob*-Dichtung im *Alten Testament* wie aus den Dichtungen Miltons ablaufen, in dem die irdisch scheiternde Clarissa in Ewigkeit triumphiert, während Lovelace zur Hölle verdammt wird. Dieser Verkündigungscharakter eines der Unterhaltung dienenden weltlichen Romans war von seinem Autor durchaus intendiert und zeugt für einen Medienwandel, den Richardson selbst im Nachwort konstatiert: Sein Roman predige den Sieg des fest in Gott Gegründeten in extremis, während der, der sich allein auf menschliche Klugheit und Weisheit verlasse, sub specie aeternitatis notwendig scheitere. Diese Wahrheit könne aber nur gepredigt und nicht bewiesen werden und deshalb sei solch eine Predigt eine wichtige Aufgabe des Romans in der heutigen Zeit, in der die Kanzel selbst ihre frühere Bedeutung weitgehend verloren habe. Dass in der Tat im zweiten Drittel des 18. Jahrhunderts lange und kunstvolle Predigten in literaturfernen Regionen und Bevölkerungskreisen vor allem als Medium literarischer Ästhetik galten, zeigt u. a. Karl Philipp Moritz' Anton Reiser, dessen literarische Bildung mit dem kritischen Hören von Predigten beginnt, um dann über das Lesen von Dramen weiter zum Roman zu führen (s. S. 61).

Der europäische Briefroman

Rousseau: *La nouvelle Héloïse*, 1761

»Richardson gehört so gut in die Geschichte des deutschen wie in die des englischen Romans«, urteilt Erich Schmidt zu Recht in seinem Standardwerk *Richardson, Rousseau und Goethe* (1875). Hunderte von Briefromanen entstanden nach seinem Vorbild, von denen Jean-Jacques Rousseaus *Lettres de deux amans, habitans d'une petite ville au pied des Alpes* (›Briefe zweier Liebender aus einer kleinen Stadt am Fuße der Alpen«, 1761), nach dem Schmutztitel der Erstausgabe auch *La nouvelle Héloïse* genannt, und Goethes *Leiden des jungen Werthers* (1774) selbst zu international rezipierten Klassikern wurden.

Rousseau erweist sich in seiner Geschichte der in Resignation und letztlich Tragik endenden Liebe eines Hauslehrers zu seiner Schülerin selbst als Gegner der Romane. So wie er in seinem Erziehungsroman *Émile ou de l'éducation* (1762) seinem Zögling nur Defoes *Robinson Crusoe* zu lesen geben will, wettert er in der *Nouvelle Héloïse* gegen die Lektüre von Liebesromanen, weil sie durch das Imaginierte den Leser seiner Wirklichkeit entfremdeten. Das junge Mädchen, das nach ihnen greift, werde nicht durch sie verdorben – es sei es schon. Er kenne nichts Unsinnigeres als die Idee, durch geeignete Romane der Jugend nützen zu wollen. Das sei dasselbe, als stecke man ein Haus in Brand, um die Feuerwehr zu beschäftigen.

Antiempfindsame Romane der Richardson-Schule

Führten Rousseau und Goethe den von Richardson eingeschlagenen Weg nach innen fort, so bedienten sich auch erklärte Gegner der Empfindsamkeit der neuen Form. Choderlos de Laclos' *Liaisons dangereuses* (1782) nutzen bei ihrer intellektualistischen Zerstörung aller empfindsamen Tugendideale Richardsons Muster als Negativfolie, ähnlich wie der Marquis de Sade in seinen Romanen bewusst vom »Unglück der Tugend« berichtet (*La nouvelle Justine*, 1797), während bei Richardsons *Pamela* ausdrücklich von der »belohnten Tugend« die Rede war.

Ausgerechnet einer der letzten – und schönsten – Romane der Aufklärung bedient sich der Briefform: Christoph Martin Wielands *Aristipp und einige seiner Zeitgenossen* (1800/02). Wieland nutzt darin die Multiperspektivik einer fiktiven Briefsammlung um den Sokratesschüler Aristipp, um auf diese Weise die Philosophenschulen, die sich auf Sokrates berufen und hinter denen die aus Wielands eigener Zeit durchschimmern – so spekuliert z. B. Platon über das Kant'sche »Ding an sich« – im wechselseitigen Widerspruch zu relativieren. Wo bei Richardson die Multiperspektivik in einer Wahrheit, dem Triumph der Tugend, konvergieren sollte, demonstriert sie bei Wieland über 50 Jahre später die Koexistenz von Wahrheiten – die abstrakte Wahrheit gibt es nicht. An ihrer Stelle wird Aristipps »nach edeln Grundsätzen geführtes und mit sich selbst übereinstimmendes Leben mehr wahre Philosophie lehren, als wenn er eine Wissenschaftsbude auf dem großen Markt von Cyrene aufschlüge.«

La Roche: *Fräulein von Sternheim*, 1771, und Goethe: *Werther*, 1774

Sophie von La Roches *Geschichte des Fräuleins von Sternheim. Von einer Freundin derselben aus Original-Papieren und anderen zuverlässigen Quellen gezogen*, 1771 von ihrem früheren Verlobten Wieland herausgegeben und mit Fußnoten versehen, stellt sich mit einer der *Clarissa* vergleichbaren Liebesintrige in die empfindsame Tradition. Dem Roman war in Deutschland als nationale Antwort auf Richardson, noch dazu als Geschichte einer Frau von einer Frau, ein außerordentlicher Erfolg beschieden.

Als absoluter Höhepunkt der wahrhaft europäischen Reihe »Richardson, Rousseau und Goethe« gilt bis heute weltweit *Die Leiden des jungen Werthers*, einer der wenigen deutschen Welterfolge auf dem Gebiet des Romans überhaupt. Das im September 1774 bei Weygand in Leipzig erschienene Werk nennt keinen Verfasser; dem zeitgenössischen Leser begegnet lediglich ein Herausgeber, der angibt, »mit Fleiß gesammelt« und veröffentlicht zu haben, »was ich von der Geschichte des armen Werther nur habe auffinden können«. Da es sich innerhalb dieser Fiktion um reale Dokumente handelt, kommentiert der Herausgeber aus Schonung vorgenommene Änderungen in Fußnoten und ergänzt Lücken in der Überlieferung aus eigenen Recherchen. Vor allem verdankt sich ihm die Einteilung des Briefkorpus in zwei Teile; der erste enthält die Briefe vom 4. Mai bis zum 10. September 1771, der zweite umfasst nach raffend wiedergegebenen Zeugnissen aus Herbst, Winter und Frühjahr 71/72 im Wesentlichen Herbst und Winter 1772; und die beiden Teile verhalten sich zueinander wie Frühling und Sommer zu Herbst und Winter: »Wie man eine Hand umwendet, ist es anders mit mir«, heißt es programmatisch am 21. August 1772.

Der Herausgeber gibt in seinem Vorwort auch die Art der Lektüre vor: Das Buch, dessen Figuren ausnahmslos einfühlend,

identifikatorisch – »sympathetisch« (29. Julius) – lesen, in dem
Werther so exklusiv wie emphatisch »in meinem Homer« liest
(12. May), will selbst so gelesen werden: »Und du, gute Seele, die
du eben den Drang fühlst wie er, schöpfe Trost aus seinen Leiden,
und laß das Büchlein deinen Freund sein, wenn du aus Geschick
oder eigener Schuld keinen nähern finden kannst.« Die Form unterstreicht den Authentizitätsanspruch des Stoffes; Dichtung sollte und wollte nicht länger »Kunst«, sondern »erlebt«, »natürlich«,
»authentisch« sein, das bis dahin preisend gemeinte »künstlich«
wurde jetzt pejorativ gebraucht. Mit *Die Leiden des jungen Werthers*
beginnt eine bis zu Hermann Hesses Romanen und in ihren Aus-
läufern noch bis zu Peter Handkes Gemeinde reichende Form des
Lesens, bei der Literatur vor allem als Lebenshilfe eine wichtige
Funktion im Seelenhaushalt bekommt.

Herbert Schöffler hat den *Werther* »in unserer neuzeitlichen
Geistesgeschichte« geradezu als den »Urfall eines Leidens und
Sterbens, in dem diesseitiger Wert entscheidet«, bezeichnet, als
»die erste nichtdualistische Tragödie unserer Geistesentwick-
lung«. In einer Welt, der die bis dahin selbstverständliche tran-
szendente Dimension um 1770 sozusagen schlagartig abhanden
gekommen ist, erhofft ein Individuum stattdessen unendliche
Befriedigung im irdischen Diesseits – und scheitert. Es sucht sie
in der Natur, in der Dichtung, im einfachen Leben, auf Reisen,
in der Liebe, in der erstmals in der Literatur mit Rousseau nos-
talgisch gesehenen Kindheit und, für Werther bezeichnend,
ganz zuletzt auch in einer beruflichen Tätigkeit. Als ihm statt einer Erfüllung überall wie seinem Vetter Faust im Drama mit seinem Namen nur ein »Entbehren sollst du! Sollst entbehren!«
(V. 1549) entgegenklingt, stirbt er lieber, als zu »resignieren«
(24.12.1771); er erschießt sich eher, als mit dem reifen Goethe den
Imperativ »Entsage!« zu akzeptieren.

Gesteigert wurde der dem Werk immanente Anspruch auf
Authentizität dadurch, dass die Leser ihn von Anfang an über
die Buchdeckelgrenze hinweg ausdehnten und den »Werther«
als Schlüsselroman lasen – schon Richardsons *Clarissa* war an-
satzweise so gelesen worden. Dem *Werther* lagen nun »wahre«
Geschehnisse und Erlebnisse zugrunde; der Selbstmord Karl
Wilhelm Jerusalems, des Sohnes eines der prominentesten evan-
gelischen Geistlichen der Zeit, war ein deutschlandweit beach-
teter Skandal gewesen. Was im Roman war Jerusalems Schick-

sal, was von Goethe erlebt, was »gedichtet«? In seiner Mischung aus fiktiver Authentizität und scheinbar naiver Kunstfülle, aus »slice of life« und Welthaltigkeit, Gefühl und Intellektualität, mit seinem mitreißenden Tempo und seiner überaus dichten Symbolik machte der schlanke Roman europaweit Furore, wurde sein so gar nicht heldenhafter Held zum Repräsentanten eines entgötterten Zeitalters und sein fiktionales Leidensprotokoll zum Kultbuch einer plötzlich gottlosen Jugend in einer plötzlich gottverlassen in einem unendlich leeren Raum kreisenden Welt. Hatten Romane bislang Normen gesetzt und ihre Leser in diese eingeübt und so ihre Lektüre gerechtfertigt, so gilt, so drastisch sie klingt, für den *Werther* erstmals die als Motto unserm Buch vorangestellte Definition von David Foster Wallace: »Fiction's about what it is to be a fucking human being« – ›Im Roman geht es immer nur darum, was es heißt, Scheiße nochmal ein menschliches Wesen zu sein.‹

Das Werk löste vor allem in England eine Flut von Bildern aus, geritzt in Gläser und gemalt auf Tellern und Tassen und in Kupferstichen gedruckt; Napoleon soll den Roman achtmal gelesen haben und führte ihn in seiner Feldbibliothek mit, in der er neben Rousseaus *Nouvelle Héloïse* stand. Literarisch bedeutende Nachfolger hat er nicht gefunden, dafür war er wohl zu geschlossen, zu vollkommen – nur das Unzulängliche sei produktiv, hat sein Verfasser einmal gesagt.

Die eine Zeit lang bei bundesrepublikanischen Deutschlehrern beliebte moderne Adaptation Ulrich Plenzdorfs, *Die neuen Leiden des jungen W.* (1972), erhebt den geradezu blasphemischen Anspruch, Werthers Leiden an einer das Ich nie restlos befriedigenden diesseitigen Welt würden schon bald vom sich nach den Gesetzen des Marxismus/Leninismus unaufhaltsam entwickelnden Sozialismus endgültig befriedigt – eine Pointe, die über dem vordergründigen Jeans- und Jazzkult sowohl von den vielen enragierten konservativen Kritikern in der DDR wie von den noch zahlreicheren westlichen Anbetern schlicht übersehen wurde.

Moritz: *Anton Reiser*, 1786

Völlig aus der geistigen, seelischen und sozialen Situation des Empfindsamen heraus geschrieben sind die ersten drei Bücher des *Anton Reiser. Ein psychologischer Roman* (1786) von Karl Philipp Moritz (1756–1793); das vierte, 1790 erschienen, nimmt eine Sonderstellung ein; das gesamte Werk blieb Fragment. Moritz, Begründer einer »Erfahrungsseelenkunde« (d. h. einer empirischen Psychologie), projiziert leidvoll Selbsterfahrenes und mit wissenschaftlichem Interesse an sich selbst Beobachtetes auf die Romanfigur Anton Reiser. Der Held ist in seiner kleinbürgerlichen, noch dazu von einer lebensverneinenden Sekte deformierten Umwelt völlig isoliert. Er fühlt sich »von der Wiege an unterdrückt« und dadurch »in eine idealische Welt verdrängt«, die er, beginnend mit den über einstündigen, wie Kunstwerke rezipierten Predigten der verschiedenen Hannoveraner Geistlichen über Edward Youngs lyrische *Nachtgedanken*, Shakespeares Dramen bis zu Goethes *Werther* sich nach und nach erliest und erschließt. In der Literatur findet er sich »gleichsam mit allen seinen Empfindungen und Gesinnungen wieder, welche in die wirkliche Welt nicht paßten«. Je mehr er so innerlich wächst, als umso drückender muss er seine äußeren Verhältnisse empfinden – das typisch empfindsame Missverhältnis zwischen einem hypertrophen Inneren und der in Moritz'/Reisers Fall extrem bedrückenden Außenwelt. Fast zwingend muss ihm da das Theater als Ausweg erscheinen, »als die eigentliche Phantasienwelt sollte« es »ihm also ein Zufluchtsort gegen alle diese Widerwärtigkeiten und Bedrückungen sein«.

Mit dem betrügerischen Konkurs des Prinzipals einer Wandertruppe, bei der er engagiert ist, bricht das Werk ab. Sein Autor jedoch arbeitete sich dank seiner außerordentlichen Gaben mühsam aus den schlimmsten Widrigkeiten heraus. Auf einer Italienreise gewann er die Freundschaft und Förderung Goethes. Im danach erschienenen vierten Band hat der Autor seine empfindsame Phase überwunden, was dieses Buch zu einem nahezu singulären Dokument macht: Ein nicht empfindsamer Autor berichtet über seine eigene, erst kurz zurückliegende empfindsame Phase und entlarvt sie zum Teil als lektüregesteuerte Inszenierung. Bei Ulla Hahns Bericht über ihre erst anarchisch studentenbewegten, dann orthodox stalinistischen Jugendjahre wird uns ähnliches begegnen (s. S. 225).

Hölderlin: *Hyperion oder der Eremit in Griechenland*, 1797/99,
und Rilke: *Aufzeichnungen des Malte Laurids Brigge*, 1910

1797 und 1799 erscheint in je zwei Bänden Friedrich Hölderlins
Briefroman als Nachzügler und zugleich Erneuerer der empfindsamen Strömung. Hyperions monoperspektivische Briefe
sind gleichsam in sich gedoppelt: Zum einen erzählt der Schreiber darin portionsweise die abgeschlossen hinter ihm liegende
Vorgeschichte, den Verlauf und das Scheitern des griechischen
Aufstands gegen die Türken von 1770, zum anderen erscheinen
in diesem Spiegel zugleich die deutschen vorrevolutionären Verhältnisse und die Französische Revolution. Indem Hyperion das
bei Beginn seines Schreibens noch nicht bewältigte aufwühlen-
de Geschehen für und durch sein Erzählen ordnet, findet er
während des Schreibvorgangs zur inneren Ruhe zurück. Jeder
Brief ist damit zugleich Kapitel einer abgeschlossenen, zurück-
liegenden äußeren Handlung und auf der Schreibebene Station
eines inneren Prozesses, an dessen Ende die romantische Erkenntnis steht: »Wie der Zwist der Liebenden sind die Dissonan-
zen der Welt. Versöhnung ist mitten im Streit und alles Getrennte findet sich wieder.« Hölderlin berührt sich hier mit dem von
Novalis zur selben Zeit geplanten utopischen Schluss des *Heinrich von Ofterdingen* (s. S. 80).

Fast genau einhundert Jahre später nimmt Rainer Maria Rilke (1875–1926) Hölderlins Verfahren wieder auf und radikalisiert
es im ersten konsequent modernen Roman der deutschen Literatur, *Die Aufzeichnungen des Malte Laurids Brigge* (1910). Es handelt sich um das Tagebuch eines 28-jährigen Dänen – Rilkes Alter bei Beginn der Arbeit am Roman –, der sich, ohne ein rechtes
eigenes Werk vorweisen zu können, als Schriftsteller begreift. In
65 Eintragungen reflektiert er zum einen seine Gegenwart und
notiert zum anderen Fragmente aus seiner Kindheit und Jugend.
Direkteste Parallele hierzu und wohl auch Vorbild ist Hölderlins
Hyperion. Während Hölderlins Helden aber der Briefcharakter
seiner Aufzeichnungen zur sachlich und chronologisch geord-
neten Mitteilung der Vergangenheit zwingt, ruft Malte diese im
Tagebuch lediglich wirr und assoziativ auf, sodass sie weder be-
wältigt werden kann noch in eine fruchtbare Spannung zur Gegenwart tritt. Gegenwart und Vergangenheit schaukeln sich so
wie zwei gleichartige Schwingungen aneinander auf bis die Re-

sonanzkatastrophe droht. Hier bricht das Buch ab. In einem Brief vom Februar 1912 warnt Rilke: »Wer der Verlockung nachgibt und diesem Band parallel geht, muß notwendig abwärts kommen«; man müsse das Werk »gewissermaßen gegen den Strom zu lesen unternehmen.« Genauso hat Goethe Johann Caspar Lavater gegenüber seinen *Werther* bewertet: »Historiam morbi zuschreiben, ohne unten angeschriebene Lehren, a. b. c. d. – sagte mir einst *Göthe*, da ich ihm einige Bedenklichkeiten über seinen *Werther* an's Herz legte –, ist tausendmal nüzlicher, als alle noch so herrliche Sittenlehren, geschichtlich oder dichterisch dargestellt: ›Siehe das Ende dieser Krankheit ist Tod! Solcher Schwärmereyen Ziel ist Selbstmord!‹ Wer's aus der Geschichte nicht lernt, der lernts gewiß aus der Lehre nicht.«

FIELDING UND DER MODERNE AUKTORIALE ROMAN

Führten Richardson und seine direkten Nachfolger die Darstellung des menschlichen Inneren zu einer bis dahin nicht gekannten Intensität, so entstand zur selben Zeit auch die Neufassung des alten Abenteuerromans in direkter Auseinandersetzung mit Richardson unter Rückgriff auf Cervantes. Henry Fielding (1707–1754) reizte die von ihm als Heuchelei empfundene Tugendhaftigkeit von Richardsons Heldin Pamela dermaßen, dass er sich bereits 1741 in der kurzen Satire *An Apology for the Life of Mrs. Shamela Andrews* darüber lustig machte. Als Parallelgeschichte legte er im folgenden Jahr einen Roman über Pamelas Bruder vor, *Die Geschichte von den Abenteuern Joseph Andrews' und seines Freundes, des Herrn Abraham Adams. Geschrieben nach der Art des Cervantes, des Verfassers von »Don Quijote«.* Im Vorwort und in zahlreichen theoretischen Reflexionen in den Kapiteleinleitungen entwickelt er an Cervantes und den homerischen Epen als Vorbild eine neue Form, die er »komisches Prosaepos« nennt – »komisch« auch im Sinn der alten Stillehre, die damit im Gegensatz zum »hohen« idealistischen (im Sinne von »die Welt, wie sie sein soll«) den »niederen« realistischen Stil (d. h. »die Welt, wie sie ist«) bezeichnete; denn Fielding will im Gegensatz zu Richardson »Bilder aus dem Leben« zeichnen.

Aus diesen Ansätzen formt Fielding 1749 *The History of Tom Jones, a Foundling* als das, was man später »den großen englischen (wahlweise: amerikanischen, deutschen) Roman« nennen sollte: das Gemälde einer ganzen Epoche im Gewand eines unterhaltsamen Romans, wie es Cervantes für das Spanien seiner Zeit in Ansätzen geleistet hat. Buch 1–6 schildert das Leben auf dem Lande, Buch 7–12 die Abenteuer auf der Landstraße und Buch 13–18 das Leben in London. Die Gattungsbezeichnung »History« reiht sich bewusst in das neue Authentizitätsstreben ein, das sich betont vom »Roman«-haften der traditionellen Unterhaltungsliteratur absetzt. Dafür bedient er sich jedoch nicht einer der Authentizität fingierenden Varianten der Ich-Erzählung, sondern baut den auktorialen Erzähler des Cervantes theoretisch in den die Bücher einleitenden Kapiteln wie praktisch in seinem Erzählen weiter aus, »denn da ich in Wahrheit der Entdecker einer neuen Erzähldomäne bin, steht es mir frei, darin die mir genehmen Gesetze zu erlassen«. Fieldings auktorialer Erzähler inszeniert die Handlung, rafft oder dehnt sie nach Belieben und verfügt grundsätzlich nach Gutdünken über die Zeit, die er erstmals theoretisch wie praktisch nach dem differenziert, was der Literaturwissenschaftler Günther Müller später »Erzählzeit« und »erzählte Zeit« nennen wird. Thomas Manns zahlreiche Zeitexkurse im *Zauberberg* (1924) stehen so auf Fieldings Schultern, wie auch die Mentoren von Manns Protagonisten Hans Castorp, Naphta und Settembrini, nicht ohne Tom Jones' Lehrer, den orthodoxen Pfarrer Thwackum und den Tugendphilosophen Square, denkbar sind. Überhaupt ist die gesamte auktoriale Erzähltradition Europas von Wieland und Nicolai über Dickens und Raabe bis zu Musil und Mann Fielding und Cervantes verpflichtet. An unmittelbaren Nachfolgern ist neben Wielands Romanen der Roman *Das Leben und die Meinungen des Herrn Magister Sebaldus Nothanker* (1773–1776) von Friedrich Nicolai (1733–1811) zu nennen.

Sterne: *Tristram Shandy*, 1759–1767, und der »verwilderte Roman«

Nicolais Titel spielt dabei auf die nach Richardsons Briefroman und Fieldings auktorialem Roman dritte epochemachende Neuerung der britischen Romanliteratur kurz nach der Jahrhundertmitte an, auf Laurence Sternes (1713–1768) *The Life and Opinions* of *Tristram Shandy, Gentleman* (*Leben und Meinungen des Herrn Tristram Shandy*, 1759–1767). Während Richardsons Romanform völlig innovativ ist und Fielding an Cervantes' auktorialen Roman anknüpft, dient Sterne der Picaroroman als Vorbild. Der Held erzählt sein eigenes Leben »ab ovo« – Horaz wird dazu zitiert –, in diesem Fall sogar wortwörtlich, denn er beginnt mit dem Moment seiner Zeugung. Vom weiteren Leben jenseits der Geburt – nach einem Drittel der Erzählzeit – und der Taufe – nach weiteren fünfzig Seiten – erfahren wir dann nicht mehr viel; nach zwei Romandritteln bekommt der Erzähler und Protagonist seine ersten Hosen und ist dann plötzlich ein junger erwachsener Reisender in Frankreich. Der angekündigte Lebensroman wird streckenweise zum Roman über die Unmöglichkeit, einen Lebensroman zu schreiben: Nachdem Tristram Shandy ein Jahr für das Erzählen seines ersten Tages gebraucht hat und bereits mitten im vierten Band steckt, hätte er jetzt, abgesehen vom ohnehin noch zu schildernden bisherigen Leben nach dem ersten Tag, theoretisch diese über dem Schreiben verbrachten 365 Tage zusätzlich in 365 × 4 weiteren Bänden zu beschreiben. Statt wie andere Schriftsteller voranzukommen, wird er ständig zurückgeworfen – »je mehr ich schreibe, desto mehr habe ich zu schreiben«. Knausgård wird diesem Problem begegnen, indem er in seinem Lebensroman parallel zum Schreiben des Vergangenen sein Leben während des Schreibens, vor allem als Familienleben, gleich mit erzählt (s. S. 216). Die außergewöhnliche Diskrepanz zwischen der Erzählzeit von einem Jahr und der erzählten Zeit von einem Tag liegt an Sternes Erzähltechnik der ständigen Abschweifungen (»digressions«), die einander fortzeugend gebären. Hielt bei Cervantes oder im Picaroroman die Gestalt des Helden die Episoden zusammen, verband sich Richardsons Erzählen zu einem tragischen und Fieldings zu einem komischen Drama, so ist bei Sterne das Erzählen der Gegenstand des Erzählens. Exakt zur selben Zeit, da Lessing in seinem *Laokoon* dem Erzählen die konsekutiven Zeichen in der Zeit zuweist, gestaltet Sterne die Unmöglichkeit, konsekutiv, d. h. nacheinander erzählend den tausend koexistierenden Fakten des alltäglichen Lebens in ihren Verästelungen gerecht zu werden und lässt seinen Erzählerhelden konstatieren, wie viele Kapitel und Buchseiten lang sich in seinem Bericht nun schon sein Vater und sein Onkel Toby bei einem kurzen Gang eine Treppe hinunter unterhalten – ein Scherz, der fast wörtlich in Jean Pauls *Titan* oder Immermanns *Münchhausen* wiederholt wird. Aber auch sonst wird mit der Medialität des Erzählens gespielt. So wird etwa das Vorwort erst im dritten Band nachgeliefert; leere Seiten sollen es dem Leser ermöglichen, das Bild der Witwe Wadman nach eigener Laune zu zeichnen. Mehrere Kapitel bestehen nur aus einem Satz, eines gar nur aus einem schwarzen Quadrat; verschlungene Linien sollen die digressive Art des Tristram-Sterne'schen Erzählens in den verschiedenen Büchern veranschaulichen.

Als dann die für das spätere 19. Jahrhundert typische Konsolidierung des Romans einsetzte, geriet Sterne in Misskredit; entgegen seinem mutwillig zerstörerischen Spiel wurde nun wieder Fieldings größere Geschlossenheit in der Romankunst etwa von Thackeray als vorbildlich empfunden. Erst das ebenfalls das auflösende Spiel mit der Gattung bevorzugende 20. Jahrhundert hat Sterne erneut als einen der ganz großen Meister der Gattungsgeschichte gewürdigt. Günter Grass hat ihm in der *Blechtrommel* mehrfach in verdeckten intertextuellen Anspielungen ein Denkmal gesetzt und ihm in *Dummer August* 2006 das Gedicht »Ich lese« gewidmet, und Grass' Schüler Salman Rushdie zeigt sich in *Midnight's Children* (1981) sowohl von Grass' *Blechtrommel* wie von dessen Anreger Sterne gleichermaßen beeinflusst.

Ohne die Anschauung des Sterne'schen opus maximum wäre 30 Jahre später Friedrich Schlegels Theorie zur »Poesie in Berührung mit der Philosophie und Rhetorik«, zur »Mischung und Verschmelzung von Poesie und Prosa, Genialität und Kritik, Kunstpoesie und Naturpoesie«, zu »Füllung und Sättigung aller Formen der Kunst mit gediegenem Bildungsstoff jeder Art« nicht denkbar, und das alles »immer wieder in Reflexion potenziert« und »wie in einer endlosen Reihe von Spiegeln vervielfacht«.

Das 19. Jahrhundert

Die Sterne-Schule und ihr Chefideologe: Friedrich Schlegels Theorie eines Romans der »Transzendentalen Buffonerie«

Im *Tristram Shandy* erreichen die experimentellen Auflösungs-erscheinungen des Romans, die für die zweite Hälfte des 18. Jahrhunderts typisch sind, ihren frühen Höhepunkt. Sie zeigen sich ebenfalls in Denis Diderots *Jaques le fataliste et son maître (Jakob, der Fatalist, und sein Herr,* entstanden 1773–1775), in Jean Pauls Romanen, wie etwa im *Hesperus oder 45 Hundsposttage* (1795 – ein Spitz überbringt in einer Kürbisflasche am Halsband in 45 Lieferungen dokumentarische Materialien, aus denen der Autor dann Kapitel für Kapitel seinen Roman verfertigt), in Brentanos *Godwi oder Das steinerne Bild der Mutter. Ein verwilderter Roman von Maria* (1802), in den anonymen *Nachtwachen. Von Bonaventura* (1804), in E. T. A. Hoffmanns *Lebensansichten des Katers Murr nebst fragmentarischer Biographie des Kapellmeisters Johannes Kreisler in zufälligen Makulaturblättern* (1820/22) und in Immermanns *Münchhausen. Eine Geschichte in Arabesken* (1838/39); als verspäteter Ausreißer wäre noch Friedrich Theodor Vischers *Auch Einer* von 1878 zu nennen. Solange ein solches Spiel mit der Form en vogue war, solange wurde auch Sternes Vorbild geradezu abgöttisch verehrt. In seiner theoretischen wie praktischen Unabschließbarkeit – »the more I write, the more I shall have to write« – wird Sternes Fragment zum Vorbild der romantischen Fragmente, die gerade in ihrer unabschließbaren Offenheit vollendet sind. Im Gegensatz zu echten, durch Entstehungsumstände und Überlieferungsverluste bedingten Fragmenten hat der Literaturwissenschaftler Dieter Buxdorf für die Gattung des romantischen aphoristischen Fragments, etwa bei Friedrich Schlegel oder Novalis, die Bezeichnung »Fragmentsimulat« vorgeschlagen – sie wäre auch für Sternes *Tristram Shandy* und für Romane wie Tiecks *Franz Sternbalds Wanderungen*«, Achim von Arnims *Die Kronenwächter* (1817) oder etliche Werke Jean Pauls in Erwägung zu ziehen, wurden sie doch dem oft noch Jahrzehnte währenden Leben ihrer Autoren zum

Trotz nie abgeschlossen und stattdessen von ihnen selbst mit ihren oft jähen Abbrüchen immer wieder in Gesamtausgaben aufgenommen.

Neben Rabelais und Sterne werden Cervantes' Spiel mit Tradition, Innovation und dem Erzählen überhaupt im *Don Quijote*, Fieldings sich selbst ironisierender auktorialer Erzähler und vor allem Goethes soeben erschienener und von Schlegel über jedes Maß hinaus bewunderter *Wilhelm Meisters Lehrjahre* mit seiner Vereinigung von Epik, Lyrik und Drama (Hamlet-Inszenierung) und seinem Idealbild eines modernen Staats in den USA dem jungen Kritiker 1798 zum Vorbild und hervorragenden Anschauungsmaterial für sein Konzept einer »Progressiven Universalpoesie« – von ihm selbst im 116. Athenäums-Fragment in der Form des »Fragmentsimulats« vorgetragen, ergänzt im 42. Lyceums-Fragment:

>»Die romantische Poesie ist eine progressive Universalpoesie. Ihre Bestimmung ist nicht bloß, alle getrennten Gattungen der Poesie wieder zu vereinigen, und die Poesie mit der Philosophie und Rhetorik in Berührung zu setzen. Sie will, und soll auch Poesie und Prosa, Genialität und Kritik, Kunstpoesie und Naturpoesie bald mischen, bald verschmelzen, die Poesie lebendig und gesellig, und das Leben und die Gesellschaft poetisch machen, den Witz poetisieren, und die Formen der Kunst mit gediegenem Bildungsstoff jeder Art anfüllen und sättigen, und durch die Schwingungen des Humors beseelen. Sie umfaßt alles, was nur poetisch ist, vom größten wieder mehrere Systeme in sich enthaltenden Systeme der Kunst bis zu dem Seufzer, dem Kuss, den das dichtende Kind aushaucht in kunstlosen Gesang. Sie kann sich so in das Dargestellte verlieren, dass man glauben möchte, poetische Individuen jeder Art zu charakterisieren, sei ihr eins und alles; und doch gibt es noch keine Form, die so dazu gemacht wäre, den Geist des Autors vollständig auszudrücken: so daß manche Künstler, die nur auch einen Roman schreiben wollten, von ungefähr sich selbst dargestellt haben. Nur sie kann gleich dem Epos ein Spiegel der ganzen umgebenden Welt, ein Bild des Zeitalters werden. Und doch kann auch sie am meisten zwischen dem Dargestellten und dem Darstellenden, frei von allem realen und idealen Interesse auf den Flügeln der poetischen Reflexion in der Mitte schweben, diese Reflexion immer wieder potenzieren und wie in einer endlosen Reihe von Spiegeln vervielfachen. Sie ist der höchsten und der allseitigen Bildung fähig; nicht bloß von innen heraus, sondern auch

von außen hinein; indem sie jedem, was ein Ganzes in ihren Produkten sein soll, alle Teile ähnlich organisiert, wodurch ihr die Aussicht auf eine grenzenlos wachsende Klassizität eröffnet wird. Die romantische Poesie ist unter den Künstlern, was der Witz der Philosophie und die Gesellschaft, Umgang, Freundschaft und Liebe im Leben ist. Andere Dichtarten sind fertig und können nun vollständig zergliedert werden. Die romantische Dichtart ist noch im Werden; ja das ist ihr eigentliches Wesen, daß sie ewig nur werden, nie vollendet sein kann. Sie kann durch keine Theorie erschöpft werden, und nur eine divinatorische Kritik dürfte es wagen, ihr Ideal charakterisieren zu wollen. Sie allein ist unendlich, wie sie allein frei ist und das als ihr erstes Gesetz anerkennt, daß die Willkür des Dichters kein Gesetz über sich leide. Die romantische Dichtart ist die einzige, die mehr als Art und gleichsam die Dichtkunst selbst ist: Denn in einem gewissen Sinn ist oder soll alle Poesie romantisch sein.« (116. Athenäumsfragment)

»Es gibt alte und moderne Gedichte, die durchgängig im Ganzen und überall den göttlichen Hauch der Ironie atmen. Es lebt in ihnen eine wirklich transzendentale Buffonerie. Im Innern, die Stimmung, welche alles übersieht, und sich über alles Bedingte unendlich erhebt, auch über eigne Kunst, Tugend, oder Genialität: im Äußern, in der Ausführung die mimische Manier eines gewöhnlichen guten italiänischen Buffo.« (41. Lyceumsfragment)

Alle »verwilderten Romane« der romantischen Schule von Romanen Jean Pauls über Brentanos *Godwi*, Bonaventuras *Nachtwachen*, Achim von Arnims *Armut, Reichtum, Schuld und Buße der Gräfin Dolores*, E. T. A. Hoffmanns *Lebensansichten des Katers Murr* zu Immermanns *Münchhausen* wie seinen *Epigonen* und auch noch Friedrich Theodor Vischers *Auch Einer* atmen Schlegels Geist, dazu ein seltenes Zeugnis für die Fernwirkung deutscher Romane neben der Herkunft von Lawrence Sterne, Thomas Carlyles *Sartor resartus: The Life and Opinions of Herr Teufelsdröckh* (*Der neu geschneiderte Schneider*, 1834/35, Buchausgabe Boston 1836). Ein anonymer Herausgeber will das britische Publikum mit einer neuen Spezies deutscher Philosophie bekanntmachen. Die mit ernsthaften Elementen durchsetzte Persiflage auf deutsche Pedanterie, Wissenshuberei und Spekulation spielt zugleich mit Herausgeberfiktionen, Suchen nach dem wahren Verfasser und ähnlichen von Jean Paul und den deutschen Romantikern inspirierten Zügen. Das recht schwerfällige Werk war in England kein Erfolg, aber die 1836 mit einem Vorwort von Ralph Waldo Emerson in Boston erschienene Ausgabe wurde zum anhaltenden Erfolg in den USA und beeinflusste die sich entwickelnde amerikanische Literatur und die in Deutschland wenig bekannte Bewegung des neuenglischen Transzendentalismus.

Goethes Romane als Muster zukünftiger Entwicklungen

Wie schon zitiert – ist nur das Unzulängliche produktiv. Ganz in diesem Sinne hat Goethes *Werther* nur unbedeutende Nachfolger gefunden, und Goethe selbst hat ja auch nie einen Versuch gemacht, seinen mit weitem Abstand größten Erfolg zu wiederholen. Grundsätzlich hat Goethe in seinem gesamten Schaffen wohl als Erster dem Prinzip der Moderne gehuldigt, nach dem jedes Werk mit seiner Hervorbringung die Mittel verbraucht, mit denen es hervorgebracht wurde – letztes Beispiel für diesen ständigen Aufbruch des konzeptuellen Modernismus zu Neuem war im vorigen Jahrhundert Picasso. So hat Goethe nach dem *Werther* mit *Wilhelm Meisters Lehrjahre* 1795/96, den *Wahlverwandtschaften* 1809 und *Wilhelm Meisters Wanderjahre* 1829 drei völlig heterogene Romane vorgelegt, die, offener als die von der ersten Zeile an ästhetisch wie psychologisch unerbittlich aufs Ende zustürzenden *Leiden des jungen Werthers* in ihrer monomanischen Geschlossenheit, sich als anschlussfähig erwiesen und so entweder eine Flut von Nachahmungen auslösten oder für spätere Tendenzen als mustergültig empfunden wurden.

Wilhelm Meisters Lehrjahre – Vom Theaterroman zum Bildungs- und Gesellschaftsroman

Seit im Jahre 1910 im Nachlass der Zürcher Familie Schulthess eine Vorstufe zu *Wilhelm Meisters Lehrjahre* entdeckt wurde, sind wir über die Entstehung von Goethes musterhaftem Entwicklungs- wie Gesellschaftsroman bestens unterrichtet. *Wilhelm Meisters theatralische Sendung,* in den späten 1770ern und der ersten Hälfte der 1780er-Jahre entstanden, von Goethe nach der Umarbeitung zu den *Lehrjahren* vernichtet und nur in der Abschrift einer Abschrift durch zwei Damen zufällig erhalten, ist ein Theaterroman in der Tradition von Paul Scarrons *Roman comique* (1651–57), aber auch des neuen »komischen« Realismus Fieldings und seiner Schule. In einer losen Handlung werden zeitgenössische Theaterformen vorgeführt und diskutiert, Ziel der *Sendung* ist das in der Zeit viel diskutierte deutsche Nationaltheater – man denke an Lessings *Hamburgische Dramaturgie*, die von 1767 bis 1769 als kritische Begleitung eines solchen Projektes in Hamburg entstand. Diesen gemäß der Romantradition, in der schon Scarron stand und die Fielding fortführte, »niederen« Roman, »ab ovo« erzählt, formt Goethe unter steter, produktiv-kritisch fördernder Anteilnahme Schillers von 1794 bis 1796 zu den *Lehrjahren* um, einem »hohen« Roman. Die Änderung in Inhalt und Konzept zeigt sich schon in den unterschiedlichen Titeln – der Held ist jetzt nicht mehr für das Theater da, sondern das Theater für den Helden; es wird zur wichtigen Station seiner »Lehrjahre« und der Roman gleichzeitig zum »hohen« Roman: Statt »ab ovo« zu erzählen springt der Erzähler jetzt wie beim Epos nach Horaz' Vorschrift »medias in res«.

DER BUNDES- UND GENIUSROMAN

Den Lern- und Entwicklungsprozess aber verbindet Goethe mit der seit gerade einem Menschenalter entwickelten und hochaktuellen Form des analytischen Erzählens (s. S. 75 f.), und zwar in dessen Unterform des Bundesromans. Die im Staatsroman als *Kyrupädie*, als Erziehung zum vorbildlichen Herrscher vorgegebene Mentorrolle (s. S. 22) übernimmt ein Geheimbund oder ein unbekannter Drahtzieher mit seinen Helfershelfern. Seit der Denunziation der Jesuiten als eines papistischen Geheimbundes gewissenloser Finsterlinge und ihrem Verbot unter Papst Clemens IV. 1773 und den aufklärerischen Gegengründungen der Illuminaten und der verschiedenen Freimaurerlogen war das Thema auch in der Wirklichkeit virulent, wobei sich Bundesroman und politischer Geheimbund wechselseitig aufschaukelten. Geheimbundtheorien waren vor allem in konservativen Kreisen beliebt, wo man sich die plötzliche Empörung treuer Landeskinder gegen ihre liebevollen Landesväter nicht anders als durch Verschwörungen erklären konnte; so galten die Französische Revolution und der kometenhafte Aufstieg Napoleons vielen als die Machenschaften eines im Hinter- und Untergrund wirkenden allmächtigen Geheimbundes.

Schiller hatte einen solchen Geheimbund in *Der Geisterseher. Aus den Papieren des Grafen von O*** behandelt, erschienen in mehreren Fortsetzungen Anfang 1787 bis Ende 1789 in der Zeitschrift *Thalia* und leider Fragment geblieben. Eine katholische Organisation manipuliert als negativer Mentor den Prinzen eines in Deutschland regierenden Hauses, um ihn zum Katholizismus übertreten zu lassen und ihn dann später durch ein Verbrechen auf den Thron zu bringen.

Im populären Roman war das Thema außer von Schiller u. a. in Carl Friedrich August Grosses (1768–1847) *Der Genius. Aus den Papieren des Marquis C* von G*** (1790–1794) gestaltet worden. »Genius« heißt hier so viel wie »lenkender Schutzgeist, unsichtbarer Mentor«. Einem solchen begegneten die Zeitgenossen auch in Ludwig Tiecks Briefroman *Geschichte des Herrn William Lovell*, der 1795/96 in drei Bänden gleichzeitig mit *Wilhelm Meisters Lehrjahre* anonym erschien und in dem der Held sich am Ende als ahnungsloses Opfer eines zynischen Machtmenschen sieht, der sich als »Oberhaupt einer geheimen Gesellschaft« zum »rücksichtslosen Beherrscher der Menschen« machen wollte. In einem bislang leider noch unabgeschlossenen Kölner Dissertationsprojekt konnte eine ganze Reihe von Geheimnisromanen aufgespürt werden, die in ihrem Schema Parallelen zum *Wilhelm Meister* aufweisen und so, wenn nicht direkten »Einfluss«, so doch ein Zeitklima belegen, das sie wie auch Goethes *Meister*-Roman gezeitigt hat.

WILHELM MEISTER ALS BUNDES- UND ENTWICKLUNGSROMAN

Goethe benutzt nun eine Reihe von Gestalten, die unvermutet auftauchen und ebenso plötzlich verschwinden, oft merkwürdig viel über Wilhelm wissen, zusätzlich als »der Unbekannte«, »der Fremde« bezeichnet werden und die ihm immer wieder Anstöße auf seinem Lebensweg geben. Statt sich vorzeitig auf eine Lebensrolle – Gelehrter, Kaufmann, Beamter – festzulegen, soll Wilhelm sich selbst, ganz wie er da ist, ausbilden, was dem Bürger in der ständischen Gesellschaft des Ancien Régime, in dessen Endphase der Roman spielt, noch verwehrt ist. Goethe und sein Held nehmen so den qualitativen Individuumsbegriff auf, wie ihn Rousseau in seinen *Confessions* (1782–1788) einleitend formuliert hatte: Jeder Mensch ist von allen anderen völlig verschieden, stellt ein Unikat dar, zu dem die Natur nach dem Guss die Form zerbrochen hat.

Diese Ausbildung zur »Persönlichkeit«, wie das neue Schlagwort lautet, ist Wilhelms »dunkler Wunsch« »von Jugend auf«, die »Unbekannten« und »Fremden« stoßen also lediglich das an, was in ihm schon immer angelegt ist. Der Schauspielerstand, im »Urmeister« Gegenstand von Wilhelms »Sendung«, wird dabei zum bloßen Mittel. »Asozial« in jedem Sinne, wirkt er als Lösungsmittel für den Helden und bringt den jungen Bürger mit allen Ständen bis zu hohen Militärs und Vertretern eines ehemals regierenden Hauses in Kontakt. Der von Wilhelm so erreichte »Aufenthalt auf dem Adelsschloss« wird in der Folge zum festen Bestandteil aller »bürgerlichen« Bildungsromane bis hin zu Immermann, Gottfried Keller, Gustav Freytag und Friedrich Spielhagen.

Für die zeitgenössischen Leser waren aufgrund ihrer Kenntnis der in der Unterhaltungsliteratur populären Gattung des Bundesromans und der Gerüchte über das Bundeswesen und -unwesen die »Fremden« und »Unbekannten« im Roman unmittelbar als Abgesandte eines Geheimbundes oder eines »Genius« zu erkennen. Aus Schillers Briefen wissen wir, dass der Roman von ihm und seinem Jenenser Kreis in den von Goethe übersandten Teilen tatsächlich in dieser Weise als spannender Geheimnisroman gelesen wurde. Den unüberbietbaren Höhepunkt bildete dabei der Auftritt eines völlig Unbekannten als Geist in der »Hamlet«-Aufführung mit seiner Botschaft: »Zum letzten Mal: Flieh, Jüngling, flieh!«. Schiller schreibt am 15. Juni 1795 an Goethe: »Aus der Erscheinung des anonymen Geistes haben Sie so viel Partie zu ziehen gewußt, daß ich darüber nichts mehr zu sagen weiß. Die ganze Idee gehört zu den glücklichsten, die ich kenne, und sie wußten das Interesse, das darin lag, bis auf den letzten Tropfen auszuschöpfen. [...] Über die Person des Gespenstes werden so viele Hypothesen gemacht werden, als mögliche Subjekte dazu in dem Romane vorhanden sind.«

Dem Leser wird im Roman auf Wilhelms Weg so ständig »ein oberes Leitendes« signalisiert, wie es der Titel in seiner Spannung zwischen den »Lehrjahren« einerseits und dem Namen »Meister« andererseits schon verheißt. Mit dem Harfner und seiner in Blutschande gezeugten Tochter Mignon enthält der Roman zudem zwei Gestalten voll rätselhafter Faszination, die von Anfang an die Leser mehr beeindruckten als die etwas dröge und farblose Titelgestalt, von der ihr Schöpfer einmal als »Wilhelm Schüler, der, ich weiß nicht wie, den Namen Meister erwischt hat« sprach – nicht zufällig heißt die auf den *Lehrjahren* basierende, 1866 uraufgeführte weltweit bekannte Oper von Ambroise Thomas *Mignon* und nicht etwa »Wilhelm«.

Zum Zukunftsgeheimnis um Wilhelm tritt so das Vergangenheitsgeheimnis um des Harfners und Mignons Herkunft und Eigenart – die diskursunfähige, sich nur im Lied äußernde Mignon ist geradezu die Inkarnation eines Geheimnisses: »Heiß mich nicht reden, heiß mich schweigen, denn mein Geheimnis ist mir Pflicht« – Goethe wusste sehr wohl, dass das griechische Wort *mysterion* von *myo* = ›ich sage den Buchstaben my‹ = ›ich halte den Mund geschlossen‹ = ›ich schweige‹ kommt. Beide Geheimnisse strukturieren den Roman und wie wir aus vielen Rezeptionszeugnissen nicht nur von Schiller wissen, haben die Zeitgenossen die bändeweise 1795/96 erscheinenden *Lehrjahre* auch als Geheimnisroman mit einer doppelten Spannung auf die ausstehenden Auflösungen hin gelesen. Jean Paul wägt in seiner *Vorschule der Ästhetik* die Konstruktion des Geheimnisses um Wilhelms Zukunft gegen Mignons Herkunftsgeheimnis ab: »Meisters Wunderwesen liegt nicht im hölzernen Räderwerk – es könnte polierter und stählern sein –, sondern in Mignons und des Harfenspielers herrlichem geistigen Abgrund, der zum Glück so tief ist, daß die nachher hineingelassenen Leitern aus Stammbäumen viel zu kurz ausfallen.« Am Ende offenbart sich der Geheimbund seinem Zögling Wilhelm, indem er ihm Einlass in sein Machtzentrum in einem nur Initiierten zugänglichen Turm gewährt. Dort liegt eine Rolle mit der Aufschrift »Wilhelm Meisters Lehrjahre« neben den Rollen der anderen Mitglieder dieser »Gesellschaft vom Turm«. Das Buch selbst ist an seinem Ziel angekommen; der Weg war das Ziel und liegt nun unter seinem eigenen Titel im Turm »aufgehoben«. Mignons und des Harfners Geheimnisse werden durch ein zufällig vorbeireisendes Familienmitglied enthüllt, sozusagen einem »Oheim ex machina«, wie ihn Georg Lukácz spöttisch genannt hat.

Mit seiner Offenlegung wird der Geheimbund zugleich ironisiert und selbst »aufgehoben«, wie schon Schiller als erster Leser bemerkte: Jetzt, da Wilhelms Leben den Reifegrad, den der Turm für erforderlich hält, erreicht hat, bedarf es keiner lenkenden Instanz mehr – das Gerüst ist entbehrlich, wenn das Gebäude selbst dessen Höhe erreicht hat. Ziel des Geheimbundes ist die Überwindung der ständischen Gesellschaft. Wozu in Frankreich eine blutige Revolution notwendig war, das sollte sich in Deutschland evolutionär vollziehen: Der Adel begibt sich seiner Privilegien, arbeitet selbst an der Abschaffung aller feudalen Relikte – über zehn Jahre vor den Stein-Hardenberg'schen Reformen in Preußen –, stellt sich stattdessen dem freien Spiel der Marktkräfte und zieht ein dem reinen Profitstreben und dem Spezialistentum entwachsenes Bürgertum zu sich empor – der Roman schließt mit drei selbst Schiller schockierenden Mesalliancen im Sinne der alten Ständegesellschaft. Der zweite Stand behält in Gestalt des weltoffenen, eleganten Abbé seinen Rang, seine Funktion und seine Würde, indem er für die Kontingenzbewältigung und für eine würdige Ausgestaltung der *rites de passage* zuständig bleibt. Georg Lukács hat den Turm eine »Inselutopie« genannt, allerdings handelt es sich um eine Insel tätiger, in die Gesellschaft hineinwirkender und auf sie ausstrahlender Menschen.

Analytisches Erzählen

In dieser doppelten Verwendung des Schemas »Geheimnis – Auflösung« werden *Wilhelm Meisters Lehrjahre* nach Schillers Fragment gebliebenem *Geisterseher* (1787–1789) zum ersten kanonischen deutschen Geheimnisroman. Das Schema dieser mit den Spielarten der Gothic Novel bei Horace Walpole (*The Castle of Otranto*, 1764) und vor allem bei Ann Radcliffe (*The Mysteries of Udolpho*, 1794; *The Italian*, 1797) populär gewordenen und heute mehr denn je blühenden Erzähltechnik hat Dietrich Weber in seiner *Theorie des analytischen Erzählens* (1975) mit den Mitteln der Allgemeinen Literaturwissenschaft dargestellt. Sein Modell stellt ein äußerst praktikables Rüstzeug zur Analyse von Geheimnisromanen und -erzählungen dar. Weber unterscheidet beim analytischen Erzählen drei Ebenen. Auf der ersten Ebene steht eine Betrachterfigur vor einem Rätsel, das in ihr einen analytischen Prozess in Gang setzt, der in einem Klärungsmoment seine Auflösung findet. Dieser Prozess läuft linear ab, etwa im Detektivroman die Aufklärungsarbeit des Detektivs.

In der komplexeren analytischen Geschichte ist aber auf einer zweiten Ebene selbst wieder eine Geschichte Gegenstand dieses Geheimnisses, etwa die des Täters und seiner Motive, die durchaus eine Generation zuvor, etwa bei einer unehelichen Herkunft, ihren Anfang nehmen können. Diese nennt Weber die Geschichte der »Gegenfigur«; sie wird in chronologischer Umkehrung oder generell zersplittert erzählt, wobei zeitlich Früheres erst später ans Licht kommt, etwa die Herstellung einer Leiche erst lange nach deren Auffindung. Deshalb spricht Weber hier, angelehnt an die gleichnamige rhetorische Figur, von einer »hysteron-proteron-Konstruktion«. Erst am Ende der Handlung auf der ersten Ebene erfährt der Leser die ganze Geschichte der Gegenfigur in ihrer zeitlichen Abfolge (= das »Substrat«) in Form eines Geständnisses oder als Zusammenfassung durch den Detektiv, im *Wilhelm Meister* etwa durch Wilhelms Einführung in den Turm oder in der Aufdeckung der Familiengeschichte Mignons und des Harfners durch den Oheim.

Auf einer dritten Ebene kommuniziert auch der Autor mit dem Leser nach dem Schema »Ein Rätsel und seine Lösung«. Damit trägt Weber der Tatsache Rechnung, dass man z. B. jeden Detektivroman, ohne auch nur ein Wort am Text zu ändern, dadurch einschneidend verändern kann, dass man beispielsweise den Täter bereits im Titel nennt.

Wilhelm Meisters Lehrjahre wurde zum zweiten großen epischen Erfolg Goethes nach dem *Werther*, allerdings diesmal nicht bei der Jugend der westlichen Welt, sondern in erster Linie bei der deutschen Jugend aus der nachwachsenden Generation der jungen Romantiker. Solch einen Roman hatte es bisher noch nicht gegeben: Unterhaltend im guten Sinne, als Geheimniserzählung mit Episoden aus dem Räuberroman, porträtierte das Werk in der ironisch gebrochenen auktorialen Erzählhaltung der Cervantes-Fielding-Schule die zeitgenössische deutsche Gesellschaft von den Schauspielern bis zum hohen Adel, diskutierte Theater- und Dramenprobleme und hatte Raum für ein Seminar und ein dramaturgisches Praktikum zu Shakespeares Drama *Hamlet*, das als Entwicklungsdrama gedeutet und so zur

Leseanweisung für den Roman selbst wird. Es bot Platz für lyrische Einlagen, die zu Goethes populärsten Liedern zählen, präsentierte eine utopische Lösung für die brennendsten Zeitprobleme Deutschlands im europäischen Kontext, weitete den Horizont bis zur noch jungen Demokratie der USA als Vorbild und war in all dem eine ästhetische Antwort auf die höchst reale und brandaktuelle Französische Revolution. Kurz: Das Werk war in Thema, Anspruch, Durchführung und Umfang der »große deutsche Roman«, von dem Autoren, Verleger und Kritiker bis heute träumen. Nur so ist Schlegels bewusst provokativ formuliertes Diktum im Athenäums-Fragment 216 zu verstehen: »Die Französische Revolution, Fichtes Wissenschaftslehre und Goethes Meister sind die größten Tendenzen des Zeitalters. Wer an dieser Zusammenstellung Anstoß nimmt, wem keine Revolution wichtig scheinen mag, die nicht laut und materiell ist, der hat sich noch nicht auf den hohen weiten Standpunkt der Geschichte der Menschheit erhoben.«

DIE ROMANE DER *MEISTER*-NACHFOLGE

Tieck: *Franz Sternbald*, 1798

Bis in kleinste Details hinein stand die weitere Entwicklung des deutschen Romans für weit mehr als ein halbes Jahrhundert im Banne der *Meister*-Nachfolge. Die Werke seiner Schule sind samt und sonders analytisch erzählte Geheimnisromane, von Tieck und Novalis über Jean Paul, Eichendorff und Immermann bis zu Spielhagens *Problematischen Naturen*. Man kann die Besonderheit dieser Romanreihe mit Dietrich Webers Instrumentarium exakt erfassen: Betrachterfigur und Gegenfigur fallen zusammen; die Rätselsignale, die der Held empfängt, verweisen auf ein Geheimnis, dessen Gegenstand er selbst ist, seine Bestimmung oder seine Herkunft. Dabei lassen sich an dieser demselben Muster und derselben Erzähltechnik verpflichteten Romanreihe deutlich die Veränderungen in der Zeit demonstrieren, denen die flexible Gattung Roman in besonderem Maße unterliegt.

Wie im *Wilhelm Meister* und in allen nachfolgenden Romanen bricht bei Tieck ein junger Mann um die 20 zu einer Reise auf. Franz Sternbald hat seine Lehrzeit bei Albrecht Dürer beendet, und seine künstlerischen Wanderjahre führen ihn zunächst in sein Heimatdorf, wo er sogleich eine doppelte Verrätselung seiner Existenz erfährt: Vom sterbenden Vater hört er noch, dass er nicht sein Sohn sei; und die Frau, die er für seine Mutter gehalten hat, weiß von nichts; sie hat den Vater erst geheiratet, als Franz schon zwei Jahre alt war. Vor dem Dorf findet er die Brieftasche einer Reisenden, die offensichtlich mit einem von Kindheit an geliebten fremden Mädchen namens Marie identisch ist, denn in der Tasche liegt getrocknet ein Blumenstrauß, den er einst für das fremde Kind gepflückt hat. Bei Goethe sahen sich die Leser mit dem Helden vor ein Zukunftsgeheimnis gestellt: Wer hat da was und aus welchen Gründen mit Wilhelm vor, dass er über sein Leben wacht und immer wieder lenkend eingreift? Im Falle Sternbalds haben wir ein Zukunfts- und ein Vergangenheitsgeheimnis: Wird seine jetzt einsetzende Suche nach der geliebten Fremden aus seiner Kindheit erfolgreich sein; wird er sie »einst« wiedersehen? Und: Wer waren bzw. sind seine wahren Eltern; wird er erfahren, was »einst« bei seiner Geburt geschah? Und: Wo und wie soll er Geliebte und Eltern suchen?

Diese Fragen, diese doppelte Ungewissheit treiben ihn zum »Wandern« des Titels, das wir als so typisch romantisch empfinden – es ist schon hier im frühromantischen Text Tiecks voll entfaltet: Im Gegensatz zur Reise kennt das Wandern kein Ziel und hat doch eines, insofern es der unendlichen Sehnsucht nach einem unbekannten Ziel entspricht, das einzig im ziellosen »Wandern« wortwörtlich zu er-»fahren« ist. Diese Ziellosigkeit, die sich doch nach einem Ursprung und nach einem Ziel sehnt, wird für Franz auch zur Quelle seiner Kunst, die – deshalb der romantische Doppelsinn des »Einst« – die Kunst der Dürerzeit weit transzendiert und zum Programm der romantischen Malerei wird. Als er – fälschlicherweise – vom Tode Maries hört, wird seine Sehnsucht nach ihr erst recht wortwörtlich »unendlich«. Er gibt einer Madonna, die er malen soll, die imaginierten Züge seiner Maria, d. h. er malt seine Sehnsucht und schafft so das größte Kunstwerk seines bisherigen Lebens. Novalis' Gedicht »Ich sehe dich in tausend Bildern, / Maria, lieblich ausgedrückt, / Doch keins von allen kann dich schildern, / Wie meine Seele dich erblickt« ist hier ebenso heranzuziehen wie Heinrich Heines späteres Gedicht auf die Lochner-Madonna im Kölner Dom, bei der »die Augen, die Lippen, die Wänglein […] der Liebsten genau« gleichen. Am Ende findet er die Geliebte urplötzlich wieder, nur um sie in der geplanten Fortsetzung wieder zu verlieren – Erfüllung lässt sich nicht erzählen: Im Fragment einer Fortsetzung rufen sich Marie und Franz nur immer wieder zu, wie glücklich sie doch seien: »O glückliche Gegenwart! Nun sind Vergangenheit und Zukunft verschwunden, die Ewigkeit ist in die Zeit eingedrungen.« Genau diese »Ewigkeit« aber entzieht sich der epischen Gestaltung, die sich auf ein Geschehen in der Zeit bezieht – Tieck hat das fragmentarische Werk in mehr als einem halben Jahrhundert, das er noch zu leben hatte, nicht vollendet; das Fragment wurde zum »Fragmentsimulat« (s. S. 67) und das fehlende Ende zur allein angemessenen Gestalt einer endlosen Suche.

Novalis: *Heinrich von Ofterdingen*, 1802

Ebenso wenig abzuschließen war Novalis' (1772–1801) *Heinrich von Ofterdingen* (entstanden 1800, postum veröffentlicht 1802), der vom *Wilhelm Meister* wie vom *Sternbald* gleichermaßen angeregt wurde. Novalis ist von Goethes Roman zunächst begeistert und nennt ihn »Roman schlechtweg, ohne Beywort – und wie viel ist das in dieser Zeit!« Als er bei genauerer Lektüre merkt, dass für Goethe die Kunst nur Mittel zum Zweck eines geglückten Lebens in der Welt ist, spricht er von »künstlerischem Atheismus« und nennt das Werk nach Voltaires Spottroman auf Leibniz' Lehre von der besten aller Welten, *Candide ou l'optimisme* (1758), einen »Candide auf die Poesie« oder, mit dem Hohn des Adligen, dessen Adel bis auf die Kreuzzüge zurückgeht, gegenüber dem Emporkömmling: »Wilhelm Meister oder die Wallfahrt nach dem Adelspatent«. Novalis stellt fest: »So viel ich auch aus Meister gelernt habe und noch lerne, so odios ist doch im Grunde das ganze Buch«, und kommt zu folgendem Schluss: »Göthe wird und muß übertroffen werden«, und zwar »an Gehalt und Kraft«. Daher will Novalis anstelle des »Candide auf die Poesie« eine »Apotheose der Poesie« schreiben, in welcher der Held im ersten Teil zum Dichter reifen und »im zweiten als Dichter verklärt werden« soll. Gerade deshalb aber soll sein Werk im selben Verlag, im selben Format und in derselben Drucktype wie der *Meister* erscheinen, was sein Tod jedoch verhindert hat.

Auch Heinrich wird wie Wilhelm Meister von einem »Fremden«, der ihm u. a. von der legendären »blauen Blume« erzählt hat, von der er dann auch träumt, in Unruhe versetzt, und wieder mündet diese Unruhe in eine Reise. Auf ihr trifft er u. a. einen Einsiedler, den Grafen von Hohenzollern, und findet bei diesem in den Schächten eines alten Bergwerks eine Bilderchronik, die verfremdet ihn selbst und sein Leben in der ihm bekannten Vergangenheit, aber auch in einer ihm naturgemäß fremden Zukunft enthält – ein Verfahren, das Hermann Hesse im *Steppenwolf* und Michael Ende in der *Unendlichen Geschichte* wieder aufnehmen werden. In *Wilhelm Meisters Lehrjahre* hatte Wilhelm im geheimen Turm eine Rolle mit dem Titel des Romans gefunden, eben den Roman seines Lebens, das ihn in den Turm geführt hat. Bei Novalis liegt in der Tiefe der Erde ein Werk, in dem in der Vergangenheit bereits Heinrichs Zukunft aufgeschrieben worden ist. Dazu passend sollten sich im weiteren Verlauf des Fragment gebliebenen Romans wohl auch noch geheimnisvolle verwandtschaftliche Beziehungen zum Grafen enthüllen, wird Heinrich doch belehrt, man könne durchaus »mehr Eltern« haben.

Am Ende seiner Weltwanderung sollte Heinrich in der Heimat den Sängerkrieg gewinnen und durch sein Dichten Vergangenheit und Zukunft sowie Nord und Süd, Ost und West heimholen: In einer solchen Welt muss die Reise in die Welt in die Heimat führen. Wohin geht der Weg? – »Immer nach Haus.« »Nach Innen geht der geheimnisvolle Weg. In uns, oder nirgends ist die Ewigkeit mit ihren Welten, die Vergangenheit und Zukunft.« Die dahinterstehende Natur- und Kunstphilosophie des Novalis verdeutlicht sein berühmtes Gedicht, das die Überwindung der Entfremdung und die Welterlösung allein im dichterischen Wort gestaltet: »Wenn nicht mehr Zahlen und Figuren / Sind Schlüssel aller Kreaturen, / Wenn die, so singen oder küssen, / Mehr als die Tiefgelehrten wissen, / […] / Dann fliegt vor Einem geheimen Wort / Das ganze verkehrte Wesen fort.«

Jean Paul: *Titan*, 1800–1803

Mit dem *Titan* wird der Entwicklungsroman der *Wilhelm Meister*-Schule wieder wie sein Vorbild zum Zeitroman. Dieser Tradition wird die Gattung bis zu späten Vertretern wie Thomas Manns *Zauberberg* (1924) oder Grass' parodistischer *Blechtrommel* treu bleiben. Jean Paul (1763–1825) hatte eine Affinität zum Bundesroman und schon 1792 in der *Unsichtbaren Loge* damit experimentiert, wobei das Fragment gebliebene Werk allerdings den Geheimbund des Titels nur im letzten Kapitel überhaupt andeutungsweise erwähnt. Gemäß der in der *Vorschule der Ästhetik* geäußerten Kritik am »Räderwerk« des *Wilhelm Meister* sind Aufbau und Ausgang im *Titan* äußerst sorgfältig konstruiert. Vom Geheimnis und seiner Auflösung her gewinnt der Roman seine Geschlossenheit, in der er sich von allen anderen Großwerken des Sterne-Schülers Jean Paul unterscheidet – Jean Paul erzähle, wie ein Hund spazieren geht, befand schon ein Zeitgenosse.

Aber auch dieser geschlossenste aller Jean Paul-Romane ist komplex und verschachtelt genug. Die Handlung wird nicht nur analytisch erzählt, sondern zusätzlich noch in zeitlicher Umstellung, wobei die Gegenwartshandlung parallel zur Französischen Revolution verläuft. Ordnet man die Bruchstücke, die nach und nach ans Licht kommen, chronologisch zu dem, was Dietrich Weber in seiner Theorie des analytischen Erzählens »Substrat« nennt, so ergibt sich eine komplexe Staatsintrige: Im deutschen Duodezstaat Haarhaar sind die Thronfolger in Gefahr, weil bei Erlöschen der Erbfolge das Territorium an eine verwandte Linie fällt. Deshalb entwickelt das Haarhaarsche Fürstenpaar eine komplexe Strategie, die durch eine geplante Kindsvertauschung – zu der es dann nicht kommt, weil mit dem Helden Albano zugleich eine Zwillingsschwester geboren worden ist – sicherstellen soll, dass der Zweitgeborene fern vom Hofe aufwächst. Zugleich soll aber durch ein von langer Hand vorbereitetes Initiationsritual auch gewährleistet sein, dass Albano zum richtigen Zeitpunkt von seiner wahren Bestimmung als Thronfolger seines älteren Bruders Luigi erfährt. Dies erweist sich in der Tat als notwendig, denn Thronerbe Luigi kommt dank der Sittenlosigkeit der Hofwelt, wie sie Jean Pauls Lesern schon aus dem Bürgerlichen Trauerspiel sattsam bekannt war, als todkrankes Wrack auf den Thron.

Nicht genug, dass die von den Eltern initiierte und minutiös geplante Ent- und Verprinzung Albanos ihren verwickelten Gang nimmt; sie wird noch ergänzt und durchkreuzt von der parallel laufenden zweiten Intrige des Höflings Don Gasparo, der sich einst in der Ur-Intrige zu Albanos nominellem Vater hergegeben hat und nun Albano mit seiner leiblichen Tochter, mithin dessen angeblicher Schwester, verkuppeln will, um seine Tochter zur Fürstin zu machen.

Der Erzähler wiederum ist selbst keineswegs allwissend, sondern stellt, wie schon im *Hesperus* (s. S. 67), im Stanzel'schen System den Extremfall eines Ich-Erzählers an der Grenze zur auktorialen Erzählsituation dar (s. S. 111 f.): Er bekommt seine Informationen portionsweise von einem Gesandten zugeschickt, ist also auf dem Postwege noch mit den Personen der erzählten Welt verbunden. Jean Pauls Bewunderer Günter Grass wird sich in den *Unkenrufen* (1992) derselben Erzählfiktion bedienen: Der Erzähler bekommt von einem angeblichen ehemaligen Klassenkameraden, an den er sich kaum noch erinnern kann, die Materialien für seine Erzählung zugeschickt.

Mit all dem schreibt Jean Paul seine Version der *Kyrupädie* (Albanos Erzieher werden explizit seine zwei »Xenophone« genannt): Albano wird zum idealen Fürsten gebildet, der als Bürger erzogen wird und dazu noch »*gesund* auf den Thron« kommt. Dort angekommen heiratet Albano nicht die ihm durch die Intrige ihres Vaters zugespielte Höflingstochter, sondern in »bürgerlicher« Liebesheirat eine im Nachbarland in Ungnade gefallene Prinzessin, die sich fern vom Hofe ihr »eignes Los und Leben« ausgesucht und das Dorf ihrer Verbannung zu einem landwirtschaftlichen Musterbetrieb ausgebaut hat. Dieses Fürstenpaar, das durch seine Sozialisation fern vom Hofe in bürgerlicher Tätigkeit die bürgerlichen Ideale verinnerlicht hat, ist Jean Pauls Antwort auf die Französische Revolution.

Eichendorff: *Ahnung und Gegenwart*, 1815

Joseph Freiherr von Eichendorffs (1788–1857) Zeit- und Entwicklungsroman *Ahnung und Gegenwart* war durch die sich überstürzenden Zeitereignisse schon überholt, als er 1815 erschien. Geschrieben wurde das Werk 1811; die Kämpfe, an denen der Held auf dem Wege zu sich selbst teilnimmt, sind Teil des Guerillakriegs, den Andreas Hofer 1809 in den Tiroler Alpen gegen Napoleons Truppen führte. Zwischen Handlungszeit und Erscheinungsdatum lagen die Befreiungs- oder Freiheitskriege von

1813/14, an denen der Jurist Eichendorff wie so viele Akademiker als Freiwilliger teilgenommen hatte. »Befreiungskriege« war
die Terminologie der Restauration, die lediglich die Befreiung
vom französischen Joch gelten lassen wollte, während der Begriff »Freiheitskriege« den mit allen Merkmalen eines Volkskrie-
ges ausgestatteten Kampf gegen Napoleon auch als Kampf für
eine weitergehende »Freiheit« des Volkes werten sollte.

Eichendorff begründet für die Romane der *Meister*-Nachfol-
ge die Besonderheit, als Verneigung vor dem Urbild und als in-
tertextuelles Zitat eine androgyne Mignon-Gestalt durch das
Werk irrlichtern zu lassen. In Immermanns *Epigonen* ist das mit
»Flämmchen« die Tochter einer am Altar geschändeten Nonne
und in Spielhagens *Problematischen Naturen* ein veritables Zigeunermädchen. Bei Eichendorff ist es der Knabe Erwin – in Wirklichkeit natürlich ein verkleidetes Mädchen –, der im Helden,
dem Grafen Friedrich, unbestimmte Erinnerungen weckt, zumal er immer wieder ein Lied singt, das Friedrich in seiner
Kindheit gehört hat. Friedrich hat keine Erinnerungen an seine
Eltern und ist mit dem wilden Bruder Rudolf und dem sanften
Mädchen Angelina zusammen aufgewachsen. Das Mädchen ist
früh weggezogen, der Bruder fortgelaufen; von beiden hat Friedrich nie wieder etwas gehört, nach beiden sehnt er sich als nach
seinem Ursprung und seiner »Heimat« im Bloch'schen Sinne –
»etwas, das allen in die Kindheit scheint und worin noch niemand war: Heimat«. Das ist die »Ahnung«, die ihn in der »Gegenwart« wie Tiecks Franz Sternbald zum Wanderer macht. So
wie stets bei Eichendorff ist die Sehnsucht nach dem verlorenen
irdischen Ursprung ein Abbild der Sehnsucht nach der verlorenen himmlischen Heimat, wie in der Schlussstrophe seines berühmtesten Gedichts *Mondnacht*: »Und meine Seele spannte /
weit ihre Flügel aus, / flog durch die stillen Lande, / als flöge sie
nach Haus.«

Als Friedrich sich auf seinen Reisen plötzlich am Ausgangs-
punkt wiederfindet, ist er zugleich am Ziel: Rudolf und Angelina leben noch, haben sich wiedergefunden und geheiratet und
wurden wieder getrennt. »Erwin« ist die von Zigeunern geraub-
te Tochter der beiden, die sich instinktiv an Friedrich ange-
schlossen hat, weil er in ihr die Erinnerung an ihren Vater geweckt hat. Wo Tiecks Sternbald in der nie zu stillenden Sehnsucht
fragmentarisch verharrt und ein Schluss episch nicht zu finden

ist, wo Novalis' Ofterdingen die Welt im dichterischen Wort erlösen soll, sucht Eichendorff den Anschluss an die traditionelle Gläubigkeit. Das endlose, von »Ahnung« und Sehnsucht angetriebene Wandern durch die Welt kann nur an ein Ende kommen, wenn es von der horizontalen in eine vertikale Bewegung umgelenkt wird: Friedrich findet seinen Ursprung letztlich im Ursprung aller Dinge, in Gott, wieder und geht ins Kloster, um zum Missionar für das alte Europa zu werden, das eine Christianisierung so nötig hat wie die Kannibalen fremder Erdteile. Die Einlösung des Entschlusses wird so wenig gezeigt wie Wilhelm Meisters Handeln in der Gemeinschaft vom Turm oder Albanos volksbeglückendes Wirken auf dem Thron. Allen dreien müssen wir eine segensreiche Tätigkeit in der Zukunft glauben, die in einem in der Wirklichkeit spielenden Roman nicht erzählt werden kann. So enden alle drei Romane in der Utopie – im Niemandsland, das aber zugleich eine künftige Realität aufschimmern lässt.

Immermann: *Die Epigonen*, 1836

Karl Immermann (1796–1840) hat an seinem 1836 erschienenen Roman der *Meister*-Nachfolge von 1823 bis 1835 gearbeitet. Dabei hat er den Veränderungen des Konzepts in Variationen des Titels Rechnung getragen, der von »Hermanns Wanderungen« über »Die Zeitgenossen« zu »Die Epigonen« mutierte. Die Persönlichkeit des Helden interessiert immer weniger, je mehr seine Repräsentanz für eine ganze Epoche zunimmt. Die Zeit der Restauration von 1815 bis 1848 empfindet sich als blass und schwächlich; ihre Vertreter sind bloße Nachgeborene einer großen Ära, für die die Stichworte Französische Revolution und Freiheitskriege oder Namen wie Napoleon oder Goethe stehen. Am Helden Hermann wird ein Generationenschicksal demonstriert, eingebettet in ein großes Zeitpanorama mit den Faktoren untergehender Adel, ökonomisch aufstrebendes Bürgertum und dem Widerspiel von Revolution und Restauration, Demagogie und Demagogenverfolgung.

Der bürgerliche Held mit studentisch-revolutionärer Wartburgfest-Vergangenheit ist Anfang 20 und auf Reisen, da er soeben eine Referendarstelle in Preußen – Immermann war selbst preußischer Jurist – als zu eng und kleinkariert aufgegeben hat. Von Beginn an stößt er auf eine Fülle von Rätselsignalen und Botschaften, auch solchen intertextueller Art. So trifft er auf einen mediatisierten Herzog samt Frau, die bei seinem Anblick ausruft »Mein Gott, welche Ähnlichkeit!«, da der Vater des Herzogs mit seinem befreundet war, auf eine Mignon-Gestalt namens Fiammetta-Flämmchen, auf Novalis' Werke und auf die Familie seines Oheims.

Erst im letzten Buch, das den Namen »Buch der Entwicklungen« (im Sinne von *dénouement* – ›Entwirrung eines Knotens‹) trägt, folgt die Lösung: Hermann ist der uneheliche Sohn des alten Herzogs, also ein Halbbruder seiner Reisebekanntschaft, denn sein angeblicher Vater hat die von seinem herzoglichen Freund »Entehrte« geheiratet und das Kind für seines ausgegeben. Parallel dazu hat ein Verwandter aus einer Nebenlinie des herzoglichen Hauses die Frau von Hermanns Onkel verführt, als der vor lauter Akkumulation von Kapital keine Zeit für die Liebe hatte, sodass sein mutmaßlicher einziger Erbe in Wahrheit ein illegitimer Adelsspross ist.

Immermanns Adlige sind sittenlos und potent, seine aufstrebenden Besitzbürger dagegen geizig und vertrocknet, wie es schon Wilhelms kapitalistischer Schwager Werner war. Aus Goethes Überwindung der Standeskonflikte ist deren Austragung in einem Kampf bis aufs Messer geworden, die von Schiller monierten »Mesalliancen« finden sich als adlige Kuckuckseier im bürgerlichen Nest wieder. Der Bürger bringt mit seiner Finanzkraft die feudalen Gemäuer des überlebten Adels an sich, um sie profitabel zu nutzen, der überlebte Adel luxuriert als aussterbende Spezies noch einmal und verdirbt mit seiner überschüssigen Potenz die bürgerliche Moral: »In unsern Geschichten […] spielt gleichsam der Kampf alter und neuer Zeit, welcher noch nicht geschlichtet ist.« Der Sohn des Onkels stirbt an seinem Draufgängertum im adligen »Blut«, und Hermann wird der Erbe des frühkapitalistischen Imperiums seines Oheims – zu Unrecht, da er mit ihm eigentlich nicht verwandt ist, aber auch wieder zu Recht, da er der Spross der früheren Besitzerfamilie ist. Er lässt in konservativer Industriefeindlichkeit »die Fabriken eingehn und« sorgt dafür, dass »die Ländereien dem Ackerbau zurückgegeben werden«, denn Fabriken sind nur »Anstalten, künstliche Bedürfnisse künstlich zu befriedigen«, und daher

»geradezu verderblich und schlecht«. So will er »für uns und die Unsrigen ein grünes Plätzchen abzäunen und diese Insel solange wie möglich gegen den Sturz der vorbeirauschenden industriellen Wogen befestigen«. Aus Goethes Turmgesellschaft als Inselutopie einer zukünftigen Gesellschaft ist eine Reliktzone im Zeitensturm geworden. Wo Goethe die Hoffnung hatte, aus der Insel könne in Zukunft ein Kontinent werden, weiß Immermann, dass seine Insel bald im Meer der Zeit versinken wird.

Dieselbe »Lösung« des vor allem die Intellektuellen im ganzen 19. Jahrhundert tief verstörenden Phänomens der Industrialisierung bietet Robert Prutz (1816–1872) in seinem populären Roman *Das Engelchen* (1851), in dem ebenfalls der nach Aufdeckung zahlreicher sich überkreuzender Geheimnisse feststehende illegal-legale Erbe eine Textilfabrik eingehen lässt, um mit dem »zünftigen Weberhandwerk« einer ganzen Gegend Glück und Zufriedenheit zurückzugeben.

Friedrich Spielhagens *Problematische Naturen*, 1861/62, und der »Tendenzroman«

Stärker als alle weiteren Werke des wohl in seiner Zeit erfolgreichsten deutschen Romanciers Friedrich Spielhagen (1829–1911) ist sein Erstlingswerk *Problematische Naturen* (1861/62) der Tradition und vor allem der *Wilhelm Meister*-Nachfolge verpflichtet, bis hin zum androgynen Zigeunermädchen Cziko alias Czika. Das Geheimnis-Schema ist schwach ausgeprägt, wie auch im späteren Roman *Was will das werden?*. In seinem wichtigsten Entwicklungsroman (*Hammer und Amboß*, 1869) wird Spielhagen es ganz aufgeben. Der Held in *Problematische Naturen*, Dr. phil. Oswald Stein, ist von seinem (Zieh-)Vater zum Adelshasser erzogen worden. Nach und nach stellt sich heraus, dass er unehelicher Adelsspross und testamentarisch bestimmter Erbe der frei vererbbaren Güter der Familie von Grenwitz ist, deren Güterkomplex ansonsten Majorat ist. Daraufhin unterdrückt die Majoratsherrin, der nach dem Tode des dahinsiechenden Gatten und des kränkelnden Sohnes nachgerade Armut droht, wenn der Güterkomplex an eine Nebenlinie fällt, mithilfe einer dubiosen Halbweltfigur entscheidende Papiere. Dies alles ist nur Teil einer farbigen, personen- und intrigenreichen Handlung, die insgesamt unter der Prämisse des Titels steht: *Problematische Naturen* ist Spielhagens Antwort auf Immermanns *Epigonen*; das Personal aus dekadenten Adligen und bürgerlichen Intellektuellen ist gezeichnet von einer halbherzigen Epoche zwischen Restauration und revolutionären Bestrebungen, Frustration, Resignation und zweifelnder Hoffnung, Eiszeit und vormärzlichem Tauwetter. Spielhagen führt diese Epoche, die notwendig nur *Problematische Naturen* hervorbringen kann, direkt auf die Berliner Barrikaden von 1848, auf denen Oswald fällt und mit denen der Roman endet.

Spielhagen steht hier auf den Schultern Karl Gutzkows, der den politischen Zeitroman als Tendenzroman in den 1850er-Jahren programmatisch als »Roman des Nebeneinander« in *Die Ritter vom Geiste. Roman in neun Büchern* (1850/51) neu belebt hatte. Seine direkten Vorbilder, Goethes *Wilhelm Meister* und Immermanns *Epigonen*, hatten das bunte soziale und politische Geschehen sich um eine Zentralgestalt herum entfalten lassen. Gutzkow, der durchaus »sozusagen einen politischen Wilhelm Meister schreiben« wollte, wie er 1850 schreibt, postuliert dagegen in seiner Vorrede: »Der Roman von früher, ich spreche nicht verächtlich, sondern bewundernd, stellte das Nacheinander kunstvoll verschlungener Begebenheiten dar [...] Der neue Roman ist der Roman des Nebeneinander. Da liegt die ganze Welt!« Kurz zuvor hatte in England William Makepeace Thackeray mit verwandter Intention seinen großen Gesellschaftsroman *Vanity Fair. A Novel without a Hero,* (1847/48, *Jahrmarkt der Eitelkeit oder Ein Roman ohne einen Helden*) vorgelegt, der allerdings mit einer wesentlich weniger grellen Handlung auskommt. Gutzkow ist unter anderem beim großen europäischen Sensations- und Sensationserfolgs-Autor Eugène Sue (1804–1857) und seinen *Mystères de Paris* in die Schule gegangen, ohne dessen gestalterische Kraft zu erreichen. Nach dem boshaften Urteil Hellmuth Mielkes in seinem Buch *Der deutsche Roman im 19. Jahrhundert* (1890 u. ö.) hat Gutzkow im »Chaos von sensationellen Ereignissen« »es nicht vermocht, das ›Nebeneinander‹ von dem ›Durcheinander‹ zu scheiden.« Da die Wirklichkeit nach 1848 keinen Ansatz für eine konkrete politische Utopie bot, blieb als Perspektive nur eine innere Sammlung aller positiven Kräfte für eine vage Zukunft. In *Der Zauberer von Rom* (1858–1861) setzt sich Gutzkow auf ähnliche Weise mit der weltbeherrschenden Macht des Katholizismus und ihren Ausstrahlungen in den preußischen Provinzen Rheinland und Westfalen auseinander.

Spielhagen galt den Zeitgenossen als der legitime Fortsetzer der jungdeutschen Tendenzen, der in seinem gesamten Romanwerk die 48er-Traditionen hochhielt und gegenüber dem Bismarck-Reich die über der Einheit zu kurz gekommene Freiheit einklagte. Er stand dabei den Freisinnig-Liberalen nahe, und sein Rivale, der Nationalliberale Gustav Freytag, bekämpfte ihn zusammen mit seinem Freund Julian Schmidt als »Tendenzschriftsteller« im Namen einer angeblich autonomen Ästhetik.

Der Hinweis auf den großen Spielhagen-Verriss der Brüder Heinrich und Julius Hart 1882 in ihren *Kritischen Waffengängen* ist bis heute Topos jeder noch so knappen Spielhagen-Erwähnung geblieben, als sei dieser große Autor in der Tat damit »erledigt« worden. Dabei wird übersehen, dass es ein Totschlag aus Nähe war: Die junge naturalistische Bewegung wollte an dem zum Ritter werden, der ihnen in der Tendenz am nächsten gekommen war, die »Jüngstdeutschen«, wie sie sich damals nannten, erschlugen den letzten und populärsten Fahnenträger der »Jungdeutschen«. Als der erscheint er 1900 in Heinrich Manns *Im Schlaraffenland. Ein Roman unter feinen Leuten,* in Gestalt des alten Wenniger, dem nur noch halbe Honorare gezahlt würden, weil er seit 50 Jahren immer dieselben Romane um adelsstolze Junker und korrupte Barone und aufrechte junge Bürger schreibe – auch hier kühlt ein Autor der nachfolgenden Generation, der sich im Gegensatz zu seinem Bruder Thomas immer als politischer Autor verstand, sein Mütchen an einem wichtigen Vorgänger.

GOETHES *WAHLVERWANDTSCHAFTEN* UND DER INTIME ROMAN

Waren *Wilhelm Meister Lehrjahre* vom Schauspiel zu Anfang bis zur Gesellschaftsutopie am Schluss ein gleichsam »öffentlicher« Roman, so zog sich Goethes nächster Roman, *Die Wahlverwandtschaften* (1809) ganz ins Private zurück: Zwischen einem Ehepaar, dessen weiblichem Zögling und männlichem Hausfreund vollzieht sich das intime Drama. Der Titel ist der Chemie entnommen und bezeichnet das, was wir heute »Affinitäten« nennen. Schüttet man Natriumhydroxid (NaOH) in Salzsäure (HCl), so entstehen Kochsalz (NaCl) und Wasser (H_2O): Die Affinität des Natriums zum Chlor und des Wasserstoffs zum Sauerstoff hat sich als stärker erwiesen, beide lösen ihre alte Verbindung und gehen jeweils eine neue ein. »In diesem Fahrenlassen und Ergreifen, in diesem Fliehen und Suchen glaubt man wirklich eine höhere Bestimmung zu sehen; man traut solchen Wesen eine Art von Wollen und Wählen zu und hält das Kunstwort ›Wahlverwandtschaften‹ für vollkommen gerechtfertigt.« Das ist der Sinn der »chemischen Gleichnisrede«, wie Goethe den Titel genannt hat, und das ist es, was dem immer schon ineinander verliebten, aber erst in jeweils zweiter Ehe miteinander verheirateten Paar Eduard und Charlotte plötzlich passiert. Eduard verliebt sich in Ottilie, den in den Haushalt aufgenommenen Schützling Charlottes, während seine Frau zum Hauptmann a. D. und Jugendfreund Eduards, Otto, dem Eduard eine Stellung als Majordomus für Verschönerungsarbeiten verschafft hat, eine Neigung entwickelt. Dieser gleichsam naturgesetzlich ablaufende Vorgang bedroht natürlich die Liebe, die Charlotte und Eduard fast lebenslang füreinander empfunden haben, und vor allem die Ehe, mit der sie ihrer Liebe dauerhafte Gestalt geben wollten. In diesem »nur durch eine höhere Hand, und vielleicht auch nicht in diesem Leben« zu lösenden Konflikt von Freiheit und Notwendigkeit, von natürlichen und ethischen Normen und im Ringen mit dem »Dämonischen« gehen Ottilie und Eduard sowie ein Kind, das das Paar in »doppeltem Ehebruch« – jeder Partner denkt beim Liebesakt an seine neue Liebe – gezeugt hat, unter.

Von Achim von Arnim bis Dieter Wellershoff

Bereits ein Jahr nach den »Wahlverwandtschaften« erschien 1810 Achim von Arnims »Armut, Reichtum, Schuld und Buße der Gräfin Dolores. Eine wahre Geschichte zur lehrreichen Unterhaltung armer Fräulein«. Arnim lobte gegenüber seiner späteren Frau Bettina Brentano Goethes detailgetreue Schilderungen aus dem Leben des Landadels: »Übrigens wollen wir unserm Herrgott und seinem Diener Goethe danken, daß wieder ein Teil untergehender Zeit für die Zukunft in treuer, ausführlicher Darstellung aufgespeichert ist.« Er setzt Goethes bewundertem Werk aber eine strengere Ehemoral und eine offenere Ästhetik entgegen.

> »Womit der Leser konfrontiert wird, ist ein auf den ersten Blick chaotisch anmutendes Gemisch von Roman, Novelle, Sage, Mythos, Legende, Fabel, Anekdote, Predigt, Drama, Singspiel, Essay, Gespräch, Brief, Elegie, Ballade, Romanze, Gedicht, Lied, Reflexion und Aphorismus mit Anleihen bei und Vorbildern aus den verschiedensten Jahrhunderten der deutschen und europäischen Literaturgeschichte. Wäre das Buch zehn Jahre früher erschienen, hätte Friedrich Schlegel es wohl als Verwirklichung seiner Idee vom romantischen Roman als ›Arabeske‹ gefeiert.« (Paul Michael Lützeler)

Goethes Buch steht am Anfang der großen Eheromane des 19. Jahrhunderts, von Gustave Flauberts *Madame Bovary* über Leo Tolstois *Anna Karenina* bis zu Theodor Fontanes *Effi Briest*. Vor allem Fontane, für den Ehe »Ordnung« bedeutete, hat nicht nur in seinem populärsten Roman immer wieder mit Goethe'schen Versuchsanordnungen in Paarbeziehungen gearbeitet und sie unterschiedlich aufgelöst *(L'Adultera, Irrungen, Wirrungen, Unwiederbringlich)*. Die unabsehbare Wirkung auch dieses Goethe'schen Romans hat sich bis in die Gegenwartsliteratur nicht erschöpft: Sowohl Martin Walsers *Ein fliehendes Pferd* (1978), wo der Hund in markierter Intertextualität Otto heißt, als auch Dieter Wellershoffs *Der Liebeswunsch* (2000) sind Adaptationen der Goethe'schen Versuchsanordnung.

Goethes *Wilhelm Meisters Wanderjahre* und der moderne Roman

Auch Goethes letzter Roman *Wilhelm Meisters Wanderjahre* (1829), dem die Zeitgenossen meist ratlos gegenüberstanden, wurde im 20. Jahrhundert als Vorform des modernen Montageromans erkannt. Noch Friedrich Gundolf galt er lediglich als »Weisheitsbuch«, Thomas Mann gar 1945 in einem Brief an Hesse als »ein hoch-müdes, würdevoll sklerotisches Sammelsurium«. Erst 1968 wurde die sorgfältige Komposition entschlüsselt: Der Erzähler ist in die Rolle eines Redaktors geschlüpft, der zwei ihm vorliegende Archive zu einem Roman redigiert, vom direkten Abdruck eines Dokuments bis zu seiner Paraphrase oder Nacherzählung, von der selbstständigen Novelle über Aphorismensammlungen bis hin zu einem realen Tagebuch, das Goethes Freund Johann Heinrich Meyer für den Autor bei einer Schweizer Reise geführt hatte und in dem in Goethes Überarbeitung der erste Ingenieur der deutschen Literatur dargestellt wird.

Goethe war bei seinen optischen Studien auf das Prinzip der »Wiederholten Spiegelungen« gestoßen und hatte es, ähnlich den chemischen Affinitäten alias »Wahlverwandtschaften«, als Metapher für sein Schaffen benutzt: »Da sich gar manches unserer Erfahrungen nicht rund aussprechen und direct mittheilen lässt, so habe ich seit langem das Mittel gewählt, durch einander gegenüber gestellte und sich gleichsam ineinander abspiegelnde Gebilde den geheimeren Sinn dem Aufmerkenden zu offenbaren.« Wegen dieser Montage des Heterogenen und sich doch in mannigfachen Brechungen Spiegelnden sah Hermann Broch in Goethes *Wanderjahren* geradezu den »Grundstein [...] des neuen Romans Joycescher Prägung«. In der Tat wurde diese oft unvermittelte Multiperspektivik von Stimmen, Genres und Material, analog zu Schlegels Konzept der progressiven Universalpoesie, bei Goethe zusammengehalten von der Archivfiktion, bei Joyce durch die Einheit der Zeit, den berühmten »Bloomsday« am 16. Juni, und die ständige intertextuelle Präsenz von Homers Odyssee, ein wichtiges Charakteristikum avantgardistischer Werke bis hin zu Wallaces *Infinite Jest* (1996) und Witzels *Erfindung der Roten Armee Fraktion* (2015), bei denen allerdings weitgehend der Leser die Einheit vorauszusetzen hat.

Erzähltechnisch bewährte sich die von Goethe für die Montage seiner Spiegelkonstruktionen gewählte Archivfiktion auch technisch als ein hervorragendes Medium der epischen Integration heterogenster Materialien. Sie reicht dabei von simulierter Geschichtsschreibung über das humoristische Spiel mit britischer Exzentrik bis zum Beweis der Undokumentierbarkeit des schlechthin Grauenvollen. Walter Scott dokumentiert so 1826 in seinem *Redgauntlet* mithilfe von Briefen und Tagebuchblättern, die ein Dr. Dryasdust für den »author of Waverley« gesammelt hat, einen frei erfundenen Umsturzversuch des schottischen Thronprätendenten Prince Charles im Jahre 1766; Charles Dickens gibt 1836/37 angeblich Sitzungsprotokolle und Briefe eines

Clubs sowie die Berichte der Mitglieder einer ihm angegliederten Corresponding Society unter dem Titel *The Posthumous Papers of the Pickwick Club* heraus zur Dokumentation der skurrilen und absonderlichen Aktivitäten dieser sehr englischen Vereinigung und Alexander Kluge montiert 1964 Materialien zur Schlacht von Stalingrad 1942/43 aus dem »Institut für Zeitgeschichte, München; Bundesarchiv Koblenz« und aus »Berichten von Rückkehrern; privat zur Verfügung gestellten Befragungen; Funksprüchen und Aktenunterlagen« zu einer »Schlachtbeschreibung«, die in dissonanten Splittern als Kakophonie des Grauens wie der Absurditäten, der öffentlichen Phrasen wie des hunderttausendfachen privaten Sterbens nur dokumentiert, dass Stalingrad jeder Beschreibung spottet. Damit wird es 20 Jahre später geradezu zum Gegenwerk von Theodor Plieviers eng verwandtem und Kluge sicherlich bekanntem Roman *Stalingrad* (1945), der auf ähnlichen Quellen aufbaute (s. S. 128 f.), aber das Geschehen noch durch eine unglaubliche Fülle repräsentativer Individuen, fiktionaler wie historisch bezeugter, für erzählerisch abbildbar hielt.

Von Goethes *Götz von Berlichingen* zu Sir Walter Scott und dem Historischen Roman

So verblüffend es klingt: Auch die populärste Romanform in der ersten Hälfte des 19. Jahrhunderts, der die gesamte westliche Literatur dominierende Historische Roman, wurde indirekt von Goethe angeregt. Bindeglied zwischen dem deutschen Autor, der nie einen Historischen Roman geschrieben hat, und der internationalen Mode ist niemand Geringeres als der Schöpfer der neuen Gattung, Sir Walter Scott (1771–1832). Als eine seiner frühesten literarischen Aktivitäten übersetzte er 1799 Goethes Drama *Götz von Berlichingen* trotz völlig unzulänglicher Deutschkenntnisse ins Englische und ließ sich davon zu seinen *Waverley*-Romanen inspirieren. Goethe hatte, angeleitet von Johann Gottfried Herder, die Tragik der Geschichte in dem Punkt entdeckt, an »dem das Eigentümliche unseres Ichs, die prätendierte Freiheit unsres Wollens mit dem notwendigen Gang des Ganzen zusammenstößt«. Es ist die mit Herders Augen gesehene Lehre vom Aufblühen, Verwelken und Absterben historischer Epochen, im Falle Götz von Berlichingens die Ablösung des mittelalterlichen Personenverbandsstaats durch den modernen Territorialstaat, bei der die Zentralgewalt des Reichs, die ihr verbundenen Reichsritter und die Bauern die Verlierer sind.

Die straffende Umarbeitung von 1773 bringt zwingend »den notwendigen Gang des Ganzen« auf die Bühne. Gerade die sorgfältig beachtete Einheit der Handlung erlaubt eine Berechnung der Handlungszeit auf wenige Monate, in denen Götz vom rüstigen Kämpfer zum hinfälligen Greis und sein Sohn Karl vom Knaben zum Mönch wird und der noch kindliche Wirtssohn Georg des ersten Akts als sein tapferster Streiter im letzten Kampf fällt. An einem solchen »Wendepunkt der Staatengeschichte« wird der Fluss der Geschichte zum reißenden Strom, der die Kräfte des Beharrens ins Abseits geraten lässt, weil sie sich »selbst überlebt« haben. Zugleich stellt Goethe die an seiner Mitwelt scheiternde ständische Freiheit des Reichsritters Götz der im letzten Satz des Dramas angesprochenen »Nachwelt« als Vorschein einer zukünftigen bürgerlichen Freiheit auf.

Solche »Wendepunkte« sucht Scott erst in der schottischen (*Waverley*, 1814), später in der englischen (*Ivanhoe*, 1820) und europäischen (*Quentin Durward*, 1823), ja, auf den Spuren von Goethes *Götz* auch in der deutschen Geschichte auf (*Anne of Geierstein*, 1829). Auch in den von Scott gewählten Stoffen nimmt anhand meist erfundener niederer und historisch bezeugter höherer Personen die Tragik der Geschichte, die alte Werte im Kampf mit dem oft inferioreren Neuen unterliegen und untergehen lässt, epische Gestalt an, und die Romane sind immer aus der Sicht des Unterlegenen geschrieben. Sie machten Scott nicht nur zum im europäisch-amerikanischen Raum erfolgreichsten Autor der ersten Hälfte des 19. Jahrhunderts, der nach Goethes eigenen Worten auf dem Höhepunkt seines Schaffens mit einem Roman fast mehr verdiente als sein deutsches Vorbild mit seinem Gesamtwerk, sondern auch zum einflussreichsten. Der Historische Roman der Scott-Schule wurde fast im ganzen 19. Jahrhunderts, dem Jahrhundert des Historismus, episch zur herrschenden Gattung, in der europa-, ja amerikaweit nach Herders Lehre die Vergangenheit als Raum des Anderen aufgesucht wird. So schätzte z. B. Victor Hugo den schottischen Autor außerordentlich und widmete ihm nach dem Erscheinen des in Frankreich spielenden *Quentin Durward* 1823 einen Artikel in

La Muse française unter dem Titel »Über Walter Scott, anlässlich seines *Quentin Durward*«. Ein Verleger forderte ihn daraufhin zum Verfassen eines Romans »nach Scotts Vorbild« auf; im Vertrag verpflichtete sich Hugo wörtlich, dem Verleger »un roman à la mode de Walter Scott« zu liefern und nach mannigfachen Verzögerungen, u. a. durch die Julirevolution von 1830, erschien im März 1831 Hugos bis heute populärster Roman *Notre-Dame de Paris*. Wie Scotts *Quentin Durward* spielt er unter Ludwig XI. und trägt Hugo sogleich den Titel eines »Shakespeare des Romans« ein. Der durch eine ganze Scotts Vorbild folgende Romanserie aus der Geschichte Brandenburg-Preußens bekannt gewordene Willibald Alexis begann diese Laufbahn 1824 mit dem Roman *Walladmor*, der, genau wie ein zweiter Roman *Schloss Avalon* (1827), als Übersetzung eines Scott-Romans gelten sollte, was auch prompt der Fall war. James Fenimore Coopers *Lederstrumpf*-Serie (1823–1841 ohne Beachtung der Chronologie erschienen) ist in erster Linie Historischer Roman aus Nordamerikas kolonialer und revolutionärer Zeit, und erst sekundär als stoffliche Konsequenz Abenteuerroman. Überspitzt gesagt: Ohne Goethes Eisenhand gäbe es keinen *Lederstrumpf* Coopers, keine *Verlobten* Manzonis, keinen europäischen Historischen Roman bis hin zu Tolstois *Krieg und Frieden* (1868/69) und Fontanes Erstlingsroman *Vor dem Sturm* (1878). Beide folgen dem Scott'schen Rezept in seinem ersten, eine Zeit lang für die ganze Gattung muster- und namengebenden Roman *Waverley oder 's ist sechzig Jahre her* (1814) – exakt der Abstand, den auch Jonathan Littells großer Historischer Roman *Les Bienveillantes* (2006; *Die Wohlmeinenden* 2008) über den Zweiten Weltkrieg im Osten und den Völkermord an den Juden zu den Geschehnissen einnimmt. Genau diesen Abstand von zwei Generationen wählte auch Margaret Mitchell in ihrem Roman über den amerikanischen Bürgerkrieg *Vom Winde verweht* (1936). Der alte Süden geht in einem historisch notwendigen Konflikt unter, in dem er ökonomisch, gesellschaftlich und moralisch rückständig und unterlegen ist, und dennoch verschwindet mit ihm auch etwas Bewahrenswertes: Das Leben auf den Plantagen, auf Tara und Twelve Oaks, hat eine patriarchalische Strahlkraft wie Götz' letztes Mahl mit seinen Getreuen auf dem Höhe- und Wendepunkt des Dramas. Der Historische Roman zeigt sozusagen Elemente eines »richtigen Lebens im Falschen«. Die Liebeshandlung des Romans variiert dabei die

Grundkonstellation von Goethes *Wahlverwandtschaften*: Die beiden Paare aus der Eingangssequenz, dem Fest der Wilkes auf Twelve Oaks, sind füreinander durch »Affinität« bestimmt, was die Farbsymbolik ihrer Namen andeutet: Ashley und Melanie (»Asche« und »Schwarz«), Rhett und Scarlett. Die persönliche Tragik im Roman entwickelt sich daraus, dass Scarlett diese schicksalhafte Bestimmung verkennt und erst in der Schlusseinstellung zur Einsicht kommt.

Auch für Günter Grass wurde in *Ein weites Feld«* (1995) als Historischem Roman über die deutsche Wiedervereinigung die Gattungseigentümlichkeit zum Verhängnis. Grass schildert die untergehende DDR aus der Sicht der Verlierer des Einigungsprozesses: Erzähler ist das »Kollektiv« der von »Abwicklung« bedrohten Mitarbeiter am Potsdamer Fontane-Archiv, und die zentralen Gestalten sind ein Vortragsreisender beim DDR-»Kulturbund«, der gleichzeitig Inoffizieller Mitarbeiter der Stasi ist, sowie sein Führungsoffizier. Dass dieses Ensemble gewissen aus ihrer Sicht richtigen Zügen des Lebens im generell Falschen nachtrauert, heißt nicht, dass Grass die DDR weiterleben lassen wollte, so wenig wie Goethe das Raubrittertum oder Margaret Mitchell die Sklaverei.

Das 19. Jahrhundert als Jahrhundert des Romans: Der Roman als Massenmedium

Ausgehend von Goethes Romanen sind wir ihren Anregungen und Abwandlungen bis tief ins 19. Jahrhundert hinein gefolgt. In dieser Zeit erreicht der Roman, um Brechts Galilei-Wort abzuwandeln, die Marktplätze. War in der französischen und auch noch in der deutschen Klassik das Theater das dominierende Medium, in der ersten Hälfte des 20. Jahrhunderts der Film, und sind es in unseren Tagen Fernsehen und Internet, so war es im 19. Jahrhundert unbestritten der Roman.

Diese Entwicklung ist nicht zu trennen von der Geschichte der Drucktechnik. Die dampfgetriebene Schnellpresse, zu Beginn des Jahrhunderts erfunden, industrialisiert den bis dahin handwerklichen Druck – zu Recht sagt ihr Erfinder Friedrich Koenig, dass sie sich »zur bisherigen Buchdruckerpresse einigermaßen so verhielt wie die Spinnmaschine zum Spinnrad«. Roman und Erzählung erweisen sich dabei als die literarischen Gattungen, die sich am besten an diese Entwicklung anpassen können, indem sie die verschiedensten Verbindungen mit den neu entstehenden Massenpublikationen Zeitung und Zeitschrift, vor allem Familienzeitschrift, eingehen. Es ist bekannt, wie Victor Hugo, Eugène Sue, Alexandre Dumas, Pierre de Ponson du Terrail, Paul Féval und andere mit ihren Fortsetzungsromanen in der Tagespresse eine für Literaturwerke aller Art bisher unerhörte Leserzahl erreichten und wie umgekehrt ihre Romane den jeweiligen Zeitungen neue Leser verschafften. In ebensolcher wechselseitiger Abhängigkeit vollzog sich der Aufstieg der *Gartenlaube* zur populärsten Familienzeitschrift und der Eugenie Marlitts zur berühmtesten deutschen Autorin ihrer Zeit.

Neben den Roman in der Zeitschrift und den Zeitungsroman tritt dann schon bald als eigene Publikationsform die Romanzeitung, die außer wenigen vermischten, meist kulturellen Notizen nur ineinander geschachtelte Fortsetzungen verschiedener in- und ausländischer Romane bringt. Aber auch die Veröffentlichung einzelner Werke passt sich dem äußeren Bild und der Vertriebsform Zeitung an: Vor allem die populären Autoren lassen ihre Werke in Lieferungen erscheinen – weit über den auf Lieferungswerke spezialisierten Kolportagebuchhandel hinaus. Lieferungspublikationen wie Romanzeitschriften verstehen sich dabei in Konkurrenz zur Leihbibliothek; deren Gebühren etwa in der höchsten Preisklasse der »Novitäten« trachten sie durch hohe Auflagen und einfache Ausstattung im Verkaufspreis noch zu unterbieten.

Die Leihbibliothek war im ganzen 19. Jahrhundert neben Zeitung, Zeitschrift, Romanzeitung und Lieferungsroman ein weiterer wichtiger Faktor, der das Lesen von Romanen allgemeiner, wenn auch längst noch nicht allgemein machte. Neuerscheinungen populärer Autoren wurden von den großen Bibliotheken in vielen Exemplaren angeschafft, und für die teureren gebundenen Ausgaben der meist mehrbändigen Romane waren sie die wichtigsten Abnehmer. Theodor Storm (1817–1888), der trotz seiner Beamtenbezüge wegen seiner großen Kinderzahl ständig in Geldverlegenheit war, hat die Sammlung seiner in den verschiedenen gut zahlenden Zeitschriften und in Einzelausgaben erschienenen Novellen nur deshalb betrieben, um den so entstehenden umfangreichen Band »in die Leihbibliotheken zu bringen, wo ja jedenfalls die wesentlichste Absatzquelle für deutsche Novellisten ist«, wie er in einem Brief an einen Kollegen einmal schreibt.

Mit wenigen Ausnahmen haben sich auch die heute noch berühmten Autoren des 19. Jahrhunderts diesem hier nur knapp skizzierten florierenden Markt gestellt und sich in Konkurrenz mit vielen Tausend anderen darauf zu behaupten gesucht – eben durch den Unterhaltungswert ihrer Arbeiten. Karl Gutzkow, Gottfried Keller, Theodor Storm, Wilhelm Raabe, Theodor Fontane, Conrad Ferdinand Meyer – sie alle haben ihre Werke, die längeren in Fortsetzungen, in populären Zeitschriften publiziert, Gutzkow, Raabe, Storm und Fontane z. B. in der *Gartenlaube*, deren »liberale« Honorare, wie ihr Verleger Ernst Keil sie gegenüber Eugenie Marlitt in Anspielung auf die politische Position seiner Zeitschrift einmal doppeldeutig bezeichnete, sehr geschätzt wurden.

Hoch und niedrig – U und E:
Zur Frage der Wertung

Wie hat die Literaturgeschichtsschreibung aus den Tausenden und Abertausenden von Romanen ihre Auswahl getroffen? Welche Romane und Erzählungen in der *Gartenlaube*, in *Daheim*, in *Über Land und Meer* und in den vielen anderen Familienzeitschriften haben ihren Platz in einem Kanon der ästhetisch wertvollen Romane des 19. Jahrhunderts gefunden, welche sind zur »Unterhaltungsliteratur« deklassiert worden, welche werden als unterhalb jeden Bewertungsmaßstabes ignoriert? Eine Geschichte dieses Kanonisierungsvorgangs ist noch nicht geschrieben.

Dass es keine ahistorischen A-priori-Kategorien für eine Zwei- oder Dreiteilung der Literatur in »relevante« und »triviale« oder »relevante«, »unterhaltende« und »triviale« Literatur gibt, ist mittlerweile evident geworden. Alle Versuche in dieser Richtung darf man getrost als gescheitert ansehen. Nach Helmut Kreuzer ist das »trivial«, was »die dominierenden Geschmacksträger einer Zeitgenossenschaft ästhetisch diskriminieren«, d. h. »Unterhaltungs-« oder »Trivialliteratur« ist das, was nach herrschender Meinung dafür gilt. Friedrich Schlegel hatte noch zu Beginn des 19. Jahrhunderts begrüßt, dass »die deutschen Autoren […] nur für einen so kleinen Kreis, ja oft nur für sich selbst untereinander« schrieben. »Das ist recht gut. Dadurch wird die deutsche Literatur immer mehr Geist und Charakter bekommen. Und unterdessen kann vielleicht ein Publikum entstehen.« Schon 1845 empfindet Prutz dann solche Bücher »geschrieben […] von Literaten für Literaten« als das »traurigste Schicksal« für die deutsche Literatur. Während heute diese Kategorie der »Literatenliteratur« dank des Ausrufs einer »Postmoderne« nur noch eingeschränkt Gültigkeit hat (s. S. 191 ff.), die zweite Hälfte des 19. Jahrhunderts eine der wenigen Epochen in der deutschen Literaturgeschichte, in der die Literatur, für deren Lektüre man zahlt, weitgehend identisch ist mit der Literatur, für deren Lektüre man bezahlt wird. Fontane nennt in einer Liste von »besten« Büchern nicht nur *Die Geheimnisse von Paris* und *Der ewige Jude* von Eugène Sue, sondern auch epische Werke von Willibald Alexis, Gustav Freytag, Berthold Auerbach, Fritz Reuter, Paul Heyse, Ernst von Wildenbruch und Paul und Rudolf Lindau. Gottfried Keller soll gelegentlich Eugenie Marlitt (1825–1887) gesprächsweise wegen ihres »Flusses der Erzählung und der Gewalt ihrer Darstellung« gepriesen haben, während Heyse einmal gegenüber Storm von »Marliteratur« spricht. Diesseits und jenseits der Werke von E. Marlitt dürfte vermutlich »die literarische Toleranzgrenze der literarisch maßgebenden Geschmacksträger« (H. Kreuzer) dieser Zeit gelegen haben.

Alle von Fontane genannten Kollegen sind auch identisch mit den populärsten Autoren ihrer Zeit. Im Herbst 1978 wurde auf der Auktion 27 von Hartung und Karl die Bibliothek der Kaiserin Elisabeth von Österreich, der 1837 geborenen und 1898 ermordeten Gemahlin Franz Josephs I., versteigert. Sissi las alle die Autoren, die auch Fontane und seine Kollegen schätzten: Auerbach, Freytag, Gerstäcker, Geibel, Marlitt, Spielhagen, darüber hinaus weitere »Unterhaltungsromane« ihrer Zeit von Armand (= Friedrich A. Strubberg), Bechstein, Brachvogel, Hackländer, Koenig, Mühlbach (= Klara Mundt), Ring, A. Stahl und Willkomm, sowie 240 Tauchnitzbändchen in bunter Mischung von Dickens und Ainsworth, Charlotte Brontë und Mrs. Henry Wood (= Ellen Wood), Thackeray und Rider Haggard. Dieselben Namen, die uns in Fontanes Kritiken und in Sissis Bibliothek begegnen, sind unter den Lieblingsautoren der Wiener Volksbibliotheken am Anfang der 1890er-Jahre vertreten.

Im 19. Jahrhundert gab es keinen diskriminierten »Unterhaltungsroman«. Die Werke, die man vom Kaiserhof bis zum Bürgerhaus las, wurden von den »dominierenden Geschmacksträgern einer Zeitgenossenschaft« durchaus nicht »ästhetisch diskriminiert«, sondern im Gegenteil gelesen, rezensiert, beachtet und zum Teil bewundert. Gerechterweise müsste die Geschichte des Romans im 19. Jahrhundert neu geschrieben werden.

Die Epoche des »bürgerlichen« oder »poetischen« Realismus

Bei der Betrachtung der Romane in Nachfolge der *Lehrjahre* sind wir mit Immermann, Gutzkow und Spielhagen in die Epoche des sogenannten »Realismus« eingetreten. Es hat sich in der Forschung geradezu als verhängnisvoll erwiesen, dass mit diesem Begriff ebenso ein Epochen- wie ein Stilphänomen beschrieben werden, die von Hause aus nichts, aber auch wirklich gar nichts miteinander zu tun haben. Der von Kritikern von der Spätantike über mittelalterliche Literaturwerke, Grimmelshausens *Simplicissimus* bis in die aktuelle Tageskritik hinein immer wieder bemühte – noch dazu äußerst vage und ideologiebefrachtete – Stilbegriff (s. dazu S. 46 f.) ist in keiner Weise generell auf die eher zufällig gleichnamige Epoche anzuwenden. Was hätten Dickens', Gutzkows oder Spielhagens sich förmlich überschlagende Handlungen denn auch stilistisch und erzähltechnisch mit den handlungsarmen bis -freien Romanen Adalbert Stifters oder den nur von ihrer Erzählerpräsentation lebenden späten Raabe-Romanen und diese wiederum mit Fontanes nahezu kommentarlos vorgetragenen Gesellschaftsromanen zu tun? – rein gar nichts.

Der »Realismus« als Epochenbezeichnung ist entstanden als Gegenbegriff zur vorangehenden Literatur des »Idealismus« vom Sturm und Drang bis zur Romantik wie zum revolutionären Pathos des Jungen Deutschland oder des Vormärz. Sozusagen schlagartig kommen der europäischen Literatur um die Jahrhundertmitte Transzendenz und Fortschrittsoptimismus zugleich abhanden. Die Hoffnung liegt weder auf einer jenseitigen – »Brüder, überm Sternenzelt muß ein ew'ger Vater wohnen« – noch auf einer zukünftigen Welt – »Wir wollen hier auf Erden schon das Himmelreich errichten«; an ihre Stelle tritt ein ruhiges Einlassen auf die Dinge, wie sie sind. Nicht in einer idealen Welt, nicht in einer zukünftigen, sondern im Hier und Jetzt sollen Gesetze und Ordnungen aufgespürt werden. Solche Diesseitigkeit entspricht weltanschaulich dem vom Naturwissenschaftler Ernst Haeckel in dieser Zeit mit größter Resonanz verkündeten »Monismus«, der Welterklärung aus einem einzigen – materialistischen – Prinzip heraus (*Welträthsel. Gemeinverständliche Studien über monistische Philosophie*, 1899). »Realismus« meint also nichts anderes als der von Friedrich Sengle vorgeschlagene Begriff des »Immanentismus« oder, aus der Epoche selbst, Otto Ludwigs »Idealrealismus«. Im diesseitigen Alltag werden Gesetze und Ordnungen aufgesucht – Gottfried Kellers *Romeo und Julia auf dem Dorfe* (1856) sind hier bis in den Titel hinein ebenso programmatisch wie »die Kraniche des Ibykus über dem Maiholzener Dorfkirchhofe« in Wilhelm Raabes (1831–1910) *Stopfkuchen* (1891). Auch Fontanes *L'Adultera* (1882) sagt dasselbe:

Leitmotivisch durchzieht den Roman Tintorettos Bild *Christus und die Ehebrecherin* nach dem achten Kapitel des Johannesevangeliums. Aber wo dort Christus der Sünderin vergibt, ist es bei Fontane die Gesellschaft; in keinem der Ehebruchsromane des späteren 19. Jahrhunderts spielt der Verstoß gegen das sechste göttliche Gebot noch eine Rolle.

PROVINZREALISMUS UND »HUSUMEREI«

Ausländische Germanisten haben bisweilen die ostentative Provinzialität der deutschen Literatur im 19. Jahrhundert gerügt, die die immanenten ewigen Ordnungen, das, was Adalbert Stifter »das sanfte Gesetz« genannt hat, vorzugsweise in provinziellen Kleinwelten aufgesucht haben. Der an der Sorbonne lehrende Germanist Claude David schreibt 1959: »Die Geschichte scheint stillzustehen. Die einzigen Abenteuer sind die des Herzens; sie spielen sich tief in der Provinz ab; Romeo und Julia erleben auf dem Dorf ihre Wiederauferstehung; selbst die idyllische Berliner Sperlingsgasse könnte sich in einer abgelegenen Kleinstadt befinden. Den Bürgern Gottfried Kellers steckt freilich die Politik in den Köpfen, aber die Schweizer Kantone, in denen sie leben, liegen sozusagen abseits von der Welt, und das Hauptereignis des Jahres ist das Bundesschützenfest. Fontane hat diesen Zug »das Theodor-Stormsche« genannt und ihn als »Husumerei« gekennzeichnet, als den »Wahn, daß Husum oder Heiligenstadt oder meiner Großmutter alter Uhrkasten die Welt sei«, der letztlich nur »Selbstsucht und Beschränktheit« sei. Peter Demetz hat diesen Zug literatursoziologisch erklärt und die Schriftsteller des Realismus in »Beamte« und »Wilde« eingeteilt: Die »Beamten« wie Storm, Keller, Stifter und Raabe – die mit Ausnahme Wihelm Raabes auch beruflich Beamte waren – lieben und suchen die Stille der Provinz; Demetz' »Wilde« hingegen – er nennt Gutzkow, Fontane, Spielhagen – »konvergieren in ihren Lebenswegen in schöner Einmütigkeit nach Berlin«, weil dort für freie Literaten die Verdienstmöglichkeiten am größten sind.

Der europäische Roman als »Comédie humaine« des 19. Jahrhunderts

So läuft in der europa- und amerikaweiten Strömung des so verstandenen literarischen Realismus eine »Comédie humaine« ab, wie Balzac sein gesamtes Romanwerk, ein wahres Jahrhundertunternehmen, treffsicher genannt hat. Das »göttlich« bei Dantes »Divina Commedia« war lobendes Attribut gewesen, das schon die Zeitgenossen dem Werk im Sinne eines »süperb« verliehen hatten – Balzac macht daraus eine Betonung des »Immanentismus«. Wie Balzac die französische Gesellschaft seiner Zeit extensiv wie intensiv erfassen wollte, so will die »realistische« Literatur ganz Europas dasselbe mit dem gesamten 19. Jahrhundert tun. Balzac, Stendhal, Thackeray und Dickens sind die großen europa- und amerikaweit und vor allem in Deutschland gelesenen Autoren; auch skandinavische Romanciers von Fredrika Bremer und Emilie Flygare-Carlén bis Jens Peter Jacobsen und Knut Hamsun finden in Deutschland ein begeistertes riesiges Lesepublikum, wie die Russen Turgenjew, Tolstoi und Dostojewski.

Man könnte Balzacs Riesenwerk geradezu als Muster für die europäische Literatur des Realismus nehmen. Ab 1841 konzipiert, sollte es 137 Romane umfassen; als Balzac 1850 starb, waren es 91 Romane und Erzählungen, in denen rund 3000 Figuren auftreten. Drei Sammeltitel unterteilen das Riesenvorhaben in »Études de mœurs«, »Études philosophiques« und »Études analytiques«. Die »Sittenstudien« gliedern sich in »Scènes de la vie privée«, »Scènes de la vie de province«, »Scènes de la vie parisienne«, »Scènes de la vie politique«, »Scènes de la vie militaire« und »Scènes de la vie de campagne«. Jeder dieser Gruppen sollen Leitideen zugeordnet werden. Als »Sekretär der Geschichte« soll der Romancier vor allem die »Sitten« seines Landes und seiner Zeit beschreiben, im Falle Balzacs also Frankreich unter dem Empire, zur Zeit der Restauration und während der Julimonarchie. Dem Realismus als »Immanentismus« trägt Balzacs Konzept insofern Rechnung, als in seinen Werken zum einen das Geld, zum anderen die Liebe die großen Triebkräfte sind. Das gilt auch etwa in Deutschland für die späteren Entwicklungsromane nach dem Vorbild *Wilhelm Meisters*, in denen erstmals das Geld und der Gelderwerb eine Rolle spielen, so in

Kellers *Der grüne Heinrich* (1854/55 und 1879/80), Gustav Freytags *Soll und Haben* (1855), Wilhelm Raabes *Hungerpastor* (1864) und Friedrich Spielhagens *Hammer und Amboß* (1869).

In einer solchen europaweiten »Menschlichen Komödie« war der deutsche Realismus mit Jeremias Gotthelfs Schweizer Bauernromanen vor allem für die »Szenen aus dem Landleben« zuständig, die allerdings auch von dem in Deutschland sehr beliebten Alphonse Daudet, etwa in seinen *Lettres de mon moulin* (»Briefe aus meiner Mühle«, 1887), gepflegt wurden. Die »Szenen aus der Provinz« wurden im Deutschen von Adalbert Stifter, Wilhelm Raabe und Gottfried Keller bestritten, im Englischen von George Eliot, Anthony Trollopes Barsetshire-Hexalogie (1856–1867) oder Thomas Hardys Wessex-Romanen (u. a. *Far from the Madding Crowd*, 1874, und *The Mayor of Casterbridge*, 1886). Von Deutschlands kanonisierten Autoren fiele nur Fontane mit seinen Berlin-Romanen (z. B. *Frau Jenny Treibel*, 1892) unter die »Szenen aus dem Leben der Hauptstadt«, während seine *Poggenpuhls* (1895/96) zu den »Szenen aus dem Soldatenleben« gehörten.

Der »Unterhaltungsroman« des 19. Jahrhunderts als Zeit- und Gesellschaftsroman

Die bis heute immer wieder kolportierte Behauptung, in Deutschland habe man eher die Tradition des Individualromans gepflegt, in Frankreich, Großbritannien und Russland dagegen die des Gesellschaftsromans, ist schlicht falsch. Sie hat zwei Gründe: Zum einen hat die Germanistik die Individualromane der *Meister*-Nachfolge bevorzugt, zum anderen ist es Nachlässigkeit. Lichtenberg hat einmal gesagt, der Tausendfüßer heiße 30, weil die Kollegen sich geweigert hätten, bis 18 zu zählen. Peter Demetz hat deshalb zu Recht die angebliche »Verspätung« des Gesellschaftsromanciers Fontane als »Verspätung« seiner Kritiker gedeutet, die »den Roman nicht anders zu definieren« vermögen »als durch klassisch-romantische Normen« und die deshalb den reichen Traditionszusammenhang, dem Fontane angehört, einfach nicht zur Kenntnis genommen hätten.

Gerade an der Familienzeitschrift *Gartenlaube* ließe sich zeigen, in welchem Umfang die bequem als »Unterhaltungsliteratur« diskriminierte Literatur des 19. Jahrhunderts zeit- und gesellschaftsbezogen gewesen ist. Gottfried Keller hat z. B. den Romanen Eugenie Marlitts ausdrücklich ein »tüchtiges Freiheitsgefühl« und einen »wahren Schmerz über die Unvollkommenheit in der Stellung der Weiber« zugesprochen. Was hier für den Frauenroman gesagt wird, gilt auch für alle anderen Bereiche: Der erste Fortsetzungsroman, den die *Gartenlaube* überhaupt druckt, Otto Ruppius' (1819–1864) *Ein Deutscher. Roman aus der amerikanischen Gesellschaft*, wird von Ernst Keil deshalb 1861 aufgenommen, weil hier ein emigrierter 48er-Revolutionär Informationen über den Konflikt zwischen Nord- und Südstaaten liefert und eindeutig Stellung gegen die Sklavenhalter bezieht. Auch der frühere Oberlandesgerichtsdirektor J. D. H. Temme (1798–1881) muss sich nach 1849 als Flüchtling in der Schweiz eine neue Existenz als freier Schriftsteller aufbauen – die *Gartenlaube* mit ihrer liberalen Einstellung und ihren »liberalen Honoraren« hilft ihm und druckt seine gleichfalls liberalen Kriminalerzählungen.

Das Bekenntnis zur Tradition von 1848 ist für die *Gartenlaube* im ganzen 19. Jahrhundert typisch: Aus Anlass ihres 25-jährigen Bestehens bringt sie 1878 einen Roman von Victor Blüthgen (1844–1920) über die Revolution von 1848, *Aus gärender Zeit*, und im Jahre 1898 versammelt sie alle noch lebenden Veteranen der Revolution als Beiträger zum Gedenken an das historische Ereignis. Die *Gartenlaube* hat in zahllosen Porträts immer wieder der alten Revolutionäre gedacht und ihnen bevorzugt ihre Spalten geöffnet. Nachdem Bismarck seinen Frieden mit den Liberalen gemacht hatte, bemühte sich der Herausgeber Keil fortan, neben der Sache der neuen nationalliberalen Partei auch die der in Opposition zu Bismarck verharrenden Liberalen zu vertreten und »über die Einheit nicht die Freiheit, dieses höchste aller Güter« aufzugeben, wie es 1867 in einem programmatischen Artikel heißt. Selbstverständlich ließ die Zeitschrift den populärsten Romancier der Zeit, Friedrich Spielhagen, der aus tiefer liberaler Gesinnung heraus nicht bereit war, seinen Frieden mit dem neuen Reich zu machen, 1885 mit dem gegenüber Bismarck sehr kritischen Roman *Was will das werden?* zu Wort kommen – und das in beachtlicher literarischer Nachbarschaft: Im Jahr zuvor waren an gleicher Stelle Fontanes *Unterm Birnbaum* und Wilhelm Raabes *Unruhige Gäste. Ein Roman aus der Gesellschaft* erschienen. Dies alles muss natürlich vor dem Hintergrund des Popularitäts- und Verbreitungsgrades der *Gartenlaube* gesehen werden, die alle Bücher, anderen Zeitschriften, ja selbst Tageszeitungen weit in den Schatten stellte. Wann je hat Theodor Storm wieder über 100 000 Käufer gefunden, wie 1862, als er *Im Schloß* in die *Gartenlaube* gab, wann Spielhagen, Fontane und Raabe fast 400 000 Käufer für Erstveröffentlichungen und damit weit über eine Million Leser?

GESELLSCHAFTSROMAN UND »EXOTISCHER« ROMAN

Während Demetz' Beamte ein beschaulich-sesshaftes Leben in der Provinz führten, ist Weltläufigkeit ein Merkmal der heute zu »Unterhaltungsschriftstellern« abgewerteten Autoren. Mit dem inzwischen nahezu rehabilitierten und nachträglich kanonisierten Charles Sealsfield (eigentlich Karl Anton Postl, 1793–1864) beginnend, spielen ihre Werke häufig in fernen Ländern, die sie aus gründlicher eigener Anschauung kannten: Otto Ruppius, F. A. Strubberg (Pseudonym Armand, 1808–1889) und Balduin Möllhausen (1825–1905) hatten langjährige USA-Erfahrung, die sie in ihren Romanen verarbeiteten. Friedrich Gerstäcker (1816–1872) hatte fast die ganze Welt bereist und konnte aus erster Hand über Nordamerikas *frontier* ebenso wie über politische Zustände in Mittel- und Südamerika, die holländischen Niederlassungen in Indonesien oder die Kolonisation Australiens berichten. Der von Fontane hoch geschätzte Rudolf Lindau (1829–1910) war im diplomatischen Dienst tätig und Kenner Chinas, Japans und Nordamerikas, Friedrich Wilhelm Hackländer (1816–1877) bereiste den Orient, Hans Wachenhusen (1822–1892) war Frankreich- und Nordafrikakenner, Oskar Meding (Pseudonym u. a. Gregor Samarow, 1829–1903) lebte viele Jahre in Paris, Theodor Mügge (1806–1861) bereiste Nordamerika und den hohen Norden Europas und verarbeitete diese Erfahrungen literarisch. Erst solche Anschauungen aus erster Hand ermöglichten überhaupt das, was Fontane »das Reporterhafte in der Literatur« genannt hat und dem er die Befreiung der deutschen Literatur »aus dem öden Geschwätz zurückliegender Jahrzehnte« zuschreibt, »wo von mittleren und mitunter auch von guten Schriftstellern beständig ›aus der Tiefe des sittlichen Bewußtseins heraus‹ Dinge geschrieben werden, die sie nie gesehen hatten«.

Der intensive Kontakt mit Welt und Wirklichkeit, die Kenntnis der eigenen wie fremder Staats- und Gesellschaftsformen, der direkte Zugang zu politischen Informationen blieb nicht ohne Auswirkung auf die Werke der Autoren. Dass erst die genaue Länderkenntnis den exotischen Roman ermöglicht, ist klar. Genauso bedarf aber auch der Zeitroman aus der eigenen Gesellschaft der lebendigen Anschauung: Er ist nicht denkbar ohne den unmittelbaren Kontakt mit der sozialen Wirklichkeit, einschließlich der wirtschaftlich und politisch führenden Schichten, an einem Brennpunkt der gesellschaftlichen Entwicklungen. Nicht zufällig wird in dieser Zeit der Begriff »Berliner Roman« zum Synonym für den modernen Gesellschaftsroman bei Fontane, Lindau, Spielhagen, Rodenberg, Frenzel, Mauthner, Clara Viebig und dem jungen Heinrich Mann.

Gesellschaftsroman als Historischer Roman

Auch sonst verleugnet der »Unterhaltungsroman« dieser Epoche seinen Zeitbezug meist nicht. Beim Historischen Roman etwa kann sich die Spannung, die sich in den bisherigen Fällen zwischen »dort« und »hier« ergab, zwischen »einst« und »jetzt« einstellen. Dies ist natürlich nicht der Fall bei den gerade wegen der Fremdheit des Milieus aufgesuchten Welten Altägyptens oder der Völkerwanderungszeit im kulturhistorischen »Professorenroman« von Georg Ebers (1837–1898) und Felix Dahn (1834–1912), wohl aber bei den preußischen Romanen von Willibald Alexis (1798–1871) und den *Ahnen* Gustav Freytags. Alexis wie Freytag bringen beide durch die historische Sequenz und ihr Ende in der Gegenwart die Geschichte in eine teleologische Perspektive auf Preußens Hegemonie in Deutschland hin, während sich bei Ludwig Ganghofer (1855–1920) in seiner historischen Serie aus dem Berchtesgadener Land, z. B. in *Das Gotteslehen* (1899) und in *Das neue Wesen* (1902), deutliche Reichsvorklänge finden: Dort liegt am Alpenrand das Untersberg-Massiv als Asyl eines verborgenen Kaisers, wahlweise Karls des Großen oder Friedrich Barbarossas, der einst als Friedenskaiser wiederkehren wird. Der in der Nachbarschaft auf dem Obersalzberg residierende Adolf Hitler soll die Sage gelegentlich auf sich bezogen haben.

Auch der meist in den deutschen Randgebieten, etwa den Alpen, spielende Heimatroman, wie er in der *Gartenlaube* durch Hermann von Schmid und später durch Ganghofer gepflegt wurde, ist als Roman der bäuerlichen Bergwelt für ein überwiegend im Flachland wohnendes städtisches oder kleinstädtisches bürgerliches Publikum exotischer Roman. Bei Ganghofer ist er jedoch, wenn er nicht als Historischer Roman daherkommt, gerade in den großen Werken *Schloß Hubertus, Das Schweigen im Walde* und *Der hohe Schein,* nicht Roman der bäuerlichen Welt, sondern negativer Gesellschaftsroman, Kritik an der überlebten Daseinsform des Adels *(Schloß Hubertus)* oder Lob der Regression in das einfache Leben *(Das Schweigen im Walde, Der hohe Schein).* Die positive Gegenwelt zu einer negativ bewerteten Zivilisation ist dabei für die Helden die vor- und außergesellschaftliche Natur, nicht die Welt der Bauern. Fern von jeder Idealisierung finden sich bei Ganghofer bäuerliche Charaktere, von denen eine direkte Linie zu Kroetz führen könnte: In *Der hohe Schein* (1904) verkauft der reichste Bauer des Dorfes seinen Hof gegen Bargeld und verbrennt den Erlös, um seine gierig wartenden Erben, darunter die katholische Kirche, zu foppen. Da Papierbündel bekanntlich schlecht brennen, zieht er sich beim Nachstopfen im eisernen Öfchen schwere Verbrennungen an beiden Armen zu, die er nach altem Bauernrezept mit Kuhmist kühlt, woraufhin er qualvoll an einer Blutvergiftung stirbt.

Die Diskussion politischer und gesellschaftlicher Fragen im »Unterhaltungsroman«

Was die Popularität und den Unterhaltungswert angeht, hat der Roman der seit Aristoteles höchstgewerteten Gattung, dem ernsten Drama, längst den Rang abgelaufen. Wenn auch in Deutschland mit seiner durch die vielen Kleinstaaten traditionell hohen Zahl von staatlichen und mit ihnen konkurrierenden städtischen Theatern dem Drama nach wie vor viel kritische und wissenschaftliche Aufmerksamkeit galt – eine literaturwissenschaftliche Beschäftigung mit dem Roman gab es erst seit dem Anfang des 20. Jahrhunderts –, so hatte sich doch der Ort für soziale und politische Diskussionen und Auseinandersetzungen stetig zum populäreren Medium hin verschoben, und das war die Epik. Selbst dort, wo Romanautoren den »Kampf mit politischen, religiösen, socialen Ideen«, »die Tendenz« explizit ablehnen, wie es Gustav Freytag getan hat, verbindet sich seine »scharfe Absage an den Tendenzroman und an den sozialen Roman im Namen der immer mächtiger werdenden ›Objektivität‹« mit einem ganz massiven Zeitbezug. Dieser wirkt umso penetranter, als er nicht ausgesprochen, sondern in der Handlungsführung versteckt wird. Fontane hat in seiner Kritik von Freytags *Soll und Haben* den »Bau des Romans« entsprechend entschlüsselt und in die darin zum Ausdruck kommende Tendenz, die »straffen politischen Anschauungen des Verfassers«, zurückübersetzt, zu denen Adelshass und Antisemitismus gehören.

Dieselbe in die Handlungsführung verschlüsselte Auseinandersetzung erfolgt im Unterhaltungsroman dieser Zeit auch mit einer anderen großen gesellschaftlichen Macht, dem aufkommenden industriellen Kapitalismus. Das Argument der konservativen Kritiker, die Industrie ruiniere das Handwerk, erscheint im Roman als konkreter Diebstahl von Patenten – Robert Prutz' (1816–1872) *Das Engelchen* (1851) – oder Mustern – Max Kretzers (1854–1941) *Meister Timpe* (1888) –, begangen am Handwerk. Der behauptete volkswirtschaftliche Schaden wird von Prutz darin konkretisiert, dass der Fabrikherr zugleich der Chef einer Schmugglerbande ist *(Das Engelchen)*. Die wirtschaftliche und soziale Abhängigkeit der Arbeiter erscheint als sexuelle Abhängigkeit – Kretzers *Die Betrogenen* (1882) –, die Ausbeutung allgemein wird konkret zum Raub des Gründungskapitals, begangen an den eigenen Angestellten oder Arbeitern – so in Kretzers *Die Buchhalterin* (1894) und noch im 20. Jahrhundert bei Heinrich Mann (1871–1950) in *Die Armen* (1917).

Noch auf ein weiteres Zeitproblem sei abschließend hingewiesen, das im Unterhaltungsroman ebenfalls weniger diskursiv als vielmehr in der Handlungsführung gestaltet und behandelt wird: die Frauenbildung und -emanzipation. E. Marlitt und ihre Kolleginnen gehörten nicht nur als Schriftstellerinnen zu den ersten berufstätigen Frauen; sie kamen häufig aus künstlerischen Berufen, bevor sie zu schreiben begannen: E. Marlitt war zur Sängerin ausgebildet und hatte diesen Beruf auch ausgeübt, bis eine Erkrankung sie zur Aufgabe zwang; erst dann wurde sie Schriftstellerin. Ebenso war Wilhelmine von Hillern (1836–1916), Tochter der Schriftstellerin Charlotte Birch-Pfeiffer, Autorin der *Gartenlaube* und Verfasserin der *Geyer-Wally* (1875), zunächst Schauspielerin, und noch die beispielsweise von Günter Grass als »Erzählerin« geschätzte Vicki Baum (1888–1960) begann als Harfenistin. Der Beruf der »Künstlerin« im weitesten Sinne, von der Konzertsängerin und der Hofschauspielerin bis zum Tingeltangelmädchen, war als »Bohème« im bösen wie im guten Sinne außergesellschaftlich und stellte deshalb eine Möglichkeit dar, sich vom starren gesellschaftlichen Rollenzwang, auch der Frauenrolle selbst, zu lösen. Im Unterhaltungsroman ist deshalb die Frau, die im Interesse des Romans selbstständig sein und werden soll, meist Künstlerin.

Der »Unterhaltungsroman« als Kategorie ist die bequeme weiträumige Bezeichnung für alles, was nach der unreflektiert gebliebenen, willkürlichen Kanonisierung einiger weniger Romane aus dem romanreichen 19. Jahrhundert zurückblieb. Wissenschaftlich ist es jedenfalls nicht länger zu rechtfertigen, einen großen und wichtigen Abschnitt der deutschen Romangeschichte ungelesen und unbegründet zu diskriminieren.

DIE WENDUNG NACH INNEN: TECHNIKEN DER BEWUSSTSEINSDARSTELLUNG

Die große Wendung im Roman des 19. Jahrhunderts und damit im Roman des »Realismus« vollzieht sich durch die erzähltechnische Entwicklung der »Erlebten Rede«, wie man das, was Stanzel als »personales Erzählen« klassifiziert hat, traditionell nennt. In ihm tritt wie beim auktorialen Erzählen eine Erzählerfigur auf, die sich aber nicht der Welt zuwendet, sondern dem Innern einer Figur, des »personalen Mediums«, und lediglich berichtet, wie sich die Welt in diesem Innern bricht und spiegelt. Gelegentliche Blicke ins Innenleben hat es immer gegeben, etwa schon bei Cervantes' Don Quijote oder seinem Knappen Sancho Pansa. Verstärkt finden wir eine solche Innensicht bereits in Georg Büchners Novellenfragment *Lenz* (1835/39), das aus den Studien des angehenden Nervenarztes hervorgegangen ist und sich durch Konzentration auf Gemütsvorgänge bemüht, die Psychopathologie der Titelgestalt einzufangen. Auch Gustave Flauberts (1821–1880) *Madame Bovary* (1857) ist, von der Ich-Erzählung des Anfangs abgesehen, personal erzählt, desgleichen Spielhagens *Uhlenhans* (1884). Am stärksten ist jedoch der Erzähler und Erzähltheoretiker Henry James (1843–1916) mit der Entwicklung des personalen Erzählens verbunden, zumal er der Bruder des amerikanischen Psychologen William James war, der als erster den Vorgang unseres Denkens als *stream of consciousness* beschrieben hat, als ›Strom des Bewusstseins‹, der in Staus, Katarakten und Wirbeln fließt und viel Treibgut mit sich führt. So denken wir nie linear, sondern assoziativ, gleichsam im Rösselsprung. Den ersten »Bewusstseinsstrom« in diesem Sinne finden wir im Eingangspassus zu Edgar Allan Poes *The Murders in the Rue Morgue* (1841), wo Dupin einen längeren, rein assoziativen Gedankengang des Ich-Erzählers rekonstruiert.

Im reinen personalen Erzählen ist es, als befinde sich eine Wand zwischen Erzähler und Welt und dem Erzähler sei nur der Blick ins Innere seines Reflektors erlaubt. Mit anderen Worten: Ist dieses weltreflektierende Ich farbenblind, stimmt keine Farbe im ganzen Roman. Bis in den Titel lässt sich dies verdeutlichen an Henry James' Text *What Maisie Knew* (1897). Genau das ist nämlich der Gegenstand des Romans: die Brechung einer unappetitlichen und etwas banalen Vierecksgeschichte, die immer polygonaler zu werden droht, im Bewusstsein der sechs- bis 13-jährigen Tochter des Ur-Paares. Dabei wird ein Erzähler insofern sichtbar, als er Maisies kindlichem Bewusstsein und dem darin nur vage Gefühlten seine Formulierungskünste zur Verfügung stellt.

Gegenstand des reinen personalen Erzählens ist also immer der »stream of consciousness«, der für den Erzähler die »Bedingung möglicher Erfahrung« darstellt. Ihn beschreibt er mehr oder weniger geordnet, so wie ein Erzähler seine Welt und ihre Modi der Wiedergabe immer schon kontrolliert hat. Beschränkt sich dieser Erzähler auf das Mitstenografieren des »stream of consciousness«, wird die Erlebte Rede zum »Inneren Monolog«. Die Annahme eines solchen fiktiven Stenografen in Fortführung der Rolle des fiktiven Erzählers ist zwingend, da es eine Vermittlungsinstanz zwischen den Gedanken einer Figur und deren Wiedergabe auf dem Papier geben muss; bloße Gedanken vermögen kein Papier zu schwärzen. An Arthur Schnitzlers im Inneren Monolog geschriebener Erzählung *Fräulein Else* (1924) lässt sich dies veranschaulichen: Als Else an einem Zimmer vorbeigeht, aus dem Musik ertönt, gibt der Stenograf deren Aufnahme in Elses Kopf als veritable Klaviernotation wieder – denn das hört sie, wenn perfekt gespielt wird, das notiert der Stenograf, auch wenn Else selbst keine Noten beherrscht. Dass andererseits ein solcher Erzähler wie auch ein solcher Stenograf streng vom Autor zu unterscheiden sind, versteht sich von selbst, da für beide die Reflektorgestalt die Bedingung möglicher Erfahrung darstellt: Wenn in Schnitzlers erster Erzählung im Inneren Monolog, *Leutnant Gustl* (1900), der Held einschläft, verstummt der Erzähler, d. h. der Autor hat Gustl einschlafen lassen und der Stenograf hat nichts mehr zum Mitschreiben.

Mit dem personalen Erzählen koexistiert häufig für die Wiedergabe von Dialogen, Gesprächen und Massenszenen das »szenische Erzählen«, bei dem ein Geschehen wie von einer Kamera lediglich registriert wird.

STANZELS TYPENKREIS

Auf der Grundlage seiner Habilitationsschrift von 1955 hat der Anglist Franz Karl Stanzel 1964 eine Broschüre *Typische Formen des Romans* vorgelegt. Sein Modell wird hier in der leichten Abänderung durch Dorrit Cohn wiedergegeben. Ich ziehe es der vom französischen Literaturwissenschaftler Gérard Genette vorgeschlagenen späteren und unnötig komplizierteren Nomenklatur vor. Sie lässt sich lückenlos in die von Stanzel geschaffene Begrifflichkeit rückübersetzen.

Auktoriales Erzählen

Ich-auktoriales Erzählen

Personales Erzählen

Ich-personales Erzählen

Stanzel hat seine Typologie auf einem Kreis, dem »Stanzel'schen Typenkreis«, angeordnet, um die vielfältigen offenen Übergänge zu verdeutlichen. Der »auktoriale Roman« ist dadurch gekennzeichnet, dass Erzähler und Figuren zu verschiedenen Welten gehören. Der Erzähler, der durchaus als Person mit Pronomina wie »ich« oder »wir« in Erscheinung treten kann, steht der erzählten Welt als deren »auctor«, d. h. Urheber gegenüber: Die Worte »Eduard – so nennen **wir** einen reichen Baron im besten Mannesalter« beginnen Goethes *Wahlverwandtschaften*. Man bezeichnet ihn deshalb auch als »allwissenden Erzähler«, da sein Kenntnisstand bezüglich der von ihm angeblich erfundenen Welt – in Wirklichkeit ist er selbst in erster Instanz natürlich genauso von einem Autor erfunden wie die ihm gegenüberstehende Welt in zweiter Instanz – unbegrenzt ist. Thomas Mann gibt diesem auktorialen Erzähler in den Reflexionen zum »Geist der Erzählung« zu Beginn des *Erwählten* (1951) Gestalt und Kontur.

Im personalen Erzählen, wie es vor allem von Gustave Flaubert und Henry James in der zweiten Hälfte des 19. Jahrhunderts entwickelt wurde, tritt dieser Erzähler als ausgestaltete Rolle mehr und mehr zurück. Als allwissender Erzähler konnte er immer schon in die Köpfe seiner Gestalten blicken – sobald er dies ausschließlich tut und eine zwischen ihn und die erzählte Welt geschaltete Reflektorfigur für ihn zur Bedingung möglicher Erfahrung wird, liegt reines »personales Erzählen« vor. Dies kann durchaus im multipersonalen Erzählen multiperspektivisch geschehen, aber dann trägt der Erzähler sein beim Blick in einen Reflektor gewonnenes Wissen nicht in die Sicht anderer Reflektoren ein. Anna Seghers' *Das siebte Kreuz«* (1942) besteht außer aus rudimentären Elementen einer Ich-Erzählung aus KZ-Häftlingssicht am Anfang, in der Mitte und am Schluss aus 127 personalen Partikeln. Wenn Franz Marnet die ihm unbekannten Röders aufsucht, um zu erfahren, ob sie etwas vom entflohenen Häftling Georg gehört haben, mit dem beide früher befreundet waren, öffnet ihm eine Frau die Tür und fertigt ihn kurz ab. Nein – sie wisse von gar nichts. Unmittelbar im Anschluss daran erleben wir aus Frau Röders Sicht, wie sehr sie der Besuch eines Unbekannten, der ausgerechnet nach Georg geforscht hat, in Unruhe versetzt. Im Leser fließt beider Sicht zusammen, nicht im Erzähler.

Zur anderen Seite, zur Ich-Erzählung hin, die sich mit Dorrit Cohn ebenfalls in eine auktoriale und eine personale Ich-Erzählung aufspalten lässt, ist der Übergang gleichfalls fließend. Thomas Manns Serenus Zeitblom, der den *Doktor Faustus* (1947) erzählt, und Oskar Matzerath in Günter Grass' *Blechtrommel* (1959) haben beide auf ihre Art Züge eines auktorialen Erzählers: »Fragen Sie mich bitte nicht, woher ich das weiß. Oskar wußte damals so ziemlich alles.«

Jean Pauls Erzähler im *Hesperus* wie im *Titan* gebärden sich in jeder Hinsicht wie auktoriale Erzähler, gehören aber noch, wenn auch als extreme Randsiedler, zum Personal der erzählten Welt, mit dem sie brieflich, und sei es über Postlieferungen durch einen Hund, in Kontakt stehen. Man kann jeden auktorialen Roman durch einen hinzugesetzten Schlusssatz, in dem man den auktorialen Erzähler eine Gestalt aus der erzählten Welt treffen lässt, die ihm von ihr berichtet, in eine auktoriale Ich-Erzählung verwandeln.

Logisch ist die auktoriale Ich-Erzählsituation immer schon gegeben: Ein Ich berichtet vom Schreibtisch aus, was es zuvor erlebt hat, ob vor Jahrzehnten im autobiographischen Roman oder vor Stunden oder Minuten im Briefroman. Stifters *Nachsommer* ist weitgehend aus der Perspektive des erlebenden Ichs erzählt, und Karl Mays Ich-Erzählungen als Old Shatterhand oder Kara ben Nemsi nahezu ausschließlich. Dass neben dem erlebenden Ich ein erzählendes anzunehmen ist, machen lediglich selten zur Spannungssteigerung eingesetzte, zukunftsgewisse Vorausdeutungen deutlich: »Dieses Versäumnis sollte uns später zum Verhängnis werden.« Eine rein auf das erlebende Ich beschränkte Ich-Erzählung ist hingegen geradezu Gattungsmerkmal der amerikanischen »hard boiled detective story« geworden. Solche Romane könnte man durch ein Computerprogramm in einen streng personalen Er-Roman umschreiben, indem man das »I« gegen ein »he« eintauschte und im Präsens an das Verb in der 3. Pers. Sg. ein »s« anfügte.

Daneben gibt es an dieser Stelle noch einen zweiten, sozusagen parallelen Übergang, den vom Inneren Monolog zur Erlebten Rede: Dabei geht der in beiden Fällen zwingend erforderliche Erzähler vom Stenografieren des »stream of consciousness« im Reflektor in der Ich-Form zu dessen Beschreibung in der 3. Person über.

Keineswegs bedingt schon allein die erzählerische Wendung nach innen ein Zurücktreten der äußeren Handlung. C. S. Foresters legendärer vielbändiger Zyklus um den britischen Seehelden gegen Napoleon, Horatio Hornblower, ist von *The Happy*

Return (1937, *Der Kapitän*) bis zu *Hornblower and the Crisis* (1967, *Zapfenstreich*) konsequent aus Hornblowers personaler Perspektive erzählt, lediglich *Lieutenant Hornblower* (1952) folgt ebenso konsequent der Sicht seines einzigen Freundes Bush. Auch die Maigret-Serie des Belgiers Georges Simenon ist ganz überwiegend aus der personalen Perspektive des Pariser Kommissars erzählt, was zu dessen mehr beobachtend reflektierter als aktionistischer Vorgehensweise passt. Dennoch ist mit dem erzählerischen Weg nach innen in der Regel auch eine thematische Konzentration auf seelische Vorgänge verbunden.

Entwicklung des Romans und Fragen seiner ästhetischen Bewertung

Die stetig wachsende Popularität der aufstrebenden Gattung »Roman« führte zu deren stetig wachsender kritischen Kontrolle. Man kann sagen, dass der Roman desto kritischer beäugt wurde, je höher man ihn ästhetisch einstufte. Das beginnt mit Schlegels Identifizierung der neuen Gattung als »romantische Poesie« mit seinem Konzept der »progressiven Universalpoesie«. Dazu passt seine Forderung, »die deutschen Autoren« sollten getrost »nur für einen so kleinen Kreis, ja oft nur für sich selbst untereinander« schreiben – dadurch bekäme »die deutsche Literatur immer mehr Geist und Charakter« (s. S. 98). Arthur Schopenhauer unterstreicht später diese Forderung nach Unpopularität und erhebt sie zum ästhetischen Gesetz für die stufenweise Unterscheidung von »höheren und edleren« Werken hinab zum »rohesten und thatenreichsten Ritter- und Räuberroman«:

> »Die Aufgabe des Romanschreibers ist nicht, große Vorfälle zu erzählen, sondern kleine interessant zu machen. Ein Roman wird desto höherer und edlerer Art seyn, je mehr *inneres* und je weniger *äußeres* Dasein er darstellt; und dies Verhältnis wird, als charakteristisches Zeichen, alle Abstufungen des Romans begleiten, von ›Tristram Shandy‹ bis zum rohesten und thatenreichsten Ritter- und Räuberroman herab. ›Tristram Shandy‹ freilich hat so gut wie gar keine Handlung; aber wie wenig hat die ›Neue Heloïse‹ und der ›Wilhelm Meister‹! Sogar ›Don Quijote‹ hat verhältnismäßig wenig […]: und diese vier Romane sind die Krone der Gattung.«

Schopenhauer formuliert hier allerdings kein ästhetisches Gesetz, sondern fällt hier lediglich ein subjektives Geschmacksurteil: »Ich halte handlungsarme Romane für gut und handlungsreiche für schlecht.« Man kann mit demselben Recht auch umgekehrt urteilen und überbordende Handlungsfülle für ein Merkmal guter Epik halten. Die Deutschen sind im Allgemeinen eher Schopenhauers Diktum gefolgt: Internationale, vor allem englischsprachige Klassiker, die sich durch eine bunte, womöglich exotische Handlung auszeichnen, werden bei uns ganz überwiegend als Jugendbücher rezipiert – Defoes *Robinson*, Swifts *Gulliver*, Coopers *Lederstrumpf*, Melvilles *Moby Dick* oder Stevensons *Schatzinsel*. Ästhetisch hat Fontane, der von seinem letzten Roman *Der Stechlin* (1898) gesagt hat: »Zum Schluß stirbt ein Alter und zwei Junge heiraten sich; – das ist so ziemlich alles, was auf 500 Seiten geschieht«, bei der Nachwelt über seinen zu Lebzeiten ungleich erfolgreicheren Kollegen Spielhagen gesiegt. Wem aber das angelsächsische Lob der ›schieren Lesbarkeit‹ *(sheer readability)* als Gütekriterium etwas bedeutet, der wird immer wieder mit großem Gewinn zu Spielhagen greifen.

Neben dem Verzicht auf Handlungsfülle hat der Roman einen weiteren Preis für seine ästhetische Anerkennung zahlen müssen: Harald Weinrich hat einmal vom »Glücks- und Heldenverbot« gesprochen, das der seriöse moderne Roman sich auferlegt habe, um ästhetisch neben das Drama treten zu dürfen. Seitdem geht im Kopf des Lesers eine Warnlampe an, wenn ein Roman einen Helden hat oder gar glücklich endet: »Vorsicht – trivial!« Exakt parallel zur Etablierung des Romans als »E-Literatur«, als »ernster« Kunstform, die sich zugleich durch Gattungsmischung den bisher gängigen Etikettierungen wie »Abenteuer-«, »Familien-« oder »Liebesroman« entzieht, entstehen die bis heute populären Gattungen der »U-« oder »Genre-Literatur«: Durch Jules Verne (1828–1905) werden die Grundlagen der Science Fiction geschaffen, Arthur Conan Doyle (1859–1930) stellt mit den auf Poe und Emile Gaboriau und dem Geheimnisroman des 19. Jahrhunderts fußenden Holmes-Geschichten das Modell für den Detektivroman auf, und Bret Harte (1836–1902) und Karl May (1842–1912) legen das Fundament für den amerikanischen und den mitteleuropäischen Western, samt und sonders einst und meist auch noch jetzt blühende Romanformen, die nie ästhetische Beachtung und Würdigung gefunden haben.

Durchs gesamte 19. Jahrhundert zieht sich die Tendenz, auf dem gesamten Feld der Wissenschaften die sich explosionsartig entwickelnden Naturwissenschaften als Leitwissenschaft anzusehen, wie es im 16. Jahrhundert die Theologie war und heute wohl Kern- und Astrophysik und Kybernetik sind. Die neue Tendenz zeigt sich bereits um die Jahrhundertwende an Goethes *Wahlverwandtschaften* und seinen morphologischen Studien, die eine einheitliche Gestaltlehre von der Geologie über die Biologie bis zur Anthropologie und Poetik begründen sollen. 1830 bis 1842 entwickelt Auguste Comte (1798–1857) unter dem Stichwort einer Philosophie des Positivismus eine »physique sociale«, die unabänderliche Gesetze erforschen soll, die wiederum zur Verbesserung der privaten und gesellschaftlichen Lebensverhältnisse genutzt werden können. Parallel hierzu erklärt Marx die Ökonomie und die Produktionsverhältnisse zu den Triebkräften von Anthropologie, Soziologie und Geschichte und beansprucht für ihre von ihm entdeckten Gesetze dieselbe Evidenz und Beweisbarkeit wie für Galileis und Newtons physikalische Gesetze. Aus ihnen lassen sich Kriterien für »falsch« und »richtig, »wahr« und »unwahr« für alle Bereiche des Seins wissenschaftlich ableiten, bis hin zum sozialistischen Realismus in der Literatur (s. S. 157 f.).

Auf der Grundlage des Comte'schen Positivismus entwirft Hippolyte Taine (1828–1893) in den 1860er-Jahren eine naturwissenschaftlich fundierte Anthropologie, auf der er seine Kulturwissenschaft aufbaut. Darin erscheint der Mensch als bestimmt von seiner »race« (d. h. von seinen Genen), von seinem »milieu« (den auf ihn wirkenden Umwelteinflüssen) und von »temps« (den kulturellen und politischen Zeitumständen). So wie die Pflanze am Feldrand anders aufwächst als die genetisch gleiche an einem Bahndamm, so auch der Mensch zu verschiedenen Epochen und in jeweils anderem Milieu. Aus der naturwissenschaftlichen Bildlichkeit bei Goethe ist eine naturwissenschaftliche Determination geworden, die zum einen das Werk jedes Autors bestimmt, zum anderen von ihm berücksichtigt werden muss, soll sein Werk »natürlich« sein, d. h. aristotelische »mimesis« (Nachahmung) der Wirklichkeit. Der in Deutschland vor allem durch die Zola-Rezeption propagierte Begriff »Naturalismus« meint nichts anderes als die Ausrichtung auf die »Natur«, wie sie sich in den neuesten Erkenntnissen der Naturwissenschaft zeigt. Genau darauf zielt aber auch die deutsche Selbstbezeichnung als »konsequenter Realismus«. Der Begriff betont die Wissenschaftlichkeit des neuen Ansatzes gegenüber der vagen Anlehnung an die »Natur« bei den poetischen Realisten. Die andere Selbstbezeichnung als »jüngstdeutsche Schule« hebt das soziale Interesse in der Tradition des Jungen Deutschland hervor. (Zu dem daraus resultierenden ideologisch geprägten »Realismus«-Begriff, für den Richard Alewyn daher ebenfalls den Begriff »Naturalismus« vorgeschlagen hat, s. S. 46 f.).

Das französische Vorbild

Während das naturalistische deutsche Theater auf den Schultern des fast als Ehren-Deutschen rezipierten Norwegers Henrik Ibsen weltweit führend war – Gerhart Hauptmann bekam 1912 den Nobelpreis für Literatur –, vermochte der deutsche Roman des Naturalismus sich nie aus dem Schatten des Franzosen Emile Zola (1840–1902) zu lösen.

Nach Anfängen, die etwa in den *Mystères de Marseille* (1867) noch vom sozialen Roman der Sue-Schule geprägt waren, fand Zola Ende der 1860er-Jahre zu seinem Riesenprojekt *Les Rougon-Macquart. Histoire naturelle et sociale d'une famille sous le Second Empire (Die Rougon-Macquart. Natur- und Gesellschaftsgeschichte einer Familie im Zweiten Kaiserreich)*, einem Romanzyklus in 20 Bänden in der Art einer wissenschaftlich fundierten »Comédie humaine« seiner Zeit. Den ersten auf zehn Bände berechneten Plan legte Zola 1869 dem Verleger Lacroix vor. Danach wollte er »in einer Familie die Fragen der Veranlagung und des Milieus studieren [...] und zwar [...] geleitet von den neuen physiologischen Entdeckungen, und zweitens: Das ganze Zweite Kaiserreich untersuchen [...] und so die Ereignisse und Gefühle einer ganzen sozialen Epoche schildern.«

Dies entspricht seinem Konzept des »Experimentalromans«, nach dem der Schriftsteller vorgeht wie ein Naturwissenschaftler: »Die Experimentalmethode fordert vom Schriftsteller den vollen Einsatz seiner Intelligenz als Denker und seines Genies als Schöpfer. Er muß sehen, verstehen, erfinden«, aber der Rang des Werks und seines Schöpfers erweist sich allein in der künstlerischen Form, die der Autor seinen Experimenten gibt. Damit enthält der Untertitel des Gesamtwerks bereits Zolas ganzes auf Taines Kulturanthropologie gestütztes Programm: Die auf eine »Urmutter« zurückgehende Doppelfamilie mit ihren diversen Zweigen und legitimen wie illegitimen Verästelungen repräsentiert das Element der »race« und der »Natur«, die verschiedenen durch Berufe vom Geistlichen bis zum Bergmann geprägten sozialen Schichten von der Provinz bis Paris stellen das »milieu« dar, und »temps« ist das Zweite Kaiserreich mit seinem von Zola *La débâcle* (1892) betitelten katastrophalen Ende am 2. September 1870 bei Sedan. Bei aller Kritik an »Unsittlichkeiten«, in denen sich die Prüderie der Zeit noch einmal austobt, bewunderten schon die Zeitgenossen europaweit Zola als Meister des Romans. Besonders herausragende Beispiele sind ohne Zweifel *L'assommoir* (*Der Totschläger*, 1877) als Roman aus dem Leben des Pariser Proletariats, *Germinal* (1885) als Proletarier-, Industrie- und Streikroman und überreiches Panoramabild einer exakt recherchierten Arbeitswelt; weiterhin der durch den Renoir-Film von 1931 auch Cineasten bekannte Eisenbahner-Roman *La bête humaine* (*Die Bestie im Menschen*, 1890), der Börsenroman *L'argent* (*Das Geld*, 1891) und der großartige Kriegsroman *La débâcle* (*Der Zusammenbruch*, 1892).

DER NATURALISTISCHE ROMAN IN DEUTSCHLAND

Es war wohl der gigantische Schatten, den der französische Koloss noch weit über die Grenze warf, der das Aufwachsen eines lebenskräftigen deutschen naturalistischen Romans verhinderte. Das höchste Lob, das die deutsche Kritik zu vergeben hatte, war der Titel eines »deutschen Zola« und, für Autorinnen, der einer »Zolaide«. Im Falle des »deutschen Zola«, des äußerst produktiven Max Kretzer (1854–1941), fällt der Nachwelt ein Urteil leicht: Es ist, als verglich man eine Mannschaft der Kreisklasse mit der Champions League. Einzig der *Meister Timpe* (1888) hat als realistischer Roman über den Umschichtungsprozess im Handwerk unter dem Einfluss der Industrialisierung einen gewissen Bestand, wenn auch soziale Vorgänge nicht, wie etwa in Zolas drei Jahre zuvor erschienenem *Germinal*, als solche gestaltet, sondern individualisiert und mit familiären Problemen und verbrecherischen Machenschaften unterfüttert werden.

Im Falle der »Zolaide« Clara Viebig (1860–1952) liegen die Dinge etwas anders. Den Titel erhielt sie wohl wegen des als »anstößig« oder in den Themen als »gewagt« empfundenen Romans *Das Weiberdorf* (1900) über ein Eifeldorf, dessen männliche Bewohner fast alle Saisonarbeiter im Ruhrgebiet sind, und der bis heute als etwas angestaubter Skandal den Blick auf ihr überreiches anderes Werk verstellt. Zudem hat die recht spät zum Schreiben gekommene höhere Tochter aus preußischen Beamtenkreisen selbst Zolas *Germinal* als ihr Initiations- und Durchbruchserlebnis genannt.

Von ihrem Meister hat sie vor allem die Hinwendung zum sozialen Panoramaroman und die souveräne Gestaltung von Massenszenen, ähnlich dem Zug der Streikenden in *Germinal* oder dem Kriegsausbruch in *Nana*, gelernt. Ihrer Gestaltung der Echternacher Springprozession im Eifelroman *Das Kreuz im Venn* (1908) oder des Zugs der aufständischen Winzer vors Bernkasteler Landratsamt in *Die goldenen Berge* (1927) hat die deutsche Literatur wenig zur Seite zu stellen. Was Viebig aber verglichen mit dem französischen Vorbild und mit den gleichzeitigen deutschen Dramatikern Arno Holz / Johannes Schlaf oder Gerhart Hauptmann völlig fehlt, ist die Dominanz der naturwissenschaftlichen Sicht, die ausschließliche Fixierung auf »race, milieu, temps«.

Gerade in ihren Anfängen ist Viebig eher Fontane-Schülerin, dessen persönlichen und schriftstellerischen Rat sie in den 1890er-Jahren suchte und mit dessen Verleger, dem Verlagsbuchhändler Fritz Th. Cohn, Teilhaber des Verlages von Fontanes Sohn Friedel, sie verheiratet war. Viebigs Erstlingsroman »Rheinlandstöchter« (1897) schließt sozusagen unmittelbar an Fontanes *Die Poggenpuhls* von 1895/96 an: Stehen dort mittellose adlige Offizierstöchter im Zentrum, sind es bei Viebig Beamtentöchter und -frauen ohne Vermögen. Viebig bringt jedoch in ihre Fortschreibung ein neues Thema ein: Während es bei Fontane eher Nebensache bleibt, dass die drei mitgiftlosen Mädchen sich für ihre Offiziersbrüder Wendelin und Leo mehr oder weniger aufopfern und selbst einer ungesicherten Zukunft als »späte Mädchen« und »alte Juffern« entgegengehen, werden bei Viebig die Chancen eines Mädchens auf Erfüllung als Braut und Ehefrau durchaus zum zentralen Thema. Weit über ihren *Weiberdorf*-Skandal hinaus ist Viebig eine der Ersten, die weibliche Sexualität einschließlich eines Rechts auf Mutterschaft auch außerhalb der Ehe in ihren Romanen gestalten: Figuren wie die ledigen Dienstmädchen in *Das tägliche Brot* und *Die goldenen Berge* oder die behinderte Näherin in diesem Roman setzen ihr Recht auf sexuelle Selbstbestimmung und uneheliche Mutterschaft gegen eine feindliche Umwelt durch.

Viebig bleibt der Gattung des multipersonalen Gesellschaftsromans und den ihr aus eigener Anschauung vertrauten Schauplätzen, den preußischen Provinzen Posen (*Das schlafende Heer*, 1904) und Rheinland (*Die Wacht am Rhein*, 1902) sowie der Hauptstadt Berlin, bis in die Dreißigerjahre hinein treu. Clara Viebig stellt so die Verbindung vom Realismus und Naturalismus des späten Kaiserreichs zur Weimarer Republik dar.

Der Roman im 20. Jahrhundert

Die Situation der Gattung Roman am Ende des 19. Jahrhunderts ist der vom Ende des 18. Jahrhunderts überraschend ähnlich: Vergleichbar der Tradition des Briefromans im 18. Jahrhundert hat die Entwicklung des personalen Erzählens im 19. die Gestaltung von Innenräumen erschlossen. Für den Individualroman gibt es Vorbilder unterschiedlichster Art, und der Gesellschaftsroman hat im Realismus und in Zolas naturalistischer Schule eine Ausdifferenzierung erfahren, der das 20. Jahrhundert außer in der Kombination mit den Techniken der Bewusstseinsdarstellung nichts mehr hinzuzufügen braucht.

Zugleich ergibt sich eine geistige Umbruchsituation ähnlich der um 1800: Exakt gleichzeitig mit der Jahrhundertwende werden die naturwissenschaftlichen Grundlagen, an deren Unverbrüchlichkeit das 19. Jahrhundert mehr und mehr geglaubt hatte, brüchig. 1900 entwickelt Max Planck die Grundzüge der Quantentheorie, und Sigmund Freuds *Traumdeutung* erscheint – nur ein Jahr nach ihrem Erscheinen sind Haeckels *Welträthsel* plötzlich nicht mehr als gelöst anzusehen. So wird der Roman des 20. Jahrhunderts einerseits im Zeichen der experimentellen Erkundung von Innenwelten stehen, andererseits die Tradition der großen Panoramaromane und Romanpanoramen des 19. Jahrhunderts von Stendhal und Balzac bis zu Zola, Spielhagen und Fontane fortsetzen, ohne deren fortschrittsgläubiges oder naturwissenschaftliches Instrumentarium weiter unhinterfragt anwenden zu können.

Dem Postulat der Moderne gemäß (s. S. 141) haben Kritik und Forschung ihre Aufmerksamkeit vor allem den innovativen Werken geschenkt, die die Grenzen der Darstellung wie die des Darstellbaren vorangetrieben haben. Dies ist jedoch wieder eine a priori erfolgte Wertentscheidung – wie die Schopenhauers für den handlungsarmen Roman. Prinzipiell kann nicht gesagt werden, dass es einen Primat der Form vor dem Inhalt gibt und dass deshalb formal innovatorische Werke »besser« seien als solche mit »wichtigem« Inhalt. Weltweite, und das heißt im 20. Jahrhundert vor allem angloamerikanische Resonanz haben beispielsweise eher Werke von Autoren gefunden, die dem

»mainstream« näherstehen, d. h. eher traditionellen Vorstellungen vom Roman entsprechen. Zur Illustration möge die Liste deutscher epischer Nobelpreisträger von Paul Heyse über Thomas Mann, Hermann Hesse, Heinrich Böll und Elias Canetti bis zu Günter Grass und Elfriede Jelinek dienen.

Zwei Klassiker: Thomas Mann (1875–1955) und Hermann Hesse (1877–1962)

Thomas Mann

Die wohl wichtigste Gestalt der deutschen Epik von weltweiter Resonanz in der ersten Hälfte des 20. Jahrhunderts ist Thomas Mann, der sich gerade durch sein besonderes Verhältnis zur Tradition auszeichnet. Nach dem außerordentlichen Erfolg der *Buddenbrooks* (1901) – noch 1929 erhielt Mann expressis verbis dafür den Nobelpreis, bis heute sind weit über vier Millionen Exemplare verkauft – entwickelt Thomas Mann für sich das Konzept eines fast zu spät gekommenen letzten Vertreters einer großen Tradition, die keine Weiterführung, sondern nur noch ein letztes Spiel mit ihr zulässt.

Die *Buddenbrooks* sind nach dem Wilhelm Meister ein weiterer Prototyp des »Großen deutschen Romans«, von dem Debütanten, Verleger, Kritiker und Leser gleichermaßen träumen: Am Beispiel einer traditionsreichen Stadt wird deutsche Geschichte im 19. Jahrhundert von den Napoleonischen Kriegen über die 48er-Revolution bis zu den Gründerjahren erzählt und dabei nach Manns eigenen Worten zugleich eine repräsentative »Seelengeschichte des deutschen Bürgertums, von der nicht nur dieses selbst, sondern auch das europäische Bürgertum überhaupt sich angesprochen fühlen konnte«. Die vier Generationen der Getreidehändlerdynastie, für die Manns eigene Familie Anregungen gegeben hat, durchlaufen die geistesgeschichtlichen Epochen Aufklärung (Johann Buddenbrook: Gelegenheitslyrik, geselliges Flötenspiel), Pietismus (Jean Buddenbrook), Idealismus (Thomas Buddenbrook: Philosophie) und Romantik (Hanno Buddenbrook: Musik). Wie der Untertitel »Verfall einer Familie« betont und wie es auch in Manns Künstlernovellen *Tonio Kröger* oder *Der Tod in Venedig* und im späten Roman *Doktor Faus-*

tus (1947) der Fall ist, entspricht der religiösen, geistigen und künstlerischen Sensibilisierung ein Verlust an Vitalität und Lebensunmittelbarkeit: Von der Familie überlebt von der ersten bis zur letzten Seite einzig die von keines Gedankens Blässe angekränkelte Tony Buddenbrook aus der dritten Generation – im ganzen Buch sagt sie keinen wichtigeren Satz, den sie nicht zuvor irgendwo aufgeschnappt hat und nun nachplappert. Dass dieser ebenso geschichtsträchtige wie geistesmächtige Roman zugleich dank seiner bunten Handlungsfülle von eminenter Lesbarkeit ist, beweist seine vierte Verfilmung, diesmal durch Heinrich Breloer, den Schöpfer des Fernseh-Opus über die Familie Mann.

In späteren Romanen strebt Thomas Mann nach einem Ausgleich zwischen »Leben« und »Geist« – der *Doktor Faustus* stellt darin eine Ausnahme dar, wenn hier Thomas Mann im die deutsche irrationale Tradition verkörpernden Ästhetizismus des »Tonsetzers Adrian Leverkühn« die Lebens- und Geistfeindlichkeit des Nationalsozialismus zu spiegeln versucht.

Die Tradition des deutschen Bildungsromans nimmt Mann in *Der Zauberberg* (1924) auf, in dem er in der Lebensgeschichte des höchst durchschnittlichen jungen Helden Hans Castorp Leben und Geist zu einer prekären Synthese führt. Aus der Hermetik des Zauberbergs gereift entlassen, sehen wir den Protagonisten unter den Kriegsfreiwilligen im Herbst 1914 in Flandern, wo er wohl kaum überleben wird. Als Studienanfänger ist er in den Zauberberg eingetreten, unter anderen Studienanfängern findet er sich nach dem jähen Verlassen des Bergs und Erwachen aus dem Zauber wieder – wie beim Mönch von Heisterbach und Rip van Winkle stand die Zeit im Zauberberg stille, war gemessen an der Skala der »draußen« geltenden Zeit keine Zeit vergangen. Das passt zu den zahlreichen Exkursen zur Relativität der Zeit im Roman, in denen sie u. a. mit dem skalenlosen Fieberthermometer verglichen wird, das, »Stumme Schwester« genannt, bisweilen zur Patientenkontrolle eingesetzt wird.

Noch stärker als die *Buddenbrooks* ist Manns Variante des Entwicklungsromans ein Roman der Geistesgeschichte. In der »hermetischen Pädagogik« des Davoser Zauberbergs, auf dem die Zeit nicht vergeht, wird die Epoche vor dem Ersten Weltkrieg exklusiv repräsentiert durch drei gleichermaßen karikierte Gestalten: Settembrini als liberalem »Drehorgelmann des Fortschritts«, dem jüdischen Jesuiten, Faschisten und Kommunisten Naphta als Vertreter aller Totalitarismen und Mijnheer Peeperkorn als Vitalisten und »Genie der Lebensbürgerlichkeit«. Aber gerade in dieser Abstraktion erscheint der Roman als Apotheose des alten Europa, das der Zauberberg noch einmal versammelt und das im Weltkrieg für immer versunken ist.

Zwei Altersromane führt Thomas Mann zu einer gelungenen Synthese der im Frühwerk antagonistischen Mächte von Geist und Leben – die monumentale biblische Tetralogie *Joseph und seine Brüder* (1933–43) und den in derselben Zeit entstandenen Goethe-Roman *Lotte in Weimar* (1939). Beide Gestalten zeichnet das aus, was bereits der Segen Jakobs in der Genesis dem biblischen Joseph zugesprochen hat: der väterliche »Segen oben vom Himmel herab« und der »Segen von der Tiefe, die unten liegt, mit Segen der Brüste und des Mutterleibs« (Gen 49, 25), sodass sich Apoll und Dionysos, Uranos und Gaia, Geist und Materie, Vater und Mutter in ihnen, biblisch vorformuliert, androgyn vereinen.

Hermann Hesse

Hermann Hesse war seit seinem ersten Roman *Peter Camenzind* (1904), der ihm sogleich eine nie wieder gefährdete Existenz als freier Schriftsteller ermöglichte, ein Autor mit eigener »Botschaft«. Seine fast stets als »Bekenntnisse« verfassten Werke fordern wie einst Goethes *Werther* (s. S. 58 f.) zur identifikatorischen Lektüre auf, während sie jede andere Lektüreform erschweren oder gar unmöglich machen. So wurde Hesse zum letzten gemeindestiftenden Autor – wenn man so will: vor Peter Handke. Regelmäßig erhielt Hesse lebenslang Leserpost als Guru und Lebenshelfer, in den späteren Jahren in solchem Ausmaß, dass er sie mit hektographierten Rundschreiben beantworten musste. Seine wohl prominentesten Jünger, die ihn in tiefster Verehrung um Rat und Lebenshilfe baten, waren Arno Schmidt und Peter Weiss. Der junge Maler wandte sich, von Eltern und Umgebung unverstanden, 1937 an Hesse, weil er dessen Bücher als »Spiegel, in denen eine sehnsüchtige Identifizierung gebannt ist«, las. Hesse lud ihn noch im selben Jahr für längere Zeit in seine Nachbarschaft nach Montagnola ein, wo sich Weiss im Sommer 1938 erneut einfand. »Die Identifizierung mit seiner Dichtung und

Bilderwelt war stark, währte auch im folgenden Jahr noch an [...]
Ich lebte damals mit dem Klingsor (= Hesses neuromantischer,
eklektizistischer Malernovelle ›Klingsors letzter Sommer‹,
1920).«

Hesses Erstling stellt einen recht schlichten Anschluss an die
Tradition des deutschen Entwicklungsromans dar – der Held
nennt sich selbst einmal »der grüne Peter«. Der Schweizer Bau-
ernsohn Peter Camenzind findet nach ihn eher verwirrenden
Studien und fragmentarischer Welterfahrung als einfacher Gast-
wirt zurück in sein Dorf. Inneren Halt gibt ihm die Naturfröm-
migkeit des Heiligen Franz von Assisi, seines »Lieblings unter
den Menschen«. Noch ein halbes Jahrhundert später hat sich
Hesse zu diesem Buch als Fundament seines Lebenswerks bekannt: »Ich bin zwar nicht bei der etwas kauzigen Eremitenhal-
tung Camenzinds geblieben, ich habe mich im Lauf meiner Entwicklung den Problemen der Zeit nicht entzogen [...] aber das
erste und brennendste meiner Probleme war nie der Staat, die
Gesellschaft oder die Kirche, sondern der einzelne Mensch, die
Persönlichkeit, das einmalige, nicht normierte Individuum. Von
diesem Standort aus läßt sich der Camenzind, so unzulänglich
er sein möge, recht wohl einer Betrachtung und Analyse meines
ganzen Lebens zugrundelegen.« Hesse ist dieser Fixierung aufs
Individuum, das später sogar mehr und mehr mit autobiographischen Zügen ausgestattet wurde, durch sein Gesamtwerk
hindurch treu geblieben.

Bis in die Schul- und Prägephase zurück geht die gleichzeitig
mit Robert Musils Erstlingswerk *Die Verwirrungen des Zöglings
Törleß* erschienene Schul- und (Ver-)Bildungsgeschichte *Unterm
Rad* (1904 in der *Neuen Zürcher Zeitung*, 1906 als Buch). In ihr ver-
arbeitet Hesse die eigenen katastrophalen Schulerfahrungen sowie die seines Bruders Hans, der wie der Held Hans Giebenrath
später Selbstmord begangen hat.

Ganz neue Dimensionen autobiographischer Innendarstel-
lung wachsen Hesse durch seine Erfahrungen mit der Psychoanalyse zu, die aus der psychischen Erkrankung der ersten Frau,
der damit verbundenen Auflösung der Familie und einem eigenen seelischen Zusammenbruch 1916 resultieren. Hesse wird
erst von dem C. G. Jung-Schüler J. B. Lang, später von Jung selber behandelt. Die 35 Sitzungen mit Lang im ganzen Jahr 1917
finden Eingang in den Roman *Demian. Die Geschichte einer Jugend.*

Von Emil Sinclair (1919). Gerade die erzählerische Integration der neuesten Psychologie erzeugte die »elektrisierende Wirkung« des Romans, der »mit unheimlicher Genauigkeit den Nerv der Zeit traf und eine ganze Jugend [...] zu dankbarem Entzücken hinriß«, wie Thomas Mann 1948 im Vorwort zur amerikanischen Ausgabe des *Demian* schreibt.

Das folgende Werk *Siddharta* (1922) verbindet Hesses Erfahrungen aus der Jung'schen Psychoanalyse mit seiner lebenslangen Faszination an Indien, die schon durch die wissenschaftlichen und missionarischen Indienbezüge seiner Familie begründet war. In dem gleichermaßen religiösen wie psychologischen Entwicklungsroman findet Siddharta, Brahmanensohn und Zeitgenosse Buddhas, nach wirrem Weltlauf, Todesdurchgang und Wiedergeburt seinen Frieden als Fährmann an einem Fluss. In seinem Versuch einer Synthese aus Christentum und östlicher Spiritualität wurde das Buch gerade als Lebenshilfe eines der erfolgreichsten Werke des 20. Jahrhunderts mit einer Weltauflage von vielen Millionen. Henry Miller nannte es »eine wirksamere Medizin als das Neue Testament«.

Wichtiger noch für Hesses Nachruhm wurde sein legendärer *Steppenwolf* (1927) – nach welchem deutschen Romantitel wurde sonst schon eine kalifornische Rockband benannt? Bei der Hesse-Gemeinde kam das Buch hingegen bei seinem Erscheinen weniger gut an – bis 1940 wurde »nur« die für Hesses Hauptwerke geringe Zahl von 42 000 Exemplaren verkauft.

Dies lag an dem allzu schonungslosen Bekenntnischarakter, in dem der Dichter an seinem Alter Ego Harry Haller neben Alkohol- und Drogenexzessen die todessüchtigen, erotischen und sexuellen Obsessionen bis hin zu Gewaltfantasien offenlegte. Zugleich ist es erzähltechnisch Hesses komplexester Roman; Thomas Mann stellte den *Steppenwolf* »an experimenteller Gewagtheit *sogar* dem ›Ulysses‹« zur Seite: Ein Herausgeber ediert das zurückgelassene Manuskript des »Steppenwolf« genannten Harry Haller, das dieser während des knappen Jahres als Untermieter bei seiner Tante verfasst hat. In »Harry Hallers Aufzeichnungen« mit der Widmung »Nur für Verrückte« ist ein »Tractat vom Steppenwolf – Nur für Verrückte« eingelegt, der Haller verstohlen wie eine pornografische Schrift an einem mitten in der Alltagswelt plötzlich erscheinenden »Magischen Theater [...] Nur für Verrückte« zugesteckt wird. Der in der Originalausgabe auf gelbliches Pamphletpapier gedruckte Text handelt von ihm, dem Steppenwolf. Hesse verschmilzt hier mehrere romantische Motive. Zum einen ist es die sich mitten in der banalen Alltagswelt auftuende Pforte in ein magisches Reich (E. T. A. Hoffmann: *Der goldene Topf, Das öde Haus*, Cardillacs Geheimpforte in *Das Fräulein von Scuderi*), zum anderen ist es der geheimnisvolle Text, in dem der Held selbst vorkommt, wie in Novalis' *Heinrich von Ofterdingen* und Tiecks *Das alte Buch oder Die Reise ins Blaue* (1835). Michael Ende wird dieses Motiv in *Die unendliche Geschichte* 1979 wieder aufnehmen. Beim wunderbaren Einlass ins »Magische Theater« trifft er auf eine fantastische Welt, die gleichermaßen als Jung'sche Erkundung des »Bildersaals« der Seele wie – so vom amerikanischen Drogenapostel Timothy Leary – als psychodelischer Trip gedeutet worden ist.

Der Außenbericht des Herausgebers, die Aufzeichnungen des Protagonisten und dessen darin nach romantischem Vorbild eingelegte Gedichte zeigen ebenso wie der »Tractat vom Steppenwolf« und die fantastischen Erlebnisse im Umkreis des »Magischen Theaters« in der Tat einen »Verrückten« in dem Wortsinne, dass er in seiner Position der modernen Welt gegenüber »verrückt« erscheint – aber eigentlich ist es die Welt ihm gegenüber. Die mehr und mehr technisierte Welt entfremdet den Menschen immer stärker – er liebt beispielsweise sein Auto so, dass er es möglichst schnell gegen ein neues eintauscht. Im »Magischen Theater« wird deshalb neben dem Ausleben voller sexueller Befreiung auch regelrecht Jagd auf Automobile gemacht, gemäß dem späteren Slogan »Macht kaputt, was euch kaputt macht« – »Der Steppenwolf« wurde nicht nur wegen seiner Drogenthematik weltweit zum Kultbuch der Sechzigerjahre.

Ein anderes technisches Gerät der Moderne wird dabei zur Illustration der »condition humaine« eingesetzt: So wie im damals noch weit von jeder Hi-Fi-Qualität entfernten Radio Mozarts Musik nur verzerrt erscheint, geht es uns mit allen Idealen des Lebens – es gilt, zu ihrer Wahrnehmung in ewiger Gültigkeit jenseits jeder Verzerrung durchzudringen. Für dieses Mal scheitert Harry Haller; für die Zukunft darf er auf ein Gelingen der Jung'schen Therapie – oder, nach neuerer Lesart – auf eine Erlösung durch die Droge hoffen.

Der Nobelpreis von 1946 ehrte neben dem weltweit gelesenen Erzähler und Lebenshelfer auch den Vertreter eines anderen

Deutschland, der sich schon vor dem Ersten Weltkrieg von seinem ihm politisch immer fremder werdenden Vaterland distanziert und es für immer verlassen hatte.

Der traditionelle Gesellschaftsroman vom Kaiserreich bis zur Exilliteratur

Kaiserreich und Weltkrieg

Neben den in unterschiedlicher Weise dem traditionellen deutschen Individualroman verhafteten Werken Thomas Manns und Hermann Hesses fand auch der im 19. Jahrhundert so beliebte Gesellschaftsroman seine Fortsetzung im 20. Diese Romane bedienen sich fast ausnahmslos einer Mischung aus auktorialem und personalem bzw. multipersonalem Erzählen, und wieder einmal zeigt die formal so wenig festgelegte Gattung Roman ihre mit dieser Freiheit verbundene grenzenlose Offenheit für wechselnde Inhalte. Heinrich Mann hat seine Kritik an der wilhelminischen Gesellschaft in seinen bekanntesten Werken, *Professor Unrat oder Das Ende eines Tyrannen* (1905) und *Der Untertan* (abgeschlossen 1914, vollständig erschienen 1918) ebenso in dieser Form gestaltet wie »das Hohe Lied der Demokratie« in *Die kleine Stadt* (1909) als italienisch-liberales Gegenbild zur autoritären Gesellschaft Deutschlands. Die etwa ein Jahrzehnt nach dem Krieg geschriebenen Weltkriegsromane der Linken (Erich Maria Remarque: *Im Westen nichts Neues*, 1929; Arnold Zweig: *Der Streit um den Sergeanten Grischa*, 1927; *Erziehung vor Verdun*, 1935; Theodor Plievier: *Des Kaisers Kulis. Roman der deutschen Kriegsflotte*, 1930) wie der Rechten mit ihrem Hauptvertreter Werner Beumelburg (*Sperrfeuer um Deutschland*, 1929; *Die Gruppe Bosemüller. Der große Roman der Frontsoldaten*, 1930) bedienten sich dieser Technik. Theodor Plievier konnte sie noch einmal beleben und an seinen Welterfolg mit *Des Kaisers Kulis* auch erzähltechnisch anknüpfen, als er im Moskauer Exil auf Betreiben des großen kulturellen Organisators von späterer SBZ wie DDR, Johannes R. Becher, bereits 1944 im Moskauer Exil mit dem maximum opus *Stalingrad* beginnen konnte, wofür ihm Moskauer Stellen Zugang zu den Lagern der deutschen Stalingradkämpfer verschafften und ihm die dort erbeuteten Briefe und Dokumente zu ihrem kriegsentscheidenden Triumph zugänglich machten. Zugleich stellt der *Stalingrad*-Roman wie auch seine Anfang (*Moskau*, 1952) und Ende des Ostfeldzugs (*Berlin*, 1954) schildernden Folgebände zusammen mit Anna Seghers Nachkriegszyklus (s. S. 159) die größtmögliche bis zur Überdehnung gespannte Ausweitung der auktorial-personalen Erzählsituation dar.

Ernst Jünger

Vorangegangen in der so raschen wie erfolgreichen konservativen Besetzung des Themas »Weltkrieg« war da allerdings schon das Frühwerk Ernst Jüngers mit Werken wie *In Stahlgewittern* (1920), das wie die weiteren Werke Jüngers zu diesem Thema (*Sturm*, 1923; *Feuer und Blut*, 1925; *Das Wäldchen 125*, 1925) auf seinen an vorderster Front des Krieges 1914 bis 1918 geführten Tagebüchern basiert – immerhin war Ernst Jünger der einzige Reserveleutnant, der je mit dem Orden »Pour le Mérite« ausgezeichnet wurde. Das am stärksten das unmittelbare eigene Erleben gleichzeitig theoretisch reflektierende *Der Kampf als inneres Erlebnis* (1922) verrät schon in seinem Titel die generelle subjektivistische Tendenz dieser Werke, nach der die bis dato größte Vernichtung von Menschenleben wie Wirtschaftsgütern in einem unvorstellbaren Maße letztlich veranstaltet wird, um dem Einzelnen in Extremsituationen zwischen Leben und Tod ebenso extreme Selbsterfahrungen zu ermöglichen und gleichzeitig »auch dem ganz einfachen Gemüt die Ahnung« zu vermitteln, »daß sein Leben in einen ewigen Kreislauf geschaltet, und daß der Tod des einzelnen gar kein so bedeutungsvolles Ereignis ist«. »Im Kriege lernt man gründlich, aber das Lehrgeld ist teuer«, heißt es in *In Stahlgewittern*. Im Grunde sind es diese Werke mit ihren extremen Sinngebungsversuchen gegenüber dem Sinnlosen schlechthin, auf denen Ernst Jüngers eigentlich befremdlicher Ruhm in manchen Kreisen in den noch folgenden fast 80 Jahren bis zu seinem Tod beruhte.

Weimarer Republik

Auch die Weimarer Republik hat bedeutende Chronisten ihrer Gesellschaft in Autoren gefunden, die wie Erich Maria Remarque und Arnold Zweig noch an die Erzählbarkeit der Welt glaubten und sich in ihren Werken des auktorial multipersonalen Romans aus den wechselnden Perspektiven der handelnden Personen bedienten. Neben Clara Viebig (s. S. 119) sind als bedeutende Beispiele zu nennen: Jakob Wassermann (1873–1934) vor allem mit dem justiz- wie gesellschaftskritischen Roman *Der Fall Maurizius*, der sich überzeugend strukturell und markiert intertextuell für seine Entlarvung einer auch nach dem Zusammenbruch von 1918 immer noch alten Werten verhafteten und damit restaurativen, ja reaktionären Gesellschaft (1928) des Musters des soeben populär werdenden Detektivromans bedient, die auch international renommierte Vicki Baum (1888–1960) (*Stud. chem. Helene Willfüer*, 1928; *Menschen im Hotel*, 1929; *Zwischenfall in Lohwinkel*, 1930) oder Hans Fallada (*Bauern, Bonzen, Bomben*, 1931; *Kleiner Mann – was nun?*, 1932; *Wer einmal aus dem Blechnapf frißt*, 1934), Erich Kästner mit *Fabian* (1931) und Irmgard Keun (1905–1982) (*Gilgi – eine von uns*, 1931; *Das kunstseidene Mädchen*, 1932).

Von besonderem Rang ist dabei Erik Regers Roman *Union der festen Hand* (1931), ein Totalbild der Weimarer Republik mit dem Ruhrgebiet als Zentrum. Der Autor, eigentlich Hermann Dannenberger (1893–1954), kannte diese Welt aus eigener Anschauung als langjähriger Mitarbeiter in der Pressestelle des Krupp-Konzerns. Zeitlich erstreckt sich sein Panorama vom letzten Kriegsjahr bis zu den Vorwehen des »Dritten Reichs«, sozial reicht es von den in allen Details kenntlichen Schlotbaronen und ihren politischen und publizistischen Handlangern und intellektuellen Lakaien bis zu den kleinen Kumpels und Verkäuferinnen, politisch von der KP bis zur NSDAP.

Dass diese Romane heute als »Unterhaltungsliteratur« von Forschung und Kritik weitestgehend ignoriert werden, liegt an der oben dargelegten Vorliebe der seinerzeitigen Tageskritik wie der mainstream-Germanistik für den Individualroman. Gegen diesen Trend erklärt sich beispielsweise Günter Grass in *Beim Häuten der Zwiebel* (2006) offen zum Bewunderer von »Vicki Baums angeblich nur unterhaltsamer Erzählkunst«, der er in seiner Jugend »selbstvergessen [...] verfallen« gewesen sei. Bei der Arbeit an den *Kopfgeburten* »half mir ihre exotische Geschichte ›Liebe und Tod auf Bali‹ beim Auspinseln melodramatischer Hintergrundbilder.«

Die Heimatkunstbewegung

Als Reaktion sowohl gegen den modernen oder gar mondänen Gesellschaftsroman wie gegen die Erforschung, Zergliederung und Darstellung psychischer Vorgänge im zeitgenössischen Individualroman formierte sich in den ersten beiden Jahrzehnten des 20. Jahrhunderts die Heimatkunstbewegung, die dann zur offiziellen Literaturpolitik des Nationalsozialismus wurde. Im Grunde setzte sie die Tradition der »Beamten« gegen die »Wilden«, der Provinz gegen die Großstadt fort (s. S. 101). Propagandist der Bewegung war der Schriftsteller und Kritiker Adolf Bartels (1862–1945), der den Begriff 1898 prägte. Es war eine tief antimodernistische Bewegung, der Zivilisation, Liberalismus, Globalisierung, Internationalismus, Intellekt, Technik, Industrie, Großstadt usw. als spezifisch »modern« und damit hassenswert galten. Für diese Phänomene wurde ein westlich-jüdischer »Geist« verantwortlich gemacht. Adolf Bartels spürte in seiner vor allem im »Dritten Reich« äußerst populären, immer neu aufgelegten und fortgeschriebenen Literaturgeschichte überall Spuren »jüdischen Blutes« nach, das er z. B. bei Heinrich und Thomas Mann aufgrund ihrer romanischen Mutter vermutete. Literarisch erfolgreichster Vertreter und Aushängeschild der Bewegung war Gustav Frenssen (1863–1945), der wegen seiner weit über Deutschland hinausgehenden Resonanz in den Zwanzigerjahren alljährlich auf die Verleihung des Nobelpreises hoffte. Frenssen nannte als »das eigentlich Deutsche: die Ehrfurchten Goethes, der Raabesche Blick nach den Sternen, das Unbegrenzte, Unordentliche, Dunkle, das Seelische, Versonnene, Gütige, das seelisch Mutige und Mutmachende, gläubig um Mut sich Mühende«, dem er negativ (!) »das Helle, Klare, Jüdisch-romanische, Mittelländische«, ja, das »südliche, helle Europäertum« entgegensetzte.

Weitere populäre Vertreter dieses antiaufklärerischen Obskurantismus, der nahezu immer mit seinen engen Verwandten, dem Antisemitismus und dem Antiamerikanismus, Hand in Hand geht und heute in vielen antieuropäischen Bewegungen vom Islamismus über die derzeitige Türkei bis zu manchen sog. »konservativen« Positionen innerhalb der EU wieder virulent wird, waren u. a. Hans Grimm, Hermann Löns, Hans Friedrich Blunck, Karl Heinrich Waggerl und – horriblile dictu aus bisweilen hasserfüllter Opposition gegen seinen Bruder Heinrich auch Thomas Mann, etwa in den *Betrachtungen eines Unpolitischen* von 1918.

Der Exilroman

Die Kontinuität des multipersonal erzählten Gesellschaftspanoramas von der Weimarer Republik in die Exilzeit zeigt am besten Lion Feuchtwangers (1884–1958) *Wartesaal*-Trilogie. Deren erster Band mit dem Titel *Erfolg. Drei Jahre Geschichte einer Provinz* (1930) ist ein Porträt Bayerns in der frühen Weimarer Republik, mit dem Einbruch der Industrie in den Agrarstaat, der Rechtslastigkeit der Justiz und der Aushöhlung der jungen Demokratie durch unbelehrbare Konservative. Der unheilvollen Entwicklung setzt der Roman die Hoffnung auf die »auf stille Art [...] fortwirkende Vernunft« entgegen, zu der der Roman durch »plausible Erklärung« des scheinbar irrational Wirren beitragen will. Dieses Zeitbild schreibt Feuchtwangers bereits 1933 erschienener erster Exilroman *Die Geschwister Oppermann* fort. Er erzählt das Schicksal einer großbürgerlichen, assimilierten deutsch-jüdischen Familie in der Umbruchszeit 1932/33, ihre Ausgrenzung bis zur physischen Vernichtung einzelner Familienmitglieder. 1940 folgt der Roman *Exil*, der das deutsche Leben in Paris 1935 von den Emigranten bis zu den offiziellen Vertretern NS-Deutschlands zeigt. Feuchtwanger hatte seiner Trilogie bei ihrem Abschluss 1939 ihren Titel gegeben, weil ihm die Zeit zwischen den Kriegen als Phase des Abwartens in einem schäbigen Wartesaal erschien, während »des Wiedereinbruchs der Barbarei in Deutschland und ihres zeitweiligen Sieges über die Vernunft«. Auch Anna Seghers' (1900–1983) Roman *Transit* (1944) gestaltet die Exilsituation, ebenso wie Erich Maria Remarques *Arc de Triomphe* (in englischer Übersetzung 1944, deutsch 1945).

Eine ebenso herausragende wie verblüffende Leistung der Exilliteratur besteht darin, dass wir exilierten Autoren die genauesten Romane über den Alltag im »Dritten Reich« verdanken, während die Schubladen der »Inneren Emigration« sich 1945 als leer erwiesen. Wie Klaus Manns *Mephisto* die Anpassung von Künstlern wie Gustaf Gründgens, Gottfried Benn, Wilhelm Furtwängler oder Herbert von Karajan an die neuen Machthaber gestaltet, gibt Anna Seghers' noch im Pariser Exil aufgrund mündlicher und schriftlicher Berichte entstandener Roman *Das siebte Kreuz* ein beklemmendes Bild deutschen Alltags zwischen Machtergreifung und Kriegsausbruch: Keineswegs alle Deutschen sind enragierte Nazis, wie es sowohl die deutsche als auch die Feindpropaganda glauben machen wollen; aber einen nennenswerten Widerstand gibt es auch nicht, die früheren Gegner der Nazis haben sich in aller Regel mit den neuen Verhältnissen arrangiert. Gemäß der Moskauer Lehre von der »Volksfront« aller antifaschistischen Kräfte ist es ein Konglomerat aus Humanismus, menschlichem Anstand und Resten kommunistisch-internationaler Organisation, das die Flucht des Helden Georg Heisler aus einem Konzentrationslager gelingen lässt. Die Wahl zum »Book of the Month« 1942 ließ den Roman in den USA zu einem der erfolgreichsten deutschen Bücher aller Zeiten werden, wozu auch die sofortige Verfilmung mit Spencer Tracy in der Hauptrolle (1944) beitrug. Weitere Deutschlandbilder von Exilierten sind beispielsweise *Nach Mitternacht* (1937) von Irmgard Keun (1905–1982) oder *Das Beil von Wandsbek* (1943 in hebräischer Übersetzung, 1947 auf Deutsch) von Arnold Zweig (1887–1968) oder Bert Brechts Szenenfolge *Furcht und Elend des Dritten Reiches* (1935–1943). Von den in Nazi-Deutschland gebliebenen Schriftstellern aus der Weimarer Republik hat lediglich Hans Fallada, wie Theodor Plievier massiv gefördert vom führenden kommunistischen Kulturfunktionär Johannes R. Becher, nach 1945 einen Roman über das »Dritte Reich« geschrieben, *Jeder stirbt für sich allein*, erschienen im Jahr seines Todes 1947.

Der Historische Roman des Exils

Lion Feuchtwanger hatte bereits in den Zwanzigerjahren den seit über fünfzig Jahren diskreditierten Historischen Roman neu belebt und ihn, wie schon Goethe das erste historische Drama der Weltliteratur, als Spiegel der Gegenwart eingesetzt. In *Jud Süß* (1925), dem bei Weitem erfolgreichsten Roman des erfolgsverwöhnten Autors, geht es um die durch den rapide wachsenden Antisemitismus immer brennender werdenden Fragen der deutsch-jüdischen Identität – Feuchtwanger schreibt über den württembergischen Finanzjuden Süß Oppenheimer aus dem 18. Jahrhundert und denkt dabei an den soeben ermordeten deutschen Außenminister, Juden, Autor und Konzernherrn Walther Rathenau. Je hoffnungsloser den Exilierten ihre Lage erschien und je mehr sich faschistische oder faschismusfreundliche Regimes in ganz Europa ausbreiteten, desto mehr suchten die Autoren nach positiveren Paradigmen in der Vergangenheit. Neben Feuchtwangers Trilogie um den hellenistisch-jüdischen Schriftsteller und Politiker Josephus (*Der jüdische Krieg*, 1932; *Die Söhne*, 1935; *Der Tag wird kommen*, 1945) entstanden so Thomas Manns Josephs-Tetralogie *Joseph und seine Brüder* (1933–1943), sein Goethe-Roman *Lotte in Weimar* (1939) als Bild eines besseren Deutschland und Heinrich Manns Doppelporträt des »guten« französischen Königs Heinrich IV., *Die Jugend des Königs Henri Quatre* (1935) und *Die Vollendung des Königs Henri Quatre* (1938). Hierzu zählt auch der nur durch seine Staatsangehörigkeit einstweilen noch geschützte Österreicher Hermann Broch, der sich angesichts der von ihm als aussichtslos eingeschätzten politischen Lage 1937 dem augusteischen Rom zuwandte und in *Der Tod des Vergil* grundsätzliche Fragen von Macht, Staat und der Rolle der Literatur und der Religion erörterte (s. S. 151 f.). Der schon nach dem Scheitern der Münchner Räterepublik ins Ausland geflohene B. Traven (wohl 1883–1969) schrieb von 1930 bis 1940 seinen sechsteiligen *Caoba*-Zyklus, in dem er als Modell einer anarchischen Revolution das Leid der von Regierung und Konzernen ausgebeuteten Mahagoni-Schläger um 1900 schildert. Als der Druck unerträglich wird, schlägt er eines Tages spontan in einen von den Ausgebeuteten selbst vorbereiteten, geplanten und organisierten Aufstand um, der sich am Ende zur Überraschung der Revolutionäre als Teil der mexikanischen Revolution vom Anfang des Jahrhunderts erweist (*Der Karren*, 1930; *Regierung*, 1931; *Der Marsch ins Reich der Caoba*, 1933; *Die Troza*, 1936; *Die Rebellion der Gehenkten*, 1936; *Ein General kommt aus dem Dschungel*, 1940).

Aus den Kreisen der Inneren Emigration könnte man Werner Bergengruens Historische Romane den Werken des Exils zur Seite stellen. *Der Großtyrann und das Gericht* verkündet 1935 expressis verbis die Botschaft, dass auch ein Diktator nicht über dem Gesetz steht. In dieser Lesart stellt Bergengruens berühmtester Roman bis in den provokanten Titel hinein eine so zeitnahe wie mutige Erwiderung auf Carl Schmitt und dessen berüchtigten Aufsatz vom 1. August 1934 dar: *Der Führer schützt das Recht*. Darin hatte der als Kronjurist der Konservativen verehrte Schmitt die auf Hitlers Weisung »kraft seines Führertums als oberster Gerichtsherr« Ende Juni 1934 begangenen Morde anlässlich der Röhm-Affäre gerechtfertigt. Nicht minder provokant als der Titel, den fast jeder dem Regime kritisch gegenüberstehende Leser für sich als ›Der Führer und das Recht‹ übersetzen konnte, war der zweite Skopus, den das Vorwort darlegt: In der Form des Kriminalromans, in dem bekanntlich jedem alles zuzutrauen ist, solle der Roman die menschliche Unvollkommenheit demonstrieren – Vollkommenheit könne der Mensch überhaupt nur in der demütigen Akzeptanz der eigenen unabänderlichen Unvollkommenheit erreichen –, eine Botschaft, die den herrschenden und unterschiedlich den Menschen vergötternden Ideologien des National- wie des marxistischen, »wissenschaftlichen« Sozialismus diametral entgegengesetzt war. Auch im nächsten von Bergengruen in der NS-Zeit veröffentlichten Roman *Am Himmel wie auf Erden* (1940) ist bereits der Titel programmatisch: Am Himmel wie auf Erden sollen Gottes Wille und seine göttliche Ordnung gelten.

Eine Grenzstellung zwischen historischem und Gesellschaftsroman, zwischen Historischen Roman über den Völkermord an den Armeniern in der Türkei und hellsichtiger Vorwegnahme der in Deutschland ab 1933 einsetzenden offiziellen staatlichen Judenverfolgung nimmt der Roman *Die vierzig Tage des Musa Dagh* des Österreichers Franz Werfel ein, der im Grunde bereits zur Exilliteratur zählt. Anregung, Anschauung und Stoff sammelte Werfel 1930 auf einer Nahostreise mit seiner Frau Alma; 1930 beginnt er mit der Niederschrift des Romans, der 1933 in zwei Bänden erscheint, Band 1: *Das Nahende*, Band 2: *Die Kämpfe der Schwachen*, um sogleich 1934 für Deutschland verboten zu werden. Der Gesamttitel bezieht sich auf den Inhalt des zweiten Bandes, der von der Bevölkerung eines armenischen

Dorfes erzählt, das sich anlässlich der unmittelbar bevorstehenden Deportation auf den hinter dem Dorf an der Küste liegenden »Musa Dagh«, den »Mosesberg« flüchtet, und dort 40 Tage lang einer Belagerung durch ständig verstärkte türkische Truppen standhält, bis sie von einer französischen Flottille aufgenommen und gerettet werden. Der Vorgang ist historisch, wie es in Werfels Roman auch alle Namen türkischer Regierungs- und Armeevertreter wie ausländischer Diplomaten usw. sind. Erfunden ist vor allem, typisch für den Historischen Roman seit Goethes Drama und Scotts Romanen, das mittlere und untere Personal, so vor allem der Anführer des Exodus Gabriel Bagradian, ein mit einer Französin verheirateter Global Player, der aus dem Dorf stammt und sich jetzt dort aus Nostalgie eine Ferienresidenz geschaffen hat. Wie einst Mose stirbt dieser als Führer des Exodus seines Volkes bewusst angesichts der rettenden Flottille als Gelobtem Land.

An diesem voll assimilierten türkischen Armenier – er ist u. a. türkischer Reserveoffizier – mit seinen in höchste Kreise reichenden Kontakten wird im ersten Teil *Das Nahende* mit so beklemmenden Details beschrieben, dass der heutige deutsche Leser nicht umhin kann, in der mit Kriegsbeginn 1914 einsetzenden und im Jahr der Handlung 1915 bereits vollzogenen brutalen Entrechtung und Ausgrenzung der Armenier durch Behörden wie Mitbürger eine prophetische Parabel auf das jüdische Schicksal bis zu den Nürnberger Gesetzen 1936 und zur »Reichskristallnacht« 1938 zu lesen, darin vergleichbar Lion Feuchtwangers *Jud Süß*. Durch Montage von historischen Dokumenten und epischer Integration realer Augenzeugenberichte aus andern Teilen der Türkei werden auch die zur »Umsiedlung« euphemisierten Deportationen, in Wirklichkeit Todesgewaltmärsche in Wüstengebiete zwecks Völkermords, im Roman anschaulich. Jedem Leser, den der Roman dem Verbot zum Trotz im Original oder in der Exilausgabe von 1935 gefunden hat, sowie jedem Kenner der türkisch-armenischen-deutschen Geschichte musste klar sein, wenn es ab 1940 hieß, die Juden würden »straßenbauend in den Osten getrieben« – der Völkermord vollzog sich, was auch bei Werfel deutlich wird, unter den Augen des mit der Türkei kriegsalliierten Deutschen Reichs.

Eine direkte und ebenfalls zeitnahe Erzählung von der brutalen Ausgrenzung und völligen Entrechtung der deutschen Ju-

den und jüdischen Deutschen im Umfeld des Pogroms vom
9. November 1938 findet sich im Roman *Der Reisende* von Ulrich
Alexander Boschwitz (1915–1942), erschienen 1939 in englischer
Übersetzung als *The man who took trains* in England und 1940 als
The fugitive in den USA und erst 2018 in Deutschland in sorgfältiger Edition nach dem Originalmanuskript. Der Titel bezieht
sich auf das plan-, ziel- und hoffnungslose Umherreisen des
plötzlich total Entrechteten in seinem früheren Vaterland, das
von einem Tag auf den anderen für ihn zu einem riesigen Käfig
geworden ist, an dessen Wände er überall stößt. Mit der von seinen Mitbürgern spöttisch so genannten »Reichskristallnacht«
vom 9. November 1938 hat der angesehene Unternehmer Silbermann neben allen Bürgerrechten Firma, Haus, Familie, Club,
Freunde verloren – jeder, aber wirklich jeder, vom Geschäftsfreund oder loyalen Prokuristen bis zum Sohn der Putzfrau kann
zum Denunzianten werden, der nur noch an Silbermann verdienen will, von einem ihm geraubten Vermögen bis zu Sporen als
SA-Spitzel. Der eigene – »arische« – Schwager nimmt nach der
Zerstörung der Silbermann'schen Wohnung seine Schwester bei
sich auf, ihr jüdischer Gatte aber würde ihn »kompromittieren« –
er selbst ist SA-Mann und PG –, und unmittelbar danach sagt Silbermann dasselbe zu einem seiner Meinung nach besonders »jüdisch« aussehenden alten Bekannten. Franz Werfels Gestaltung
der 1914 in der Türkei einsetzenden brutalen Entrechtung und
Ausgrenzung der Armenier durch Behörden wie Mitbürger als
prophetische Parabel auf das jüdische Schicksal hat sich nur acht
Jahre nach Erscheinen der *Vierzig Tage des Musa Dagh* mit Wissen
aller und Billigung fast aller Deutschen Punkt für Punkt grausig erfüllt. Als Silbermann irgendwann erschöpft in einem Zug
einschläft und ihm seine Aktentasche mit dem letzten Rest seines einstigen Vermögens gestohlen wird, bricht er verwirrt zusammen, landet im Polizeigewahrsam, und der in einer Zelle inmitten der Riesenzelle Großdeutschland Eingesperrte sagt sich
ständig sinnlos gewordene Zugverbindungen auf, während sein
Zellengenosse, ein grenzdebiler Kleinkrimineller, zusammen
mit dem ganzen Block »Juden raus!« skandiert. Der Rezensent
der *ZEIT* schließt seine in jeder Hinsicht glänzende Besprechung: »Man muss kein Prophet sein, um vorherzusagen, dass
Der Reisende bald in der Schule gelesen und diskutiert wird. Das
wird helfen« – gegen das sich abzeichnende Vergessen. Schön

wäre es, denn nach diesem schonungslos und unwiderlegbar das Wissen der Deutschen und des französischen wie englischen Publikums vom November 1938 bezeugendem Buch kann niemand mehr sagen, so schlimm sei es doch vor dem Krieg nicht gewesen, und von allem Späteren habe man erst nach Kriegsende erfahren.

Boschwitz selbst starb bei der Versenkung eines britischen Schiffs durch ein deutsches U-Boot am 29.10.1942, als der vor den Nazis Geflohene vom englischen Exil aus ausgerechnet als »hostile alien« nach Australien und wieder zurück deportiert wurde.

KZ und Holokaust im Roman

Der früheste Roman über die »Wilden KZs«, in die die Nazis 1933 und 1934 nahezu wahllos ihre Gegner verbrachten, war Willi Bredels (1901–1964) auf eigener Haft- und Foltererfahrung beruhendes Werk *Die Prüfung. Roman aus einem Konzentrationslager* (1934). Durch seine Verbreitung in 17 Sprachen öffnete er der Welt – sofern sie wollte – die Augen in Bezug auf das Terrorregime in Deutschland gleich zu dessen Beginn. Der Roman ist ebenso wie Seghers' KZ-Roman *Das siebte Kreuz* konsequent multipersonal erzählt, also in der populärsten Erzählhaltung im Gesellschaftsroman des 20. Jahrhunderts. Ihrer bedient sich auch Edgar Hilsenrath (geb. 1926) in einem der eindrücklichsten aller literarischen Zeugnisse über den Holokaust, dem Getto-Roman *Nacht* (1964), während der weltweit populärste, Jurek Beckers (1937–1997) *Jakob der Lügner* (1969), von der auktorialen Ich-Erzählung, dem auktorialen und dem personal-szenischen Erzählen gleichermaßen Gebrauch macht.

1944 wurde von Rüstungsminister Speer immer stärker darauf gedrungen, auch die ungarischen Juden für die deutsche Rüstungsindustrie zu versklaven, was nach einem von deutscher Seite rasch inszenierten Staatsstreich ab Mitte März 1944 massiv einsetzte. Eines der ersten Opfer war der damals 14-jährige Imre Kertész, der die Verhaftung in Budapest, die Deportation nach Polen, die Selektion an der Rampe in Auschwitz und anschließend daran die unmenschliche Maschinerie der deutschen Arbeitslager im Reich selbst samt ihren berüchtigten Außenlagern knapp überlebte und in langem Abstand davon in der Ich-Form Bericht erstattete. Der dieses eigene Erleben von 1944 und 1945 gestaltende *Roman eines Schicksallosen* (1996, zuvor *Mensch ohne Schicksal*, 1990; ungarische Originalausgabe *Sorstalanság* (›Schicksallosigkeit‹, d. h. ohne die Gattungsbezeichnung im Titel), 1976) verstört den Leser durch die strenge Wahrung der Perspektive des erlebenden Ichs in der *ingénu*-Technik (s. S. 42) des jungen Simplicissimus, der alles über ihn Hereinbrechende als »so ist das dann wohl« wie eine Selbstverständlichkeit hinnimmt. Z. T. mag der Autor dies tatsächlich seinerzeit so erlebt haben, vor allem aber klagt es indirekt die völlige Selbstverständlichkeit an, mit der die seinerzeitigen unerhörten Verbrechen durch die eigenen Landsleute wie auch durch die Deutschen als Täter oder bloße Zuschauer und letztlich auch durch große Teile der Weltöffentlichkeit hingenommen wurden. Dasselbe drückt wohl auch der Titel aus, der das Geschehen jeder Sinngebung, auch einer im Begriff »Schicksal« nur noch anklingenden entzieht, wie sie im Roman unmittelbar nach der Befreiung von der jetzt herrschenden kommunistischen Seite wie auch von deren Opposition und all ihren Phrasen versucht wird.

Vergleicht man das, was Kertész' Held scheinbar naiv aus seiner Froschperspektive berichtet, mit den die ungarischen Juden betreffenden Passagen in der panoramatischen Ich-Erzählung des SS-Täters in Littells *Die Wohlmeinenden* (s. S. 169 f.) von Ostfeldzug und Holokaust, wird deutlich, dass Kertész' spätes und in Deutschland noch dazu verzögert rezipiertes Werk mehr und Genaueres von Judenversklavung und -vernichtung erzählt, als die überwältigende Mehrheit der Deutschen je wissen will und wollte. Wenn je ein Werk die ungeheuer wichtige *memoria*-Funktion von Literatur weit jenseits aller wissenschaftlichen Berichte und statistisch abgesicherten Faktenanhäufungen demonstriert hat, so ist es Imre Kertész', inhaltsschwere und doch so leicht wirkende Rollenprosa – 2002 erhielt er hochverdient den Nobelpreis.

In der DDR avancierte Bruno Apitz' *Nackt unter Wölfen* (1958) dank seines Einsatzes als ausnahmslos verordnete Schullektüre zum erfolgreichsten literarischen Werk überhaupt. Unter dem Anschein eines fast dokumentarischen Erzählens aus der Perspektive der Häftlinge wie ihrer Peiniger und Bewacher entsteht durch die durchgehende abenteuerliche Handlung um ein vor seinen Mördern verstecktes Kind ein so spannendes wie dichtes Bild vom KZ Buchenwald bei Weimar, das zugleich durch abenteuerlich arrangierte Fakten zur Gründungslegende der DDR wurde: Der progressive deutsche Staat entstand im antifaschistischen Widerstand der faschistischen Konzentrationslager, den, ideologisch angeleitet und geistig geführt durch die mitinhaftierten Sowjetbürger, die KP-Häftlinge unter Einbindung bürgerlich humanistischer Kräfte organisierten und leiteten, bis hin zur schließlichen Selbstbefreiung des Lagers am 11. April 1945. Genauso entstand die spätere DDR – aus dem antifaschistischen Widerstand, unter Vorbildfunktion der Sowjetunion und unbedingter Führung durch die KP unter Einbindung bürgerlich antifaschistischer Kräfte, während die »Faschisten« selbst ihrerseits in den Westen flohen, um dort mit den imperialistischen Kräften die spätere BRD zu gründen. Nur wer sehr genau liest, bekommt mit, dass die russischen Insassen lange vor der »Selbstbefreiung« en bloc aus dem Lager entfernt worden waren und dass am Tag der Befreiung sich wie zufällig US-Truppen in der Nachbarschaft von Buchenwald befanden und Weimar und Teile des Lagers bereits besetzt hatten.

Der Begriff »Faschismus«, der erst mit der 68er-Bewegung den bis dahin gängigen korrekten Terminus »Nationalsozialismus« auch in der BRD systematisch und oft bis heute wirksam verdrängte, hat seine Wurzeln in einem direkten Verbot Stalins, die Selbstbezeichnung der deutschen Bewegung als »Nationalsozialismus« weiter zu verwenden, da sie dem neu für die Sowjetunion ausgerufenen Schlagwort vom »Sozialismus in einem Land« zum Verwechseln nahe kann. Sie war daher ausnahmslos durch »Faschismus« zu ersetzen.

Eine der frühesten Gestaltungen des Holokausts, Friedrich Dürrenmatts *Der Verdacht* von 1951, war ein ähnlicher Erfolg wie Apitz' KZ-Roman beschieden, aber lediglich als populärer Kriminalroman. Als wichtiger Beitrag zur Shoah wurde er gar nicht erst erkannt, geschweige denn gewürdigt. Aus berechtigter Angst, Verrisse seiner Romane würden seinen soeben erworbenen jungen Ruhm als Dramatiker gefährden, hatte Dürrenmatt für seine ersten Gehversuche im Roman das Genre des Kriminalromans gewählt und »Kunst da« getan, »wo sie niemand vermutet« – und genau das geschah dann (s. dazu S. 199 f.).

Der experimentelle Roman zwischen den Weltkriegen

Trotz dieses niemals versiegten breiten Stroms letztlich konventionell – oder: gemäßigt modern – erzählter Gesellschaftsromane, deren Rang sich vorwiegend ihrem »Materialwert« als historische Zeugnisse mit der wichtigen Funktion lebendigen Erinnerns verdankt, ist die erste Hälfte des 20. Jahrhunderts vor allem eine Phase des Experimentierens mit der Romanform. Nie zuvor und nie danach ist das Prinzip der Moderne, wie es der Komponist Karlheinz Stockhausen (1928–2007) formuliert hat, so konsequent angewandt worden: Ein modernes Werk unterliege neben den klassischen Kriterien – beim Roman etwa Aufbau, Stil, Sprachkunst, Welthaltigkeit usw. – zusätzlich dem »Parameter der Neuheit«. Jedes zentrale Werk der Moderne sei einmalig und nicht wiederholbar, nicht anschlussfähig für Folge- und Schulwerke, denn es vernichte mit seiner Hervorbringung für immer die Mittel, mit denen es hervorgebracht wurde. Hermann Broch hat dies zum Prinzip seiner Werkkonzeptionen gemacht – weder Kafka noch Joyce könne man nachahmen, so müsse er sich selbst eine eigene moderne Nische suchen. Dementsprechend besteht die Geschichte des spezifisch »modernen« Romans im 20. Jahrhundert aus einer losen Folge von untereinander nahezu zusammenhanglosen Einzelexperimenten oder, etwa bei Woolf oder Faulkner, experimentellen Sequenzen, die die Grenzen des im Roman Erzähl- oder gar Sagbaren zu erweitern trachten. Damit verbunden war allerdings auch die generelle Vorstellung, auf diese Weise »schritten Literatur und Kunst fort«. Gisbert Haefs, einer der postmodernen Erneuerer des Historischen Romans, fragte mich einmal, ob man denn wirklich davon ausgehen könne oder gar müsse, seit Horaz sei die Lyrik »fortgeschritten«.

Marcel Proust (1871–1922)

Prousts siebenteiliger Romanzyklus *A la recherche du temps perdu (Auf der Suche nach der verlorenen Zeit)*, erschienen in 15 Bänden in den Jahren von 1913 bis 1927, steht als erratischer Block der Moderne nahezu isoliert da – allenfalls erinnern in der deutschen

Literatur Uwe Johnsons monumentale *Jahrestage* (1970–1983) von ferne an ihn. Beide sind »ein ungeheures, ein ›maßloses‹ (frz. ›immense‹) Gebäude der Erinnerung«, wie man Prousts Werk genannt hat. Aus der Erfahrung des unaufhaltsamen Verlustes aller Dinge in der Zeit durch Altern und Tod erwächst in Prousts Ich-Erzähler das Konzept ihrer »Wiederbringung« in der »wiedergefundenen Zeit« – so der Titel des letzten Bandes –, der Zeit des Kunstwerks. So mündet das Werk an seinem Ende in seinen Anfang vor vielen Jahren und Bänden, den berühmten Einsatz mit der in Lindenblütentee getauchten Madeleine: Eine plötzliche konkrete Sinneserfahrung, ein sekundenlanger Geschmack, löst eine nahezu totale »unwillkürliche Erinnerung« aus. Diese blitzartige »Illumination« gilt es verstandesmäßig zu analysieren und auszubauen, um sie dann in einem dritten Schritt in Worten nachzugestalten. Auf dieser Ebene wird das Erzählen selbst zu seinem Thema, wird die »Recherche« zugleich zur Theorie des Kunstwerks, zum »Roman eines Romans«, wie Thomas Mann seine Aufzeichnungen zum *Doktor Faustus* genannt hat.

Gegenstand des Romans ist so nicht die Welt, sondern die Erinnerung eines Ichs an sie. In einem frühen Text bemerkt Proust, nie habe Noah die Welt so klar gesehen wie in der dunklen Arche. In der Erinnerung aber vermischen sich Spätestes und Frühestes, liegen – wie im »stream of consciousness« bei Joyce, Woolf oder Faulkner – die Zeitebenen ununterscheidbar ineinander. Nur in dieser vielfältigen Brechung erscheinen dann Prousts Erzählinhalte: die mit der »verlorenen Zeit« versunkene Welt des französischen Adels, des Großbürgertums und der Künstler vor dem Ersten Weltkrieg.

Prousts Vorgehen erschien generell als unwiederholbar und wurde auch nicht schulbildend. Erst als die Postmoderne ausgerufen wurde und dem Zwang zur Neuheit ihren Slogan »anything goes« (s. S. 189 f.) entgegensetzte, wurde Marcel Proust zum formalen Stichwortgeber einer geradezu ichbesessenen Erzählerschule (s. S. 212 ff.).

Franz Kafka (1883–1924)

Kafka hielt die beiden Romane, die seinen Weltruhm begründet haben, für »unvollendet« und wünschte, dass sie nach seinem

Tode vernichtet würden – eine Anordnung, der sich sein Nach-
lassverwalter Max Brod dankenswerterweise nicht gefügt hat.
Der Proceß, an dem Kafka 1914 und 1915 gearbeitet hatte, erschien
1925, *Das Schloß*, das zwischen 1920 und 1922 entstanden war,
1926, beide in von Brod stark redigierter Form. Eine kritische Ausgabe des *Schloß*-Manuskripts gibt es erst seit 1982, des *Proceß* seit
1990.

Wie auch in den meisten seiner Erzählungen bedient sich Kafka einer konsequenten personalen Perspektive. Es ist unter In-
terpreten umstritten, ob die jeweiligen Eingangssätze noch den
Gestus eines auktorialen Erzählers erkennen lassen: »Jemand
mußte Josef K. verleumdet haben, denn ohne daß er etwas Bö-
ses getan hätte, wurde er eines Morgens verhaftet.« *(Der Proceß)*
»Es war spätabends, als K. ankam.« *(Das Schloß)*. Spätestens ab
dem zweiten Satz aber sind die Bewusstseinsinhalte des leiten-
den Angestellten Josef K. bzw. des Landvermessers K. alleiniger
Gegenstand der Erzählung und werden jeweils bis zum letzten
Satz nicht mehr verlassen. Wie weit die inneren Vorgänge dabei
auf äußeres Geschehen referieren, ist unentscheidbar; dass sie
es nicht fraglos tun, zeigt u. a. die Episode »Der Prügler« im *Proceß*. In einer Abstellkammer des Bürogebäudes stößt Josef K.
spätabends auf einen Folterknecht und zwei Opfer; am nächsten Abend wiederholt sich die Szene. Als einzige Reaktion darauf befiehlt Josef K. den Hausmeistern, die Rumpelkammer endlich auszuräumen, als hielte er selbst die Folterszene lediglich
für seine Projektion.

Wie Henry James in *The Turn of the Screw* nutzt Kafka die Darstellung des Innern im personalen Erzählen konsequent zum
Aufbau epischer Welten, die keinerlei Unterscheidung zwischen
»innen« und »außen«, zwischen Bewusstsein und »Wirklichkeit«
zulassen. Da aber weder der Prokurist Josef K. noch der Land-
vermesser K. begreifen, in welches Geschehen sie verstrickt
sind, kann das auch der Leser oder Interpret nicht, sind doch für
ihn die Figuren die Bedingung möglicher Erfahrung. Dennoch
gibt es Deutungen zuhauf; sie reichen von einer bereits mit der
Existenz vorhandenen Schuld über den Totalitarismus bis zur
Undurchschaubarkeit der modernen Arbeitswelt. Nicht zufällig
war Kafka im gesamten Ostblock der verfemteste Autor – der
»Prager Frühling« wurde durch eine Kafka-Konferenz 1963 ein-
geläutet. Damals hieß es: Reißt man vom *Proceß* das Deckblatt

ab, erhält man den ersten Satz für den Beginn eines Romans über den Stalinismus. Alle diese Deutungen resultieren allein aus unserer Konditionierung, einem Text einen Sinn zuzuordnen. Fassungslos über so viel spekulative Dreistigkeit zitiert der Germanist Friedrich Beißner, der als Erster 1951 auf diese elementaren erzähltechnischen Voraussetzungen jeder Kafka-Deutung hingewiesen hat, einen Satz des Philosophen Karl Heinz Volkmann-Schluck über Josef K.: »Aber eines Morgens, am Morgen seines dreißigsten Geburtstages, ist er verhaftet, nämlich dem Bewußtsein.«

James Joyce (1882–1941)

Würde heute weltweit unter Kritikern und Literaturwissenschaftlern über den wichtigsten Roman aus der ersten Hälfte des 20. Jahrhunderts abgestimmt, fiele die Wahl mit Sicherheit auf den *Ulysses* (1922). Die Abfassungszeit hat Joyce unter das fertige Manuskript gesetzt: »Triest-Zürich-Paris, 1914–1921«. Joyce plante zunächst, aus dem Tageslauf des Annoncenakquisiteurs Leopold Bloom, eines modernen Jedermann, eine weitere Geschichte für den Erzählungsband *Dubliners* (1914) zu machen. Dann aber gestaltete er aus diesem beiläufigen Sujet das Epos der Moderne, dem alten Epos, der *Odyssee*, durch den Haupttitel und nach und nach von der Forschung entschlüsselte äußere und innere Bezüge verbunden: Die Moderne erscheint als Parodie und Travestie des Klassischen in einem. An traditioneller »Handlung« bietet der Roman den Tageslauf dreier »Dubliners« von acht Uhr morgens am 16. Juni 1904 bis etwa drei Uhr morgens am 17. Juni: Leopold Blooms, seiner Frau Marion alias Molly und des jungen Lehrers und Schriftstellers Stephen Dedalus, der Hauptfigur aus Joyces 1916 erschienenem Roman *Portrait of the Artist as a Young Man*. Aus dem Alltag der drei formt Joyce den »Welt-Alltag der Epoche« (Hermann Broch). Viele der zahllosen Figuren, mit denen die Reflektorfiguren in Beziehung treten, sind schon in den *Dubliners* oder im *Portrait* aufgetreten. Unterteilt ist der Tag in 18 Episoden, deren Erzähltechnik vom auktorialen über das personale Erzählen bis zum Inneren Monolog reicht. Vor allem Mollys Schlussmonolog, in dem auf etwa 40 Seiten interpunktionslos ihr Bewusstseinstrom protokolliert wird, hat die Technik des »stream of consciousness« nach den bescheidenen Anfängen in Edouard Dujardins Roman *Les lauriers sont coupés* (1887) und in Schnitzlers Novelle *Leutnant Gustl* (1900) ins literarische Bewusstsein der Zeit eingebracht.

Goethe hatte in einer Maxime den Roman »eine subjektive Epopöe« (= ein episches Gedicht) genannt, »in welcher der Verfasser sich die Erlaubnis ausbittet, die Welt nach seiner Weise zu behandeln«, und hinzugesetzt: »Es fragt sich also nur, ob er eine Weise habe [...].« Gerade die hatte Joyce überreich, und so erkannten die Zeitgenossen mit leichter Verzögerung im *Ulysses* trotz der für lange Zeit u. a. aus Zensurgründen unzuverlässigen Textfassungen den absoluten Roman, der sich nicht zuletzt von der Handlung, der aristotelischen *mimesis* eines Plots (bei Aristoteles *mythos* genannt) emanzipiert hatte und autonom eine eigene Welt schuf, statt eine außer ihm vorhandene zu verdoppeln, wie Arno Holz' naturalistische Formel es vorsah: »Die Kunst hat die Tendenz, wieder die Natur zu werden.« Bei Joyce triumphierte zugleich die Form über den Inhalt, gemäß dem Diktum des Malers Max Liebermann, eine gut gemalte Rübe sei so gut wie eine gut gemalte Madonna. Das Spiel mit Epochenstilen, Sprachartistik, Übernahme der damals völlig neuen Erkenntnisse der Freud'schen Psychoanalyse in die Innensicht der Gestalten, generell Prävalenz des Inneren vor dem Äußeren – dahinter konnte die spezifische »Moderne« nicht mehr zurück. Romane, die in der Folgezeit als »modern« den von Joyce aufgestellten Maßstäben genügen wollten, konnten nicht zum bloßen »Geschichterzählen« zurückkehren, wie Joyces glühender Bewunderer Hermann Broch dies ausdrückte.

Virginia Woolf (1882–1941)

Bei Woolfs Romanen der Bewusstseinsdarstellung, *Mrs. Dalloway* (1925), *To the Lighthouse* (*Die Fahrt zum Leuchtturm*, 1927) und *The Waves* (*Die Wellen*, 1931) handelt es sich um eigenständige, durchaus dem etwa gleichzeitigen Schaffen von James Joyce zur Seite zu stellende Romane. Die in den personalen Techniken Henry James' und seiner Schule vermittelte Innensicht lässt darin jede äußere Handlung nahezu völlig zurücktreten. Virginia Woolf hat die von ihr vollzogene kopernikanische Wende in der

Epik, die natürlich auch von der aktuellen Psychoanalyse mit-
bewirkt wurde, selbst beschrieben:

>»Das Bewußtsein empfängt eine Myriade von Eindrücken – triviale,
phantastische, vorüberhuschende oder solche, die sich mit stähler-
nem Griffel eingraben [...]. Ist es nicht die Aufgabe des Romanciers,
diesen sich wandelnden, diesen unbekannten und unumschriebe-
nen Geist [...] mit möglichst geringer Beimischung von Fremdarti-
gem und Äußerlichem zu vermitteln?«

Den fragmentierten Bewusstseinsdarstellungen korrespondie-
ren einheitsstiftende Leitmotive und Symbole, in »Die Fahrt zum
Leuchtturm« etwa Meer und Leuchtturm. Woolf nutzt dabei
auch konsequent das mit den Techniken der Bewusstseinsdarstellung immer schon verbundene Element der Koexistenz aller
Zeitebenen im Bewusstsein der Reflektoren. Dieser inneren Zei-
terfahrung entgegengesetzt strukturieren die Stundenschläge
von Big Ben äußerlich den Tagesablauf, auf den die Handlung
in *Mrs. Dalloway* beschränkt ist; der Roman sollte ursprünglich
»Die Stunden« heißen.

A Room of One's Own – Ein Zimmer für sich allein oder
»Frauen und Romane«

Zwei mit »Frauen und Romane« betitelte Vorträge, die Virginia
Woolf 1928 vor den beiden Frauencolleges in Cambridge hielt,
erweiterte sie 1929 zu dem Langessay, der schon in seinem Titel
den Fluchtraum des »eigenen Zimmers« als unabdingbare Pri-
vatsphäre für die schöpferisch tätige Frau fordert – dazu die be-
scheidene materielle Unabhängigkeit eines Jahreseinkommens
von 500 britischen Pfund – (zur Anschauung: in Deutschland
damals in etwa das Einkommen eines höheren Beamten). Woolf
war die erste berühmte Schriftstellerin, die öffentlich über die
Voraussetzungen und Bedingungen weiblichen Schreibens nach-
dachte, welche bis in ihre Gegenwart hinein unzulänglich waren. Wie sie bei ihren Recherchen für die Vorträge und den Essay
feststellen muss, gibt es nicht einmal eine Sozial- oder Mentali-
tätsgeschichte der Frau. Genüsslich zitiert sie stattdessen die
überreichlich vorhandenen männlichen Sprüche zur biologi-
schen Unterlegenheit der Frau und ihrer Verpflichtung zur

Selbstbescheidung. Als Ersatz für eine Geschichte der Frau in der frühen Neuzeit erfindet sie kurzerhand eine Schwester Shakespeares, Judith, die, ebenso begabt wie ihr Bruder, in der Welt um 1600 als ambitionierte Frau nur im Selbstmord enden kann und an einer Wegkreuzung verscharrt wird. Noch bis ins 19. Jahrhundert fehlen den Frauen nicht nur die materiellen Voraussetzungen wie »ein Zimmer für sich allein« oder eigene Geldmittel, sondern auch eine eigene Schreibtradition und ein sympathetisches Publikum, das sich erst unter den Studentinnen, vor denen und für die Woolf spricht, entwickelt.

Zudem stellt sie Überlegungen an, ob die bisherigen Romane nicht einer von Männern aufgestellten Ästhetik gehorchen – das große, geschlossene, in kontinuierlicher, den Schöpfer völlig absorbierender Arbeit geschaffene Werk. Woolfs Gedanken zu einer eventuell anderen Beschaffenheit der weiblichen Nerven sind dabei weniger relevant als die zu einem anderen Lebensrhythmus der Frau, die im Alltag als Leiterin ihres Haushalts oder gar als Mutter von Kindern einfach häufiger Unterbrechungen ausgesetzt ist. Diese Tatsache wird Irmtraud Morgner aufgreifen und in den Mittelpunkt ihrer Überlegungen zum weiblichen Schreiben stellen. Sie stützt sie mit ihren Beobachtungen zu zwei deutschen Schriftstellerinnen der Goethezeit, Sophie von La Roche (s. S. 58) und ihrer Enkelin Bettina von Arnim geb. Brentano (1785–1859). Beide pflegten epische Großformen, die sie aus Kleinteilen zusammensetzen konnten, die Großmutter den Briefroman und Bettina ihre eigene Spezialität, die halb fiktiven Briefwerke über ihren Bruder Clemens Brentano und über Karoline von Günderrode und das lange Zeit äußerst populäre *Goethes Briefwechsel mit einem Kinde* (1835).

John Dos Passos (1896–1970)

In seinem Roman *Manhattan Transfer* (1925) schreibt Dos Passos das Joyce'sche Verfahren fort und radikalisiert es dabei: Spielte die Stadt Dublin im *Ulysses* bereits eine zentrale Rolle, so wird Manhattan hier geradezu zum Helden der sonst heldenlosen »collective novel«. »Transfer« bedeutet dabei »Umschlagplatz« und »Umsteigestelle«, für Waren, Menschen, Werte im Zeitraum von 1900 bis 1924. In drei Büchern zu fünf, acht und fünf Kapiteln, denen jeweils eine auktorial erzählte poetische Impression vorangestellt ist, wechseln sich Fragmente aus etwa hundert Biografien ab mit Werbeslogans, Liedfetzen, Zeitungsschlagzeilen, Dialogen und langen Monologen, mit auktorialen und personalen Passagen, die auf jeden traditionellen »Nexus«, den Zusammenhang der Szenen, verzichten und ihn durch die harte Schnitttechnik des neuen Mediums Film ersetzen. In seinem in derselben Technik geschriebenen dreibändigen Hauptwerk *U. S. A* (*The 42nd Parallel*, 1930; *1919*, 1932 und *The Big Money*, 1936) sind jedem Kapitel regelrechte Schlagzeilen und Informationsfetzen aus den damals in allen Kinos laufenden Wochenschauen vorangestellt. Dieses Kaleidoskop, in das zusätzlich noch Lebensläufe prominenter Amerikaner eingelegt sind, bietet auch Platz für aktuelle Ereignisse wie den Justizmord an den italienischen Einwanderern Sacco und Vanzetti 1927.

Alfred Döblin (1878–1957)

Alfred Döblins einziger Welterfolg *Berlin Alexanderplatz. Die Geschichte des Franz Biberkopf* (1929) nimmt Dos Passos' *Manhattan*-Roman, der seit 1927 auf Deutsch vorlag, bis in den Haupttitel hinein auf. Döblin setzte aber auf den dringenden Wunsch seines Verlegers Samuel Fischer den konventionellen Untertitel »Die Geschichte des Franz Biberkopf« hinzu, so ungewohnt war selbst Fischer als führendem Verleger der deutschen Moderne das neue Sujet – »Berlin Alexanderplatz« »sei doch einfach eine Bahnstation«, befand er.

Die Publikation des Romans geriet für damalige Verhältnisse zum Multimediaspektakel. Das Werk erschien zunächst als Vorabdruck vom 8. September bis zum 11. Oktober 1929 in der äußerst angesehenen *Frankfurter Zeitung*, auf die Buchpublikation folgte ein 1930 gesendetes Hörspiel, und bereits 1931 war das Buch verfilmt, mit Heinrich George, dem wohl populärsten Charakterdarsteller der Zeit, als Franz Biberkopf.

Der sofort nach seinem Erscheinen in alle wichtigen Sprachen übersetzte Roman ist, ähnlich wie das gleichzeitige Werk des Amerikaners William Faulkner, eine wichtige Fortschreibung der Joyce'schen Technik über Dos Passos hinaus in Richtung auf eine Rückkehr der epischen Handlung, des *plot*, in den Experimentalroman. Döblin verbindet mit der Montagetechnik, die mit Stationslisten von Straßenbahnlinien, Reklamesprüchen, ins Manuskript geklebten Zeitungsausrissen mit vermischten Nachrichten, Wetterberichten und Gartentipps, mit Fetzen von Berliner Schlagern und Passagen im Berliner Straßenjargon Deutschlands Kapitale und Metropole Gestalt werden lässt, in der Tat den wohl letzten innovativen Entwicklungsroman, wie ihn schon der Untertitel »Die Geschichte des Franz Biberkopf« verspricht. Franz Biberkopfs »Entwicklung« vollzieht sich dabei unter den jüdisch-biblisch geprägten apokalyptischen Kategorien von radikalem Ende und völligem Neuanfang, von Tod und Wiedergeburt – außer durch das Lied vom »Schnitter Tod« wird der Text strukturiert von Bibelsprüchen aus *Hiob*, dem *Propheten Jeremia* und dem *Prediger Salomo*.

Organisationszentrum des Erzählens ist ein auktorialer Erzähler, der von der panoramatischen Schau bis zum Bewusstseinsprotokoll, bei dem das Innere einer der Gestalten zur Bedingung jeder möglichen Erfahrung wird, alle Mittel kommandiert. Die Evokation der Großstadt und die Geschichte des zur Reflexion und Selbstartikulation unfähigen, fast sprachlosen Transportarbeiters Biberkopf erfordern dieselben Techniken – die dingliche Großstadt muss wie der stumme, sich in Bildern vollziehende Bewusstseinsstrom des Helden erst zu Sprache werden. Döblin hatte dabei als Nervenarzt wie hundert Jahre zuvor sein Kollege Georg Büchner (s. S. 109 f.) einen direkten fachlichen Zugang zu den Bewusstseinsvorgängen, die der Psychologe William James als »stream of consciousness« bezeichnet hatte.

William Faulkner (1897–1962)

Exakt zur selben Zeit wie Döblin vollzieht auch William Faulkner die Synthese aus Tradition und Moderne, er führt die moderne Entwicklung wieder mit dem »Mainstream des Romans« zusammen, indem er die verfeinerten und bis zu extremsten Möglichkeiten der Bewusstseinsdarstellung vorangetriebenen Techniken wieder der uralten Aufgabe dienlich macht, eine Geschichte zu erzählen. Faulkner nimmt damit auf dem Gipfelpunkt der Bewusstseinsdarstellung für deren weitere Entwicklung dieselbe zentrale Position ein, die Henry James für ihre

Anfänge hatte. 1949 wurde er deshalb mit dem Nobelpreis ausgezeichnet.

In Faulkners erstem Roman in dieser Technik, *The Sound and
the Fury* (1929), ist die äußere Handlung nur ein Einheit stiften-
des Element unter vielen, wie schon der auf einen Satz Macbeth'
zurückgehende Titel zeigt: »Das Leben ist wie eine Geschichte,
die ein Idiot erzählt, voller Lärm und Wut *(full of sound and fury)*,
einen Sinn hat sie nicht«. Der einleitende Innere Monolog ist der
Benjys, eines Schwachsinnigen, in dessen Bewusstsein es keinen
Zeitbegriff gibt, sodass durch Jahrzehnte getrennte Ereignisse,
in denen ganz verschiede Personen unter denselben Namen auftreten, von Benjy als gleichzeitig erinnert werden, was die Grenzen einer Kommunikation mit den Lesern bisweilen überdehnt.

As I Lay Dying (1930) erzählt mit Hilfe von 59 »soliloquies« genannten Inneren Monologen eine handfeste Geschichte: Addie
Bundren ist gestorben, und ihr Mann und ihre vielen Kinder,
darunter ein außereheliches, wollen ihr den letzten Wunsch er-
füllen und sie allen Widrigkeiten zum Trotz in Jefferson begraben, woher sie einst gekommen ist. Die Inneren Monologe zeigen, wie unterschiedlich die Motive zu dieser Odyssee mit einer
verwesenden Leiche im selbst gezimmerten Sarg in Wirklichkeit
sind. Einzig der Bruder Darl durchschaut alle diese Lügen und
will sie zerstören; aber da es Ibsen'sche Lebenslügen sind, die
alle zum Weiterleben brauchen, wird Darl von seiner Familie in
ein Irrenhaus geschafft.

Die Nachfolger Faulkners sind Legion – einer seiner glü-
hendsten deutschen Bewunderer, Uwe Johnson, trieb sein Prinzip auf die Spitze und schuf in seinen *Mutmaßungen über Jakob*
ein Werk, das Höhepunkt und Ende der Faulkner-Schule zugleich ist (s. S. 182 f.).

Hermann Broch (1886–1951)

Hermann Broch hat die Übergangsphase vom späten Kaiserreich zum letzten Kriegsjahr in seiner Trilogie *Die Schlafwandler*
(1930–32) in einer bewussten Abfolge vom konventionellen zum
»modernen« Erzählen gestaltet, und zwar so, dass die einzelnen Bände sich um erzählerische Einfühlung in die dargestellten Epochen bemühen: *Pasenow oder die Romantik, Esch oder die*

Anarchie, Hugenau oder die Sachlichkeit. Durch die Verfolgung verschiedener Handlungsstränge, die Aufnahme der essayistischen Exkurse zum »Zerfall der Werte« und eines kompletten Sonettzyklus sowie weiterer heterogener Elemente zeigt der letzte Band die stärksten Auflösungserscheinungen, denen sekundäre Integrationstendenzen entgegenwirken. Hermann Broch hat hierfür selbst auf Joyces *Ulysses* als Vorbild hingewiesen. Kafka und Joyce haben in ihren völlig heterogenen Werken nach Brochs eigener Romantheorie die Gattung so elementar revolutioniert, dass nach ihnen das bisher praktizierte simple »Geschichtlerzählen« nicht mehr möglich ist. In dieser Situation schließt sich Broch variierend an Joyce an; denn in einer Generation gebe es »keine zwei Kafkas« – man könnte über Brochs Gesamtwerk den Titel und das Verfahren einer seiner Erzählungen setzen: »Methodisch konstruiert«. Kein anderer Autor hat Stockhausens späteren Parameter der Neuheit« so reflektiert seinem Gesamtwerk zugrunde gelegt wie Broch, sodass es fast tautologisch ist, sein Gesamtwerk »methodisch konstruiert« zu nennen.

Wollte Broch mit seiner *Schlafwandler*-Trilogie – wie nahezu die gesamte Literatur seiner Zeit – selbstverständlich in ihrer den gesellschaftlichen Zerfall gestaltenden Struktur samt den mitgelieferten gegenläufigen theoretischen Reflexionen zum »Zerfall der Werte« im weitesten Sinne »politisch« wirken, so gab er diese Intention resigniert zugunsten eines mehrjährigen und letztlich gescheiterten Einsatzes für eine Initiative des Völkerbunds gegen den Faschismus auf. In Vorüberlegungen zu seinem nächsten Roman *Der Tod des Vergil* sprach er davon, nunmehr seine »exoterisch an das Publikum gerichtete« Schaffensperiode zu beenden, um sich »einem strikt esoterischen Buche, dem *Vergil*« zuzuwenden. Die Begrifflichkeit übernahm Broch vom Korpus der aristotelischen Schriften, die traditionell an die Öffentlichkeit adressierte »exoterische« Schriften von den nur für den Schülerkreis bestimmten »esoterischen« unterscheidet. Als Technik bedient er sich unter Berufung auf Joyce des Inneren Monologs, wie er es nennt, und meint damit die Darstellung von Vergils »stream of consciousness« in den letzten Stunden seines Lebens am 20. und 21. September 19 v. Chr. in Brindisi, von der Landung im Hafen bis zum Verdämmern auf dem Sterbelager. Vermittelt wird diese Brechung der letzten Stunden im Innern eines Sterbenden durch einen Erzähler, für den diese Innensicht die Bedingung möglicher Erfahrung darstellt (s. dazu S. 112). In dieser ausschließlichen Fokussierung auf ein Bewusstsein erschöpft sich die Gemeinsamkeit mit Joyce – die Ähnlichkeit sei nicht größer als die zwischen einem Krokodil und einem Dackel, denn auch das »Joyce'sche Genie lasse sich nicht nachahmen. Broch nennt seine fiktive Mitschrift des von Vergil Wahrgenommenen, Gehörten, Gesagten, Geträumten, Phantasierten bis an die letzte Grenze, das Verdämmern des Bewusstseins »nichts anderes als ein einziges lyrisches Gedicht« – »unerfaßlich, unaussprechlich war es für ihn, denn es war jenseits der Sprache«, lautet der letzte Satz.

Im Mittelpunkt steht Vergils langes Gespräch mit Kaiser Augustus über die Künste des Herrschens, der Staatsordnung, der Friedensstiftung, die für Vergil größer und wichtiger sind als seine dichterische Kunst, während sie in der Sicht des Augustus als dichterische Feier seiner Künste diese noch einmal krönt. Dennoch will Vergil sein Werk als seine letzte Tat auf Erden am Strand den Göttern als Opfer darbringen, denn in einem hat Augustus in »Vergils Augen versagt und mit ihm sein eigenes Werk: Der Kaiser hat rückwärtsgewandt den längst der Elite seines Reichs zum Spott gewordenen altrömischen massiven Götterglauben restituiert, weil er Rom einst groß gemacht hat, und hat die progressiven Tendenzen der Zeit, die ja zu unserer »Zeitenwende« wurde, übersehen oder als unbrauchbar, da unpraktisch missachtet.

Brochs Vergil-Bild ist restlos geprägt von dem damals äußerst populären Buch Theodor Haeckers *Vergil Vater des Abendlandes*, das den Dichter als *anima naturaliter christiana*, als ›eine schon von Natur her christliche Seele‹ deutete, die die Versöhnung von griechisch-römischer Antike und Christentum visionär vorausahnte. Brochs Vergil erkennt die »Wiederbefriedung des Geistes und das Aufblühen des Reiches« unter Augustus dankbar an, »aber als der umfassendste Geist seiner Zeit ahnte er auch das Aufkommen des Neuen […] und war tatsächlich der Vorahner des Christentums«. »Das gesamte Werk Vergils ist solcherart, mehr denn jedes andere, Suche nach dem Glauben und nach einer neuen Glaubenserkenntnis«. Als Gestaltung eines solchen Neuen ist die *Aeneis* unzulänglich, eine völlige Umarbeitung hin auf ein solches Neues ist dem Sterbenden versagt und deshalb will er das vorliegende Werk dem noch unbekannten Gott opfern. So rechtfertigt sich Brochs Neuansatz zu einem weiteren Werk aus sich selbst: Gerade in der »Suche nach dem Glauben und nach einer neuen Glaubenserkenntnis« ist die Dichtung jeder Politik, und sei es die eines Friedenskaisers, überlegen.

Broch hat lange Zeit nicht die Wirkung seiner Landsleute Kafka oder Musil erreicht; gerade sein letztes Werk galt meist als »ambitioniertes, bewusst nach höchstem Niveau strebendes« stilistisches »Schauturnen« vor »deutschen Kritikern und Bildungsbürgern« und tauge höchstens zum »Seminargegenstand«, urteilte der Anglist Hans-Dieter Gelfert aus englischer Sicht, und der Kritiker Dieter E. Zimmer zählte gar Brochs Satzlängen aus und befand, eine mittlere Satzlänge von 91 Wörtern überfordere »selbst den gutwilligsten Leser«. Und doch war dann gerade diesem Werk Brochs eine geradezu sensationelle Neubewertung und damit Wiederentdeckung beschieden: Im letzten Band *Min kamp* (2011, dt. *Kämpfen*, 2017) seiner gleichnamigen Hexalogie nennt Karl Ove Knausgård den *Tod des Vergil* »einen der wichtigsten Romane der Moderne im 20. Jahrhundert« und dessen Anfangssatz, der nun allerdings einen ganzen Absatz und 152 Wörter umfasst, »einen der besten Prosasätze […], die in Europa in den letzten zweihundert Jahren geschrieben wurden« und entwickelt an ihm ausführlich eine Poetik des »Schreibens als Beschreibens«, die letztlich Anlass und Ziel der einigen tausend Seiten seiner gesamten sechs Bände ausmacht (s. S. 214 f.).

Robert (Edler von) Musil (1880–1942)

Musils Hauptwerk *Der Mann ohne Eigenschaften* ist Fragment geblieben. 1930 und 1932 erschienen die beiden ersten Teile, ein dritter Teil wurde von Musils Witwe 1943 herausgegeben, seit 1952 wird an verschiedenen Rekonstruktionen der Nachlassmaterialien gearbeitet. Im Vergleich mit anderen Schlüsselwerken der Moderne zeichnet sich Musils Roman weniger durch Formexperimente aus als durch den dominanten Einfluss neuerer naturwissenschaftlicher Erkenntnisse. Nach einem Ingenieur- und einem Philosophiestudium war Musil 1908 mit einem »Beitrag zur Beurteilung der Lehren Machs« promoviert worden. Ernst

Mach, ein bedeutender Physiker, nach dem die Messgröße für die Schallgeschwindigkeit benannt ist, hatte von der Physik aus die Metaphysik kritisiert. Die Natur setze sich aus den durch die Sinne gegebenen Elementen zusammen, die in einem ständigen interaktiven Austausch miteinander stehen. Der Praktikabilität halber referiere die Menschheit seit ihren Anfängen auf aus dem Zusammenhang geschnittene Eigenschaftskonglomerate mit Wörtern und erkläre sie so zu »Dingen«. In der Natur gebe es kein unveränderliches Ding, wolle man nicht zu unhaltbaren Konstrukten wie dem »Ding an sich« gelangen. »Nicht die Dinge (Körper), sondern Farben, Töne, Drücke, Räume, Zeiten (was wir gewöhnlich Empfindungen nennen) sind eigentliche Elemente der Welt.«

Auf diesen von Mach begründeten »Wiener Positivismus« bezieht sich Musil im Titel seines Romans. Die ohne Nachnamen bleibende Gestalt Ulrich entzieht sich jeder Festlegung, wie Ulrich auch sein Leben der Festlegung entziehen will: 1913 nimmt er »ein Jahr Urlaub von seinem Leben«, um sich einer Welt zu stellen, in der sich alles in seine ständig wechselnden Aspekte aufgelöst hat. Das dieser Nichtfestlegbarkeit allein gemäße Denk- und Erzählverfahren ist der »Essayismus«, der »ein Ding von vielen Seiten nimmt, ohne es ganz zu fassen«. In der Handlung nimmt diese Ungreifbarkeit in der »vaterländischen Aktion« Gestalt an, deren Sekretär Ulrich wird: Sie soll als »Parallelaktion« zum 30-jährigen Regierungsjubiläum Wilhelms II. 1918 Kaiser Franz Josephs 60. Thronfest im selben Jahr vorbereiten. Der Leser weiß natürlich gleich, dass Franz Joseph dann schon lange tot ist und beide Kaiserreiche sich in voller Auflösung befinden werden. Musils Landsmann Robert Menasse wird dieses Zentralmotiv aus dessen k. u. k.-Roman 85 Jahre später zum Prätext seines Europa-Romans *Die Hauptststadt*.

Mit den philosophischen Voraussetzungen Machs, dem Erzählverfahren des »Essayismus« und der völlig überlebten Welt »Kakaniens« – so die k. u. k.-Doppelmonarchie Österreich-Ungarn in spöttischer Bezeichnung – als Schauplatz macht sich Musil an den Entwurf eines Zeitgemäldes. Dieses bietet Porträts verschlüsselter Persönlichkeiten, von dem deutschen Wirtschaftsführer, Politiker und Autor Walther Rathenau bis zum Prostituiertenmörder Moosbrugger. Als eine diese Welt transzendierende Utopie erscheint dabei Ulrichs Liebe zu seiner

Schwester Agathe, der ihm »entgegengesetzten« »schattenhaften Verdoppelung seiner selbst«. In dieser inzestuösen »Reise an den Rand des Möglichen« allein könnte sich die fragmentierte Welt zu einem androgynen Ganzen schließen – ein Motiv, das Jonathan Littell beim Ich-Erzähler und Helden von *Die Wohlgesinnten* wieder aufnimmt.

UTOPIE ALS DYSTOPIE – DER UTOPISCHE ROMAN ALS GESELLSCHAFTSROMAN

Sozusagen komplementär zum Historischen Roman als rückwärts gespiegeltem Gesellschaftsroman erscheinen 1932 und 1948 zwei utopische Romane, die vor allem als gesellschaftskritische Romane breiteste Wirkung entfaltet haben – Aldous Huxleys *Brave New World* 1932 und George Orwells (Pseudonym für Eric Arthur Blair, 1903–1950) *1984* 1949. War die traditionelle Utopie als positives Gegenbild zu einer schlechten Gegenwart etwa in Schnabels *Insel Felsenburg* (s. S. 50 ff.) immer schon ein Gesellschaftsroman, so ist es die Dystopie genannte negative Utopie als Extrapolition gegenwärtiger kritischer Tendenzen und Missstände erst recht. Huxleys ironischer Titel stammt – wie Faulkners *The Sound and the Fury*, David Foster Wallaces *Infinite Jest* und *A Little Life* von Hanya Yanagihara – von Shakespeare, und zwar aus *The Tempest* (V, I, ll. 203–206): »O wonder! How many goodly creatures are there here! How beauteous mankind is! O brave new world, That has such people in't.« Es ist schon auffallend, dass vier Titel von Hauptwerken der Moderne und Postmoderne zentralen Shakespeare'schen Renaissanceschlagwörtern zur Scheinhaftigkeit und letztlichen Sinnlosigkeit der Welt entstammen. Huxley konzipierte *Brave New World* bewusst als »negative Utopie« und als Parodie auf die letzten positiven Utopien, H. G. Wells *A Modern Utopia* (1905) und *Men Like Gods* (1923).

In der Tat ist die »schöne neue Welt« des »Wunders« im Jahre 632 nach Ford – vulgo A. D. 2540 – eine perfekt formierte, befriedete, weil befriedigte Gesellschaft: die Welt einer »schönen Menschheit« voll außergewöhnlicher »Leute« und »gütiger Geschöpfe«. Gewonnen hat Huxley sie in Extrapolation aktueller Tendenzen der 1920er-Jahre, die fast 100 Jahre später allesamt durch Digitalisierung der Produktion, Perfektionierung der Reproduktionsmedizin, Genmanipulation, Trennung von Sex und Fortpflanzung und eine ständig wachsende Vergnügungsindustrie noch virulenter geworden sind: Bei Huxley sind die Menschen durch extrauterinäre Entwicklung der Embryonen und deren chemische Manipulation den Hierarchien der Produktionsprozesse perfekt angepasst; darüber hinausgehende unproduktive Bedürfnisse, vulgo Freizeit genannt, werden durch die inzwischen von »movies« über »talkies« zu »feelies« gesteigerten Filme befriedigt – sie senden durch das Umklammern der Armlehnen im Kino; der Hit ist »Das Geschlechtsleben der Großsäuger« – und das eigene Geschlechtsleben eines jeden ist so promisk wie unbegrenzt. Der beliebteste Schlager fasst dies alles zusammen: »Hug me till you drug me, honey; Kiss me till I'm in a coma: Hug me, honey, snuggly bunny; Love's as good as soma.« Sex als jederzeit verfügbare Droge und dahinter noch das allgegenwärtige Sakrament »Soma« – einst als *soma Christou* der Leib Christi in der Eucharistie, jetzt ein allgengewärtiger ständig konsumierter Tranquilizer. Den ebenso säkularen Ersatz von »year of our Lord« durch »year of our Ford« hat Wallace in *Infinite Jest* dankbar übernommen, wenn in seiner dystopischen Welt die Jahre nach Sponsorenprodukten benannt sind wie das »Jahr der verlässlich wasserdichten Unterwäsche für Erwachsene« (s. S. 205 f.). Gesehen wird Huxleys »Schöne neue Welt«, wie einst Voltaires 18. Jahrhundert durch einen naiven kanadischen Huronen, »L'ingenu« (Roman, erschienen 1767) genannt, ebenfalls durch den fremden Blick eines versehentlich noch »wild« gezeugten »Wilden«. Von Huxleys »Wilden« führt ein ebenso direkter Weg zu Houellebecqs »Wilden« in *Möglichkeit einer Insel*, die in einer im Grunde nach einer apokalyptischen Katastrophe unbewohnbaren Welt noch vegetieren, während deren Nachfolgewelt unsterblichen, weil immer wieder geklonten leid-, freud- und emotionslosen »Neo-Menschen« gehört (s. S. 269). In einer ausführlichen Hommage an Huxley führt Houellebecq in seinen *Elementarteilchen* die hohe Anschlussfähigkeit vieler Passagen in *Brave New World* an Phänomene des 21. Jahrhunderts auf Huxleys Herkunft aus und sein Aufwachsen in einer Familie bedeutender Naturwissenschaftler zurück.

Merkwürdigerweise galt auch im Westen die Dystopie George Orwells, 1948 geschrieben und durch Zahlendreher *1984* betitelt, wegen ihrer allumfassenden Kontrolle jedes Bürgers und der staatlichen Verwaltung alles und jedes in einem terroristischen Polizeistaat, darunter auch der historischen Fakten und der konventionellen Semantik, immer als aktueller und realitätsnäher als Huxleys »schöne Welt«. Dabei hatte Orwell *1984*, ebenso wie das 1945 vorangegangene böse »Märchen« *Farm der Tiere* (engl. *Animal Farm: A Fairy Story*), als Anti-Stalinbuch konzipiert: Orwell hatte als enragierter linker Sozialist freiwillig am Spanischen Bürgerkrieg teilgenommen, war u. a. schwer verwundet worden und hatte so 1936/37 den von sowjetischen Kommissaren ausgeübten Terror der Stalinisten kennengelernt und war, wie andere Renegaten der Zeit, zum leidenschaftlichen Antikommunisten mutiert, weshalb sowohl die *Farm der Tiere* wie der Zukunftsstaat im Jahre *1984* extreme Mangelwirtschaften porträtieren. Die Denunziation der BRD als totaler Überwachungsstaat durch die 68er und erneut dann im Jahre 1984 selbst, war eine absurde Hassprojektion. Weder Huxley noch Orwell konnten jemals ahnen, dass die durchgehende Digitalisierung der Kommunikation, des Gesundheitswesens und der Berufs- wie der Warenwelt im liberalen Westen Orwells Überwachungskameras bei Weitem übertreffen würde und dass gerade das immer noch kommunistische China auf seinem Weg zum Sozialismus den Orwell'schen Terror gegen die eigne Bevölkerung zunehmend als digital gesteuerte und überwachte Huxley'sche Befriedung und Formierung gestalten würde. In seiner Besprechung von Wallaces *Infinite Jest* hat Ulrich Greiner die Menschen in dieser Huxley weit überbietenden Gesellschaft schier unendlichen Spaßes im Lande O. N. A. N. »Objekte eines geschmeidigen Totalitarismus« genannt.

Der DDR-Roman und der Sozialistische Realismus

Jegliche Entwicklung einer experimentellen Moderne wurde in der Sowjetunion, in der sich nach der Oktoberrevolution eine experimentelle oder sogar revolutionäre Kunst und Literatur zu entwickeln begannen, Anfang der Dreißigerjahre rigoros gekappt und unterdrückt und durch die auf den Hegelianer Georg Lukács zurückgehende Theorie des Sozialistischen Realismus ersetzt, und die Kulturtheorie aller moskautreuen kommunistischen Parteien folgte dem geschlossen. Nach Lukács werde und dürfe das befreite Proletariat – gegen den massiven Einspruch Bertolt Brechts – keine eigenen Kunstformen hervorbringen, sondern beerbe als letzter Sieger der Weltgeschichte alle vorangehenden Epochen. Die progressivsten Werke der Weltkultur seien aber die Werke, die das Bürgertum in seinem Aufstieg Ende des 18. Jahrhunderts und in der Kritik an seiner Entartung zur Bourgeoisie ab der zweiten Hälfte des 19. Jahrhunderts hervorgebracht habe. Deshalb gelte auch für die sozialistische Literatur formal der bürgerliche Realismus einschließlich seiner Spätformen im frühen 20. Jahrhundert; unzulässig seien hingegen die spezifischen Innovationsbemühungen der Moderne, die als »Formalismus« generell verboten wurden. Mit der Einführung des Sozialistischen Realismus als zwingend vorgeschriebener Literaturdoktrin wurden die »realistischen« Erzählformen von Nicolai und Goethe über Spielhagen, Fontane und die Brüder Mann bis zu Feuchtwanger und Reger in der DDR sozusagen sakrosankt. Dies kam zugleich der Forderung nach »Volksverbundenheit« entgegen – Dichtung müsse für die Massen zugänglich werden. Neu hinzu kam lediglich die verbindlich vorgeschriebene sozialistische Doktrin. Mit dieser müsse der Autor »parteilich« verbunden sein, ihr folgend müsse er die Wirklichkeit nach den Regeln des Sozialismus abbilden und damit nach den von Marx entdeckten und allem Sein zugrunde liegenden Bewegungsgesetzen der menschlichen Gesellschaft, die so gültig seien wie die Gesetze der Physik (s. dazu S. 116), und zwar »in ihrer sozialistischen Perspektive«, d. h. in leichter Vorwegnahme zukünftiger gesetzlich zu erwartender positiver Entwicklungen. Dementsprechend sind nur positive Helden möglich, die zwei Ausprägungen erlauben: Ein Neuling wächst, geleitet von einem klassenkämpferisch gestählten Mentor, in den Sozialismus hinein, oder ein schon gefestigter Held gerät in eine Krise, aus der er gestärkt hervorgeht. Ein Happy End ist obligatorisch.

Dadurch, dass die DDR auch für eine starke personelle Kontinuität sorgte – zahlreiche exilierte Autoren verlegten, meist unter massiver staatlicher Förderung, organisiert und betrieben vor allem vom hier sehr verdienten Johannes R. Becher, ihren Wohnsitz in die SBZ, kaum einer in die Westzonen –, knüpfte die DDR-Literatur bruchlos an Weimarer Republik und Exilliteratur an, während die in der westdeutschen »Gruppe 47« vertretenen Nachkriegsautoren den »Kahlschlag« und eine »Stunde Null« propagierten.

Am deutlichsten wird diese Kontinuität an Anna Seghers als Präsidentin des Schriftstellerverbandes und Arnold Zweig als Präsidenten der »Deutschen Akademie der Künste« und des »Deutschen Pen-Zentrums«, die ihr bisheriges Schaffen aus Weimarer Republik wie mexikanischem oder palästinensischem Exil völlig ungebrochen fortsetzten. Anna Seghers' DDR-Werk besteht aus den in nun schon klassischer Multipersonalität ähnlich der Weltkriegstrilogie Pliviers (s. S. 128 f.) erzählten Riesenromanen *Die Entscheidung* (1959) und *Das Vertrauen* (1968). In einem gewaltigen Panorama zeigen sie, zentriert um ein jetzt volkseigenes Stahlwerk, die Auswirkungen des internationalen Klassenkampfes bis in die intimsten Verhältnisse hinein.

Dieselbe Verbindung einer nun schon konventionellen personalen oder multipersonalen Erzähltechnik mit einem von vornherein bekannten, weil sozialismuskonformen Inhalt findet sich in den Werken der bei den Gründermüttern und -vätern der DDR in die Schule gegangenen Christa Wolf, Hermann Kant oder Erik Neutsch. Das Desinteresse an literarischen Ostprodukten in der BRD und die kompromisslose Bekämpfung westlicher Literatur durch die DDR bis in die Siebzigerjahre hinein hat nichts mit dem Kalten Krieg zu tun, wie meist zu lesen ist, sondern hat allein ästhetische Gründe: Die DDR-Literatur erschien im Westen als uninteressant, weil konzeptuell konventionell, die in der BRD allein zählende formale Innovation wurde im Osten als »Formalismus« gebrandmarkt. Uwe Johnson scheitert mit seinem Erstlingswerk an dieser unterschiedlichen Ästhetik beider Blöcke. *Ingrid Babendererde* war 1957 im Osten nicht sozialistisch genug und im Westen Peter Suhrkamps Lektor Siegfried Unseld zu brav und zu konventionell und so erschien er erst 1985 postum. 1959 konnten dann die *Mutmaßungen über Jakob* im Osten nicht erscheinen, weil sie zu »formalistisch« waren, während sie im Westen – neben der schon postmodernen *Blechtrommel* – als eines der letzten deutschsprachigen Werke einer literarischen Moderne zur Sensation der Frankfurter Buchmesse wurden.

Innovatorisches Schreiben in der DDR

Erst als sich in der parteioffiziellen Doktrin der »Realismus«-Begriff durch dialektische Kniffe lockert, kommt es zu meist nur widerwillig tolerierten Abweichungen von der starren Linie, die auch in Westdeutschland mit Interesse gelesen werden und zu einem Zusammenwachsen der bis in die Sechzigerjahre getrennten Literaturen führen. In ihrem Ursprungsland erschienen solche Werke oft nur in kleiner Auflage, wurden in der Presse nicht besprochen und in Leihbibliotheken nicht eingestellt; die wegen der Papierkontingentierung ebenfalls genehmigungspflichtigen Nachauflagen wurden nur schleppend bewilligt, sodass sich mit den Interna nicht vertrauten westlichen Beobachtern meist ein numerisch verzerrtes Bild von der realen Präsenz eines Werks in der Literaturszene des »anderen Deutschland« bot.

Christa Wolf (1929–2011)

In ihrem ersten Roman *Der geteilte Himmel* (1963) antwortet Christa Wolf bewusst linientreu auf Uwe Johnsons in der DDR verbotenen Erstling *Mutmaßungen über Jakob* (1959). Wo Johnsons Jakob Abs, der soeben von seiner Freundin Gesine Cresspahl aus dem Westen zurückgekehrt ist, unter einer Lokomotive zu Tode kommt, überlebt die unmittelbar vor dem Mauerbau gerade von ihrem Verlobten aus Westberlin zurückgekehrte Rita Seidel ihren Zusammenbruch auf den Bahnhofsgleisen und arbeitet in einem Sanatorium ihr bisheriges Leben in erlebter Rede auf. So liefert Christa Wolf einen Roman des Sozialistischen Realismus vom Heldentyp I: Ein(e) junge(r), noch unerfahrene(r) Genosse/-in wächst in den Sozialismus hinein, noch dazu als »Bitterfelder Frucht« von Christa Wolfs von der Kulturadministration verordnetem Aufenthalt an der allein produktiven gesellschaftlichen Basis als Pseudo-Werktätige in einem Waggonwerk in Halle.

Als in Wolfs zweitem Roman eine fiktive Erzählerin ihrer verstorbenen Freundin Christa T. »nach-denkt« (*Nachdenken über Christa T.*, 1968), kann der Roman nur nach intensivsten Kämpfen mit der Zensur auf allen Ebenen, vom Verlagslektor bis zum Ministerium und zum Zentralkomitee der SED, erscheinen. Er wird zu Wolfs Durchbruch im Westen, da er hier völlig unabhängig vom politischen System als Buch über das Schicksal einer empfindsamen Frau in einer materialistischen, von Männern dominierten Gesellschaft gilt. In *Kindheitsmuster* (1976) »denkt« sich die Autorin selbst »nach« und sucht nach tief eingeprägten »Mustern« des Nationalsozialismus in ihrer Psyche, entgegen der Staatsdoktrin, dass der Faschismus allein eine Sache der schiefen Klassenlage sei und durch den Umsturz der Verhältnisse als für immer überwunden galt.

Dass Christa Wolfs Roman *Kassandra* 1983 überhaupt erscheinen konnte, wirkt bis heute wie ein Wunder. Wolfs Titelheldin wartet als Kriegsgefangene in der Burg von Argos wie in Aischylos' Drama *Agamemnon* auf ihr Ende und »erlebt« als Seherin den Gattenmord Klytaimnestras im Palastinnern. Gleichzeitig lässt sie in einem Monolog ihr Leben als Seherin im Sinne einer »weiblichen Stimme« Revue passieren. Kassandras Verfluchung durch Apoll, dem sie als Priesterin sexuell nicht zu Willen war, bestand ja bekanntlich darin, dass ihre wahren Prophezeiungen nicht gehört würden – dies dehnt Wolf auf 3000 Jahre männlich geprägter Geschichte aus. Aktuell bedeutete dies: Man(n)/frau musste radikal bis auf die Wurzeln der Menschheit im Dämmer ihrer Frühgeschichte zurückgehen, um die gegenwärtige Spaltung der Welt in zwei Lager zu überwinden.

Irmtraud Morgner (1933–1990)

Irmtraud Morgner hat mit *Leben und Abenteuer der Trobadora Beatriz nach Zeugnissen ihrer Spielfrau Laura* (1974) und *Amanda. Ein Hexenroman* (1983), den beiden abgeschlossenen Teilen einer geplanten Trilogie, den mit weitem Abstand offensten und experimentierfreudigsten Roman der gesamten DDR-Literatur vorgelegt und zugleich einen der besten deutschen Romane überhaupt. Vor allem in der *Trobadora* entwickelt und realisiert Morgner eine eigene innovative Romanpoetik des »operativen Montageromans«, die im Roman selbst in einem Dialog mit dem Aufbau-Verlag – dem realen Verlag des Werks – verteidigt wird: »Die orthodoxe Romanform verlangt Festhalten an einer Konzeption über mehrere Jahre«; das bloße Auswalzen eines Exposés von wenigen auf mehrere hundert Seiten hindere den Autor daran, während der Arbeit klüger zu werden. Die »Romanform der Zukunft« montiere deshalb kürzere Einheiten, wie sie dem Lebensrhythmus einer Frau besser entsprächen, zu einem großen Ganzen. Morgner nimmt hier Virginia Woolfs Überlegungen zu einer weiblichen Ästhetik auf und führt sie sozialistisch fort – so könne man auch »alle Wünsche des Verlages in Form von [...] Streichungen und Zusätzen« berücksichtigen und »alle Forderungen und Tonarten der jeweiligen Tagespolitik« (= die geforderte sozialistische »Parteilichkeit«) einarbeiten.

Eine solche weibliche Ästhetik wird gleich zu Beginn des Romans an der berühmten Wandteppichfolge im Pariser »Musée de Cluny« entwickelt. »Da [...] Kunst nur mit Leben bezahlt wird«, sind »in den Teppichen unzählige Frauenleben aufgehoben [...], die Leben der Knüpferinnen«, aus ihnen ist »ein aus Verzweiflung gewachsenes Sehnsuchtsbild entstanden«, das »die Sehnsucht nach unkriegerischen Zuständen [...] rein und radikal« gestaltet: »Die männliche Variante ist unterschlagen.« »Teppiche« – *stromata* – aber war der Name einer spätantiken Literaturgattung, die Heterogenstes zu einer Einheit verband – wie das Muster in einem Teppich oder wie Morgners Roman.

Die westdeutsche Taschenbuchausgabe warb mit einem Rezensentenslogan: »So etwas wie eine Bibel aktueller Frauenemanzipation« – auch dieser Vergleich ist treffend, wenn dem Werk auch später die ungerechte Reduktion auf die »aktueller Frauenemanzipation« immens schaden sollte. Wie die Bibel als »Buch der Bücher« vereinigt auch Morgners Werk Texte unterschiedlichster Herkunft mit jeweils ganz verschiedenem »Sitz im Leben« zu einem Ganzen: von einer Ministerrede zum Abtreibungsparagrafen über ein populäres DDR-Ehe-Aufklärungsbuch zum weiblichen Orgasmus, eine »Zwischenbilanz des Vietnamkrieges« von einem Stockholmer Institut und Gedichten von Volker Braun und Paul Wiens bis zu einem veritablen »Evangelium« und einer »Offenbarung« und zu wie wahllos verstreuten Passagen aus einem frühen Roman Morgners. Dessen Erscheinen hatte einst die Zensur verhindert, nun veröffentlicht sie ihn heimlich und portionsweise. Dies ist wiederum aufgrund der noch komplexeren Rahmengeschichte möglich. Beatriz, die einzige uns überlieferte provenzalische Troubadourin, hat sich um 1160 in einen Heilschlaf versetzen lassen, um in frauenfreundlicheren Zeiten wieder aufzuwachen. Sie reist in die DDR, weil in ihr Männer und Frauen emanzipiert seien, und engagiert dort Laura Salman, eine arbeitslose Germanistin und Straßenbahnführerin, als »Spielfrau«, eine Art mittelalterliche Assistentin, die mit diesem außergewöhnlichen Beruf wohl die cisalpine Variante von Schlegels »gewöhnlichem guten italiänischen Buffo« darstellt. Im nur in Skizzen und Entwürfen vorliegenden letzten Teil der Trilogie sollte sie sich letztlich als tagträumende Verfasserin des Ganzen erweisen. Als die Trobadora Beatriz beim Fensterputzen zu Tode kommt, verkauft Laura Salman – die in ihrem Namen ganz nebenbei auch noch auf die mittelalterliche Schwanksammlung um »Salman und Morolf« anspielt – die von ihr gesammelten und geschriebenen Materialien an die Autorin Irmtraud Morgner zur Endredaktion und Veröffentlichung, um vom Erlös einen Gedenkstein für die Trobadora zu finanzieren, zu dem dann das Buch in der Tat wird.

Die Trobadora ist aber gar nicht tot, sondern lebt als Sirene im Berliner Zoo weiter, wo sie dann ein Buch über Laura als Hexe Amanda schreibt, denn alle Frauen werden von allen Männern in eine handzahme und eine hexische Hälfte gespalten, die im Blocksberg einerseits und im Hörselberg andererseits ... es ist unmöglich, mehr als einen entfernten Eindruck von diesem bunten Riesenteppich zu geben, den Morgner vor ihren Lesern entrollt. In einem Aufsatz habe ich versucht, die Fülle auszubreiten und zu gliedern und dabei als Zwischentitel ausschließlich Schlegels Merkmale der »progressiven Universalpoesie« verwandt. Die von Bachtin an Rabelais demonstrierte Lachkultur, die kirchliche Autorität und scholastische Gelehrsamkeit verspottet, wird gut 400 Jahre später neu belebt, um ein ähnlich unfehlbares wie doktrinäres System ad absurdum zu führen.

Letztlich scheitern Autorin, Trobadora und Spielfrau an diesem System – Morgner schnürt ihr Notizenbündel unter dem Titel »Amanda 2« als Nachlass zu Lebzeiten zusammen, der 1998 in einer Leseausgabe als *Das heroische Testament* von ihrem Lebensgefährten Rudolf Bussmann vorbildlich ediert wird. Dessen einziges erkennbares und in diversen Varianten durchgespieltes durchgehendes Thema ist die Schöpfung des neuen Menschen aus der Rippe einer Frau. Eine solche Utopie ist natürlich der des berühmten sozialistischen »Neuen Menschen« wie dem westlichen »homo oeconomicus« radikal entgegengesetzt – Morgners im apokalyptischen Sinne »neuer Mensch« eines Äonenumbruchs ist aus der Bemerkung einer Sachbearbeiterin in der »Kommunalen Wohnungsverwaltung« hervorgegangen, als sie einer alleinstehenden Frau eine Zweizimmerwohnung »für die Frau in mir und für den Mann in mir« verweigert: »Wennse keen Mann ham, müssense sich embd een ausn Rippen schneidn.«« Die drastische Alltagswendung wird zum utopischen Schöpfungsbericht des neuen androgynen Menschen, um den es in der *Trobadora*-Trilogie im Letzten geht. Die großen Themen der Trilogie enden somit gut biblisch in der Apokalypse: Hero, so der Name der neuen Morgner'schen Urmutter, »schneidet sich Zukunft/Hoffnung/Liebe – die Insel, auf der sie steht – aus den Rippen«. Ihr Vermächtnis wird zum dritten, dem apokalyptischen Buch der Trilogie, eben *Das heroische Testament*.

Die aktuelle Wertung Morgners als DDR-Autorin eines 70er-Jahre-Feminismus, wie sie etwa der aktuelle Wikipedia-Artikel widerspiegelt, verfehlt ihren wirklichen Rang zur Gänze: Offensichtlich ist eine neue, umfassendere Lesart des Morgner'schen Hauptwerkes zu seiner Rettung im öffentlichen Bewusstsein erforderlich. So wenig wie Heinrich Manns *Untertan* obsolet geworden ist, nur weil der Wilhelminismus seit einhundert Jahren untergegangen ist, oder Peter Weiss' *Ästhetik des Widerstands* durch das Ende einer marxistisch bestimmten Arbeiterbewegung plötzlich antiquiert wäre, so wenig schmälert auch das Ende der DDR und das derzeitige öffentliche Desinteresse an einem kämpferischen Feminismus den Rang des Morgner'schen Werks als eines »transzendental poetischen«, diesmal weiblichen »Faust, III. Teil« mitsamt seiner Utopie eines neuen, in Goethes späten Werken vorverkündeten androgynen Menschen.

Günter de Bruyn (geb. 1926)

Als dritter innovativer Autor der DDR sei Günter de Bruyn genannt, dessen auch in Westdeutschland sehr erfolgreicher Roman *Buridans Esel* (1968) nicht nur das erste Buch über die später als Thema so beliebte »midlife crisis« ist, sondern auch der erste postmoderne Liebesroman. Was der Literaturwissenschaftler Erich Segal (1937–2010) kurze Zeit später mit *Love Story* (1970) mit viel Aplomb, doch letztlich trivial versucht, die Rückgewinnung der seit Tolstois *Anna Karenina* verpönten großen Liebesgeschichte – de Bruyn gelingt es auf höchstem Niveau. Er bedient sich einer an dem von ihm verehrten (und in einem biographischen Roman porträtierten) Jean Paul geschulten auktorialen Erzählhaltung, die sich ständig selbst kommentiert – Schlegels »transzendental« – und darlegt, warum man keine Liebesgeschichten mehr schreiben kann: weil alles gesagt ist, weil die Welt längst Text ist. Deshalb sind seine großen Liebenden ein Bibliotheksleiter und seine Praktikantin, und was sie auch in ihren Liebesekstasen stöhnen und stammeln, ist aufgrund ihrer Belesenheit »nur Ersatz […], Notbehelf, Andeutung, von Homer, Walther, Goethe, Rilke, Hemingway verbraucht, von Filmhelden und Schlagersängern verschlissen, Zitate, Zitate, sie brauchten eine neue Sprache – aber selbst das zu denken, zu sagen war schon Klischee, Schablone, zweiter Aufguß, ließ sie verzweifeln […]«. Und doch folgen mehrere Seiten Gestammel und Geflüster – eine Textcollage de Bruyns, bei deren Fragmenten bisweilen »nur einer […] sich des Zitats bewusst« war.

Das Erlebnis des Krieges im Roman in der Bundesrepublik

Auch in westdeutschen Romanen fanden die erzählerischen Techniken und typischen Themen aus Kaiserreich, Weimarer Republik und Exil ihre Pfleger und Fortsetzer – auffallend ist dabei allerdings das nahezu völlige Fehlen des Themas »Zweiter Weltkrieg« im Nachkriegsroman. Eine Ausnahme bildet der von Theodor Plievier noch im Krieg begonnene und bereits 1945 erschienene Riesenroman *Stalingrad*, den der Autor in den nächsten Jahren mit *Moskau* (1952) und *Berlin* (1954) zu einer vielgelesenen Trilogie des Ostfeldzugs ausbaute. Im Kontrast dazu war der alliierte Luftkrieg gegen das Reich, aber auch die Leiden des einfachen Soldaten in Krieg und Kriegsgefangenschaft durchaus zentrales Thema der unmittelbaren Nachkriegsliteratur als »Trümmerliteratur«, wie der gängige Begriff lautete – die 1999 in *Luftkrieg und Literatur* vorgetragene These des selbst als Autor hervorgetretenen Germanisten W. G. Sebald (1944–2001), die deutschen Opfer seien verdrängt worden, ist schlechthin unverständlich und entbehrt jeder Grundlage. Wenn in West- wie Ostdeutschland etwas für etwa zwei bis drei Jahrzehnte verdrängt

wurde, so waren es die deutschen Verbrechen in den Vernich-
tungslagern und in den besetzten Ländern. Offensichtlich ent-
zog sich das geballte Kriegsgeschehen aus fünfzweidrittel
Kriegsjahren mit Fronten von Frankreich über Belgien, die Niederlande, Skandinavien, Polen, die Sowjetunion, den Balkan und
Griechenland bis Nordafrika, an dessen Ende eine europäische
Kernlandschaft vom Rhein bis zur Wolga zur Trümmerwüste
geworden war, während im deutschen Namen zugleich die un-
ermesslichsten und ungeheuerlichsten Verbrechen der gesamten Menschheitsgeschichte verübt wurden, die erst jetzt in ihrem
ganzen Ausmaß ans Licht kamen, einer zusammenhängenden
Darstellung in einem traditionellen, etwa auktorial-multiperso-
nalen Roman. »Wer in Stalingrad etwas sah, Aktenvermerke
schrieb, Nachrichten durchgab, Quellen schuf, stützte sich auf
das, was zwei Augen sehen können. Ein Unglück, das eine Maschinerie von 300 000 Menschen betrifft, ist nicht so zu erfassen.«
Was Alexander Kluge in seiner *Schlachtbeschreibung* 1964 schreibt,
gilt rein numerisch vertausendfacht, wenn etwa 300 Millionen
Menschen betroffen sind. In exakter Entsprechung zu dieser
schlechthin universalen Erfahrung wurde die sozusagen auf
Schnappschüsse und Momentaufnahmen fixierte Kurzgeschichte, wie sie zwischen den Kriegen vor allem in den USA entstanden war, zur alles dominierenden Gattung für die literarische
Gestaltung von Erlebnissen aus dem Alltag des Krieges. Die
Sprache war eben die dieses Alltags bis hin zum Jargon. Für den
heutigen Leser wirkt deshalb etwa der Stil des berühmtesten
Vertreters dieser ganz spezifischen Nachkriegsprosa, Wolfgang
Borchert (1921–1947), auf eine völlig unpathetische Weise äußerst
pathetisch. Ihm, der schwer erkrankt aus einem für ihn abwech-
selnd aus Fronteinsatz, Lazarett, Strafkompanie und Haftzeiten
bestehenden Weltkrieg zurückgekommen war, blieben knappe
zweieinhalb Jahre zum Schreiben, um seinen Ruhm bis heute zu
begründen. Auch die eng verwandten Arbeiten der Kriegsteil-
nehmer Heinrich Böll, Hans Bender oder des DDR-Autors Erich
Loest – die den gleichzeitigen Heinrich Bölls zum Verwechseln
ähnlich sehen – sind bis heute lebendig geblieben.

In den seltenen Fällen, in denen für die Gestaltung des Kriegs-
erlebnisses oder der Kriegserlebnisse zu größeren Formen ge-
griffen wurde wie in Wolfgang Borcherts Chef d'Œuvre, dem
Drama *Draußen vor der Tür* (1947 erst als Hörspiel im NWDR,

dann in den Hamburger Kammerspielen uraufgeführt), stehen sie der Kurzgeschichte nahe: Borcherts Stück besteht aus einer Folge nahezu selbstständiger kurzer Einzelszenen um die zentrale Gestalt des Heimkehrers Beckmann, so wie Heinrich Bölls erster seinerzeit erschienener Roman *Wo warst du, Adam?* (1951) eine Collage aus neun Episoden auf dem Weg des Oberleutnants Feinhals durch die Sinnlosigkeit und die Gräuel des Kriegs bildet; Feinhals selbst stirbt im letzten Absatz durch eine deutsche Granate, wie überhaupt auffallend viele deutsche Soldaten bei Böll von deutscher Hand sterben.

Sieht man von dem Sonderfall Plievier (s. dazu S. 128 f.) ab, fanden lediglich zwei Kriegsromane, beide wie die Kurzgeschichten von aktiven Kriegsteilnehmern verfasst, in der frühen Nachkriegszeit kritische Aufmerksamkeit, *Die sterbende Jagd* (1953) vom ehemaligen Jagdflieger Gerd Gaiser (1908–1976) und *Nichts in Sicht* (1954) vom Berufsoffizier der Kriegsmarine Jens Rehn (1918–1983). Bei Gaiser bestand die Pikanterie darin, dass er den im Ersten Weltkrieg entstandenen und propagandistisch ausgebeuteten Mythos vom Rittertum der Kampfflieger schon 1941 in einem Gedichtband *Reiter am Himmel* erfolgreich gefeiert hatte, um ihn jetzt in der Bundesrepublik in einem Roman über den heldenhaften Untergang der deutschen Luftwaffe wieder auferstehen zu lassen, was den Beifall konservativer und persönlich NS-verstrickter Kritiker wie Hans Egon Holthusen und Friedrich Sieburg fand und zugleich auf den scharfen Widerstand etwa von Marcel Reich-Ranicki stieß.

Jens Rehns *Nichts in Sicht* gestaltet die letzten Tage zweier in einem Schlauchboot irgendwo im Atlantik treibender abgeschossener Piloten, eines verwundeten und bald sterbenden Engländers und eines Deutschen, um im letzten Satz hinterm Horizont »über die Kimm« wie ins Nichts zu »entschwinden«. Gottfried Benn inspirierte dieses Werk eines nihilistischen Existenzialismus wie eines existenziellen Nihilismus als Antwort auf den Zweiten Weltkrieg spontan zu einem 1956 im Südwestfunk gesendeten Funkessay zu Rehns Buch, und Marcel Reich-Ranicki pries es noch am 6. Januar 1983 in der *FAZ* als »Parabel von hoher Anschaulichkeit und Suggestivität« und als »ein zeitgeschichtliches und ein künstlerisches Dokument«.

Eine Sonderstellung nimmt Alfred Andersch durch sein stark autobiographisches Erstlingswerk *Die Kirschen der Freiheit* (1952) ein – ein Kriegsroman als Roman einer Desertion, in der, an den Stationen von Anderschs Leben entlang erzählt, dieser traditionelle Entwicklungsroman gipfelt: Nach der Kindheit in einem rechtsradikal geprägten Elternhaus in den Zwanzigerjahren, einer anschließenden ästhetizistischen, danach einer orthodox marxistisch-leninistischen Phase und schließlich der Einberufung zur Wehrmacht als Schicksal seiner Generation wird der Entschluss zur »Entfernung von der Truppe« an der italienischen Front mit unvermeidlicher amerikanischer Kriegsgefangenschaft für den Ich-Erzähler (und seinen Autor) zum Durchbruch zu einer existenzialistischen Freiheit von allen vorgeformten Bindungen und Ideologien. (Im Lager in den USA trifft Andersch dann auf Hans Werner Richter und die beiden organisieren erst den Literaturbetrieb im Lager, dann eine Lagerzeitschrift, dann unter amerikanischer Lizenz den *Ruf* und dann die deutsche Nachkriegsliteratur als »Gruppe 47« – aber das ist Geschichte.)

Ein Tagebucheintrag von André Gide vom 11. Mai 1941 »Ich baue nur noch auf die Deserteure« steht als Motto vor den *Kirschen der Freiheit* und könnte so vor dem Gesamtwerk von Andersch stehen. Die Desertion aus der selbstverschuldeten Unmündigkeit jeglicher Couleur wird für ihn zu einer auf den 7. Juni 1944 datierbaren Grunderfahrung. Sie prägt seinen Roman *Sansibar oder der letzte Grund* (1957), in dem die Deutschen im Jahre 1937 allein damit beschäftigt zu sein scheinen, eine schöne, naive junge Jüdin und ein »entartetes« Kunstwerk aus Nazi-Deutschland zu retten, Ernst Barlachs *Lesenden Klosterschüler*, der für Andersch die vollkommene Gestaltung der Synthese aus absoluter Hingabe an ein Tun unter gleichzeitiger vollkommener Wahrung der existenziellen Freiheit ist. Die »Nazis« erscheinen im Buch nur als »die Anderen«. Günter Grass hat mir einmal erzählt, wie er Andersch unmittelbar nach Erscheinen gefragt habe, wer die »Anderen« wohl seien. »Nun, die Nazis natürlich«, habe Andersch wie selbstverständlich erklärt. »Nein – die Deutschen waren die Nazis und die Nazis die Deutschen«, habe Grass aus seinen eigenen Erfahrungen heraus schroff entgegnet.

Andersch hat seine persönliche Erfahrung später noch einmal in einem großen Kriegsroman als Sandkastenspiel einer großen Desertion gestaltet, 1974 in *Winterspelt*. Bei einem fiktiven Dorf dieses realen Namens in der Westeifel stehen sich im

Herbst 1944 deutsche und amerikanische Verbände gegenüber und der deutsche Abschnittskommandeur spielt und taktiert damit, in der längst aussichtslosen Kriegslage die von ihm befehligte Kompanie kampflos zum Feind überzuführen. In diesen bereits recht vielfädigen zentralen Erzählstrang sind in multipersonaler Erzähltechnik noch zahlreiche Nebenhandlungen verflochten, so die Rettung eines von der Beschlagnahmung bedrohten musealen Werks von Paul Klee und die drohende Verhaftung eines wegen homosexueller Handlungen denunzierten Obergefreiten. Es kommt anders, da der Major von einem Tag auf den anderen schlicht versetzt wird. Die ihm bislang anvertrauten Truppen werden in der berüchtigten Ardennenoffensive verheizt und ihre US-Gegner gehen der »Schlacht im Hürtgenwald« entgegen, mit amerikanischen Verlusten wie sonst nur noch im gesamten Vietnamkrieg.

In dieses Vakuum, das das weitgehende Fehlen einer von Kritikern akzeptierten Kriegsdichtung schuf, strömten Scharen von sogenannten Trivialautoren, die gerade mit ihren Kriegsbüchern zu den auflagenstärksten Nachkriegsautoren wurden, Namen wie Josef Martin Bauer (1901–1970), der seine Kriegsbücher aus der NS-Propagandakompanie schlicht recycelte, Will Berthold (1924–2000) oder Heinz G. Konsalik (1921–1999) bis hin zu den Heften *Der Landser*, einer von 1957 bis 2013 wöchentlich erscheinenden Reihe von Heftromanen mit »Erlebnisberichten zur Geschichte des Zweiten Weltkrieges«.

Unter den kanonischen Autoren ragt Kurt Vonnegut heraus mit *Slaughterhouse-Five, or The Children's Crusade: A Duty-Dance with Death* (1969), einem der wenigen US-Romane über die amerikanische Front in Europa und in meinen Augen einem der größten Kriegsromane überhaupt. Vonnegut gestaltet Selbsterlebtes, wie Heinrich Böll, Wolfgang Borchert oder Hans Bender, und schildert in deren Tradition den Krieg als sinnloses Herumstolpern einiger versprengter GIs in der deutschen Ardennenoffensive, bis schließlich Vonneguts simplicianischer Held als Kriegsgefangener den Tod von Dresden ausgerechnet im ehemaligen Schlachthof der Stadt erlebt.

Erst George Littell kann in *Les Bienveillantes* (2006; *Die Wohlmeinenden*, 2008) nach Scotts Rezept in *Waverley oder 's ist sechzig Jahre her* (s. S. 94) und nach dem erzählerischen Muster Grimmelshausens seinen pikarischen Helden einer befremdeten

Nachwelt von seinen Verstrickungen in die SS, von Kampfein-
sätzen an der Ostfront vom Kaukasus über Stalingrad bis zum
Endkampf in Berlin ebenso wie von den Stationen der Judenver-
nichtung von Babi Jar bis Auschwitz so emotionslos wie erschöpfend Bericht erstatten lassen.

DIE GESELLSCHAFT DER BUNDESREPUBLIK IM ROMAN

Wolfgang Koeppens (1906–1996) vielgerühmte Nachkriegstrilo-
gie, *Tauben im Gras* (1951), *Das Treibhaus* (1953), *Tod in Rom* (1954),
variiert die traditionellen Erzähltechniken einer auktorialen wie
multipersonalen Perspektive, wobei der erste Roman noch am
stärksten für Seiteneinflüsse der experimentellen Moderne bei
Joyce und Dos Passos offen ist: Er gestaltet in einem Reigen Innerer Monologe und Erzählfragmente das Simultangeschehen
eines Tages im Jahre 1948 im amerikanisch besetzten München.
Der zweite Roman erzählt personal das Scheitern des idealistischen oppositionellen Bundestagsabgeordneten Keetenheuve
am Pragmatismus einer restaurativen Politik. Der dritte Roman
gestaltet das Treffen einer Familie hoher, bereits wieder erfolgreich politisch tätiger Nazis mit ihrem untergetauchten Schwager, der biographische Züge Martin Bormanns trägt und sein
Wiederauftreten in der BRD vorbereitet. Das multipersonale Erzählen ist dabei auf dem technischen Stand von Vicki Baums
Menschen im Hotel von 1929.

Auch Alfred Anderschs (1914–1980) Roman über eine Aktion
des individuell, kirchlich und kommunistisch inspirierten Wi-
derstandes im »Dritten Reich«, *Sansibar oder der letzte Grund*
(1957), stellt eine Variation der konventionellen Erzähltechnik
dar, wenn auch hier, wie bei Koeppens *Tauben im Gras*, eine größere Nähe zur Bewusstseinsdarstellung der Moderne zu beobachten ist.

Ernst von Salomon: *Der Fragebogen*

Der heute fast vergessene Ernst von Salomon (1902–1972) nimmt
insofern in der Literaturszene der frühen Nachkriegszeit eine besondere Stellung ein, als dass er mit *Der Fragebogen* 1951 den bei

Weitem erfolgreichsten Roman dieser Zeit verfasste, der auch im Ausland rezipiert wurde und vor allem in Frankreich große Verbreitung fand. Diese Sonderstellung verdankte sein Autor der Tatsache, dass er, ohne je einer der zahllosen NS-Organisationen angehört zu haben, unangefochten und unanfechtbar durchs »Dritte Reich« gekommen war – im titelgebenden amerikanischen Fragebogen zur Entnazifizierung kreuzte er als einzige von weit über 40 möglicherweise belastenden Mitgliedschaften »Reichsschrifttumskammer«, »Freiwillige Feuerwehr Kampen/Sylt (Passives Mitglied)« und »Reichsluftschutzbund« an. In der Weimarer Republik mit mehrjährigen Zuchthausstrafen wegen Beihilfe zur Ermordung Walther Rathenaus, des Lieblingsjuden der deutschen Antisemiten, und wegen eines Fememords bestraft, mit unermüdlicher Tätigkeit in allen möglichen Freicorps der frühen »Systemzeit« und reicher propagandistischer Publikationstätigkeit zu diesem Komplex war von Salomon so unangreifbar, dass er sich eine gewisse Distanz zum eigentlichen Parteibetrieb aus einer elitär rechtskonservativen Position heraus problemlos leisten konnte. Im *Geheimreport*, den Carl Zuckmayer 1943/44 im Exil für das amerikanische Office of Strategic Services (OSS) zur Literatur- und Theaterszene in Nazi-Deutschland verfasste, nennt er von Salomon entsprechend einen »nicht ohne weiteres einzuordnenden Sonderfall«. »Durch Freundschaften und Beziehungen zu Intellektuellen für die Nazis verdorben und leise verdächtig«, sei »sein menschliches Niveau […] zu gut« gewesen, »um sich ins Nazitum abbiegen zu lassen«. Das »leise Verdächtige« verhinderte aber keineswegs, dass er unter Frage 119 für die Jahre 1933 bis 1945 Einkünfte als Schriftsteller und vor allem Drehbuchautor auch von Propagandafilmen »von ca. 3 000 bis ca. 60 000 RM« eintragen konnte. Von ferne Ernst Jünger vergleichbar, gelang es ihm so, aus derselben vornehm tuenden inneren rechtskonservativen Opposition heraus vor wie nach 1945 gleich erfolgreich zu sein, auch wieder als Drehbuchautor, u. a. von *Liane – das Mädchen aus dem Urwald* (1956).

Es sagt viel über das heute meist verdrängte kulturelle und politische Klima in der BRD in den 1950er-Jahren, dass von Salomons autobiographischer Roman *Der Fragebogen* zum bei Weitem erfolgreichsten Roman der frühen Nachkriegszeit werden konnte. Entlang den 131 Fragen des Entnazifizierungsbogens auf Deutsch und Englisch, erweitert durch eine abschließende Ge-

legenheit zu »Remarks«, breitet der Verfasser auf fast 600 engbe-
druckten Seiten der zu Hunderttausenden verkauften rororo-Ta-
schenbuchausgabe sein Leben aus, durchgehend mit ironischer
Distanz zu den schematischen und bisweilen grobschlächtigen
Fragen, die von Salomon dann Punkt für Punkt differenziert
und mit bisweilen überdosierter, süffisanter Brillanz im Beantworten auseinandernimmt. So entsteht ein Buch von ungeheu-
rer Informationsdichte zur deutschen Geschichte der Jahre 1914
bis 1946, eminent lesbar, aber mit der durchgehenden Einstellung eines »Ich kann alles erklären« – und das von einer sich
menschlich und kulturell überlegen gebenden Warte aus. Es ist
die Haltung des Kölner Karnevalsliedes von Karl Berbuer aus
dem Jahre 1948 *Wir sind die Eingeborenen von Trizonesien*, das bisweilen bis 1949 als Ersatznationalhymne gedient hat, mit der
halbwahren Versicherung: »Wir sind [...] keine Menschenfres-
ser« – Ein altes Kulturvolk sollte mit der »reeducation« koloni-
siert werden; das Extrem der Judenmorde wurde durchaus be-
dauert, aber manche Berichte auch als übertrieben hingestellt
und das Verbrechen eines von Deutschland entfesselten Kriegs
wurde im Verhältnis 1:1 gegen die Verbrechen an den Deutschen
in Bombenkrieg und Vertreibung und die angeblichen Gräuel in
den Kriegsgefangenlagern aufgerechnet – von Salomon schließt
seinen Roman mit seiner erwiesenermaßen frei erfundenen Fol-
terung im amerikanischen Gewahrsam. Für den Häftling, der
den nächtlichen Zapfenstreich anpfeifen muss, dichtet er einen
»Nachtwächter-Ruf«; er schließt: »Und macht in Eurem Nacht-
gedenken / Platz auf Euren Bußebänken / Für die andern Men-
schenfresser: / Amerika ist auch nicht besser!«

Mutatis mutandis lässt sich von Salomons *Fragebogen* vor allem literatursoziologisch als Trostbuch für die sich mit den deutschen Niederlagen Identifizierenden dem monumentalen konservativen Romanerfolg Hans Grimms, *Volk ohne Raum* (1926),
nach dem Ersten Weltkrieg an die Seite stellen, der, ohne der engen »Heimatkunst« zu verfallen, in rechten Kreisen als Gegen-
gewicht zur herrschenden, eher linksliberalen Literatur der Weimarer Republik empfunden wurde. Immerhin erwies er sich
durch den Lebenslauf des Helden Cornelius Friebott vom We-
serbergland über das Ruhrgebiet und England nach Südafrika
und das damalige »Deutsch-Südwest« als überraschend welthal-
tig und führt in seinen Stillagen von der Heimatkunst der We-

serbergland-Passagen im ersten Buch, »Heimat und Enge«, zu Versuchen in moderner Mehrstimmigkeit im vierten Buch, in dem der Autor als Schriftsteller Hans Grimm selbst seinen Figuren begegnet und seine Entwicklung ins eigene Buch einschreibt, um ab dann die Rollen zu teilen: Cornelius Friebott, aus Afrika vertrieben, aber durch das dort verbliebene Vermögen unabhängig, wird zum Wanderprediger für Grimms Utopie einer weltweiten Ansiedlung der Deutschen nach englischem Vorbild in einem »deutschen Ausland« auf allen Kontinenten, während Hans Grimm Friebotts Geschichte aufzuschreiben beginnt. Der plakative Titel wurde ohne jeden Bezug auf Grimms Inhalte zum Schlagwort für die nationalsozialistischen Pläne einer gewaltsamen Unterwerfung und Kolonisation des europäischen Ostens, während Grimms politische Botschaft, Deutschland müsse wieder Kolonialmacht werden, schon bei Erscheinen obsolet war. Ernst von Salomon zählte in den 1930er-Jahren zu den Gästen der von Grimm seit 1934 jährlich veranstalteten »Lippoldsberger Dichtertreffen« rechtskonservativer Autoren und hat eines davon in *Der Fragebogen* geschildert.

Heinrich Böll (1917–1985)

Neben von Salomo als Sonderfall eines unbelehrbaren Revisionisten war Heinrich Böll mit Best- und Steadysellern der erfolgreichste Autor von Gesellschaftsromanen in der frühen Bundesrepublik; sein Werk wurde 1972 sogar mit dem Nobelpreis gekrönt. Böll gehörte zum gar nicht selten vertretenen Typ des literarisch wenig avantgardistischen, dafür aber weltweit gelesenen Nobelpreisträgers, zu dem auch Selma Lagerlöf, John Galsworthy, Pearl S. Buck oder John Steinbeck zählen.

Seine alle Kontinente, Kulturen und gesellschaftlichen Systeme übergreifende Leserschaft verdankt Böll gerade dem Festhalten an den Techniken des konventionellen Gesellschaftsromans: Böll hat wiederholt betont, er könne nur Liebesgeschichten schreiben, und als Handlungszeit käme nur seine jeweilige Gegenwart in Frage, denn weder der Historische Roman noch Science Fiction lägen ihm. Dass diese Liebesgeschichten ausnahmslos tragisch endeten, liege dann an der jeweiligen Zeit (und am Glücksverbot der Moderne – s. S. 115).

Die frühesten bislang veröffentlichten Böll-Romane, sieht man von den im Band I der Werkausgabe publizierten Versuchen des Abiturienten ab, die Kriegsromane *Kreuz ohne Liebe* und *Der Engel schwieg* lassen die Liebe noch als Utopie vor dem Hintergrund einer vom Liebesverrat der NS- und Kriegszeit und des heraufziehenden Materialismus der Nachkriegszeit aufscheinen: *Kreuz ohne Liebe,* gemeint ist die Swastika der Nazis, erzählt anhand weniger Einzelfiguren von der Zeit kurz vor dem Krieg bis nach dessen Ende und schließt mit der Hoffnung, dass das am Tag des Kriegsbeginns getraute und seitdem getrennte Liebespaar sich wiederfinden wird. Böll schrieb den Text von Juli 1946 bis März 1947; veröffentlicht wurde er 2002 im Rahmen der Werkausgabe.

Zuvor war 1992 der 1949/50 geschriebene Roman *Der Engel schwieg* als erstes Werk aus dem Nachlass veröffentlicht worden: Neben der Böll-typisch durch den Kriegstod des geliebten Mannes »geschiedenen« Ehe der Frau Gumpertz hat die Liebesbeziehung der Protagonisten trotz oder gerade wegen der Misere der Stunde Null noch am ehesten eine Chance. Bereits Bölls zweites Paar kann seine tiefe und echte Liebe in einer von Nachkriegselend und von einer rein materialistischen Restauration gleichermaßen geprägten Gesellschaft nicht leben (*Und sagte kein einziges Wort,* 1953), während *Haus ohne Hüter* (1954) Frauen zeigt, die der Verlust ihrer großen Liebe im Krieg unfähig zu einem emotionalen Neuanfang macht. In Bölls großem Familienroman *Billard um halbzehn* (1959) scheitert die Ehe der Großeltern Fähmel am Ersten Weltkrieg, die des Sohnes am Zweiten; ob die Liebe in der Enkelgeneration unter den restaurativen Tendenzen einen Platz finden wird, bleibt offen.

Von *Der Engel schwieg* bis zu *Fürsorgliche Belagerung* (1979), in dem die Lieben und Ehen an den nur durch möglichst perfekte Überwachung zu sichernden spätkapitalistischen Zuständen scheitern, ist Bölls Regelerzähltechnik das multipersonale Erzählen, das im letzten Buch, dem wohl unvollendeten *Frauen vor Flußlandschaft* (1985) in der vorliegenden Form zum szenisch erzählten Dialogroman mutiert. Einzig die *Ansichten eines Clowns* (1963) sind als extrem personale Ich-Erzählung an der Grenze zum Inneren Monolog gestaltet; während in *Gruppenbild mit Dame* (1971) und *Katharina Blum* (1974) ein nahezu auktorialer Ich-Erzähler das Geschehen um Katharina bzw. die rätselhafte Persönlichkeit der Leni Gruyten als »Verf.« recherchiert. Dieses Fortschreiben konventioneller Erzählverfahren trug wohl zu Bölls außergewöhnlichem Erfolg etwa in Polen oder der Sowjetunion bei. Keine seiner Erzähltechniken galt im sozialistischen Lager als »formalistisch«, alle waren sie im Rahmen des Sozialistischen Realismus legitimiert. Einzig die »unhappy endings« waren ungewohnt, entsprachen aber gerade dadurch der offiziellen DDR-Kritik an Krieg und Spätkapitalismus als den wahren Schuldigen am scheinbar individuellen Scheitern.

Martin Walser (geb. 1927)

Seit dem Roman *Ehen in Philippsburg* (1957) und vor allem nach seinem Hauptwerk *Halbzeit* (1960) gilt Walser als der eigentliche Romancier der deutschen Gegenwart, der Chronist der Bundesrepublik, der diesen Ruf mit meist im Zweijahresrhythmus vorgelegten Romanen immer wieder festigt. Seine bevorzugte Erzähltechnik ist dabei das personale Erzählen in der ersten (z. B. *Halbzeit*) oder dritten Person (z. B. *Das Schwanenhaus*). Über diese Erzählform bei Franz Kafka hat Walser 1951 bei Friedrich Beißner (s. S. 144) promoviert, und er handhabt sie in allen Varianten äußerst souverän.

In dem Roman *Halbzeit* gibt es in der personalen Ich-Erzählung des Helden Anselm Kristlein, die etwa ein Jahr im Leben des Mittdreißigers umfasst, anders als bei Kafka eine Erzählfiktion: Mit seinen Aufzeichnungen will der Erzähler eine Art Gewissheit über sein Leben gewinnen, die ihm sonst fehlt – im zweiten Band der Kristlein-Trilogie, *Das Einhorn* (1966) begegnet er uns dann auch als Schriftsteller wieder. Im ersten Band ist er nach einem abgebrochenen Germanistikstudium Vertreter, wie schon sein erfolgloser Vater, und damit eine typisch Walser'sche Existenz: Er lebt sein Leben nicht, er vertritt sich nur, darf nie er selber sein, sondern übt ständig »Mimikry«, wie das erste Kapitel von fast 300 Seiten heißt – natürlich lässt Arthur Millers *Tod eines Handlungsreisenden* (1949) grüßen.

Auch in der Liebe ist Anselm nur Vertreter. Der von der ersten bis zur letzten Szene in seiner Ehe Gefangene »verkauft« dennoch »immer wieder« anderen Frauen, was »ihm schon längst nicht mehr gehörte«. Doch dann kann er »die himmlischen

Wechsel [...] nicht einlösen«, ihm »fehlt einfach das tägliche Kleingeld«; er lebt in jeder Beziehung »vom Zusammenkratzen von Vorschüssen auf eine Zukunft, für deren Beginn Du immer wieder um Aufschub bitten mußt«. Von Vorbildern von Cervantes über Sterne bis zu Thomas Mann übernimmt Walser das Spiel von Erzählzeit und erzählter Zeit: Der ganze »Erste Teil« schildert auf 370 Seiten einen einzigen, im Grunde leeren Tag. Das zweite Kapitel des »Zweiten Teils« heißt »Ein Festtag zieht sich hin« – in der Tat auf mehr als hundert Seiten. Kristlein ist vom erfolglosen Vertreter zum Werbetexter mutiert, der an einem aus den USA stammenden Projekt zur künstlichen Alterung von Produkten arbeitet, damit man den Leuten immer Neues und Sinnloseres verkaufen kann, und der Festtag gilt dem 60. Geburtstag und der Ehrenpromotion seines Chefs. Der Empfang wird zum Kampf aller gegen alle, um Aufmerksamkeit, Anerkennung, Lob durch den Chef – die einstigen Weltkriegskämpfe im Kaukasus haben sich in nicht minder gnadenlose »Erotikintrigen, in Wirtschaftskämpfe, Salonkämpfe, Kulturkämpfe« verwandelt, wie Walser sich selbst einmal kommentierte. Das Berufsleben im gnadenlosen Existenzkampf und Konsumterror des Kapitalismus ist das von Millers Handlungsreisenden, das Privatleben das aus Edward Albees Schauspiel *Wer hat Angst vor Virginia Woolf?*, eben *Eine Zimmerschlacht* – so der Titel von Walsers Albee-Variation. In der Erzählung *Brandung* hat Walser diesen Kampf aller gegen alle bis aufs Messer ins kalifornische Universitätsmilieu verlegt.

Man hat Walsers Romane aus der Arbeitswelt eine »Kette von Leidensprotokollen« genannt und den Autor selbst den Porträtisten der »leidenden Angestellten«. Damit schreibt Walser in Schillers Begrifflichkeit »strafende Satiren«, die allein die Mängel aufzeigen: So ist es, aber so sollte es nicht sein. Lediglich zwei Auswege hat Walser episch erprobt: 1972 ließ er seinen Helden Gallistl in *Die Gallistlsche Krankheit* aus dem wölfischen Kapitalismus aussteigen und wahren Frieden und echte Freunde in der DKP finden. In der Novelle *Ein fliehendes Pferd* (1978) hat der Protagonist Helmut Halm mit seiner Frau ein Glück im Winkel aufgebaut, das es gegen seinen Jugendfreund Buch als verlogenen Repräsentanten der Leistungsgesellschaft zu verteidigen gilt.

Der Experimentalroman in der Bundesrepublik

Arno Schmidt (1914–1979)

Stärker noch als der Doktor der Philosophie Robert Musil oder der promovierte Literaturwissenschaftler Martin Walser war Arno Schmidt in der deutschen Nachkriegsliteratur der *poeta doctus*, ›der gelehrte Dichter‹, schlechthin. Seit seinem vierten Lebensjahr war er ein manischer Leser, der ein reines Sekundärleben in seinen angehäuften Bücherschätzen führte: »Vielleicht *bin* ich von Mutter Natur ausdrücklich als 1 Gefäß für Worte angelegt«, sagt der mit zahllosen Schmidt-Biographica ausgestattete Ich-Erzähler in *KAFF auch Mare Crisium* (1960). Sein Leben verbrachte Arno Schmidt meist in kleinen Orten abseits des Literaturbetriebs; von 1958 bis zu seinem Tod lebte er in einem winzigen, mit Büchern und Zettelkästen für Notate und Exzerpte vollgestopften Haus in Bargfeld in der Lüneburger Heide.

Seit seinem monumentalen Jugendwerk über den mit seinen Hauptwerken als Trivialromantiker abgewerteten Friedrich de la Motte-Fouqué galt Schmidts Interesse vor allem dem Entlegenen, ja Vergessenen. In seinen von Alfred Andersch initiierten Funk-Essays wurde Schmidt so zum großen Umwerter der westlichen Literatur, voll Hass und Verachtung für die »Akkademicker«, die allesamt das nicht leisteten, was er in unbezahlter hundertstündiger Arbeit pro Woche an ihrer Stelle tun müsse. Lieblingsausgrabungen von Schmidt wurden in der Folgezeit in Reihen wie den *Haidnischen Alterthümern* publiziert.

In ähnlichem Sinne wurde Schmidt auch als Vermittler zwischen den Sprachen tätig: Nicht nur aus Honorargründen übersetzte er in Deutschland unbekanntere Werke von Cooper, Bulwer-Lytton oder auch Klassiker von Wilkie Collins. Eine von ihm initiierte Poe-Übersetzung sollte erstmals den Autor adäquat auf Deutsch wiedergeben; seine dabei entwickelte Theorie eines historisch eingefärbten Übersetzens befremdet in den Ergebnissen schon bei ihm; bei minder begabten Nachtretern wirkte sie sich oft katastrophal aus. Seine Lesefrüchte sammelte er wie Jean Paul in Zettelkästen, die er dann in seine Prosawerke schüttete.

Auf James Joyce gestützt – *KAFF auch Mare Crisium* nennt gleich zu Beginn in markierter Intertextualität den vom Helden ständig mitgeführten Penguin-Band *The Essential James Joyce* – setzt er vor allem die Technik des Inneren Monologs ein, die er mit der personalen Ich-Erzählung verbindet (s. S. 111 f.). Joyce, vor allem dessen letztem Werk *Finnegans Wake*, aber auch Wortwitzen Fischarts oder Sternes im *Tristram Shandy* (s. S. 26 f., S. 64 f.) verdankt Schmidt seine phonetische Schreibweise, in der etwa »nächtlicher Regenfall« zu »nächtlichem regen-Phall« und, gemünzt auf Bayern, »Faszination« zu »Fass-zieh-Nazion« wird. Solche buchstäblich in jedem Satz begegnenden Doppel- und vor allem Zweideutigkeiten rechtfertigte er mit seiner »Etym«-Theorie, nach der wir vor allem beim Hören ständig auf Homonymie beruhende Assoziationen haben, in denen aus einem »Kongreßmitglied« ein »Kongreß-mit-Glied« wird.

Zum förmlichen Kultautor wurde Schmidt mit seinem Spätwerk, vorab dem monumentalen Hauptwerk *Zettels Traum* (1968), gefolgt von den schlankeren *Die Schule der Atheisten* (1972), *Abend mit Goldrand* (1975) und, als Fragment aus dem Nachlass, *Julia, oder die Gemälde* (1983). Diese Werke bestehen aus der Reproduktion von Schmidts Typoskripten, da sie bis in die Stellung der Buchstaben in der Zeile durchgestaltet sind und sogar Verschreibungen und getippte Korrekturen zu Bedeutungsträgern werden – alles Dinge, die ein herkömmlicher Setzer nicht reproduzieren könnte. 2010 erschien im Rahmen der »Bargfelder Ausgabe« der sämtlichen Werke dennoch nach langjähriger Vorarbeit auch eine gesetzte Fassung des Werks.

Vorbereitet werden diese faksimilierten Typoskripte von *KAFF auch Mare Crisium* (1960). Neben der voll entwickelten etymologisch-phonetischen Schreibung verwirklicht das Werk bereits die im Spätwerk entfaltete Technik, die der Titel andeutet: »Kaff« ist zum einen wortwörtlich ein winziger Ort in der Lüneburger Heide, wo der Erzähler mit seiner Freundin im Herbst 1959 ein Wochenende verbringt, zum anderen bedeutet es schlesisch »Spreu«, wie die beiden sie im Spazierengehen beim Dreschen fliegen sehen, ein Leitmotiv des Romans. Drittens bedeutet »Kaff« aber auch »Geschwätz«, und alle drei Bedeutungen unterstreichen das Motiv »Alles ist eitel«.

Aus dieser aus Spaziergängen, einer Laientheateraufführung, Unterhaltungen und einem gequälten Geschlechtsverkehr bestehenden »Haupthandlung« erwächst eine von Schmidt »längeres Gedankenspiel« genannte Erzählung für die Freundin. Sie spielt auf dem Mond, deshalb wird dessen Region »mare crisi-um«, das »Meer der Krisen«, im Titel genannt. Zur Unterschei-dung wird diese Erzählung typografisch eingerückt: In ihr ist die Erde in einem Atomkrieg untergegangen, und nur auf dem Mond haben eine amerikanische und eine russische Kolonie überlebt. Genauso sind die Werke ab *Zettels Traum* organisiert: Von einer belanglosen »realen« Handlung ausgehend ergeben sich in Gesprächen und intertextuellen Anspielungen weitere Textebenen, die typografisch voneinander abgesetzt sind.

Peter Weiss (1916–1982)

Peter Weiss erzielte seinen Durchbruch als Erzähler mit zwei sehr dichten, stark autobiographisch gefärbten Texten, *Abschied von den Eltern* (1960) und *Fluchtpunkt* (1961). Sie wurden 1962 mit dem Charles-Veillon-Preis ausgezeichnet; die sehr eindrucksvol-le Laudatio hielt das als eher konservativ verschriene Jurymit-glied Werner Bergengruen (s. S. 135). Aus diesen Texten, aber auch aus anderen Zeugnissen wissen wir, dass den jungen Weiss das Exil in Schweden und der Krieg weitgehend unbeeindruckt lie-ßen: Während die Deutschen seine erste Freundin, gleich ihm aus einer jüdischen Familie stammend, verschleppten, versuch-te er verzweifelt, in Stockholm eine Ausstellung seiner Bilder zu organisieren und sich von seinem Vater zu lösen, auf dessen Un-terstützung – er arbeitete als Musterzeichner in einem von ihm geleiteten Textilbetrieb – er angewiesen war.

Nach seiner Bekehrung zum Marxismus Anfang der Sechzi-gerjahre ergriff Peter Weiss die neue Lehre mit dem ganzen Fa-natismus des Konvertiten, womit er selbst seine vielen sozialis-tischen Freunde und Bewunderer in der DDR gelegentlich nervte. Aus diesem Bekehrungserlebnis heraus erschrieb er sich in *Die Ästhetik des Widerstands* (drei Bände, 1975–1981) eine Ideal-autobiographie. Ein am Tage der sowjetischen Oktoberrevoluti-on geborener und in der Arbeiterbewegung großgewordener Proletariersspross wird Zeuge aller Kämpfe und Niederlagen der Arbeiterbewegung im 20. Jahrhundert, vom Widerstand im »Dritten Reich« über den Spanischen Bürgerkrieg, das mit Ber-tolt Brecht geteilte schwedische Exil und die subversive Arbeit der Roten Kapelle bis zum Scheitern eines Neuanfangs nach

1945. Weiss verbindet so den konventionellen marxistischen Entwicklungsroman – ein junger Genosse wächst in die Partei hinein – mit einem Panoramaroman über die mitteleuropäische Arbeiterbewegung.

Paradigmatisch für Weiss' Vorgehen ist die Eingangssequenz,
die zugleich den Titel erläutert: Ein Marxist erläutert darin 1937
im von den Nazis kontrollierten Berlin den Fries im Pergamon-
Museum, der den Kampf der olympischen Götter mit den aufständischen Giganten zeigt. In marxistischer Lesart verherrlicht
und verklärt der Fries die Unterwerfung der einheimischen Bevölkerung durch eine fremde Oberschicht. Obwohl von den
Herrschenden zur Feier ihres Triumphes in Auftrag gegeben, bewahrt er in Hegel'scher »Aufhebung« doch zugleich die Unter-
drückung und das Aufbegehren der Unterworfenen und damit
das Potenzial für künftige Umwälzungen. So verkündet das
stark von Ernst Blochs *Das Prinzip Hoffnung* inspirierte Werk den
Lieblingsvers des Tübinger Philosophen aus dem Bauernkriegs-
lied: »Geschlagen ziehen wir nach Haus, / unsre Enkel fechten's
besser aus.« Eine vergleichbar zentrale Rolle für einen ganzen
Roman spielt wohl nur noch der *Lesende Klosterschüler* von Ernst
Barlach in *Sansibar oder der letzte Grund* (s. S. 170).

Ingeborg Bachmann (1926–1973)

Eines der wichtigsten Projekte der deutschen Nachkriegsliteratur ist nur Fragment geblieben: Ingeborg Bachmanns Zyklus der
Todesarten. 1995 wurde aus dem in der Österreichischen Nationalbibliothek in Wien einsehbaren Teil von Bachmanns Nachlass eine vierbändige Ausgabe vorgelegt, die – ebenso wie auf
die bereits 1978 aus dem Nachlass veröffentlichten Fragmente
Der Fall Franza und *Requiem für Fanny Goldmann* – auch auf *Malina* (1971), den einzigen abgeschlossenen und zu Lebzeiten der
Autorin publizierten Roman, ein neues Licht wirft. Das Gesamt-
projekt sollte laut Bachmann »ein einziges langes Buch« werden,
»eine einzige große Studie aller möglichen Todesarten, ein Kompendium, ein Manuale.«

»Todesarten, unter die fallen auch Verbrechen. Das ist ein
Buch über ein Verbrechen.« Bachmanns leitende Frage für das
Projekt war die nach der Kontinuität zwischen den gewalttäti-

gen und die Gewalt geradezu verherrlichenden Jahren des Nationalsozialismus und der Zeit danach, die Frage, »wohin das Virus Verbrechen gegangen ist [...] es kann doch nicht plötzlich aus unserer Welt verschwunden sein [...]«. Das Buch *Der Fall Franza* heißt deshalb so, weil Franzas Mann, ein renommierter Wiener Psychiater, sie zu einem medizinischen »Fall« gemacht hat. Von Bachmann »faschistisch« genannte Strukturen liegen im männlichen »Denken, das zum Verbrechen führt«, begründet, während ihre Opfer, darunter auch Franza, ein Denken auszeichnet, »das zum Sterben führt«.

In einer Vorbemerkung zum *Fall Franza* heißt es, »es ist das Innen, in dem alle Dramen stattfinden«. Das gilt in besonderem Maße für den wie eine fiktive Künstlerinnen-Autobiographie erzählten Roman *Malina*, der auf einer »inneren Gedankenbühne« spielt. In einem Mosaik von Innerem Monolog, Reflexion, Dialog, Brief und Interviewpassagen, Traum, Märchen und prophetischen Verheißungen vermittelt der Roman die Simultanität von Bewusstem und Unbewusstem, Erinnerungen und Visionen, angesiedelt in der Psyche der mit Bachmann-Biographica ausgestatteten Ich-Erzählerin. Sie steht zwischen zwei Männern, Ivan und Malina. Wir haben es aber nur vordergründig mit einer Dreiecksgeschichte zu tun; auf einer zweiten Ebene ist es die Geschichte einer Ich-Spaltung. Dem – nur erträumten – »Glück mit Ivan« (erstes Kapitel), dem Vertreter des Lustprinzips, steht das Leben mit Malina gegenüber. Dieser Repräsentant der Vernunft ist ebenfalls als eine Abspaltung aus dem Innern der Erzählerin lesbar. Er ist die von ihr verinnerlichte männliche Ratio, in deren Tradition sich die schreibende Frau in Ermangelung eigener Leitbilder notwendig stellen muss. Hierfür sprechen die immer wieder eingelegten Dialoge zwischen dem »Ich« und »Malina«.

Im »Zweiten Kapitel: Der dritte Mann« setzt sich die Erzählerin in Traumpassagen mit der Welt des Vaters auseinander, der die nationalsozialistische Vergangenheit ebenso verkörpert wie die autoritäre Familie und immer wieder mit ihrem »Mörder« verschmilzt. Selbst schreibend vermag sie keine Doppelexistenz aufzubauen: »Ich habe in Ivan gelebt und sterbe in Malina.« Niemand steht ihr bei gegen die »sehr alte, [...] sehr starke Wand, aus der niemand fallen kann, die niemand aufbrechen kann, aus der nie mehr etwas laut werden kann.« »Es war Mord«, heißt es zum Schluss. Im Kontext der *Todesarten*-Fragmente erzählt

Malina von der kontinuierlichen Tötung des Weiblichen als Resultat patriarchalischer Zivilisationsgeschichte.

Uwe Johnson (1934–1984)

Uwe Johnson war ein großer Bewunderer William Faulkners, den er auch bei seinem ersten Amerikaaufenthalt im Sommer 1961 aufsuchte. Der Besuch verlief enttäuschend; Faulkner wimmelte ihn rasch ab, und das von Johnson begonnene literarische Gespräch über epische Multiperspektivik kam gar nicht erst in Gang. Er verstehe die Fragen seines Besuchers nicht, er sei kein Mann der Literatur, wich ihm der Nobelpreisträger aus.

Dabei hatte Johnson gerade die Multiperspektivik in seinem ersten veröffentlichten Roman, *Mutmaßungen über Jakob* (1959), von Faulkner gelernt. Die »Mutmaßungen«, die Jakob Abs' rätselhafter Tod durch eine Rangierlok an einem nebligen Morgen auslöst, werden in einem höchst komplexen Erzählverfahren vermittelt. Ein auktorialer Erzähler, der immer wieder selbst mit feierlicher Archaik das Wort ergreift, hat Einblick in drei Innere Monologe, deren Subjekte erst nach und nach vom Leser entschlüsselt werden können: Gesine Cresspahl, Jakobs Jugendfreundin und spätere Geliebte, der Alt-Genosse und Stasi-Mann Rohlfs und der junge oppositionelle Akademiker Dr. Jonas Blach. Zudem sind anonym bleibende Dialogfetzen eingelegt. Der auktoriale Erzähler verfügt über dieses Quellenmaterial so souverän, dass er Teile daraus abschnittsweise wie auf Stichworte hin montieren kann. Er arrangiert sie so, dass der Roman eine Zirkelstruktur erhält: Wie ein Detektivroman setzt er mit Jakobs Tod ein und versucht dann rückblickend dessen Vorgeschichte zu rekonstruieren. Eine generelle Erzählfiktion für dieses Arrangement wird nicht gegeben. Im Gegensatz zu den Konventionen des Detektivromans ergeben diese Puzzleteile aus auktorialer Erzählung und heterogenen Monolog- und Dialogfetzen am Ende kein Bild; es bleibt offen, ob Jakob Abs' Tod ein Unfall, Selbstmord oder eine Liquidation durch den Geheimdienst war.

Die *Mutmaßungen* sind in jeder Hinsicht die Keimzelle von Johnsons monumentalem Hauptwerk, den *Jahrestagen. Aus dem Leben von Gesine Cresspahl* (vier Bände, 1970, 71, 73, 83). Gesine Cresspahl, eine der Reflektorfiguren der *Mutmaßungen*, und Jakob Abs, deren stumme Zentralgestalt, haben eine gemeinsame Tochter Marie. Mit ihr lebt Gesine nun in New York, wo Johnson selbst mit seiner Familie auf Vermittlung der aus Deutschland stammenden Verlegerin Helen Wolff von 1966 bis 1968 gewohnt hatte. »Jahrestage« meint zunächst einmal die Tage eines Jahres, vom 21. August 1967 bis zum 20. August 1968, die das Buch strukturieren. Zugleich bedeutet es, wie das amerikanische Äquivalent *anniversary*, aber auch so etwas wie ›Gedenktage‹: Marie erinnert von New York aus das Leben ihrer Familie seit den Zwanzigerjahren.

Für dieses Erinnern hat Johnson ein Erzählverfahren gewählt, das das der *Mutmaßungen* aufnimmt, steigert und zugleich glättet. Der auktoriale Erzähler, der im Roman selbst auftritt und damit eigentlich als Ich-Erzähler agiert, ist niemand anderes als Uwe Johnson, der dadurch natürlich selbst zur fiktionalen Gestalt wird. Gemäß einem Vertrag mit seiner Hauptfigur erzählen beide den Roman: »Wer erzählt hier eigentlich, Gesine. Wir beide. Das hörst du doch, Johnson.« Dieser Koproduktion verdankt das Werk mit seinen fast 2000 Seiten den langen epischen Atem, die große, fast Tolstoi'sche Ruhe, die es erheblich leserfreundlicher als die *Mutmaßungen* macht. In diesen irrational weiten Rahmen integriert sind nun Gespräche mit der zwölfjährigen Tochter Marie, für sie bestimmte Tonbandaufzeichnungen »für wenn ich tot bin«, Tonbandbriefe für Maries Freund D. E., Gespräche mit den toten Eltern oder deren Gespräche untereinander und die täglichen Lektürefrüchte des ganzen Jahres aus der *New York Times*. Diese offene, von keiner Erzähllogik getragene Konstruktion erlaubt es Johnson und seinen Erzählinstanzen, deutsche Geschichte von der Weimarer Republik über das »Dritte Reich« bis zur DDR, wie sie sich in der mecklenburgischen Provinz bricht, mit der von New York aus gesehenen Weltgeschichte 1967/68 zu kontrastieren, mit Vietnamkrieg und Prager Frühling, der Ermordung Martin Luther Kings und Robert Kennedys, der Kanzlerschaft des Ex-Nazis Kiesinger, dem ganz gewöhnlichen Alltag einer alleinerziehenden Mutter und ihres eine Privatschule besuchenden Kindes, Tür an Tür mit einer Auschwitz-Überlebenden, die keine »shvartze« mag, dazu mit all dem Nachrichtentreibgut von »weltbewegend« bis »vermischt«, das eine umfängliche Tageszeitung in unser Leben spült.

In der gesamten deutschen Literatur gibt es wohl keinen welthaltigeren Roman als Johnsons *Jahrestage*.

Günter Grass (1927–2015)

Wie Goethe mit dem *Werther* und Thomas Mann mit den *Buddenbrooks* debütiert auch Günter Grass mit einem Welterfolg – seit ihrem Erscheinen in Deutschland 1959 und der Übersetzung 1963 in den USA galt *Die Blechtrommel* (1959) als Best- und Steadyseller im globalen Maßstab und begründete Grass' Weltruhm bis zu seinem Tode. Bei einer weltweiten Abstimmung über den wichtigsten Roman aus der zweiten Hälfte des 20. Jahrhunderts hätte die *Blechtrommel* eine mehr als faire Chance, gewählt zu werden. Im auf Anhieb mit John Steinbeck verglichenen US-Zeitroman *American Rust*, mit dem Philipp Meyer 2009 debütierte, ertönt ganz nebenbei als Text eines jungen Intellektuellen auf seinem Anrufbeantworter »the famous line: *Granted, I am an inmate at a mental institution*« – »berühmt« für den Kundigen als Eingangszeile der *Blechtrommel*: »Zugegeben: ich bin Insasse einer Heil- und Pflegeanstalt«. Mit dem Finden dieses Satzes, so berichtete Grass später,

> »fiel die Sperre, drängte Sprache, liefen Erinnerungsvermögen und Phantasie, spielerische Lust und Detailobsession an langer Leine, ergab sich Kapitel aus Kapitel, hüpfte ich, wo Löcher den Fluß der Erzählung hemmten, kam mir Geschichte mit lokalen Angeboten entgegen, sprangen Döschen und gaben Gerüche frei, legte ich mir eine wildwuchernde Familie zu, stritt ich mit Oskar Matzerath und seinem Anhang um Straßenbahnen und deren Linienführung, um gleichzeitige Vorgänge und den absurden Zwang der Chronologie, um Oskars Berechtigung, in erster oder dritter Person zu berichten, um seinen Anspruch, einen Sohn zeugen zu wollen, um seine wirklichen Verschuldungen und um seine fingierte Schuld.«

Grass scheint bewusst gewesen zu sein, was er da geleistet hatte: So wie ihm das Finden des ersten Satzes die Schleusen des Erzählens geöffnet hatte, so bedeutungsvoll kommt auch der Schlusssatz daher: »Ist die Schwarze Köchin da? Ja Ja Ja!« antwortet als bewusstes Zitat auf die letzten Worte von James Joyces *Ulysses* »[…] and Yes I said Yes I will Yes« und kehrt sie um. Wo

Mollys Innerer Monolog in einem dreifachen Ja zum Leben aus-
klingt, schließt Oskar aufgrund seines vom Leben nur bestätig-
ten apriori-Wissens mit einem dreifachen Ja zur Allgegenwart
des Todes. Der Welterfolg dieses Buchs verwundert nicht: Ein
Deutscher aus der soeben noch betroffenen Nazi-Generation –
seit Erscheinen der Autobiographie *Beim Häuten der Zwiebel* 2006
wissen wir, wie sehr – »erzählt« vom »Dritten Reich« und seiner
Vor- und Nachgeschichte und gestaltet damit ein Thema, das
nach wie vor weltweit eins der wichtigsten, weil unbegreiflichen
ist: das Abgleiten eines bis 1914 allgemein geachteten Kulturvol-
kes in die mörderischste Barbarei. Dabei spielt der Autor zugleich mit den traditionellen Formen des Picaro-, des Entwick-
lungs- und des Künstlerromans und erneuert sie; denn dieser
Künstler, der in der Fiktion des Romans Welt perfekt mimetisch
abbilden kann, tut dies auf einer Kinderblechtrommel und ist
»Insasse einer Heil- und Pflegeanstalt«. Und zugleich erlebt dieser zurückgebliebene Gnom, dieser permanente Dreijährige als
Augenzeuge das Aufkommen der Nazis mit ihren Großkundge-
bungen, die »Reichskristallnacht«, den Beginn des Zweiten Welt-
kriegs mit dem Angriff auf die Polnische Post in Danzig, die Invasion in der Normandie als Wendepunkt des Krieges und das
Versinken Deutschlands 1945 im blutigen Chaos. Und zugleich
hatte sich, was zuvor beinahe nie der Fall gewesen war, ein Deutscher in die Spitze einer weltweiten literarischen Aufbruchsbe-
wegung eingeschrieben: Grass' Präsentation der Weltgeschichte als blutig-komische Farce traf mit verwandten Tendenzen bei
seinen Generationsgenossen Kurt Vonnegut, Joseph Heller, Gabriel García Márquez und dem jüngeren Thomas Pynchon zusammen und regte ihrerseits eine Folgegeneration zum Schreiben an. Vor allem John Irving (geb. 1942) und Salman Rushdie
(geb. 1947) bekennen sich dankbar als seine Jünger, und sowohl
Rushdies *Midnight's Children* (1981) wie Irvings *A Prayer for Owen
Meany* (1989) legen für dieses Meister-Schüler-Verhältnis bered-
tes Zeugnis ab. Irving hat in seinem kleinwüchsigen Steinmetz-
Helden Owen Meany mit Oskar Matzeraths schneidender Stimme und mit seinen Initialen Grass' Gestalt fortgeschrieben und
weiterentwickelt: Statt wie Oskar sein überlegenes Wissen für
sich zu behalten und erst im Schreiben seines »Romans« mitzu-
teilen, wirkt Owen Meany vor dem Hintergrund des Vietnam-
kriegs von Anfang an als kritischer Aufklärer und lässt Oskars

Jesus-Parallelen Wirklichkeit werden, wenn er sich buchstäblich am Ende für eine Gruppe expatriierter vietnamesischer Kinder opfert und sein Lieblingsjünger John (!) Weelwright zu seinem Evangelisten wird wie Heini Pilenz bei Grass' Christus-Kontrafaktur Joachim Mahlke in der Novelle *Katz und Maus* (1963).

Siegfried Lenz (1926–2014) hat von Grass' neun Jahre älterem Erstling die komplette Erzählsituation übernommen und 1968 seiner *Deutschstunde* zugrunde gelegt: Sein etwas jüngerer Held ist Insasse einer Besserungsanstalt und schreibt dort, zur selben Zeit wie Oskar, von einem Psychologen hilflos betreut und unter den wohlwollenden Blicken seines Wärters, sein bisheriges Leben auf.

Grass' bewusster Einsatz der Konventionen, sein souveränes Spiel mit ihnen, wurde im Nachhinein sicherlich zu Recht als »postmodern« eingestuft, u. a. von Umberto Eco. Nur in einem hat Grass lebenslang das Prinzip der Moderne befolgt: Er hat sich in seinen erzählerischen Mitteln nie wiederholt. Grass' umfangreiches Romanwerk besteht aus immer neuen Varianten der Ich-Erzählung. In *Hundejahre* (1963) schreibt ein Erzählerkollektiv an der Festschrift einer Vogelscheuchenfabrik und behandelt gleichzeitig noch einmal denselben Zeitraum wie die *Blechtrommel*: Ein scheinbar auktorialer Erzähler, der sich erst im letzten Buch als Person der erzählten Welt und damit als Ich-Erzähler entpuppt, berichtet aus den Zwanzigerjahren, ein anderer von Nazizeit und Krieg und ein dritter aus dem Täterkreis von der Restauration in der Nachkriegszeit. Für alle Epochen aber gilt Grass' Botschaft von der unrettbaren Gefallenheit des Menschen – die Vogelscheuche ist nach dem Bilde des Menschen geschaffen. Diesen universellen Pessimismus gestaltet der *Butt* in einer von der Jungsteinzeit bis 1970 reichenden Geschichtstotale, in der der mit zahlreichen Grass-Biographica ausgestattete Ich-Erzähler in immer neuen »Zeitweilen« Mitspieler und Augenzeuge einer Weltgeschichte voller vor allem von Männern ausgeübter Gewalt wird.

In *Die Rättin* (1986) greift Grass auf die biblische Gattung der Apokalypse zurück, in der Gott einem Auserwählten Einblick in seinen festgelegten Plan gibt: Die unrettbar sündige alte Welt geht in einem Crash unter und wird von einer neuen abgelöst. In Grass' Roman ist es eine Über-Rättin, die dem Grass zum Verwechseln ähnlichen Ich-Erzähler Visionen vom Untergang der menschlichen Welt in einer atomaren Katastrophe und ihrer Ablösung durch ein Zeitalter der Ratten zuschickt. Zugleich taucht nach dreißig Jahren der Oskar der *Blechtrommel*, vom Konzerttrommler zum Videoproduzenten mutiert, wieder auf; für ihn entwirft der Erzähler Filmskripts, die das Ende aufhalten sollen.

In *Ein weites Feld* (1995) wird diese erstmals 1972 in *Aus dem Tagebuch einer Schnecke* entwickelte Besetzung der Erzähler-Rolle mit dem Autor-Ich wieder aufgegeben, und ein fiktives Autorenkollektiv erzählt anhand der travestierten Fontane-Inkarnation Fonty und Hans Joachim Schädlichs ewigem Geheimpolizisten Tallhover aus dessen gleichnamigem Roman (1987) deren Erleben der Wende und dank beider 150 Jahre zurückreichendem Gedächtnis deutsche Geschichte seit den 1840er-Jahren und spezifisch DDR-Geschichte seit den 1940er-Jahren (s. S. 95).

UMBERTO ECO: *DER NAME DER ROSE* (1980) UND DER ROMAN DER POSTMODERNE

An drei fast gleichzeitigen Texten lässt sich das Verständnis von Postmoderne im Roman entwickeln, dem ich hier folge. 1954 erscheinen Thomas Manns bis auf seine dichterischen Anfänge 50 Jahre zuvor zurückgehenden *Bekenntnisse des Hochstaplers Felix Krull*. In einem an Goethes *Dichtung und Wahrheit* und die von ihr beeinflusste Memoirenliteratur des 19. Jahrhunderts angelehnten Stil wird ein Leben in seiner inneren Konsequenz und Folgerichtigkeit gestaltet – nur eben das eines Hochstaplers. Es ist ein sozusagen prämoderner Stil, der – wie Thomas Mann sein Werk generell sah – ein letztes Mal die überkommenen Formen erfüllt, indem er mit ihnen spielt.

Zur Frankfurter Buchmesse 1959 erscheinen mit Johnsons *Mutmaßungen über Jakob* der letzte bedeutende »moderne« und mit Grass' *Blechtrommel* der erste dezidiert »postmoderne« Roman gleichzeitig. Johnson treibt die von ihm bei Faulkner gelernte Erzähltechnik bis zu einem Extrem, den in dieser Form angestellten »Mutmaßungen« völlig adäquat, aber für den Leser hart an der Grenze der Kommunizierbarkeit. Jenseits allen Erzählens und aller Erzählbarkeit wäre noch als allerletzter »Roman« Oswald Wieners (geb. 1935) *Die Verbesserung von Mitteleuropa* (1969) zu nennen. Grass dagegen lässt Oskar gleich auf den ersten Seiten seines »Romans« die These referieren, heutzutage sei das Schreiben eines Romans unmöglich, um sie zugleich handgreiflich augenscheinlich zu widerlegen, indem er einen in der Anlage durchaus konventionellen Picaro-Entwicklungs-Künstler-Epochenroman schreibt, der die These offenkundig ad absurdum führt.

Genau an dieser Stelle setzen Umberto Ecos Überlegungen in seiner 1983 erschienenen *Nachschrift zum Namen der Rose* ein. Eco hatte sich mit anderen italienischen Kritikern und Schriftstellern, die sich am französischen »nouveau roman« orientierten und dessen Erzähler wie Figuren und Handlung eliminierende Erzählkonzepte fortsetzen wollten, zur »Gruppe 63« zusammengeschlossen. Doch schon bei der zweiten Gruppentagung 1965 begann man, u. a. unter dem Einfluss von Grass' *Blechtrommel*, neue Überlegungen anzustellen. Die »Moderne« schien an ihr Ende gekommen zu sein, in den Sechzigerjahren endet die Malerei in leeren oder wahlweise zertrümmerten Rahmen anstelle der früheren Gemälde, die Literatur auf der blanken Seite oder in einem ganzen Roman ohne den häufigsten Buchstaben, das »e«, die Musik im Geräusch oder im Schweigen. Umberto Eco selbst schreibt dazu: »Die Avantgarde zerstört, entstellt die Vergangenheit: Picassos *Demoiselles d'Avignon* sind die typische Auftrittsgebärde der Avantgarde; dann geht die Avantgarde weiter, zerstört die Figur, annulliert sie, gelangt zum Abstrakten, zum Informellen, zur weißen Leinwand, zur zerrissenen Leinwand, zur verbrannten Leinwand.« »In der Literatur« ist das Ende »die Zerstörung des Redeflusses [...] bis hin zum Verstummen oder zur leeren Seite, in der Musik der Übergang von der Atonalität zum Lärm, zum bloßen Geräusch oder zum totalen Schweigen [...]. Die postmoderne Antwort auf die Moderne besteht in der Einsicht und Anerkennung, dass die Vergangenheit, nachdem sie nun einmal nicht zerstört werden kann, da ihre Zerstörung zum Schweigen führt, auf neue Weise ins Auge gefasst werden muß: mit Ironie, ohne Unschuld.«

Eco demonstriert das an der Unmöglichkeit einer modernen Liebeserklärung, wovon auch Günter de Bruyns Roman (s. S. 165) ausgegangen war. Man könne einer intelligenten Frau heutzutage einfach nicht naiv sagen »Ich liebe dich inniglich«, weil das verbraucht ist. Aber man kann es als verbraucht zitieren. »Keiner der beiden Gesprächspartner braucht sich naiv zu fühlen, beide akzeptieren die Herausforderung der Vergangenheit, des längst schon Gesagten [...] Aber beiden ist es gelungen, noch einmal von der Liebe zu reden«, wie den Liebenden in *Buridans Esel*.

Da der Mensch jedoch für Eco u. a. – wie auch für Grass in seiner Nobelpreisrede »Fortsetzung folgt ...« von 1999 – das *animal fabulator* ist, das ›Tier, das fabuliert‹, konnte das nicht das Ende sein. Die postmoderne Literatur, die Literatur der Zukunft musste ein Erzählen jenseits der Moderne sein, so wie in der Architektur in den Sechzigerjahren eine Überwindung der einst von der Bauhaus-Ästhetik aufgestellten scheinbar absoluten Gesetze des Bauens gesucht wurde: Es gab solche Gesetze gar nicht – »anything goes«!

In diesem Geist schrieb Eco seinen bei der etablierten Kritik wie bei einem weltweiten Publikum gleichermaßen erfolgreichen Roman *Der Name der Rose* (1980). Darin kombiniert er den Schauerroman mit dem Detektivroman, den historischen mit dem philosophischen. Für die rigide Einteilung nach Tagen lässt er sich von Joyces und Woolfs Stundenkorsett anregen, für den Erzähler geht er bei Thomas Manns Serenus Zeitblom aus dem *Doktor Faustus* in die Schule, und, was die Hermetik der Abtei angeht, bei dessen *Zauberberg*, und das alles mit dem langen Atem von Proust und Krimianleihen bei Sir Arthur Conan Doyle und Agatha Christie. Das Liebesgestammel des Ich-Erzählers Adson montiert Eco aus mittelalterlichen Mystikern und erzählt es »nicht mit Worten auf dem Papier, sondern mit Schlägen auf einer Trommel«. Im Zentrum des Geschehens aber steht Aristoteles' damals angeblich noch in einem einzigen Exemplar existierende Poetik der Komödie als Verkörperung der Bachtin'schen Lachkultur eines Rabelais. Hallräume aus der gesamten Romangeschichte tun sich auf, und wir hören ihr Echo.

Der Roman der Gegenwart

Formen des Romans in der Postmoderne

Der so jähe wie weltweite Sensationserfolg von Ecos Roman wirkte überzeugender als alle Theorie. Der damalige Leiter des Hanser Literaturverlags, der zu seiner Zeit legendäre Christoph Schlotterer, hatte 1982 zögernd eine Startauflage der deutschen Übersetzung mit 5 000 Exemplaren angesetzt und wurde binnen Wochen nach Erscheinen drastisch über seine Fehleinschätzung belehrt. Wenn nach Helmut Kreuzers Erkenntnis, dass hohe oder niedere Literatur das sei, was die führenden Kritiker einer Zeitgenossenschaft dafür hielten, so hatte zwar Ecos *Im Namen der Rose* trotz seiner konzentrierten Ballung aller Gattungsklischees der gesamten »Trivialliteratur« seine Approbation als hohe Literatur erhalten, aber eine Schwalbe macht noch keinen kritischen Wetterumschlag. Noch 1986 demonstrierte Heinrich Vormweg ausgerechnet am anderen Vorkämpfer der Postmoderne, Günter Grass, der Eco erst zu seinem gewagten Spiel angeregt hatte, die Beharrlichkeit der Kritik: Ausgerechnet am Schluss der ersten populären Grass-Biographie, zu der Vormweg als scheinbarer Freund des Autors vom Herausgeber der »rowohlts monographien« aufgefordert worden war, attestiert der Kritiker seinem Autorenfreund herablassend, kein »großer« Autor zu sein. Er freue sich zwar durchaus an Grass' hohen Auflagen, da seine Inhalte stimmten, aber formal sei er, unter böswilligem Missverstehen eines Epithetons aus Hans Magnus Enzensbergers legendärer Besprechung der *Blechtrommel* bei ihrem Erscheinen 1959, »nachgerade altmodisch«. Zur »großen Literatur«, für die das Entscheidende sei, voranzuschreiten und unablässig das Sagbare zu erweitern, habe Grass nie beigetragen. Im Grunde beurteilt Vormweg Grass schlechter als Gottfried Keller einst Eugenie Marlitt, bei der er immerhin »den Fluss der Erzählung und die Gewalt ihrer Darstellung« lobte, vor allem aber ihr »tüchtiges Freiheitsgefühl« und einen »wahren Schmerz über die Unvollkommenheit in der Stellung der Weiber« herausstrich (s. S. 104).

Keller meinte dies positiv, Vormweg vernichtend, im Grunde variiert er für Grass Benns berühmtes Diktum, das Gegenteil von

Kunst sei nicht »Natur«, sondern »gut gemeint«. Grass ist nicht modern und deshalb auch nicht gut, aber seine Inhalte sind wichtig und achtbar und deshalb kann auch ein strenger Kritiker wie Vormweg die Lektüre seiner »gut gemeinten« Werke durchaus gutheißen und billigen und Grass' Büchern ihre Leser gönnen.

Dies ist nur ein Beispiel für die – wie ich meine: spezifisch deutsche – Eigenart gerade führender Kritiker, es besser zu wissen als die Autoren. Eine Lieblingsanekdote von Bertolt Brecht war die vom Ornithologen, der die Theorie des Vogelflugs erläutert und danach zum Himmel zeigt: »Die Taube da zum Beispiel fliegt falsch.« Auf den Höhepunkt dieser kritischen Besserwisserei stieß ich in einer Rundfunkdiskussion mit einem hier ungenannt bleibenden avantgardistischen und Grass verachtenden (übrigens fast eine Tautologie) Kritiker, gegenüber dem ich nach Meinung des Senders den Part des *advocatus Dei* – oder in diesem Fall eher: *diaboli* – spielen sollte. Als ich darauf hinwies, in den USA als einer der weltweit führenden Romankulturen sei Grass' *Tin Drum* weiter verbreitet als in Deutschland seine *Blechtrommel*, erwiderte er wörtlich: »Wie schlimm für die Amerikaner! Die sollten Max Goldt lesen, der ist viel besser!«

Aber die Tauben fliegen weiter unbekümmert falsch – der von Vormweg gerade noch als inhaltlich wichtig geduldete Schreiber Grass bekommt 1999 den Nobelpreis und ist heute noch immer – und das sicher aus guten Gründen – bekannter als sein damaliger Kritiker Heinrich Vormweg und US-Colleges behandeln in General Literature Courses weiterhin Grass und nicht Goldt.

Die Aufgabe des Postulats der »Neuheit« um jeden Preis als alleiniges Qualitätskriterium

Das wichtigste Kriterium, nach dem Kritiker die Welt der Literatur in »hoch« und »niedrig«, »U« und »E« einzuteilen gewohnt waren, das Vorantreiben der »Grenze des Sagbaren« (wie bisweilen auch: des Lesbaren), das Verkünden des Horaz'schen *non prius auditum*, des ›nie zuvor Gehörten‹, durch einen Dichter als »Priester der Musen«, wurde auf allen künstlerischen Gebieten den Kunstrichtern in der Postmoderne förmlich aus der Hand gewunden. In der Musik wurde Stockhausens/Vormwegs »Parameter der Neuheit« bislang vielleicht nicht zur Gänze aufgegeben, aber führende Sinfonieorchester nehmen immer öfter anstelle von Werken Stockhausens und seiner Schüler berühmte Filmmusiken, die die klassische Musik anders fortschreiben, ins Repertoire. Die offiziellen Verwalter der aktuellen Bildenden Kunst, Kunstvereins- wie Kunsthallenleiter und ihre Kuratoren haben dem »Parameter der Neuheit« ebenfalls noch nicht abgeschworen und setzen den Innovationskult der Moderne, den Picasso mit seinen regelmäßigen Umbrüchen und Periodenwechseln auf die Spitze getrieben hat, fort – Werner Spies hat einmal von der »Hinrichtung der Kunst durch die Kunst« gesprochen. Michel Houellebecq lässt entsprechend seinen Roman *Karte und Gebiet* (2010, s. S. 272) über die aktuelle Kunstszene mit einem Bild seines Künstlerhelden Jed beginnen: »Damien Hirst und Jeff Koons« teilen den Kunstmarkt unter sich auf«. Beide besetzen in der Tat in der heutigen Kunstwelt als aktuelle Kunst-Tycoons zwei offensichtlich bisher nicht entdeckte Pole der Weltkunst – der eine weltberühmt durch einen in Formalin konservierten, lebensgroßen wirklichen Hai und der andere durch die ästhetische Exploration von Trivialitäten der Alltagskunst und seinen merkantilen Rang als teuerster lebender Künstler der Welt, seit sein Mickey-Maus-ähnlicher *Balloon Dog (Orange)* 2013 für 58,4 Millionen US-Dollar versteigert wurde und im Mai 2019 sein Stahlhase *Rabbit* für gut 91 Millionen US-Dollar. Einen überraschenden Auktionserlös – gut eine Million Pfund (1,18 Millionen Euro) – erzielte 2018 die weltkünstlerische Neuheit eines sich bei der Auktion selbst schreddernden Werks des Street-Art-Künstlers Banksy – auch dies ein Salut an Stockhausens »Parameter der Neuheit«, der sich hier in der Tat beim ersten Auftreten selbst vernichtet und so Stockhausens Idealvorstellung exakt entsprach. Das angeblich durch ein Versagen der Technik dann nur halbgeschredderte Bild gilt inzwischen als noch wertvoller – fortan hängt es als Dauerleihgabe eines Sammlers in der Staatsgalerie Stuttgart als letztes Symbol einer rasch erworbenen Kanonisierung und Klassizität. Was angeblich als Protest gegen einen restlos kommerzialisierten Kunstmarkt gedacht war, wurde zu dessen glanzvoller Bestätigung.

Das war zweifellos von bislang unerhörter Neuheit – aber war das Werk deshalb wirklich automatisch auf der Stelle museumsreif geworden? Das Konzept der Moderne vom Fortschritt der Künste mit dem alleinigen Maßstab der ständigen Auf- und

Ausbrüche ins immer Grenzenlosere, des unablässigen Voran-
treibens des Sagbaren, Spielbaren, Gestaltbaren ist auf allen Fel-
dern unübersehbar an sein Ende gekommen und damit in die
absolute Leere vorgestoßen – *rien ne vas plus*.

SCHILLER UND DIE LITERATURKRITIK IN DER POSTMODERNE

Die professionellen Kritiker befinden sich damit nach gut 200
Jahren in exakt derselben Situation wie ihre Kollegen am Ende
des 18. Jahrhunderts, als auf allen künstlerischen Gebieten die
»Moderne« anbrach. Alle klassizistischen französischen Tragödien von Corneille über Racine zu Voltaire und Crébillon père
und ihren unbekannteren Kollegen waren von einem »Avis«, einem »Examen«, einer »Préface« oder dergleichen begleitet, worin Position und Intention des Autors hinsichtlich Stoff und
Form ausführlich im Rahmen des gesamten Tragödienkorpus
seit Aischylos und der klassischen wie aktuellen Dramentheo-
rie von Aristoteles, Horaz und Boileau samt ihren Auslegern, aus-
gebreitet wurden. In demselben Horizont bewegten sich dann
nach der Uraufführung die Kritiken und wuchsen sich bisweilen zu sich länger hinziehenden erbitterten Debatten zwischen
Befürwortern und Gegnern von Stück und Autor aus, aber stets
innerhalb desselben geschlossenen Theoriegebäudes.

Der schleichende sukzessive Zerfall und schließliche Zusammenbruch dieses seit der griechischen Klassik bestehenden Ge-
bäudes einer unverbrüchlich normativen Poetik vollzog sich in
Deutschland beim Drama etwa ab der Mitte der 1770er-Jahre mit
Goethes *Götz von Berlichingen* und in Frankreich erst Mitte der
1820er-Jahre mit der Übersetzung von Goethes *Götz* und *Faust*
und den ersten romantischen Dramen von Victor Hugo, Alexandre Dumas père und Co. Der Anglist Levin L. Schücking hat
in den 1920er-Jahren eine noch immer gültige Theorie des literarischen Geschmackswandels vorgelegt, nach der sich bei Epo-
chenumbrüchen nicht der Geschmack wandelt, sondern neue
Gruppen von »Influencern«, in der Regel eine neu auftretende
junge Generation, als führende »Geschmacksträger« mit eigenen Zeitungen und sonstigen Foren in den Vordergrund treten
und plötzlich die bislang herrschenden Autoren samt ihren Stoffen und Formen »alt« aussehen lassen. Diese verschwinden nicht

etwa, sie treten nur in den Hintergrund, schreiben aber nach wie vor und behalten auch weiter ihr Publikum. Als Shakespeare auch für Frankreich entdeckt wurde, ließ sich der unumstrittene geistige Führer Frankreichs und damit Europas, Voltaire, herab, den *Hamlet* zu lesen. Er entdeckte dabei durchaus einzelne Schönheiten, stand aber als mit den drei Einheiten und der unverbrüchlichen Forderung der »bienséance«, des gesellschaftlichen Wohlverhaltens auch auf der Bühne, Aufgewachsener fassungslos einem Machwerk gegenüber, in dem König und Königin auf offener Bühne Bier trinken und Fortinbras in den zehn bis 15 Minuten Pause zwischen viertem und fünftem Akt Polen erobert. Lessing schüttelte im Freundeskreis über einen gewissen Goethe mit seinem so ungekonnten wie unspielbaren Stück den Kopf, während Friedrich II. von Preußen den *Götz* als nur vor wilden Huronen spielbar offen in einem Pamphlet angriff. Im Heraufdämmern der europäischen Romantik als Anbruch der Moderne blieben Aufklärer wie Lessing, Wieland, Nicolai und eben auch Friedrich II. weiter aufgeklärt, Empfindsame wie Claudius oder Salis-Seewis empfindsam, während Stürmer und Dränger wie Goethes Jugendfreund Friedrich Maximilian Klinger lebenslang weiter stürmten und drängten und Goethe und Schiller einen Weimarer Sonderweg einschlugen.

In dieser Situation des Übergangs vom über 2000 Jahre alten System einer »klassischen« normativen Poetik zu einer »modernen« Ästhetik der Innovation und des ständigen Auf- und Umbruchs schreibt Schiller am 7. September 1794 an Goethe:

> »Vielleicht interessirt Sie eine Recension von mir über Matthissons Gedichte in der A. L. Z. die in dieser Woche wird ausgegeben werden. Bei der Anarchie, welche noch immer in der poetischen Kritik herrscht, und bei dem gänzlichen Mangel objectiver Geschmacksgesetze befindet sich der Kunstrichter immer in großer Verlegenheit, wenn er seine Behauptung durch Gründe unterstützen will; denn kein Gesetzbuch ist da, worauf er sich berufen könnte. Will er ehrlich sein, so muß er entweder gar schweigen, oder er muß (was man auch nicht immer gerne hat) zugleich der Gesetzgeber und der Richter sein. Ich habe in jener Recension die letzte Partei ergriffen, und mit welchem Rechte oder Glück, das möchte ich am liebsten von Ihnen hören.«

Präziser als mit Schillers Kennzeichnung der Umbruchzeit um 1790 lässt sich die Situation nach der Ausrufung der Postmoder-

ne mitsamt ihrer Problematisierung oder sogar der endgültigen
Selbstliquidierung einer Ästhetik der Innovation im späten
20. Jahrhundert nicht auf den Punkt bringen: Es handelt sich für
Schiller nicht um eine »Verlegenheit«, in der die Produzenten der
Texte sich befinden, sondern um ein Dilemma ihrer Kritiker, denen das ästhetische »Gesetzbuch« genommen wurde, sodass
jetzt »bei dem gänzlichen Mangel objectiver Geschmacksgeset-
ze« »in der poetischen Kritik« »Anarchie« herrscht, bei der jeder
»Kunstrichter«, will er überhaupt urteilen, »zugleich der Gesetz-
geber und der Richter sein« muss. Juli Zeh hätte vielleicht auch
ohne »Anarchie [...] der poetischen Kritik« 2016 *Unterleuten* veröffentlicht und das Werk wäre lobend von Brigitte Westermann
besprochen worden und hätte wohl auch seinen Käufer gefunden, aber weder hätte ausgerechnet Dennis Scheck es als einen
»furchtlos vor jedem Klischee ins Herz der bundesrepublikanischen Wirklichkeit zielenden Gesellschaftsroman« gepriesen
und dann diesen Klischeehaufen auch noch »einen literarischen
Triumph« genannt, noch hätte Volker Weidermann ein solches
Werk im *Spiegel* »den Roman der Stunde« genannt. Vor der Ausrufung der Postmoderne hätte ein Martin Mosebach nie den
Büchner-Preis bekommen, wie es 2007 ernsthaft geschehen ist,
noch wäre Robert Menasses flott geschriebene und bisweilen
durchaus spaßige Satire *Die Hauptstadt* auf den Brüsseler EU-
Leerlauf 2017 mit dem »Deutschen Buchpreis« ausgezeichnet
worden, noch hätte ausgerechnet Jo Lendle namens des Hanser
Verlags den Journalisten Takis Würger unter riesigem Publicity-
Aufwand mit der Abfassung von *Stella* beauftragt, wäre sechs
Jahre zuvor nicht im selben Haus noch unter Michael Krüger
2013 der abstoßende x-te Aufguss eines klassischen a-morali-
schen Picaroromans namens *Die Abenteuer des Joel Spazierer* erschienen, dessen wahllos aneinandergereihte Kette absurder
Episoden nichts auszeichnet oder auch nur zusammenhält außer der Abscheu des Lesers – es gilt gemäß dem bewusst anti-
bürgerlichen Kampfruf der französischen Symbolisten, »épater
le bourgeois!«, den satten Bürger möglichst grell zu schockieren
und dessen staunend-bewundernd ehrfürchtige Scheu gegenüber einer so offen dargebotenen zynischen A-Moralität zu erregen (Patricia Highsmith lässt grüßen!). Dennoch geriet der
Kritiker der *ZEIT* nachgerade ins Schwärmen und meinte, der
ohnehin hervorragende Köhlmeier habe sich dieses Mal noch

selbst übertroffen und verdiene es ehrlich, mit Preisen geradezu überschüttet zu werden.

Vielleicht hat dieser Kritiker ja Recht, aber verständlich wird
dies alles erst im Klima der ausgebrochenen Anarchie mit ihrer
neuen Freiheit für jeden, der überhaupt Chance und Chuzpe hat
zu publizieren. Man darf wieder dem altmodischen Ratschlag
des Königs an Alice folgen:»Fang mit dem Anfang an, mach weiter, bis du zum Ende kommst, und hör dann auf.« Man kann
aber genauso gut, wie Oskar es sich überlegt hat,»eine Geschichte in der Mitte beginnen und vorwärts wie rückwärts kühn aus-
schreitend Verwirrung anstiften« oder gar »sich modern geben,
alle Zeiten, Entfernungen wegstreichen« und so »in letzter Stunde das Raum-Zeit-Problem« lösen. Man kann weiter mit der Moderne konstatieren, »[e]s gibt keine Romanhelden mehr, weil es
keine Individualisten mehr gibt, weil die Individualität verlo-
rengegangen« ist, darf aber genauso keck das Gegenteil verkünden: »Für mich, Oskar, und meinen Pfleger Bruno möchte ich jedoch feststellen: Wir beide sind Helden, ganz verschiedene
Helden«. Diese Helden und Heldinnen dürfen sich verlieben
und sie dürfen sogar glücklich dabei werden und dürfen naiv
davon erzählen – keiner von ihnen wird mehr von den Kritikern
gezwungen, sich als Hofmannsthals so dekadenter wie spleeni-
ger Lord Chandos zu gerieren und den Glauben an die Wort-
werdung der Welt zu verlieren. Stattdessen darf man wieder un-
geniert mit einem naiven Erzähler wie Grass erklären: »Wenn
ich Kartoffeln sage, meine ich Kartoffeln.« Man darf wie Umberto Eco alle Verschwörungstheoretiker der Geschichte mit allen
kosmisches Geheimwissen tradierenden Geheimbünden bunt
verquirlen und mit »Foucaults Pendel« und einer aktuellen Kri-
mihandlung zu einem Spannungsmix verrühren und umgekehrt in *Baudolino* den historischen Badeunfalltod Kaiser Friedrichs I. als schlichten Krimi erzählen: In Wirklichkeit wurde der
Kaiser zuvor in seinem hermetisch verschlossenen Schlafzim-
mer ermordet und erst die Leiche zur Vertuschung in den Sa-
leph geworfen. Eco nutzt John Dickson Carrs berühmte Zusammenstellung aller Möglichkeiten, einen Mord in einem scheinbar
hermetisch verschlossenen Zimmer geschehen zu lassen, wie
sie sein Detektiv Dr. Fell in seiner berühmten »Locked Room
Lecture« im Roman *The Hollow Man* 1935 vorträgt. Sie reichen
von allen erdenklichen Manipulationen an irgendwelchen Zu-

gängen bis zur Ermordung vor Verriegelung des Raums oder nach seiner Öffnung – und siehe: Alle Verfahren kommen beim Kaisermord in Frage, für jedes der Verfahren gibt es einen glaubwürdigen Verlauf, potenzielle Täter und plausible Motive. Umgekehrt darf man natürlich auch weiterhin sich bemühen, modernistisch »voranzuschreiten und unablässig das Sagbare zu erweitern« und wie Terézia Mora in *Das Ungeheuer* einen Roman mit zwei auch typographisch und im Layout voneinander abgesetzten Ebenen auszustatten und 2013 dafür den Deutschen Buchpreis und 2018 den Büchnerpreis zu bekommen oder gar wie Jonathan Safran Foer 2005 in *Extrem laut und unglaublich nah* (*Extremely Loud and Incredibly Close*) die »Quest« des kleinen Oskars (der Name ist keineswegs Zufall) nach Einzelheiten über seinen beim Anschlag auf das World Trade Cener 2001 umgekommenen Vater in allen Editionen zusätzlich multimedial auf den letzten Seiten als »flip book« alias »Daumenkino« mit dem Sturz eines von einem der Türme Gesprungen zu gestalten.

Die derzeitige romanästhetische Situation entspricht der von Irmtraud Morgners Amanda als absolute Freiheit beschriebenen kurzen Phase der gesellschaftlichen Anarchie im Frühsommer 1945, als die alten Naziautoritäten Hausmeister, Blockwart, Lehrer und Rektor samt und sonders »Butter auf'm Kopp« hatten und sich verkrochen, während sich die neuen noch nicht etablieren konnten und die Elfjährige samt ihren Spielkameraden eine zeitlose Zeitlang die schier grenzenlose Freiheit totaler Anarchie genießen konnte.

FRIEDRICH DÜRRENMATTS »GEWICHTIGE« KUNST,
»WO SIE NIEMAND VERMUTET«: »TRIVIALLITERATUR«
ALS PRIVATE VORWEGNAHME EINER GENERELLEN
POSTMODERNE

Solch eine vollkommene anarchische Freiheit hat sich Morgners Heldin zuvor ein einziges Mal selbst verschafft, als sie einer spontanen Eingebung folgend die Großmutter von außen im Klohäuschen einsperrte und für eine unvergesslich zeitlos lange Stunde endlich im kleinen Garten alle Freiheit der Welt hatte. Ein Schriftsteller hat sich im vorsätzlichen konzeptuellen Vorgriff auf die postmoderne Anarchie diese Freiheit für drei Jahre ebenfalls selbst genommen, indem er sich in den Ab-Ort der Literatur ein- und alle Kritiker aussperrte – Friedrich Dürrenmatt. Sein Konzept hat er in dieser Zeit selbst in seinem 1954/55 mehrfach gehaltenen und 1955 gedruckten Vortrag *Theaterprobleme* offengelegt:

> »Die Forderungen, welche die Ästhetik an den Künstler stellt, steigern sich von Tag zu Tag, alles ist nur noch auf das Vollkommene aus [...] – ein vermeintlicher Rückschritt, und schon läßt man ihn fallen. So wird ein Klima erzeugt, in welchem sich nur noch Literatur studieren, aber nicht mehr machen läßt. Wie besteht der Künstler in einer Welt der Bildung, der Alphabeten? Eine Frage, die mich bedrückt, auf die ich noch keine Antwort weiß. Vielleicht am besten, indem er Kriminalromane schreibt, Kunst da tut, wo sie niemand vermutet. Die Literatur muß so leicht werden, daß sie auf der Waage der heutigen Literaturkritik nichts mehr wiegt: Nur so wird sie gewichtig.«

An anderer Stelle formuliert Dürrenmatt ähnlich – wenn die Latte beim literarischen Hochsprung immer höher gelegt wird – ein künstlerisches *melius*, ›besser‹, als olympisches *altius citius fortius*, ›höher schneller stärker‹ –, kann der Dichter, statt sich immer krampfhafter abzumühen, auch einfach unter der Latte durchlaufen, sozusagen die »Wonne der Schande« genießen, die Vogelfreiheit Thomas Mann'scher Gymnasiasten, die seit Januar wissen, dass sie zu Ostern keinesfalls versetzt werden. Natürlich wird Dürrenmatt dabei auch von Hugo von Hofmannsthals berühmtem Diktum ermutigt worden sein, man müsse »die Tiefe [...] verstecken. Wo? An der Oberfläche.«

Als Dürrenmatt dieses Rezept wie nebenbei verriet, war er ihm selbst schon gefolgt und hatte »Kunst da« getan, »wo sie niemand vermutet«, in zwei »Kriminalromanen«, die, um das Maß voll zu machen, 1950 und 1951 in Fortsetzungen in der Zeitschrift *Der schweizerische Beobachter* erschienen waren, einer Publikationsform, die nun wirklich »auf der Waage der heutigen Literaturkritik nichts mehr wiegt«. So kam es in der Tat, dass das Gewicht der 1952 und 1953 in Buchform erschienenen Romane *Der Richter und sein Henker* und *Der Verdacht* bis heute nicht erkannt wurde, wie die Wikipedia-Artikel [aufgerufen am 25.03.2019] erschreckend demonstrieren.

Beide Romane erweisen sich schlüssig und widerspruchsfrei als Höhepunkte von Dürrenmatts Rezeption des Philosophen

Sören Kierkegaard samt der des protestantischen Papstes der
Zeit, des schweizerischen Theologen Karl Barth, eines persönlichen Bekannten von Dürrenmatts Vater. Über Kierkegaard hatte Dürrenmatt zum Abschluss seines Studiums der Philosophie
und der Theologie promovieren wollen; bei Barth war es vor allem das Frühwerk, das in der »Dialektischen Theologie« jeglichen Theismus, jedes philosophische oder gefühlte menschliche
Vorwissen über Gott schroff ablehnte und nur an die Offenbarung im geschundenen, verspotteten und am Kreuz Gestorbe-
nen und doch Auferstandenen glaubte. Als 1947 der ältere und
schon bekanntere Max Frisch einmal für Walter Muschg ein-
springt und in eine Lesung Dürrenmatts einführt, versichert er,
das »wesentliche Anliegen« des ihm persönlich bis dato unbekannten Kollegen nicht recht verstanden zu haben, aber: »Dieses Anliegen ist ein christliches.«

Ein Satz Barths wie »Als der *unbekannte* Gott wird Gott erkannt: [...] als der, an den man nur ohne Hoffnung auf Hoffnung
hin glauben kann« macht die Position von Dürrenmatts Kommissär Bärlach deutlich: Wenn er in beiden Romanen wiederholt
»in Gottes Namen« handelt, dann ist es im Namen dieses unsichtbaren, aber dennoch *sine spe* und *contra evidentiam* geglaubten Gottes. So sind die beiden Romane Schluss- und Höhepunkt
von Dürrenmatts religiöser Phase, für die Texte wie *Weihnacht*
(1942), *Pilatus* (1946), *Es steht geschrieben* (1947), *Der Blinde* (1948),
und schließlich *Der Tunnel* (1952) repräsentativ sind. Wo dies
möglich war, hat Dürrenmatt später allerdings in Überarbeitungen spezifisch christliche Sätze getilgt, so in *Der Blinde* und am
krassesten in *Der Tunnel*, einer Parabel, in der die Welt plötzlich
zu einer entgleisten und in einen ewigen Abgrund stürzenden
Zugfahrt wird, was die Passagiere nicht wahrnehmen, schlicht
leugnen, beschönigen oder sich wissenschaftlich plausibel zu
machen versuchen. Allein der Zugführer und ein Mitreisender –
ein Selbstporträt Dürrenmatts – erkennen die Wahrheit. Auf die
Frage des Zugführers: »Was sollen wir tun?« antwortet der Reisende: »Nichts. Gott ließ uns fallen und so fallen wir dann auf
ihn zu.« Bei der Umarbeitung für eine Neuveröffentlichung 1978
tilgt Dürrenmatt diesen letzten Satz von 1952 und lässt die Geschichte enden mit »Nichts« – aus dem christlichen Existenzialismus des frühen Dürrenmatt ist ein philosophischer Existenzialismus geworden.

Bei den beiden Kriminalromanen war die Ethik eines christlichen Existenzialismus allerdings so unlösbar mit der gesamten Handlung verwoben, dass eine Änderung dieser zugleich wohl populärsten Texte Dürrenmatts schlechterdings unmöglich war. In beiden Fällen handelt Kommissär Bärlach im sinnlosen Chaos einer absurden Welt im Namen eines scheinbar abwesenden Gottes und setzt damit allein in seinem Handeln einer angeblichen universellen Gleich-Gültigkeit jeglichen Handelns sein »gut« wie »böse« als menschliche Entscheidungsmöglichkeiten entgegen. Im ersten Roman geschieht dies im Rahmen einer regelrechten Wette, die der Berufspolizist Bärlach und der global agierende Berufsverbrecher Gastmann vor langer Zeit in Istanbul nachts »im Übermut [...] trotzig in den Himmel hinein hängten«. Von ihm selbst als »Gotteslästerung« bezeichnet, wettet Gastmann, im Chaos der Welt könne man »nicht nur ungeahndet, sondern auch ungeahnt« jedes Verbrechen begehen. Bärlach hält dagegen, und ein lebenslanger Wettkampf beginnt, den Gastmann auf der Stelle mit einem Verbrechen, das ihm nicht nachgewiesen werden kann, eröffnet und den Bärlach beendet, indem er vom Tode gezeichnet Gastmanns »Hinrichtung« für ein Verbrechen, das er nicht begangen hat, arrangiert: »Der Henker [...] wird heute zu dir kommen. Er wird dich töten, denn das muß nun eben einmal in Gottes Namen getan werden.«

In *Der Verdacht* wird Bärlach mit dem größten Verbrechen der Menschheitsgeschichte konfrontiert – der Shoah, und der Täter, dem Bärlach mit Hilfe eines Medizinerfreundes durch minutiöses Verfolgen kleinster Indizien auf die Spur kommt, ist in der scheußlichen Galerie der bekannten KZ-Ärzte einer der schlimmsten: der Schweizer Dr. Emmenberger, der aus Lust am Quälen in SS-Dienste getreten ist und danach alle Spuren so perfekt verwischt hat, dass Bärlach ihm nie etwas nachweisen können wird. Als »Mann einer sittlichen Weltordnung«, die sich jeder Evidenz entzieht, sucht Bärlach deshalb als einzige schwache Chance die persönliche, die existenzielle Konfrontation, wie kurz zuvor bei Gastmann: Selbst auf den Tod krank, liefert er sich in Emmenbergers Privatklinik ein und damit seinem moralischen Gegenspieler völlig aus. Sein Pseudonym wird erkannt und der Kriminalfall schlägt bereits in der Buchmitte um in eine existenzielle Debatte.

Der Arzt wie seine Assistentin, gequältes jüdisches Opfer und Geliebte des Mediziners zugleich, vertreten eloquent einen kosmophysikalisch solide fundierten radikalen Nihilismus, dem Bärlach nichts entgegensetzen kann als die Dialektik von Jean Pauls »Rede des toten Christus vom Weltgebäude herab, daß kein Gott sei« und von Georg Büchners Märchen der Großmutter in *Woyzeck*, auf die Dürrenmatt für die Zeichnung einer nihilistischen Welt wiederholt zurückgreift: Selbst wenn es so sein sollte, darf es nicht so sein. Dieses Gefühl wird in ihm so übermächtig, dass es in »Gulliver« alias »Ahasver«, dem wandernden Juden, Gestalt annimmt. Im schmutzigen zerrissenen Kaftan, dem »Nationalkostüm meines armen Volkes«, erscheint ihm immer wieder dieser gequälte, geschundene, erschossene, vergaste und gehenkte Überlebende von »Auschwitz, Lublin, Maidanek, Natzweiler und Stutthof«, der nicht vergessen werden will. Angesichts Gullivers wiederholt Bärlach seinen Glaubenssatz »[...] aber irgendeine Ordnung muß in Gottes Namen sein«. Und so hilft ihm Gullivers plötzliches Erscheinen auch im für den Detektivroman gattungstypischen Showdown zwischen dem momentan überlegenen Täter und dem ihm ausgelieferten Detektiv: Während die Wanduhr im OP sich unerbittlich der Stunde nähert, zu der Emmenberger seinen metaphysischen wie ethischen Widersacher auf dem Tisch zu Tode operieren wird, entwickelt der Arzt noch einmal ausführlich seine Philosophie und prahlt mit seinen in ihrem Namen begangenen Verbrechen, fleht Bärlach aber dabei geradezu an, dem von ihm vertretenen Absurdismus seinen »Glauben« entgegenzusetzen. Bärlach kann nur nackt da liegen und schweigen – dieses hilflos schweigende Daliegen im Namen Gullivers, dieser letztmögliche existenzielle Einsatz für die Opfer gegen den Täter ist die schlagendste Widerlegung von Emmenbergers Nihilismus, unter den er sein ganzes Leben gestellt hatte – der Arzt geht ins Nebenzimmer und zerbeißt eine Giftkapsel.

Diese frühe, radikale Abrechnung mit der Shoah und ihren ungeschönt und unverhüllt aufgezählten sechs Millionen jüdischen Opfern und deren namentlich genannten Qualorten und Todesstätten wurde nicht bemerkt – ihr Autor hatte diese Tiefe allzugut an der Oberfläche versteckt, hatte »Kunst da« getan, »wo sie niemand vermutet«, und so kam es dazu, »daß sie auf der Waage der heutigen Literaturkritik« in der Tat »nichts mehr wiegt«. Einzig der theologisch so gebildete wie sensible Walter Jens hat –

im Nachwort zu einer Buchclub-Ausgabe »Friedrich Dürrenmatts Kriminalromane«! – diese Dimension angedeutet, wenn er Gulliver »eine mythische Riesenfigur« nennt und Bärlachs Kämpfe mit dem »Kampf zwischen Faust und Mephisto« vergleicht: Seine Wette mit Gastmann ergebe eine »Wette zwischen dem Guten [...] und jenem Bösen [...], das [...] zur letzten Konsequenz gezwungen wird – zum Aufstand gegen Gott«, während Bärlach die Sache Gottes in jeder Hinsicht zu »vertreten« hat.

Als überzeugende Verkörperung eines christlichen Existenzialismus in einer absurden Welt der schamlos offenbaren Verbrechen ist Bärlachs engster Verwandter der Pfarrer Helander aus Alfred Anderschs *Sansibar oder der letzte Grund* (s. S. 170). Wie Bärlachs Schöpfer Dürrenmatt kommt auch Helander von Karl Barth her und glaubt an einen Gott, den es zwar gibt, aber »in unerreichbarer Ferne«. Und gerade jetzt, in den Zeiten der NS-Verfolgung, wäre es so wichtig, seine Nähe zu spüren und im letzten Moment des äußersten Widerstands, im physischen Kampf mit einer Waffe gegen die Abgesandten des Bösen schlechthin, liest er endlich sterbend Gottes Schriftzüge auf der Ziegelwand seiner backsteingotischen Kirche.

AKTUELLE TENDENZEN UND VERTRETER DES ROMANS IN DER POSTMODERNE

In Schillers »großer Verlegenheit« befindet sich natürlich auch der Verfasser einer Romangeschichte der letzten 30 Jahre. Ich habe mir daraus herauszuhelfen versucht, indem ich, wie schon in den bislang behandelten Epochen, erkennbare Strömungen nachzeichne sowie auf von der Kritik, durch wichtige Preise und vom letztlich entscheidenden lesenden Publikum national wie international ausgezeichnete Einzelwerke im Einzelnen eingehe – und mich dabei natürlich auf jene Stimme verlasse, die ein Kunstliebhaber innerlich vernimmt, wenn er nach dem Anschauen von 200 000 Bildern das 200 001 betrachtet, und die der leidenschaftliche Romanleser hört, wenn ihn nach der oft unvergesslichen Lektüre Tausender von Romanen in knapp 70 Jahren das erste Dutzend Seiten eines soeben aufgeschlagenen oder angeblätterten Buchs in seinen Bann schlägt – oder auch kaltlässt.

Romane der »transzendentalen Buffonerie«

David Foster Wallace: *Infinite Jest*

Einer der gegenwärtig angesehensten Kritiker, Denis Scheck, wird nicht müde, David Foster Wallaces *Infinite Jest* (1996; dt. *Unendlicher Spaß*, 2008) als »Portaltext für das 21. Jahrhundert« zu bezeichnen, mehr noch, als »Wegweiser« in die Zukunft des Romans. Das erinnert natürlich ein wenig an Brechts Anekdote von den ornithologischen Vorschriften für den Vogelflug aber gibt die Stimmung der aktuellen Kritik wieder, die sowohl in den USA wie in Deutschland seit Erscheinen voll der enthusiastischsten Zustimmung war. Peter Sloterdijk notiert allerdings in seinem Tagebuch, ihm fiele »die höfliche Gequältheit« auf, mit der sich die Referenten dazu durchringen, das Buch epochal zu finden« (21.8.2009) und zitiert drei Tage später einen »cleveren Rezensenten« mit dem Bonmot von *Infinite Jest* als einem »Desorient-Express«. Wallaces Buch hat für Kritiker den Vorzug, auch in der Postmoderne zunächst einmal eminent »modern« zu sein – wie noch zu zeigen sein wird, gab es noch nie etwas diesen im Original über tausend (und auf Deutsch etwa anderthalbtausend) Seiten, bei dem der US-Lektor noch über 200 Seiten gekürzt haben will, Vergleichbares. Am ehesten wäre das noch das Urbild aller Schlegel'schen Romane der transzendentalen Buffonerie, Rabelais' Romankonvolut um *Gargantua und Pantagruel* (s. S. 25 f.). Man hat für solche postmodern modernen Romane, zweifellos mit *Infinite Jest* an der Spitze, die vom »modernen« Thomas Pynchon herkommen, Begriffe wie »postmodern encyclopedic novel« oder »metamodernism« geprägt, also so etwas wie »Modernismus jenseits der Moderne« – »enzyklopädischer Roman« hätte Friedrich Schlegel jedenfalls gefallen, wollte er doch »die Formen der Kunst mit gediegenem Bildungsstoff jeder Art anfüllen und sättigen.« Inwieweit in den USA ein u. U. indirekt vermittelter Einfluss der Schlegel'schen Theorie denkbar ist, ist m. W. noch nicht untersucht worden, aber immerhin referiert die englischsprachige Wikipedia knapp, aber treffend ihre einschlägigen Merkmale: »Schlegel stated that his goal was a unified representation of philosophy, prose, poesy, genius, and critique. Key elements were his conceptions of a ›progressive universal poesy‹, romantic irony, and a new mythology.«

David F. Wallace (1962–2008) galt bei Freunden als einer der brillantesten Köpfe seiner Zeit, war als Collegestudent ein sehr erfolgreicher Nachwuchstennisspieler auf regionaler Ebene, studierte mit akademischem Abschluss und der Note »summa cum laude« u. a. Literatur, Mathematik und modale Logik und hatte Professuren für Creative Writing und englische Literatur an renommierten Instituten, zuletzt am Pomona College in Kalifornien inne, daneben immer wieder beachtliche Erfolge als freier Schriftsteller – dies alles unter schwersten depressiven Schüben von Kindheit an, neben Alkoholismus und Abhängigkeit von allen erdenklichen Drogen, mit jugendlichem Marihuana-Konsum als Einstieg und lebenslangem Drehtürverhältnis zu einschlägigen Institutionen. Und all dies hat neben unendlich viel anderem Eingang in das Hauptwerk *Infinite Jest* dieses *poète maudit*, des vom Genie geschlagenen und damit im Leben ›verfluchten Dichters‹ ganz nach dem Herzen der Französischen Symbolisten gefunden – 2008 erhängte sich Wallace in seinem Haus.

Es sei versucht, dem mit Wallaces opus maximum unvertrauten Leser wenigstens einen Eindruck vom Auf- und Umriss dieses Science Fiction-, Familien-, Campus-, Medien- und im allerweitesten Sinne enzyklopädischen Sittenuniversalromans zu geben. Leserhandbücher zum Roman, Dechiffrierclubs, wie es sie in Deutschland zu Arno Schmidts Werk, vor allem zu *Zettels Traums* seit 1972 gibt, periodische Tagungen und Seminarveranstaltungen renommierter Universitäten, bereits »Wallace Studies« genannt, haben alle möglichen intertextuellen Bezüge des Werks herausgefunden – unübersehbar aber ist für die Ansiedlung des Geschehens in der Zukunft jedenfalls Aldous Huxleys Roman *Brave New World* (s. S. 155 f.). Ihm entstammen drei für beide Werke gleichermaßen zentrale Themen: Huxleys »Sex und Soma«-Drogengesellschaft kehrt hier multipliziert wieder; Huxleys Anprangerung von Kapitalismus und Warengesellschaft wird ebenfalls gesteigert: War dort aus dem altvertrauten »im Jahre des Herrn – in the year of our Lord« längst »in the year of our Ford« geworden, so werden die Jahre selbst jetzt nicht mehr mit Zahlen unterschieden, sondern durch von Sponsoren meist-

bietend ersteigerte Markennamen wie »Jahr der verlässlich wasserdichten Unterwäsche für Erwachsene« – in diesem Jahr spielen die meisten Kapitel des achronologischen Buchs – oder »Jahr
des Whoppers«, »Jahr des Dove Super-Seifenstücks« usw. Nach
sorgfältigen Berechnungen aus Wallace-Dechiffrier-Kreisen aufgrund diverser sich selbst z. T. widersprechender Hinweise auf
Datierungen nach dem üblichen Kalender entspricht das »Jahr
der verlässlich dichten Unterwäsche« im neuen »gesponserten
Kalender« einem Jahr zwischen unseren Jahren 2008 und 2011.

Huxleys Satire auf die »Feelies« als Unterhaltungsdroge erscheint dank dem gigantischen Fortschritt der elektronischen
Medien als Horrorvision einer geradezu universal verfügbaren
Medialität. Hier ist gegenüber dem von Huxley gegeißelten technischen Stand von 1932 noch Neil Postmans zwischenzeitlich erfolgte Medienkritik aus *Wir amüsieren uns zu Tode* (1985) und *Wir
informieren uns zu Tode* (1992) als Stichwortgeber und Referenz-
text hinzugekommen: *Infinite Jest* ist nicht nur der Romantitel,
sondern als Puppe in der Puppe im Werk selbst der Titel eines
legendären Films aus dem Nachlass des im Selbstmord geendeten Regisseurs James Orin Incandenza, Jr. Sein Unterhaltungswert soll in der Tat »infinite« sein – wer ihn sieht, will ihn in
Ewigkeit sehen und geht irdisch zeitlich zugrunde. Dieses »Me-
dienereignis to end all Medienereignisse« vereinigt somit auf
sich die gesamte Kritik, die von jeher jedem neuen Medium gilt,
seit Don Quijote über dem Romanlesen den Verstand verlor, Co-
mics die vormals lesenden Kinder analphabetisierten, Fernsehen und Video die Zuschauer verdummten und aktuell Internet
und Social Media die Massen verführen und verblöden. All das
leistet Incandenzas *Infinite Jest* in final letaler Vollendung. Die
äußeren Daten zu dem Film, der nur noch in einer Kopiervorla-
ge existiert und an unbekanntem Ort unter Verschluss gehalten
wird, enthält eine der 388 ihrerseits teilweise mit Fußnoten ver-
sehenen Endnoten, die eine komplette Filmographie von Incandenza jr. enthält, die zwar nach allen Regeln der Filmphilologie
erstellt wurde, aber als Verzeichnis einer »Anticonfluential Ap-
rès Garde« (über Sinn und Art dieser »anticonfluentiellen Nach-
hut« rätseln und streiten die fanatischen Wallacianer seit Jahren)
auch nonexistente Filme anführt, da der renommierte Experi-
mentalfilmer auch »Konzeptualwerke« als gültige Produkte an-
sah. Die 388 Anmerkungen mit »Notes and Errata« sollen nach

Wallaces eigener Erläuterung den ohnehin nicht chronologi-
schen, aber doch linearen Lesefluss unterbrechen und ihm eine
sozusagen vertikale Dimension hinzufügen.

Dieser im ganzen Buch abwesende Schöpfer des titelgebenden Films macht das Buch zugleich zum Familienroman und
zum Campusroman, einer im angloamerikanischen Raum populären Gattung: Seine Familie, die Söhne Orin, Mario und der
extrem begabte Hal, so etwas wie der (Ich)-Erzähler und die
Zentralfigur des Romans, seine Witwe und deren zweiter Mann,
stellt das zentrale Personal dar und der Familienvater Incandenza jr. ist zugleich der Gründer der »Enfield Tennis Academy«, die
zusammen mit der benachbarten »Drogen- und Alkoholentzugs-
anstalt Ennet House« die zentralen Schauplätz des Romans bildet.

Entwicklung, Taten und Schicksale der Familie Incandenza
samt ihres zahlreichen Freundes-, Bekannten-, Kommilitonen-
und Lehrerkreises in College wie Anstalt bieten Wallace genügend Stoff für eine sich häufig überschlagende Handlung, zumal all diese Institutionen und Orte so fruchtloser wie pein- und
lustvoller Vorgänge in O. N. A. N liegen, der »Organisation
Nordamerikanischer Nationen« als Zusammenschluss von Ka-
nada, den USA und Mexiko. Die USA sind gemäß dem Wahlver-
sprechen eines Präsidenten endlich sauber, denn das frühere
Grenzgebiet im Osten Kanadas und der USA ist in eine gigantische wilde Müllkippe für alle Zivilisationsabfälle verwandelt
worden. Gegen die supranationale O. N. A. N. kämpft eine ter-
roristische Vereinigung zur Befreiung Québecs, »Les Assassins
des Fauteuils Rollents« (A. F. R.) in Wallaces wohl bewusst etwas
dubiosem Französisch. Der Name rührt daher, dass viele ihrer
Mitglieder beim jugendlichen Trainsurfen ihre Beine verloren
haben. Diese separatistische Rollstuhlbande ist hinter der Mas-
tercopy von *Infinite Jest* her, um sie sozusagen als geistige Nuk-
learwaffe im Kampf gegen O. N. A. N. in die Hände zu bekommen, was der ONANistische Geheimdienst natürlich um jeden
Preis verhindern will und deshalb selbst nach der Kassette fahn-
det. Ich breche hier ab …

Einen »Sinn« in dieses wie auch immer additiv komponierte
»Ganze« heraus- oder hineinzuinterpretieren, scheint bei einem
einen »unendlichen Scherz« verheißenden Titel widersinnig.
Auch der in der Forschung vertretene Ansatz, der Roman sei

nach dem Prinzip des Sierpinski-Dreiecks, eines Fraktals, konstruiert, ist für den durchschnittlichen Leser wenig hilfreich, gibt
ihm aber einen Eindruck von dem, was Dürrenmatts Klage einst
meinte, »ein Klima«, »eine Welt der Bildung, der Alphabeten«
werde »erzeugt, in welchem sich nur noch Literatur studieren,
aber nicht mehr machen läßt« – oder nur noch, lässt sich ergänzen, durch einen *poeta doctissimus* wie Wallace.

Allein schon die Doppelexistenz eines Films *Infinite Jest* innerhalb eines gleichnamigen Buchs als wichtiger Teil eben dieses
Buches ermöglicht dem Leser intermedial intertextuelle Beziehungen zwischen zwei auf verschiedenen ontischen und medi-
alen Ebenen angesiedelten »infinities« und potenziert so »infinity«, was mathematisch unmöglich ist. Das meinte wohl
Wallace, wenn er erklärte, der Roman habe wohl »eine Lösung«
(it »resolves«), aber, verglichen mit einem Gemälde, sozusagen
»außerhalb des Bilderrahmens«. Seinem Kollegen und Bewunderer Jonathan Franzen soll Wallace anvertraut haben, letztlich
sei wohl »kein Verstand in die Geschichte« zu bekommen. Indem sie so endlos bleibt, bleibt sie ein »infinite Jest«.

Frank Witzel: *Die Erfindung der Roten Armee Fraktion durch einen manisch-depressiven Teenager im Sommer 1969*

Auch wenn sich viele bekannte US-amerikanische Autoren zu
Wallace als großem Anreger bekannt haben, tut sich bislang in
Deutschland hinter Schecks »Portal« keineswegs eine breite
Prachtstraße auf. Der einzige erfolgreiche Autor, der dem Wal-
lace-Scheck'schen: »Hier geht es lang« gefolgt ist, scheint Frank
Witzel zu sein, der dafür in der Arbeitsphase zu *Die Erfindung
der Roten Armee Fraktion durch einen manisch-depressiven Teenager
im Sommer 1969* 2012 mit dem Robert-Gernhardt-Preis und nach
Erscheinen mit dem Deutschen Buchpreis 2015 ausgezeichnet
wurde.

Der Titel fügt sich bruchlos ein in die Reihe der ihre Erzähler
als unzuverlässig desavouierenden Titel wie *Bekenntnisse des
Hochstaplers Felix Krull* oder *Ansichten eines Clowns* oder ersatz-
weise Anfangssätzen wie »Ich bin nicht Stiller« oder »Zugegeben, ich bin Insasse einer Heil- und Pflegeanstalt«. Schon durch

ihn allein hat Witzel seinem Ich-Erzähler Narrenfreiheit für alles und jedes gewährt – auch das eine Referenz auf Wallace, bei dem etwa ein Viertel des Personals aus einer Entzugsklinik für schwere und unheilbare Fälle stammt. Zugleich steht seine Erzählung aber auch in der Tradition des Jugendromans, Wilhelm Speyers *Kampf der Tertia* (1927) oder Leonhard Franks *Die Räuberbande* (1914), der Witzel am nächsten kommt: Ende des vorvorigen Jahrhunderts poetisieren und romantisieren sich Würzburger Schüler und Lehrlinge ihre triste Alltagswelt unter Zugrundelegung literarischer Muster wahlweise zu böhmischen Wäldern oder wildwestlichen Prärien, in denen sie »Winnetou«, »Oldshatterhand«, »Rote Wolke« oder »Der bleiche Kapitän« heißen. Genauso tauchen »Achim, Alex, Bernd, Claudia und Rainer« mit dem Erzähler identifikatorisch in die Welt der RAF ein, wie sie allabendlich über den Bildschirm flattert, und der gelbe »NSU Prinz 2Zylinder 4-Takt, 578 ccm mit 30 PS«, den sie manchmal illegal-legal benutzen dürfen und mit dem das Buch beginnt und schließt, wird zum hochmotorisierten BMW, zum »Bader-Meinhof-Wagen«, wie man damals sagte, mit einer Waffe im Handschuhfach, die sich als ungeladene Wasserpistole entpuppt. Diese Escape-Fantasien, vom jahrelangen Untergrundterror der ersten, zweiten, dritten Generation über Verhöre und Prozesse hin zu Kongressen und Talkshows zur RAF bilden mit der eher ereignisarmen Kindheit in Wiesbaden-Biebrich und den familiären Umständen mit kranker Mutter und einer Caritas-Familienhelferin, Heimaufenthalten, gehörter Musik und gelesenen Büchern, katholischer Erziehung und immer wieder RAF die Handlung. Einmontiert wird immer wieder eine *cause célèbre* der Zeit, der Mordfall des siebenjährigen Timo Rinnelt in der Wiesbadener Nachbarschaft am 13.02.64, der erst im Mai 1967 durch die Auffindung der Leiche aufgeklärt wurde. Der Täter hatte den Mord als Kidnapping getarnt, sodass der Erzähler ihn immer wieder mit der RAF verknüpft und wegen des Namens mit dem Paulusschüler Timotheus. Ein Beatles-Album wird von einem katholischen Erzieher dank der Lehre vom mehrfachem Schriftsinn komplett christologisch gedeutet, und damit dies alles nicht so chaotisch wirkt, wie es ist, ist am Ende ein 14-seitiges, zweispaltig enggedrucktes Register aller realen und fiktiven Personen wie Sachen von »14Nothelfer« bis »Zündplättchen«, der Lektüren wie der Musiktitel wie der Themen beigegeben sowie das Inhaltsverzeichnis mit 98 nach barockem Vorbild sprechenden Kapitelüberschriften. Auf dem Umschlag ist das Lob seines etwas jüngeren ostdeutschen Kollegen Ingo Schulze abgedruckt: »Ich erfahre so viel über den untergegangenen Westen und über die Gegenwart – erst jetzt weiß ich, dass ich mir genauso einen Roman über dieses Land schon immer gewünscht habe« – ein Gewinn, der einem Landsmann von Witzel leider entgeht.

Etwas irritierend für den Leser ist Witzels Einsatz einer von Mark Twains *Huckleberry Finn* und Metta Fuller Victors *Bad Boy's Diary* über Irmgard Keuns *Kunstseidenem Mädchen*, Salingers *Fänger im Roggen* bis zu Herrndorfs *Tschick* gern verwendeten angeblich »authentischen« Jugendsprache. In Wirklichkeit handelt es sich dabei, wie ein Linguist einmal nachgewiesen hat, um einen u. a. von der Zeitschrift *BRAVO* destillierten Extrakt aus vereinzelten Tendenzen aktueller jugendlicher Kommunikation, der dann von vereinzelten *BRAVO*-Lesern als besonders »authentisch« kopiert wird. Witzel setzt die naive Spreche seines Erzählers nicht etwa nur bei den aus der Perspektive des titelgebenden »manisch-depressiven Teenagers im Sommer 1969« erzählten Partien ein, sondern auch bei den eindeutig dem längst Erwachsenen um 2012 zuzuordnenden.

In der Begründung zur Verleihung des »Deutschen Buchpreises 2015« hieß es u. a., der Roman begebe »sich auf das ungesicherte Terrain eines spekulativen Realismus«, sei »in seiner Mischung aus Wahn und Witz, formalem Wagemut und zeitgeschichtlicher Panoramatik einzigartig in der deutschsprachigen Literatur« und »ein genialisches Sprachkunstwerk [...], das ein großer Steinbruch ist, ein hybrides Kompendium aus Pop, Politik und Paranoia.«

Wie unsere Einordnung in die lange Reihe Schlegel'scher Romane der »transzendentalen Buffonerie« zeigt, ist Witzels Werk keineswegs einzigartig »in seiner Mischung« und der eloquenten Begründung zum Trotz wird es aber auch immer wieder Leser geben, die die gotische Kathedrale oder den Kubus eines Bauhaus-Hauses, ja, selbst eine aus rohen Steinen geschichtete italienische Berghütte einem »großen Steinbruch« vorziehen. Wenn schon Wallaces Roman von einem Kritiker mit einer vollgestopften Spielzeugkiste verglichen wurde, so stellt sich bei Witzel erst recht das Problem der epischen Integration des Heterogenen, wie es etwa Immermann in den *Epigonen*, Thomas Mann im *Zauberberg*, Hermann Broch in *Huguenau oder die Sachlichkeit*, Erik Reger in *Union der festen Hand* und Irmtraud Morgner im *Trobadora*-Zyklus souverän gelingt. Inmitten von Schillers »Anarchie, welche noch immer in der poetischen Kritik herrscht«, könnten Verfahren der epischen Integration auch in der Postmoderne ein Gesichtspunkt einer kritischen Wertung sein – Goethe nannte das bei der scheinbar barbarischen bzw. gotischen Vielfalt des Zierats am Straßburger Münster »alles zweckend zum Ganzen«. Witzel selbst erwähnt in der derzeit üblichen Dankesliste nach Abschluss des Buches ausdrücklich seinen Lektor, »der mich immer wieder darauf aufmerksam gemacht hat, was ich wirklich sagen wollte« – d. h. doch wohl, ob eine Episode, eine Einlage wie etwa die Passagen aus der Sicht des »Oberstuflers« oder des »Fabrikanten« in der Tat »zum Ganzen zwecken«. Der Kritiker Jens Jessen spricht dieses Kriterium in seiner Besprechung in der *ZEIT* vom 15.10.2015 an und findet den Roman in seiner Beliebigkeit des Gebotenen keineswegs als »überkonstruiert […], sondern eher unterkonstruiert«.

Ich-Sagas als Heraustreten der Autoren aus Prousts gigantischem Schatten

Seit Lessing in seiner zeichentheoretischen Untersuchung der Kunstformen »pictura« und »poesis« (*Laokon oder Über die Grenzen der Poesie und Malerei*, 1766) die Mittel der Malerei als koexistente Zeichen im Raum und die der Dichtung als konsekutive Zeichen in der Zeit unterschied und Sterne dies gleichzeitig erzählerisch reflektierte und gestaltete, läuft die Auseinandersetzung mit dem Thema »Zeit« wie ein *basso continuo* durch die Epik. Grundsätzlich geschieht das in Form von Henri Bergsons »temps« und »durée« wie erzähltechnisch in Günther Müllers »Erzählzeit« vs. »erzählte Zeit, vor allem aber in Grundfragen epischer Gestaltung, etwa im Stillstand der Zeit in Hans Castorps Zauberberg, in dem, gemessen an der Skala der »draußen« geltenden Zeit, keine Zeit vergeht (s. S. 123), oder in Lawrence Durrells Anspruch, im *Alexandria Quartet* (1954) erzählerisch Einsteins Relativitätstheorie einzulösen, indem die Romane *Justine*, *Balthazar* und *Mountolive* den Koordinaten des Raums und der abschließende Band *Clea* der Dimension der Zeit entspräche, wie Prousts Ich-Erzähler zum Konzept der »Wiederbringung« der unaufhaltsam vergehenden Dinge in der »wiedergefundenen Zeit« des Kunstwerks findet – so der Titel des letzten Bandes.

Der Norweger Karl Ove Knausgård (geb. 1968) debütierte nach diversen Universitätsstudien in Literaturwissenschaft und Creative Writing 1998 mit dem Roman *Ute av verden* (»Außerhalb der Welt«, bisher keine dt. Ausgabe), in dem er sein Jahr als Lehrer in einer Elementarschule nördlich des Polarkreises »am Rande der Welt, in vollkommener Dunkelheit und eisiger Kälte« zur Grundlage eines Romans macht – ansonsten ein gut ausgestatteter Posten, der in Norwegen allen Absolventen eines lehramtsgeeigneten Studiums offensteht. Der Roman wurde mit 70 000 verkauften Exemplaren ein außerordentlicher Erfolg und vom Verband der norwegischen Kritiker mit dem hoch angesehenen norwegischen »Kritikerprisen« ausgezeichnet, was noch nie zuvor einem Erstlingswerk passiert war. Sein vor allem wegen seines Stils gefeierter Autor wurde sogleich »als stilistischer Berater für die sprachliche Überarbeitung der norwegischen Ausgabe des Alten Testaments engagiert«. Beim Einarbeiten in die ihm obliegenden beiden ersten Mose-Bücher »lernte ich zu lesen. Ich begriff, was es bedeutete zu lesen. Lesen heißt die Worte als Lichter zu sehen, sie leuchten in der Dunkelheit, eines nach dem andern, und Lesen bedeutet, den Lichtern ins Innere zu folgen«.

Zum andern regen ihn die Urgeschichten um Kain und Abel und Noah zu seinem zweiten Roman *En tid for alt* (2004, dt. 2007: *Alles hat seine Zeit*) an, in dem die Geschichten um Kain und Abel sowie Noah episch breit entfaltet werden. Knausgård siedelt sie vor einer norwegischen Fjordlandschaft in einer Welt aus Bauern und Hirten an, die in ihrem zeitlos agrarisch-patriarchischen Charakter einerseits biblisch sein könnte, wie sie andererseits Knausgård aber selbst noch, wie wir aus *Min Kamp* erfahren werden, auf dem Einödhof seiner Großeltern erlebt hat. Ob Kain, Abel oder Noah – sie alle leben bei Knausgård mit ihren weitverzweigten Sippen in einer Welt »jenseits von Eden, gegen Osten« (Gen 4, 16). Auch dieser Roman war sehr erfolgreich und wurde für verschiedene Preise nominiert, bedeutete aber zugleich Knausgårds Abschied vom herkömmlichen Erzählen aus Misstrauen gegen jegliche Form epischer Fiktion als Misstrauen gegenüber dem, was wir »Wirklichkeit« nennen: Wir leben ohnehin in »Fiktionen«, »Erzählungen«, in »Narrativen«, wie es inzwischen im allgemeinen Sprachgebrauch hieß – warum sollte ein Autor diese noch vermehren? Hier werden Proust und Broch, dessen *Tod des Vergil* Knausgård zugleich mit der Bibel regelrecht lieben lernte, fruchtbar in einem radikalen Rückzug auf das Ich, seine Wahrnehmung und seine Sprache. Proust wird während der Arbeit an *Min kamp* seine ständige Lektüre; immer wieder erzählt er, wie er einzelne Bände der *Suche nach der verlorenen Zeit* in sein Reisegepäck steckt.

Das beim Studium der Bibelbücher Genesis und Exodus gelernte »Lesen« eines Textes wendet er mit Hilfe Hermann Brochs auf das Schreiben eines Textes an, bei dem es gilt, dem Leser »Lichter« aufzustecken, die »in der Dunkelheit, eines nach dem andern« »leuchten«, sodass der Leser »den Lichtern ins Innere zu folgen« vermag. Er demonstriert das an Brochs erstem Satz in *Der Tod des Vergil* und nennt ihn »einen der besten Prosasätze [...], die in Europa in den letzten zweihundert Jahren geschrieben wurden« (s. S. 153). Broch knüpfe darin »an eine konkrete Landschaft in der Welt« an,

> »an einen konkreten Moment in der Zeit, einen frühen Abend in der Nähe des Hafens von Brindisi, dessen Elemente, das sonnenbeschienene Stahlblau des Meeres, das rosa Leuchten des Himmels, die weißgewaschene Küste, das Schimmern der Häuser dort, beim Leser ähnliche Augenblicke aus der Tiefe der Erinnerung holen *und* bewirken, dass dieser Augenblick und die möglicherweise in ihm rúhende Erkenntnis *erlebt* werden. Ein Erlebnis ist Geschehenes, gefärbt von Gefühlen.«

Diese abschließende Definition knüpft unmittelbar an den Begriff von »Erlebnis« als einem datierten Gefühl in der mit Klopstock und vor allem dem Straßburger Goethe beginnenden »Erlebnislyrik« an. Klopstocks *Frühlingsfeier,* Goethes *Willkomm und Abschied* über eine mit Friederike Brion im Frühjahr 1771 verbrachte Nacht und vor allem sein am 6. September 1780 am »Gickelhahn, dem höchsten Berg des Reviers«, unmittelbar nach Sonnenuntergang auf die Wand der Jagdhütte, in der er übernachten will, geschriebenes *Wandrers Nachtlied* gestalten datierte Gefühle – »Geschehenes, gefärbt von Gefühlen.« Und, wie Knausgård Henry James zitiert, »In der Kunst sind die Gefühle der Sinn«.

Indem Knausgård diesen traditionsbeschwerten und traditionell mit der Lyrik verbundenen Begriff des »Erlebnisses« auf das Erzählen anwendet, findet er zu einer neuen Prosatheorie mit dem Begriff des »Ikonischen«: »Das Ikonische ist der äußerste Punkt der Literatur, ihr eigentliches Ziel, nach dem sie ständig strebt: dieses eine Bild, das alles in sich versammelt, gleichzeitig aber in sich selbst lebt«. Knausgård vergleicht dieses »Ikonische« mit dem für Joyces Werk zentralen Begriff der »Epiphanie« – »a sudden spiritual manifestation«, spirituell und ästhetisch manifest zugleich.

So hat Broch geschrieben, »so schlicht [...] und mit solcher Genauigkeit in den konkreten Details, dass das Bild in die Vorstellungswelt des Lesers eindringt und sich dort mit dem Reichtum an Stimmungen und Gefühlen ausbreiten kann, die ihm in dieser Vorstellungswelt hinzugefügt werden«. Absatzlos geht

Knausgårds Analyse des Brochsatzes in seine eigene Schilderung eines Besuchs bei Freunden und Verwandten in der Heimat seiner Mutter über, festgehalten in »alles in sich versammel(nden), gleichzeitig aber in sich selbst leb(enden)« Bildern, und mitten in ihnen, »kaum anwesend«, ein ihm nahestehender im Sterben liegender Onkel. Jetzt erst folgt ein Absatz:

> »Alles, was er sah, wurde für ihn selbst bald fort sein, um nie mehr zurückzukehren.
>
> Nicht nur die Familie, [...] sondern auch der Fjord und die Berge, das Gras und die sirrenden Insekten. Und, oh Gott, die Sonne. Er würde nie wieder die Sonne sehen.

Und jetzt war es »die gleiche Sonne«, die Karl Ove Knausgård durch »einen von zahlreichen fantastischen Tagen in dem Sommer« begleitet hatte und die er im »ikonischen« Bild aufheben wird. Auf dem Rückweg fährt der Autor-Erzähler. Er hat den Weg gefunden und ihn in der Schilderung des vergangenen Sommertags in der Fjordlandschaft bereits angetreten, die eigene Vergänglichkeit wie die der Welt im Beschreiben aufzuheben. Nicht die Handlung »ist der äußerste Punkt der Literatur, ihr eigentliches Ziel, nach dem sie ständig strebt«, sondern »das Ikonische [...], dieses eine Bild, das alles in sich versammelt, gleichzeitig aber in sich selbst lebt«, es ist »das Bild«, das in die Vorstellungswelt des Lesers eindringt und sich dort mit dem Reichtum an Stimmungen und Gefühlen ausbreiten kann, die ihm in dieser Vorstellungswelt hinzugefügt werden. Und nach Henry James sind »in der Kunst [...] die Gefühle der Sinn«. Bereits im ersten Band berichtet er, er habe »mittlerweile [...] alle Tagebücher und Notizen verbrannt; von dem Menschen, der ich bis zu meinem fünfundzwanzigsten Geburtstag gewesen war, gab es kaum noch eine Spur.« Fortan wird er ohne alle materiellen Zeugnisse allein »mit einem absoluten Gehör der Erinnerungen« schreiben, wie es exakt in der Mitte des Projekts, am Schluss des dritten Bandes heißt.

Fünf Jahre nach seinem zweiten Roman, hochverschuldet bei seinem Verlag, der immer noch an ihn glaubt, hat Knausgård die Form gefunden, die ihn binnen weniger Jahre zum Weltautor machen wird. In rascher Folge schreibt und veröffentlicht er von 2009 bis 2011 einen einzigen riesigen Roman – über 4500 Seiten umfasst die deutsche Ausgabe – *Min kamp*, der aus rein schreib-,

druck-, verlagstechnischen und Marketing-Gründen in sechs
Bände aufgeteilt wird, die schlicht durchnummeriert werden:
2009 erscheinen *Min kamp – Første bok, Andre bok, Tredje bok*, 2010
Fjerde bok und *Femte bok* und 2011 das *Sjette bok*. Inhalt dieses »au-
tobiographischen Romans«, wie der Autor selbst ihn immer wieder nennt, sind einzig und allein Knausgårds Leben, Denken,
Fühlen und Schreiben von Tag zu Tag unter der Überschrift *Min
Kamp*, ein Titel, der im Norwegischen genauso belastet ist wie
im Deutschen, aber weniger anstößig. Die vom deutschen Verlag als Notlösung gewählten Titel *Sterben* (2011), *Lieben* (2012),
Spielen (2013), *Leben* (2014), *Träumen* (2015) und *Kämpfen* (2017; im
Folgenden zitiert als MK1–6) entbehren jeglichen Sinns; völlig
willkürlich gewählt verwirren sie den, der sie ernst nimmt. Inzwischen tragen Neuausgaben aller Bände den einheitlichen Untertitel »Das autobiographische Projekt«, jeweils mit beigesetzter
Bandnummer.

Einziger Inhalt des gigantischen *roman fleuve* in allen seinen
sechs Teilen ist das Leben und Schreiben seines Autors von Tag
zu Tag, sodass wir nicht nur die eigentlichen Romanpassagen,
sondern auch ihre Entstehung bis in die einzelnen alltäglichs-
ten Lebensumstände eines Familienvaters mit vier Kindern und
selbst schreibender und studierender, noch dazu an psychischen
Problemen leidender Ehefrau. Das Riesenwerk ist so zum einen
Tagebuch mit bisweilen exakt datierten Abschnitten, dabei wie
bei Thomas Mann voller banaler Einzelheiten; was bei Mann die
»rote Tablette zusätzlich genommen« oder das »Ziehen im linken Bein« ist, wird bei Knausgård zur Zahl der mittags für die
Kinder gebratenen Fischfrikadellen oder das x-malige An- und
Auspellen von Strumpfhosen. Eingebettet in diese epische Zu-
ständlichkeit, die noch Stifters *Witiko* weit übertrifft, sind nicht
nur die einem eigentlichen Roman entsprechenden aktuellen
wie erinnerten Ereignisse aus dem Leben des Erzählers, sondern
auch, quasi als »Roman eines Romans«, die Voraussetzungen,
Umstände und Vorgänge des Erzählens, wie die oben dargelegten Reflexionen zu Knausgårds Poetik des »Ikonischen«, des
»Bildes«. Das nach dem furiosen Debüt Wolfgang Koeppens –
drei für die deutsche Nachkriegsliteratur bahnbrechende Romane zwischen 1951 und 1954 (s. S. 170) – unvermittelt einsetzende
nahezu völlige Verstummen für über 40 Jahre hat der immer
wieder nach den Gründen gefragte Autor in einem Interview

einmal auf die Formel gebracht: »Mein Tag ist mein großer Roman« – wie bei Knausgård, nur dass dieser ihn wirklich aufschreibt.

In der Ausführung schließt Knausgård sich an Virginia Woolfs, Christa Wolfs und Irmtraud Morgners Überlegungen zu einer spezifisch weiblichen Ästhetik des kurzen Atems an. Woolf hatte bemerkt, die bisherigen Romane gehorchten einer von Männern entwickelten Ästhetik: Das große, geschlossene, in kontinuierlicher, den Schöpfer völlig absorbierender Arbeit geschaffene opus magnum passe nicht zum völlig anderen Lebensrhythmus der Frau, die im Alltag als Hausfrau oder gar als Mutter von Kindern einfach häufiger Unterbrechungen ausgesetzt ist. Genauso definiert Knausgård ganz zu Beginn seines »autobiographischen Projekts« auf den ersten Seiten von MK1 den Titel »Mein Kampf«: Gemeint ist der Kampf zwischen seinem megalomanen lebenslangen »Ehrgeiz, einmal etwas Einzigartiges zu schreiben«: »Ich *musste* großwerden, Ich *musste*. Wenn nicht, könnte ich mir ebenso gut das Leben nehmen«. Das führt zu einem ebenso langen Kampf gegen die »Invasion des eigenen Lebens, die mit Kindern einhergeht«: »Putzen, Waschen, Essen kochen, spülen, einkaufen, mit den Kindern auf dem Spielplatz tollen, sie hereinholen und ausziehen, sie baden, sie beaufsichtigen, bis sie ins Bett müssen, sie zu Bett bringen, Kleider zum Trocknen aufhängen, Tische, Stühle, Schränke abwischen. Es ist ein Kampf.« Und es ist »Mein Kampf«, denn im »Ich« stößt dieses alles zusammen. Als Knausgård 2017 wegen seines europäischen Ranges den Österreichischen Staatspreis für Europäische Literatur erhält, heißt es in der offiziellen Begründung des Bundeskanzleramtes in Wien, mit seinem Romanzyklus »Mein Kampf« habe Knausgård »erbarmungslose Sezierarbeit an der männlichen Seele« geleistet.

Der auf das tägliche Dilemma zwischen dem eigenen megaloman besessenen Schreiben und seiner alltäglichen Existenz als liebevoller Familienvater referierende Titel ist ihm so wichtig, dass ihn die unvermeidbare Titelidentität mit dem »einzige[n] absolute[n] Tabu in der Literatur«, Hitlers *Mein Kampf,* nicht davon abbringen kann. Bei der Auflösung des großelterlichen Haushalts hat er ein norwegisches Exemplar gefunden – was tat es da? Erst zu Schreibbeginn »seines Kampfs« besorgt er sich antiquarisch ein Exemplar und das Buch wird ihm »Symbol für das

Böse im Menschen«. »Fast alle Literatur ist bloß Text«, die unge-
heuerlichen Taten, die aus diesem Buch hervorgingen, »sind so
geartet, dass sie die Literatur verändern, sie zu etwas Bösem machen«. Statt, wie ursprünglich geplant, »ein paar Seiten über Hitlers Buch zu schreiben«, werden es in MK6 dann viele hundert,
wohl um seinem eigenen für ihn nicht zur Disposition stehen-
den Titel »Min kamp« die Peinlichkeit zu nehmen.

Soweit der »Kampf« in seinem »Ich«. Aber wer ist dieses »Ich«,
was berechtigt es, bändeweise so von sich zu sprechen? Noch im
letzten Band fragt sich der Autor: »Wer glaubte ich denn zu sein,
dass ich für andere Menschen schreiben wollte? Wusste ich es
vielleicht besser als andere? Hatte ich ein Geheimnis, das niemand sonst besaß? Waren meine Erfahrungen besonders wertvoll? Meine Gedanken über die Welt besonders gültig?«

Diese Fragen hat schon Jean-Jaques Rousseau beantwortet, als
er auf der ersten Seite seiner Autobiographie *Confessions* den für
seine Zeit revolutionär neuen qualitativen Individuumsbegriff
formulierte: »Moi, seul« sei er der Gegenstand seines Werks,
nicht etwa, weil er besser sei als andere, sondern »anders«: »je
suis autre«, in Vergangenheit und Gegenwart einmalig und auch
niemals wiederholbar, ein Unikat, zu dem die Natur die Guss-
form zerbrochen habe, nachdem sie ihn darin gegossen habe.
Knausgård nimmt dieses Konzept eines »romantische[n] Ich[s],
das über seine Ufer tritt und dessen vornehmstes Merkmal das
Einzigartige ist«, bewusst auf und macht es zur Grundlage seines autobiographischen Schreibens. Im ganzen 20. Jahrhundert
schien es verschüttet zu sein, sei es durch seine Kollektivierung
in Rasse, Volk, Nation, seine völlige Negation im marxistischen
Begriff des »Klassenschicksals«, von seiner ökonomischen Op-
timierung in Huxleys »Schöner neuer Welt« oder Ulrich Grei-
ners »geschmeidigem Totalitarismus«, der sich hinter Wallaces
»unendlichem Spaß« im gar nicht so fernen Lande O. N. A. N.
verbirgt, oder sei es schlicht verschlungen von einem durch das
Diktat von Werbung, Trends und Hypes restlos fremd gelebten
Leben. Letzter Auslöser der Ich-Flut mag der von den seinerzeit
aktuellsten poststrukturalistischen Theorien verkündete »Tod
des Autors« sein: Einen »autonom« ein »eigenes Werk« »schaf-
fenden« »Urheber« gebe es gar nicht; ein Autor wähle und bün-
dele als Schnittstelle jeweils lediglich die herrschenden Diskurse seiner Zeit. Dem gegenüber behaupten sich jetzt die auf einen

solchen »Schnittpunkt der Diskurse« reduzierten »Schnittstellen« als saufendes, vögelndes, leidendes, liebendes, denkendes wie stoffwechselndes einmaliges und unverwechselbares »Ich« voll kurioser Eigenschaften und Vorurteile. Goethe hat sich im Zusammenhang seines großen langjährigen Projekts *Aus meinem Leben* kritisch mit der Berechtigung eines Individuums, das Publikum mit Erzählungen »aus seinem Leben« zu behelligen, auseinandergesetzt. In aus dem Nachlass veröffentlichten fragmentarischen Notizen zur Bedeutung des Individuellen und zu dessen Mitteilung stellt er Überlegungen an, die Knausgårds Welterfolg wie die derzeitige fast kultische Beliebtheit von Sagas aus dem Alltag ihrer Urheber verstehen helfen und zugleich an Goethes Definition des modernen Romans als »subjektive Epopöe« anschlussfähig sind:

> »Das Individuum geht verloren; das Andenken desselben verschwindet und doch ist ihm und anderen darangelegen, daß es erhalten werde.
>
> Jeder ist selbst nur ein Individuum und kann sich auch eigentlich nur fürs Individuelle interessieren. Das Allgemeine findet sich von selbst, dringt sich auf, erhält sich, vermehrt sich. Wir benutzen's, aber wir lieben es nicht.
>
> Wir lieben nur das Individuelle; daher die große Freude an Porträten, Bekenntnissen, Memoiren, Briefen und Anekdoten abgeschiedner selbst unbedeutender Menschen.
>
> Die Frage: ob einer seine eigene Biographie schreiben dürfe, ist höchst ungeschickt. Ich halte den, der es tut, für den höflichsten aller Menschen.
>
> Wenn sich einer nur mitteilt, so ist es ganz einerlei, aus was für Motiven er es tut.«

Die locker, fast assoziativ beim Diktieren – der Text ist uns in Riemers Handschrift überliefert – gereihten Sentenzen fallen mit der Tür ins Haus: Im Zentrum jedes Erzählens von sich selbst steht der Kampf gegen den Verlust des Individuums und für die Bewahrung seines Andenkens, mithin die »Suche nach der verlorenen Zeit« und das Bemühen um ihre Rettung.

Das so unabdingbare »Ich« stellt den subjektiven Aspekt des Werkes dar, die erbetene »Erlaubnis [...], die Welt nach seiner Weise zu behandeln. Es fragt sich also nur, ob er eine Weise habe; das andere wird sich schon finden« – im Grunde bringt der Sammeltitel, unter dem Arnold Stadler 2008 seine bahnbrechenden autobiographischen Ich-Romane von 1989 bis 1994 (s. S. 231) zusammengeführt hat, diese Doppelung aus empirischem Ich und der Manier seiner Aussprache knappstmöglich auf den Punkt: *Einmal auf der Welt. Und dann so. Roman.* Bei Knausgård ist dieses Stadler'sche »so« die Fähigkeit, Gesehenes und Gefühltes ins »Ikonische«, ins »Bild« zu überführen. »Nur eine Frage der Technik« nennt Knausgård in MK2, *Lieben,* diese »Weise«, die ein Autor laut Goethe »haben« muss, aber sein Freund und Kollege Geir entgegnet sogleich: »Technik? *Technik?* Na du hast gut reden. Du kannst auf zwanzig Seiten einen Toilettenbesuch so gestalten, dass die Leser leuchtende Augen bekommen. Was glaubst du eigentlich, wie viele das können?« (Den Text »Der braune Schwanz« gibt es wirklich; er erschien drei Jahre später in einer Anthologie.)

Die Form, in der Knausgård sein »Ich« »die Welt nach seiner Weise [...] behandeln lässt«, ist in seinem Riesenwerk *Min kamp* die von ihm selbst »autobiographischer Roman« genannte. Als *poeta doctissimus* ist Knausgård natürlich mit der Theorie des französischen Literaturwissenschaftlers Philippe Lejeune vertraut, nach der es sich bei der »Autobiographie« nicht um eine Textsorte handelt, sondern um einen außerhalb des Textes vom Autor angebotenen und vom Leser eingegangenen »Pakt«, wie man leicht an zwei Beispielen sieht. Wolfgang Koeppen veröffentlichte 1948 *Jakob Littner: Aufzeichnungen aus einem Erdloch* – allein Koeppens Name als Autor auf dem Titelblatt machte das Buch eindeutig zu einem Roman Koeppens. Diesen Littner aber gab es wirklich, und Koeppen hatte dessen Text lediglich – wie auch immer – redigiert. Eine spätere Neuausgabe mit dem veränderten Titelblatt *Jakob Littners Aufzeichnungen aus einem Erdloch* hingegen machte den Text zu einem autobiographischen Bericht Littners über sein Verfolgungsschicksal.

Deutlichstes Signal für den vom Autor angebotenen autobiographischen Pakt ist für Lejeune die Identität des Namens auf dem Titelblatt mit dem des Ichs, das im Buchinnern seine Geschichte erzählt; aber auch im Text genannte reale Werke des Autors auf dem Titelblatt als Werke des erzählenden Ichs – so bei Ulla Hahn oder in Grass' Familienautobiographie *Die Box* – oder die Fotos, die der späte May von sich als Old Shatterhand oder als Kara ben Nemsi machen ließ, bieten diesen Pakt an, was May dann bei der zeitgenössischen Kritik zum Verhängnis wurde.

Knausgård selbst wurde mit diesem Phänomen konfrontiert, als er die Ereignisse seines ersten Romans *Ute av verden* über sein Jahr als Lehrer in einer Elementarschule nördlich des Polarkreises, »außerhalb der Welt«, in MK4, *Leben*, noch einmal erzählte. Im Roman hatte sich der Junglehrer zu einem Verhältnis mit einer 13-jährigen Schülerin hinreißen lassen, im autobiographischen Text spielt er lediglich mit dieser Versuchung; im Roman hatte die Geschichte weder einen Skandal noch überhaupt Aufsehen erregt, wie Knausgård in MK6, *Kämpfen*, erläutert, im autobiographischen Text mutmaßt die Presse sogleich einen realen Missbrauch und damit ein schweres, reales Verbrechen. Die meisten der mindestens 70 000 Leser des Romans mögen autobiographische Züge vermutet haben, »aber die Vereinbarung zwischen Autor und Leser, der Pakt des Romans ist, dass diese Schlussfolgerung nicht gezogen wird, und wenn, dann nur im Verborgenen. Sie darf niemals ausgesprochen werden. Der Stempel ›Roman‹ ist die Garantie dafür.«

Mit Lejeunes Theorie vertraut, setzt Knausgård den autobiograpischen Pakt von Anfang an massiv in Kraft: Ich, Karl Ove Knausgård, biete euch auf den folgenden 4500 Seiten die Wahrheit und nichts als die Wahrheit, die ich, wie einst Prousts Erzähler, aus meinen Erinnerungen heraushole. Als er am 27.02.2008 zu schreiben beginnt, identifiziert er sich wie für ein Polizeiprotokoll:

> »Heute ist der 27. Februar 2008. Es ist jetzt 23.43. Ich, der ich dies schreibe, Karl Ove Knausgård, wurde im Dezember 1968 geboren und bin folglich im Augenblick der Niederschrift 39 Jahre alt. Ich habe drei Kinder, Vanja, Heidi und John, und bin in zweiter Ehe mit Linda Boström Knausgård verheiratet. Alle vier schlafen in den Zimmern ringsum, in einer Wohnung in Malmö, wo wir seit anderthalb Jahren leben.«

Fontane dagegen hatte seiner Kindheitsbiographie *Meine Kinderjahre* bewusst, wie er im Vorwort darlegt, »den Nebentitel eines ›autobiographischen Romanes‹« gegeben, und zwar aus dem »Grund, daß ich nicht von einzelnen aus jener Zeit her vielleicht noch Lebenden auf die Echtheitsfrage hin interpelliert werden möchte. Für etwaige Zweifler also sei es Roman!« Knausgård will diese Ausflucht bewusst nicht; das ist u. a. der Zweck, der im Text immer wieder erzählten, wüsten Angriffe von Verwandten und Betroffenen sowie in der Presse und der daraus resultierenden eigenen Ängste wie der des Verlags vor einem Rattenschwanz von Prozessen. Außer gelegentlich bei absoluten Randfiguren lehnt er immer wieder den Rat ab, im Manuskript einfach Namen zu ändern. Seine Kunst will

> »hinab ins Wirkliche. Und das Signum dieser Wirklichkeit, ihre einzige überführbare Größe, war der Name. Nicht der Name als Traum oder Bild, sondern der Name dieses einen Menschen. [...] Bei der Arbeit an meinem Roman kam den authentischen Namen deshalb eine Schlüsselrolle zu. [...] Die Grundidee meiner Romanreihe lautete schließlich, die Wirklichkeit zu schildern, wie sie war. [...] Ich wollte versuchen, zum Rohen und Willkürlichen dieser Realität vorzudringen, und dafür war der Name unverzichtbar [...] das Authentische ist ein Klang, der sich nicht kopieren lässt«.

Da der Roman ja gleichzeitig Roman eines Romans ist, kommt Knausgård immer wieder und immer wieder auf schärfste Kritiken, Verleumdungen, Erpressungen, Klagen und drohende Prozesse ausführlichst zu sprechen, um damit immer und immer wieder zugleich seinen ebenso rückhaltlosen Kampf um »Wahrheit« und »Authentizität« unter Beweis zu stellen. All die Kämpfe führen letztlich nur dazu, dass der Name des Vaters, der den gesamten Roman als Drohgestalt überschattet, mit Rücksicht auf dessen daueraggressiven Bruder nie genannt wird, die Presse aber zumeist mehr die Rechtsstreitigkeiten als die komplex innovative Erzählstruktur herausstellte.

Das letztlich über alle Maßen erfolgreiche »Experiment im Genre Realismus« einschließlich seines Ringens um Authentizität auch um den Preis der Verletzung fernster wie naher und nächster Menschen schließt, wie es begonnen wurde:

> »Es ist 07:07 Uhr, und der Roman ist endlich fertig. In zwei Stunden kommt Linda, dann werde ich sie umarmen und sagen, dass ich fertig bin und ihr und unseren Kindern nie wieder so etwas antun werde. Wir werden den Zug nach Louisiana nehmen [...] Danach werden wir den Zug zurück nach Malmö nehmen, uns ins Auto setzen und zu unserem Haus fahren, und auf dem ganzen Weg werde ich den Gedanken genießen, dass ich kein Schriftsteller mehr bin.
>
> *Malmö, Glemmingebro* 27.2.2008 – 2.9.2011«

ULLA HAHNS KLASSISCHE AUTOBIOGRAPHIE ALS ENTWICKLUNGSROMAN

Ulla Hahn, geboren 1945, hatte Ende der 70er-Jahre als konsequent postmoderne Lyrikerin in bewusster Pflege einer von Heine über Ringelnatz und Mascha Kaléko zu Peter Rühmkorf reichenden Tradition großes Aufsehen, in heftiger Zustimmung wie kritischer Ablehnung, erregt. Ihre in rascher Folge in wenigen Jahre nach ihrem Erstling *Herz über Kopf* (1981) erscheinenden Gedichtbände ließen sie in den 70er- und 80er-Jahren eine Zeitlang zur bekanntesten deutschen Lyrikerin werden; ihr gereimtes Programm *Ars poetica* sprach in Form und Inhalt für sich:

Danke ich brauch keine neuen
Formen ich stehe auf
Festen Versesfüßen und alten
Normen Reimen zu Hauf.

Zu Papier und zu euren
Ohren bring ich was klingen soll
Klingt mir ein Lied aus den
Poren rinnen die Zeilen voll

Und über und drüber und drunter
Und drauf und dran und wohlan
Und das hat mit ihrem Singen
Die Loreley getan.

Im Grunde hat Hahn dieses Programm auf ihr Erzählen übertragen, als sie Ende des Jahrtausends mit ihrem autofiktionalen Projekt begann. Als promovierter Germanistin genügten ihr als theoretisches Rüstzeug Lejeunes autobiographischer Pakt und ansonsten die großen Vorbilder von Heinrich Jung-Stillings Autobiographie (1777–1789) und Karl Philipp Moritz *Anton Reiser* (1785/1790) über Goethes *Dichtung und Wahrheit* (1811/14/33) bis zu Martin Walsers kurz zuvor erschienenem *Der springende Brunnen* (1998).

Es lohnt sich, Knausgårds weltweit erfolgreichem sechsbändigem Monumentalprojekt *Min kamp* (2009–2011) mit seinen 4500 Seiten Ulla Hahns in Deutschland ähnlich erfolgreiches Quartett autobiographischer Romane *Das verborgene Wort* (2001), *Aufbruch* (2009), *Spiel der Zeit* (2014) und *Wir werden erwartet* (2017) mit immerhin 2400 Seiten kontrastierend zur Seite zu stellen. Das beginnt mit den Personen- und Ortsnamen, die für Knausgård in ihrem »Klang, der sich nicht kopieren lässt«, geradezu »unverzichtbar« waren, »um zum Rohen und Willkürlichen dieser Realität vorzudringen«, und die für Philippe Lejeune primäres Merkmal für den Abschluss des autobiographischen Pakts zwischen Autor und Leser sind. Auf dem Buchtitel steht als Verfasserin des Romans Ulla Hahn, seine Erzählerin innerhalb der Fiktion heißt »Hilde Palm« und der Ort, in dem sie aufwächst, heißt »Dondorf«, teilt sich aber seine geographische Lage am Rhein auf halbem Wege zwischen Köln-Mülheim und Düsseldorf sowie zahllose andere Einzelheiten mit Mondorf am Rhein. Die promovierte Literaturwissenschaftlerin Ulla Hahn bietet ihren Lesern dennoch Lejeunes Pakt ausdrücklich an: Nicht nur werden einige von »Hilde Palms« Kölner germanistischen Lehrern mit ihren Namen in der Wirklichkeit erwähnt – entscheidend ist, dass die im letzten Band »Wir werden erwartet« ausführlich behandelte Hamburger Dissertation von »Hilde Palm« *Literatur in der Aktion. Zur Entwicklung operativer Literaturformen in der Bundesrepublik* (= Athenaion-Literaturwissenschaft, Band 9, Wiesbaden 1978) genauso unter dem Verfassernamen »Ulla Hahn« in realen Bibliotheken zu finden ist, was nach Lejeunes Theorie ausreicht, um »Hilde Palm« zu Ulla Hahn zu machen.

Zusätzlich hat Ulla Hahn mit »Hilde Palm« ein sprechendes »Alias« gewählt – der fiktive Name ist ein Kofferwort aus »Hildegard Palm« und »Hilde Domin«, dem bürgerlichen und dem Dichternamen der Lyrikerin aus dem Mondorf benachbarten Köln, die sich mit der Wahl dieses Pseudonyms für das ihr im Exil gewährte Asyl in der Dominikanischen Republik bedanken wollte. Hahns Name für die stellvertretende Erzählerin ihrer Romanautobiographie bezeichnet also im Goethe'sch-aristotelischen Sinne das »Telos« der Hahn'schen Entelechie, d. h. des in jedem Wesen immer schon keimhaft angelegten Strebens nach seiner wahren und endgültigen Gestalt. Wie in Goethes Namen für seinen Helden »Wilhelm Meister« – »Wilhelm« als Hommage an William Shakespeare und »Meister« als das Ziel seiner Lehr- und Wanderjahre – der Roman in nuce vorhanden ist, weist »Hilde Palm« von Anfang an von der zunächst noch schlummernden Lyrikerin im »Verborgenen Wort« des ersten Bandes auf das Debüt als Lyrikerin am Ende des letzten Buchs voraus.

Wie diese Wahl des Namens zeigt, kennt Hahn bereits das Ziel des den gesamten Weg durch die vier Bände eröffnenden »Lommer jon«, wenn sie den leitmotivisch das Werk durchziehenden Satz des Großvaters erstmals niederschreibt, während Knausgård in der ersten Skizze zu seinem Riesenwerk nur plant, »das Leben zu schreiben, wie es im Moment war, tagebuchartig und offen für die Zukunft, mit allem, was in den letzten Jahren passiert war, als dunklem Unterstrom.«

Mehr als »dunkler Unterstrom« ist bei Knausgård »alles, was in den letzten Jahren passiert war« in der Tat nicht – politische, gar weltpolitische Ereignisse spielen neben des Autors Schreiben und Leben, die ja auch in ihrer Verwobenheit sein eigentliches Thema darstellen, so gut wie keine Rolle. Währenddessen bietet Ulla Hahn im Gang ihres Weges von der »katholischen Arbeitertochter vom Land«, dem gleich dreifach in seiner Bildung behinderten Lieblingssorgenkind der von Georg Picht, einem Internatsleiter, in den 1960er-Jahren ausgerufenen »Bildungskatastrophe«, zur promovierten Germanistin, gefeierten Lyrikerin, Journalistin und Verfasserin eines eigenen vierbändigen Entwicklungsromans ein reiches Bild vom bewegten bundesdeutschen Schul-und Universitätsleben von der zweiten Hälfte der 50er- bis zum Ende der 70er-Jahre. Die Gattungsbezeichnung »Roman« gibt ihr nach Fontanes Vorbild Rückendeckung gegen eventuelle Nachfragen von »noch Lebenden auf die Echtheitsfrage hin« und ermöglicht ihr zugleich, dem Rat der Madame Seyton in Goethes *Die guten Frauen* (1800) zu folgen: »Eine wahre Geschichte ist ohne Exaggeration selten erzählenswert.«

Ohne Ulla Hahn auf Exaggerationen hin zu interpellieren, freut sich der Leser an den Passagen, an denen der autobiographische Roman nachgerade zum Historischen Roman wird. Die Konstellation ist ähnlich der in Karl Philipp Moritz' viertem Buch des *Anton Reiser*: Wie dort die Empfindsamkeit von einem Erzähler, der sie überwunden hat, karikiert wird, so werden im dritten und vierten Buch *Spiel der Zeit* (2014) und *Wir werden erwartet* (2017) die wilden, bunten Jahre der Studentenunruhen der 1960er und deren Kanalisierung im grauen orthodoxen Stalinismus der bundesdeutschen DKP der 1970er-Jahre entlarvend genau porträtiert. »It's fifty years ago« – dem Zeitzeugen zur boshaften Freude, dem Nachgeborenen zur Belehrung.

Beide Lesergruppen werden gern auf Interpellation verzichten und den Verdacht auf etwaige Übertreibungen hintanstellen, erst recht bei der so schönen wie zarten, so realistischen wie traumhaften Geschichte einer ersten – und erfüllten! – großen Liebe im dritten Band, die erst im vierten jäh und tragisch endet. Die Konstellation ist die von Erich Segals postmodernem Erstling *Love Story* – reicher Junge aus alter Familie, armes Mädchen von ganz unten –, nur geglückter (s. S. 164 f.). Die Postmoderne lässt alles zu, sogar ungetrübt glückliche Liebesgeschichten über einen ganzen Band hinweg, so wie auch der autobiographische Pakt dies zulässt: Im Gegensatz zur Biographie kennt die Autobiographie nach Lejeune kein faktisches »richtig« oder »falsch«, der Leser überlässt sich dem vom Autor angebotenen Narrativ. Das wusste man schon Ende des 19. Jahrhunderts: Der berühmte Spruch »Hier irrte Goethe« geht auf Heinrich Düntzers Ausgabe von Goethes *Wahrheit und Dichtung* für Kürschners »Deutsche National-Litteratur« zurück. Wörtlich steht das zwar so nirgendwo bei Düntzer, aber in Variationen durchzieht es zur Belustigung eines Rezensenten alle vier Bände, sodass er von Düntzers »Hier irrte Goethe«-Marotte sprach. Genau diese Zulassung des vom Dichter Erinnerten als »Wahrheit« des eigenen Lebens vor dem chronikalisch Annalistischen ist eine der von Goethe intendierten Lesarten des von ihm gewählten Titels – jede Erzählung der »Wahrheit« »aus meinem Leben« ist notwendig auch »Dichtung«, ist gerundet zur »Erzählung«, zum »Narrativ« und verletzt nicht Lejeunes Pakt.

Die symbolische Rundung der Palm-Hahn'schen Autobiographie ist aber durchaus real: Mit der erschöpfenden Kompilation »operativer Literaturformen in der Bundesrepublik« unter dem kämpferischen Slogan »Literatur in der Aktion« in der Dissertation von 1978 endet für die Autorin überraschend ihr soeben noch gefeiertes Literaturkonzept. Unter radikalem Bruch mit den Fesseln einer untoten Ideologie geht Hahns sich anschließendes eigenes lyrisches Schaffen bruchlos über in die Feier des eigenen freien, niemandem und nichts als sich selbst, dem eigenen Fühlen und der eigenen Sprache verpflichteten Worts.

Das Buch endet in einer Vision, in der die Erzählerin, die diesen letzten Band an Elbe und Alster schreibt, mit dem Kind am Rhein verschmilzt, von dem der erste Band erzählt hat. Die Jugend wird eins mit dem Alter und Rhein, Alster und Elbe münden ineinander wie der Hass in die Liebe mündet und wo Raum und Zeit mehr nicht mehr sein werden, wo, wie Petrus einst verkündete »alles wiederhergestellt wird, wovon Gott geredet hat« (Apg 3, 21), und Goethe gedichtet hat: »Was einmal war in allem Glanz und Schein/ Es regt sich dort, denn es will ewig sein.« In diesen ewigen Raum ruft jetzt, wie einst Gretchen ihren Faust, »der früh Geliebte/ Nicht mehr Getrübte« die Geliebte und sichert ihr zu: »Wir werden erwartet.«

Sagas vom eigenen Ich

Vieles kam wohl zusammen, dass die Zeit um und nach 2000 literarisch vor allem zu einer Epoche großer, auf die Autobiographien ihrer Autoren gestützter Projekte wurde. Zum einen ermutigte die angesagte Postmoderne zu einer Emanzipation von Prousts überwältigendem Vorbild, wollte ein Autor nun selbst versuchen, aus der Fülle seiner Erinnerungen die verlorene Zeit episch wiederzubringen. Hinzu kam der Überdruss an der für das 20. Jahrhundert bezeichnenden Vernichtung, Verdrängung, Verleugnung oder Betäubung des Ichs und zur ebenso postmodernen Wiederbringung von Benns »Verlorenem Ich« in Knausgårds »Romantischem Ich«. Zudem erschienen die im zur selben Zeit rezipierten Lejeune'schen »Autobiographischen Pakt« garantierten authentischen Ich-Erfahrungen, Ich-Entblößungen, Ich-Preisgaben für deren Verfasser wie ihre Leser als fesselnder und relevanter als bloße fiktionale Narrative zu einer Zeit, in der unser Leben wie unsere Welt zunehmend selbst als Narrative begriffen wurden. Auf der Skala literarischer Inhalte ist diese Zentrierung auf das empirische Autor-Ich wohl die extremste Gegenposition zum epischen Konzept von Gisbert Haefs, der als Liebhaber des historisch wie exotisch wie utopisch Farbigen und Fesselnden einmal gesagt hat, genau genommen sei der uninteressanteste Ort auf der gesamten Welt der Bauchnabel des Autors.

Alle im Folgenden vorgestellten Schöpfer solcher autobiographischen Monumentalsuchen nach der verlorenen Zeit, Peter Kurzeck (1992), Ulla Hahn (2001), Gerhard Henschel (2002), Karl Ove Knausgård (2009) und Andreas Maier (2010) haben meist völlig autochthon den Weg in die entgegengesetzte Richtung vom traditionellen Roman hin zur autobiographischen Ich-Fiktion gefunden. Wie die hinzugesetzten Jahreszahlen des jeweiligen Projektbeginns zeigen, war Knausgård keineswegs Vorreiter oder gar Vorbild für diese unübersehbare Bewegung hin zum Ich, aber sein weltweiter Ruhm machten ihn rasch zum Flaggschiff, das seit 2010 in keiner Besprechung irgendeines Werks der »autofiction« fehlen durfte.

Auch mag in einer als immer stärker sich globalisierenden Welt gerade das Provinzielle, Heimatliche der dargestellten Kleinwelten, die »Husumerei« (s. S. 101) die Leser angezogen haben, Peter Kurzecks Staufenberg und sein Frankfurter Kiez, Ulla Hahns niederrheinisches Monheim, Gerhard Henschels emsländisches Meppen, Knausgårds großelterlicher Einödhof an einem norwegischen Fjord oder Andreas Maiers hessisches Friedberg.

Peter Kurzeck: *Das alte Jahrhundert*

Peter Kurzecks insgesamt stark autobiographisches Werk, vor allem aber der ihn von 1992 bis zu seinem Tod 2013 beschäftigende und in der Planung auf zwölf Bände angelegte Zyklus *Das alte Jahrhundert* ist von seiner Herkunft nicht zu trennen: 1943 im egerländischen Tachau geboren und von dort mit Mutter und Schwester 1946 vertrieben, wuchs er in Staufenberg bei Gießen auf und lebte dort bis 1977, zog dann mit Freundin Sibylle und gemeinsamer Tochter Carina nach Frankfurt – das allmähliche Hineinwachsen des Flüchtlingskindes in die hessische Dorfwelt und dann der Alltag, anfangs mit Freundin und Kind, später allein in seinem Frankfurter Kiez bilden den Inhalt seines Romanzyklus *Das alte Jahrhundert, Übers Eis* (1997), *Als Gast* (2003), *Ein Kirschkern im März* (2004), *Oktober und wer wir selbst sind* (2007), *Vorabend* (2011) und der ersten Präsentation aus dem Nachlass *Bis er kommt* (2015). Der Titel eines siebten Bandes sollte lauten »Der vorige Sommer und der Sommer davor«. Durch die Insolvenz des bisherigen Verlags von Peter Kurzeck ergibt sich derzeit eine Verzögerung in der weiteren Nachlass-Edition.

Dreh- und Angelpunkt des Werks ist die für Kurzeck seinerzeit überraschende Trennung von Lebensgefährtin und Tochter gegen Ende 1984 – Dauerschmerz und Arbeitsanreiz in einem.

Die Zeit steht still – sieben Bände lang ist »Carina schon groß, schon bald viereinhalb«, wie es gleich zu Anfang des ersten Bandes heißt. »Die neue Zeitrechnung. Noch der gleiche Dezember? Als ob ich mich ausgesperrt hätte, aus meinem Leben! Tür zu, Schlüssel weg, Schlüssel abgebrochen.« »Gerade eben oder muß das vor langer Zeit einmal? In einem früheren Leben? Einmal und immer wieder?« »Die Gegenwart. Immer der gleiche Moment.«

»Schreib weiter! Schreib schneller!« Kurzeck hat seinen epischen Ansatz einmal eine »Galvanisier-Anstalt für Zeit, Erinnerungen und jede Art innerer Bilder« genannt – das Verfahren, mit dem einst Eltern die Lauflernlederschuhe ihrer Kinder der Vergänglichkeit entreißen wollten.

Wenn es, wie man gesagt hat, in Doyles Holmes-Geschichten »forever 1897« ist, so bei Kurzeck für immer 1984. In dieses iterativ beschworene *nunc stans*, ›ewige Jetzt‹, – immer wieder Einkäufe, immer wieder Spaziergänge, Gänge zur Kita und Unternehmungen mit der ewig vierjährigen Tochter – eingelegt sind räumliche wie zeitliche Absprünge – Telefonate mit Freunden aus Frankfurt oder Frankreich wie Erinnerungen an Urlaube dort, Erinnerungen an die Kindheit, Vorausgriffe. Einen außergewöhnlichen Nebentext, gleichsam eine gesprochene Auskopplung aus den schriftlichen Erinnerungen bildet das Kurzecks mündliches Plaudern festhaltende Hörbuch *Peter Kurzeck erzählt das Dorf seiner Kindheit* (4-CD-Box, 2007), sein wohl größter Publikumserfolg.

Der Schreibstil, der dies auf vielfältigste Weise vermitteln soll, ist an den Klassikern der Moderne geschult, von Sternes »the more I write, the more I shall have to write« über Döblins verbloses Stakkato des Gleichzeitigen zum Ahnherrn aller autobiographischen Großromane, Thomas Wolfe (1900–1938) mit dem Totalitätsanspruch, in seine durch seinen frühen Tod dann letztlich doch nur vier Riesenbände *Schau heimwärts, Engel!* (*Look Homeward, Angel*, 1929), *Von Zeit und Strom* (*Of Time and the River*, 1935), *Geweb und Fels* (*The Web and the Rock*, 1939), *Es führt kein Weg zurück* (*You can't go home again*, 1940) alles Leben hineinzupressen, alle Länder, alle Frauen, alles Gesehene, Gehörte, Gerochene und Geschmeckte: »Wie willst du dir alle Menschen merken, die du in deinem Leben siehst. Auch nur die von heute?« –heißt es bei Kurzeck.

Lessings *Laokoon* soll gleichsam aufgehoben werden im ständigen Versuch, die konsekutiven Zeichen in der Zeit überzuführen in koexistente Zeichen im Raum – »Wimmelbilder« hat man Kurzecks Versuche genannt, das Einstein'sche Raum-Zeit-Kontinuum zu erfassen.

Wie der – spätere – Knausgård ist Peter Kurzeck dabei selbstverständlich ein in Schlegels Terminologie »transzendentaler« Autor, der im Erzählen und Schreiben das Erzählen und Schreiben ständig reflektiert und kommentiert. Von allen Autoren der postmodernen Wiederaufnahme des Proust'schen Ansatzes ist Kurzeck der, der das Konzept der Moderne zugleich bewusst fortschreibt. Wo Ulla Hahn ungebrochen und scheinnaiv auf »alten Formen und Normen zu Hauf« steht und Knausgård glaubt, in seiner Poetik des »Ikonischen«, »dieses eine[n] Bild[es], das alles in sich versammelt, gleichzeitig aber in sich selbst lebt«, die Zeit aufheben zu können, experimentiert Kurzeck im unendlichen Kreisen um sich, seine Tochter und deren Mutter weiter und weiter in einer antiklassischen Poetik, die Goethe einst am Perser Hafis bewunderte: »Daß du nicht enden kannst, das macht dich groß,/Und daß du nie beginnst, das ist dein Los./ Dein Lied ist drehend wie das Sterngewölbe,/Anfang und Ende immerfort dasselbe/Und was die Mitte bringt, ist offenbar/Das, was zu Ende bleibt und anfangs war.«

Dieses Beharren eines sperrigen Autors und seines unter wechselnden Namen von »Roter Stern« bis »Stroemfeld« lebenslang hart ringenden Kleinverlags und der übersichtliche Erfolg dieses Bemühens machten Peter Kurzeck zu einem Lieblingskind deutscher Literaturkritiker und, da dieselben Kritiker auch als Fachleute in sämtlichen deutschen Literaturpreis-Gremien sitzen, zu einem der wohl erfolgreichsten *poetae laureati* seiner Generation – mit 21 Preisen, Stipendien und Stadtschreiberstellen wurde kaum einer je »preiser gekrönt« (Hans von Bülow) als Peter Kurzeck.

ANDREAS MAIER: *ORTSUMGEHUNG*

Sein 2010 begonnenes und auf elf Bände angelegtes Projekt einer *Ortsumgehung* des hessischen Friedbergs weiß der promovierte Germanist (*Die Verführung. Die Prosa Thomas Bernhards,*

2004) Andreas Maier, geb. 1967, selbst als durchaus unabhängig vom international renommierten Knausgård in der zeitgenössischen Literaturszene genau zu verorten: Neben Bernhards naheliegender regionaler früher Prosa nennt er Peter Kurzeck und den 1954 in Meßkirch geborenen promovierten Germanisten und katholischen Theologen Arnold Stadler, der 1999 für seine regional wie autobiographisch gefärbten Romane mit dem Büchnerpreis ausgezeichnet wurde. Meßkirch als Geburtsort war seit der scharfen Polemik des damaligen Papstes der französischen Germanistik, Robert Minders »Heidegger und Hebel oder die Sprache von Meßkirch«, in dessen Essayband *Dichter in der Gesellschaft* (1966) für einen jungen Autor eine schwere Hypothek. Zu einer Zeit nahezu ungebrochener Heidegger-Verehrung kritisierte eine prominente Stimme von außen dessen raunende Sprache und stellte sie in einen unüberhörbar heimat- und deutschtümelnden Kontext, was den wortwörtlich in der »Sprache von Meßkirch« aufgewachsenen Arnold Stadler wie von selbst zur »kritischen Heimatliteratur« führte, die dann wieder Andreas Maier beeindruckte wie beeinflusste, man denke an Stadlers autobiographische Romane wie *Ich war einmal, Feuerland* und *Mein Hund, meine Sau, mein Leben,* die der Autor 2009 in einer kompilierten, überarbeiteten und erweiterten Fassung *Einmal auf der Welt. Und dann so. Roman* gesammelt vorlegte.

Dieses an Rousseau anknüpfende nur »einmal auf der Welt« seiende Ich ist bei Stadler zugleich das »gezeichnete Ich« Benns, der wortwörtlich durch ein »Muttermal« ausgezeichnete wie versehrte, ja genetisch verletzte Mensch, dem das verhängte Leben von vornherein zum Wort wird, damit es dennoch gelingt.

An dieses ausgesetzte Ich Stadlers knüpft Maier an und zitiert gern den eigenen Aphorismus »Ich, das ist der Mittelteil des Wortes ›Nichts‹«. Um gegen eine solche »Nichtung« des Ichs anzuarbeiten, ist seine heimatliche *Ortsumgehung* mit den bislang erschienen sieben Bänden *Das Zimmer* (2010), *Das Haus* (2011), *Die Straße* (2013), *Der Ort* (2015), *Der Kreis* (2016), *Die Universität* (2018) und *Die Familie* (2019) daher für ihn zugleich der Versuch einer rückwärtsgewandten Ich-Findung, »einer Rekonstruktion dessen, warum ich so bin, wie ich bin«. Die dafür gewählte Form einer »Autobiographie« ausgerechnet als »Romanprojekt« begreift er zwar selbst als »hölzernes Eisen«, dem aber durch Lejeunes Begriff des außerhalb des Textes zwischen Autor und

Leser geschlossenen »Autobiographischen Pakts« die widersprüchliche Ausschließlichkeit genommen wurde. Diese Form erwuchs aus seinem eigenen Schaffen, indem er nach eigenen Worten schlicht das seit seinem erfolgreichen Debütroman *Wäldchestag* 2001 gepflegte »Fiktionalisieren aufgegeben« habe, deshalb »Autobiografie«, aber dabei – wie Ulla Hahn und Knausgård – Vorgänge und Personen nicht »eins zu eins« abgebildet habe, deshalb »Roman«.

GERHARD HENSCHEL

Wieder anders kam Gerhard Henschel zu seinem 2002 begonnenen und ebenfalls bis heute nicht abgeschlossenen Riesenprojekt eines autobiographischen Romanzyklus. Nach dem »Studium der klassischen Taxifahrerfächer Germanistik, Soziologie und Philosophie«, wie es im Klappentext seines »Bildungsromans« heißt, schrieb der 1962 Geborene ab den 80er-Jahren für Zeitungen, Zeitschriften und Satiremagazine, veröffentlichte allein oder als Co-Autor verschiedenste Bücher, war von 1993 bis 1995 *Titanic*-Redakteur und wurde bald zur zweiten Generation der von Robert Gernhardt, F. W. Bernstein, F. K. Waechter begründeten »Neuen Frankfurter Schule« mit ihrer »hochkomischen« Gesellschaftskritik in dadaistischer Tradition durch Verweigern von Sinn und Unterlaufen jeglicher Sinnhaftigkeit gezählt.

Am Anfang von Henschels jeweils durch einen sprechenden Zusatz »Kindheits-«, »Jugend-«, »Liebes-« differenzierten »Roman«-Projekts stehen die originalen Liebes-, Braut- und Ehebriefe der Eltern, die Henschel durch andere Dokumente aus dem privaten Archiv der Familie – 120 Aktenordner sollen es gewesen sein – ergänzt und unter Änderung der Namen in »Ingeborg Lüttjes« und »Richard Schlosser« 2002 zum monumentalen Band *Die Liebenden* redigiert und ediert. Zwei vielpersonige Stammbäume der väterlichen Familie »Schlosser« und der mütterlichen »Lüttjes« wirken geradezu wie ein Gattungsmerkmal der Familiensaga.

Von der Kritik wurde diese private Chronik einer deutschen Familie vor der Folie deutscher Geschichte von 1940 bis 1993 spontan mit Kempowskis Familiensaga *Deutsche Chronik* sowie mit seinem anschließenden Projekt *Echolot* verglichen. Die *Deutsche Chronik* erschien wie Coopers *Lederstrumpf*-Saga gegen die innere Chronologie: *Aus großer Zeit* (1978) *Schöne Aussicht* (1981), *Haben Sie Hitler gesehen?* (1973), *Tadellöser & Wolff* (1971), *Uns geht's ja noch gold* (1972), *Haben Sie davon gewußt?* (1979), *Ein Kapitel für sich* (1975), *Schule* (1979), *Herzlich willkommen* (1984). Im anschließenden komplementären Großprojekt *Echolot* sichtete Kempowski neben den veröffentlichten Tagebüchern bekannter Autoren und diaristischen Aufzeichnungen von deutscher wie alliierter Seite auch Fotografien und Passagen aus privaten Briefen, Tagebüchern, Erinnerungswerken, von Opfern wie Tätern, Soldaten wie Zivilisten, Berühmtheiten wie Unbekannten, die er über viele Jahre hinweg gesammelt hatte. Das konsequent chronologisch redigierte Werk erschien als *Das Echolot. Ein kollektives Tagebuch* in vier Teilen: *Januar und Februar 1943*, vier Bände (1993); *Fuga furiosa. Winter 1945*, vier Bände (1999); *Barbarossa '41* (2002); *Abgesang '45* (2005). Kempowski sah in *Echolot* »eine Art Parallelunternehmen, gewissermaßen den zweiten Rumpf des Katamarans« seiner zunächst nur familiären *Deutschen Chronik* oder auch »einen großen Dialog, der meine *Chronik* wispernd begleitet.« In einem anderen Bild nannte er seine *Deutsche Chronik* und sein *Echolot* die zwei Etagen eines Hauses: »Oben die Chronik mit den Beiwerken, unten das Echolot-Material.«

In der Tat war Kempowskis Unternehmen Henschels Vorbild: Im Herbst 1984 besuchte er ein »Literatur-Seminar in Nartum« auf Kempowskis »Haus Kreienhoop« und sah dort u. a. »die Tagebücher und die Fotoalben […], die Kempowski sich durch Suchanzeigen beschafft hatte, und die Karteikarten, über die sich jedes einzelne Foto auffinden ließ.« »Und was wollen Sie mit den vielen Tagebüchern machen?‹ Das werde sich schon finden« – im Oktober 1984 wirft das spätere *Echolot* schon seinen Schatten voraus. Henschel blieb dem von vielen snobistisch unterschätzten Autor auch weiter verbunden, wie immer wieder Notate in seinen diversen »… roman«-Bänden zeigen; 2007 widmete er ihm einen ehrenden Nachruf und 2009 erschien seine engagierte Würdigung *Da mal nachhaken: Näheres über Walter Kempowski*.

In seiner kleineren und privateren Parallelaktion drehte Henschel lediglich das Vorbild um, begann mit dem chronikalischen Materialienband und ließ daraus die der nächsten Generation gewidmeten Einzelbände erwachsen – Martin Schlosser, eines der Kinder des Ehepaares »Richard und Ingeborg Schlosser geb. Lüttjes« aus *Die Liebenden*, ist der Erzähler und Held dieser »Éducation sentimentale«, wie man das Unternehmen genannt hat, und erbt mit dem Familiennamen »Schlosser« den Authentizitätscharakter des dort geschlossenen Lejeune'schen autobiographischen Paktes. Bisher erschienen folgende Romane der Martin Schlosser-Serie: *Kindheitsroman* (2004), *Jugendroman* (2009), *Liebesroman* (2010), *Abenteuerroman* (2012), *Bildungsroman* (2014), *Künstlerroman* (2015), *Arbeiterroman* (2017) und *Erfolgsroman* (2018).

In jedem der fünf- bis sechshundert Seiten starken Bänden folgen wir dem Alltag des Erzählers von Banalitäten aus seinem Umfeld bis hinauf zu medienbewegenden politischen Ereignissen mit Höhen und Tiefen, in Wirren und im Leerlauf, in Erfolgen wie im Scheitern, in Lieben wie in Enttäuschungen, erfahren alles zu durchgenommenem Schulstoff, belegten Vorlesungen und Seminaren, angesagten Filmen, Highlights im Fernsehprogramm, Spielen in der Bundesliga, Torschützen bei Europameisterschaften, angesagten Alben und Liedtexten von Cohen und Dylan und immer wieder Lesefrüchte aus der *Titanic*. Organisationseinheit ist dabei die meist weniger als eine halbe Seite umfassende Momentaufnahme, deren bunte chronologische Aufkettung den jeweiligen »-roman« ergibt und insgesamt dann »eine Zeitreise von proustschen Ausmaßen«, wie ihm von »NDR Kultur« bescheinigt wurde. Einen besonderen Reiz bietet dabei sicherlich Henschels »Kempowskisieren« des Alltags seiner Generation, wie ein Kritiker es genannt hat, der satirische Blick der Neuen Frankfurter Schule: »Wie bei Loriot, nur nicht so lustig«, lässt Henschel seinen Erzähler in *Abenteuerroman* eine der typischen Familienszenen mit Vater, Mutter, älterem Bruder und jüngerer Schwester einmal selbst kommentieren.

GUNTRAM VESPER: *FROHBURG* (2016)

Guntram Vesper stellt sein monumentales Werk über seine Heimatstadt Frohburg, in der er 1941 geboren wurde und die er 1957 mit seinen Eltern als »Westflüchtling« verließ, wie das damals hieß, bewusst in die Tradition der »autofiction«, wenn er dem Buch *Frohburg. Roman* ein erläuterndes Motto aus Fontanes *Mei-*

ne Kinderjahre voranstellt: »Für etwaige Zweifler also sei es Roman!« Wie Fontane will er wohl zum einen »nicht von einzelnen aus jener Zeit her vielleicht noch Lebenden auf die Echtheitsfrage hin interpelliert werden«. Zum andern erbittet er sich im Rahmen des eindeutig geschlossenen Lejeune'schen autobiographischen Paktes damit eine Lizenz vom »zweifelsfrei« Dokumentarischen und Belegbaren hin zum freieren Fabulieren in weit stärkerem Maße aus, als Fontane dies tut. Wenn Grass in die autobiographische Chronik *Mein Jahrhundert* auch die Jahre vor seiner Geburt zu »seinem« Jahrhundert von 1900 bis 1999 rechnet, trägt er der Tatsache Rechnung, dass gerade auch in der Kindheit gehörte Geschichten der Eltern und Großeltern, von Nachbarn und Bekannten prägender Teil des eigenen Lebens werden.

So erzählt auch Vesper sein *Frohburg* von der Generation der Eltern und Großeltern über seine eigene Zeit dort in den 1940er- und 1950er-Jahren bis in die Schreibgegenwart der 2010er-Jahre, wenn er von seinen Recherchen in und zu Frohburg berichtet. Dies ergibt natürlich immer wieder eine komplexe Verschachtelungstechnik. So beginnt der Roman mit der 65-seitigen Stadtführung durch einen Frohburger Lokalpatrioten für den 1953 zu einer Lesung des Kulturbundes angereisten Erich Loest, die zugleich mit dem Ehrengast auch den Leser anekdotengesättigt in Topographie und Geschichte Frohburgs einführt. Erfahren hat Vesper von diesem natürlich in keiner Chronik festgehaltenen Ereignis von Loest selbst, als beide sich 2007 in Göttingen auf der Feier zu Grass' 80. Geburtstag begegneten. 65 Seiten später kehrt der Text dann zu seinem Autor-Erzähler-Ich zurück: Loests Hotel lag über den Praxis- und Wohnräumen der Arztfamilie Vesper, und Loest ahnte nicht, »daß genau unter ihm, vier Meter tiefer« »ein Junge« schlief, »ich, zwölf Jahre alt«, der dann mehr als ein halbes Jahrhundert später detailgenau von jener Stadtführung erzählen wird.

Wohl keine Stadt ist in ihrer Topographie wie in ihrem Raum-Zeit-Kontinuum so erschöpfend »erzählt« worden wie eben Frohburg von Guntram Vesper, um Volker Klotz' glückliche Titelfindung in seinem Standardwerk *Die erzählte Stadt* von 1969 aufzugreifen. Hinsichtlich der Raum-Zeit-Relation wäre Vespers Stadtroman mit Durrells *Alexandria Quartet* (s. S. 212) vergleich-

bar, in der Dichte der Informationen mit Gabriel Garcia Márquez' fiktivem Acondo in *Hundert Jahre Einsamkeit* oder mit Johnsons fiktivem Jerichow in den *Jahrestagen*. Auf jeden Fall gilt von
Vespers realem Kindheitsort Frohburg, was Grass in den *Hun-
dejahren* 1963 von seinem realen Kindheitsort Langfuhr sagt:
»Langfuhr war so groß und so klein, daß alles, was sich auf dieser Welt ereignet oder ereignen könnte, sich auch in Langfuhr
ereignete oder hätte ereignen können.«

Wenn schon David Foster Wallaces Roman *Infinite Jest* von einem Kritiker mit einer vollgestopften Spielzeugkiste verglichen
wurde, so ist Vespers *Frohburg* eher noch bunter, vielfältiger,
wundertütenhafter, aber, mehr als in Witzels *Erfindung der Roten Armee Fraktion durch einen manisch-depressiven Teenager im
Sommer 1969*, »alles zweckend zum Ganzen«, eben zum Bild der
titelspendenden Stadt Frohburg. Frohburg ist zwar Kleinstadt,
liegt aber mitten in einer geschichtsträchtigen Region voll pral-
len Lebens, mit Leipzig und Dresden als regionalen Zentren und
Hohenstein-Ernstthal, Annaberg, Aue und der tschechischen,
einst deutsch-österreichischen Grenze in der Nachbarschaft,
Karl-May-Land, altes literarisches wie historisches Schmuggler-
und Räuberland mit Mays realen Zuchthäusern und seiner fiktiven Bühne für *Das Buschgespenst* und *Der Fremde aus Indien,*
vom Karl-May-Verlag vorgenommene postume Auskopplungen
aus dem einst unter Psdeudonym erschienen Kolportageroman
Der verlorene Sohn oder Der Fürst des Elends. Seit 1945 ist diese Region sowjetisch besetztes Gebiet mit seit der US-Atombombe
hochwichtig gewordenen Uranvorkommen in einem ultragehei-
men sowjetischen Sperrgebiet, in das zugleich unablässig Wa-
genladungen mit dort zwangseingewiesenen Bergleuten gekarrt
wurden. Vesper entstammt einer Ärzte- und Tierärzte-Familie
und die Berichte des Vaters aus seiner Praxis wie aus Vertretun-
gen eines befreundeten Kollegen im weitestgehend gesetzlosen
Russisch-Wildost-Grenz-Uran-Goldgräberland unter Nichtach-
tung jeglicher längst verjährter ärztlicher Schweige- wie politischer Geheimhaltungspflicht lassen einem heute noch das Blut
stocken. So erfahren wir aus erster Hand von nie publik gewordenen Pestfällen in einer von Schmugglern, Schleusern und
Räubern frequentierten Grenzbaude, streng verheimlichten
grausigen Mädchenmorden, für die nur ein höchstgradig per-
verser Offizier der Besatzer verantwortlich gewesen sein kann.

Sensationelle Mordfälle aus der Gegend werden noch aus Groß-
elterntagen erzählt, wie der Verlobtenmord der 1908 öffentlich
mit der Guillotine hingerichteten Grete Beier, während gleichzeitig der damals hochverehrte Balladendichter Börries Freiherr
von Münchhausen von seinem Frohburg benachbarten Schloss
Windischleuba aus seine regelmäßigen Cameo-Auftritte hat und
der große Sohn der Stadt Otto Nuschke demontiert wird: Der
Vorsitzende der Ost-CDU und stellvertretende Ministerpräsi-
dent hat keinen Finger gerührt, als die Junge Gemeinde 1952 und
1953 wie in der ganzen DDR so auch in seiner Vaterstadt Frohburg, die heute noch sein Denkmal ziert, verfolgt wurde. 400 Seiten soll Vesper für den Druck gestrichen haben – wer das Buch
nach Seite 1002 zuklappen muss, wird jede dieser Seiten vermis-
sen und sicher sein, dass der Preis der Leipziger Buchmesse 2016
das Mindeste war, was sein Autor an Auszeichnungen verdient.

DIE FAMILIENSAGA

Wie die neue Freiheit unter einer lautstark ausgerufenen Post-moderne Proust'sche Ich-Sagas unterschiedlichster Couleur, von Ulla Hahns klassischem Entwicklungsroman bis zu Knausgårds Versuchen zur sprachlichen Fixierung von Leben, Zeit und Welt im »Ikonischen«, in »diesem einen Bild, das alles in sich versammelt, gleichzeitig aber in sich selbst lebt, zum Blühen gebracht hat, so hat sie auch die nach den *Buddenbrooks* in Deutschland verpönte Familiensaga überraschend wieder zu Ehren gebracht. Sowohl William von Simpsons *Die Barrings* (1937) und *Der Enkel der Barrings* (1939) wie Ralph Giordanos *Die Bertinis* (1982) wurden selbstverständlich der U-Literatur zugerechnet und selbst John Galsworthys immerhin mit dem Literaturnobelpreis gekrönte *Forsyte-Saga* (1906–1921) wird in Deutschland eher Warwick Deeping oder A. J. Cronin an die Seite gestellt als Virginia Woolf. Selbst Gabriele Tergits von der Kritik als »jüdische Buddenbrooks« sehr hoch gepriesene *Effingers* (1951) haben trotz wiederholter Neuauflagen keinen Eingang in unseren literarischen Kanon gefunden.

Dabei hat es nach den *Buddenbrooks* durchaus noch kanonisierte Familiensagas gegeben, sie mussten nur ihr Saga-Gewand ablegen und sich bemühen, modernistisch »voranzuschreiten und unablässig das Sagbare zu erweitern«, um Kritikern wie Heinrich Vormweg (s. S. 191 f.) gefallen zu können. Heinrich Böll tat das erfolgreich in *Billard um halbzehn* (1959) in der auf einen Tag, den 6. September 1958 als 80. Geburtstag des Familienpatriarchen Heinrich Fähmel, komprimierten Geschichte dreier Generationen des rheinisch-katholischen Großbürgertums vom Kaiserreich bis zur bundesrepublikanischen Restauration, und Thomas Bernhard gelang dies 1986 noch erfolgreicher in *Die Auslöschung. Ein Zerfall*. Außer dieser *Buddenbrooks*-Assonanz fehlt jegliche Gattungsbezeichnung; fiktiver Schreiber dieser manischen Suada, die sich über weiteste Strecken als Nachschrift eines ebenso manischen Monologisierens gegenüber seinem Lieblingsschüler Gambetti und einer Freundin Maria ausweist, ist ein »Murau, Franz-Josef«, »geboren 1934 in Wolfsegg, gestorben 1983 in Rom«, wie wir aus offenbar editorischen, zu

Beginn und am Schluss in Muraus Manuskript eingefügten Notizen erfahren. Die eigentliche Handlung erstreckt sich in zwei Teilen »Das Telegramm« und »Das Testament« über wenige Tage: Der Erzähler erhält ein Telegramm seiner Schwestern, das ihm den Unfalltod seiner Eltern und seines älteren Bruders mitteilt, sodass er überraschend der Erbe des äußerst bedeutenden Güterkomplexes Wolfsegg in Oberösterreich wird, und fährt zur Beerdigung. »Das Testament« erzählt von der Beerdigung, seinem Antritt des Erbes und dessen Schenkung an die Israelitische Kultusgemeinde in Wien. Der Grund liegt in seiner den stattlichen Band füllenden Dauerrede über die präfaschistische und die nationalsozialistische Haltung seiner Familie, die sie bis heute in einem ganz spezifischen klerikal-feudalen Austrofaschismus perpetuiert und dem nur durch »Auslöschung« der Familie wie ihres Besitzes, ihres Verhaltens und Denkens in Tat und Text des letzten Sprosses zu begegnen ist. Die Tradition solcher komprimierten Familiensagas im Text eines ihrer Mitglieder setzt Maxim Biller noch 2018 fort, wenn er, als Autor zugleich als Erzähler fungierend, immer neu die familiären Schuldzuweisungen innerhalb seiner von Liebe wie Hass unauflöslich zusammengeschweißten »verlogenen, lauten, geldgierigen Familie«, seiner »gierigen, brutalen, sentimentalen, paranoiden Schtetl-Familie« wiedergibt, wer denn nun den »Taten« alias den Sippenpatriarchen wegen Devisenvergehens und Schwarzhandels an den sowjetischen KGB verraten habe, sodass er, je nach gerade erzählter Version im Straflager starb oder hingerichtet wurde. Wenn wir mit dem Erzähler schon lange »endgültig genug von diesem ganzen Familienirrsinn« haben, hebt seine Schwester Jelena auf der letzten Seite gerade dazu an, im NDR zu berichten, »wie es wirklich gewesen ist«, und wir werden es nie erfahren. Als jüdische *Buddenbrooks* mit einem Touch Kafka hat ein Rezensent das Werk treffend charakterisiert, kafkaesk nicht nur in der Kürze – ein weitgespanntes Dreigenerationenepos auf 190 Seiten –, sondern vor allem ob seines für die gesamte Handlung zentralen Gemisches aus latentem westlichem und offenem, ans Exterminatorische streifenden Antisemitismus östlicher kommunistischer Staaten samt deren sich durchkreuzenden Geheimdiensten, vorgetragen mit einer ordentlichen Portion jüdischen Selbsthasses, wie ihn die Selbstkennzeichnungen aus der Familie an den Tag legen. Maxim Billers Werk war der große Favorit für den Deutschen Buchpreis 2018, bis ihn dann überraschend die traditionelle Saga von Inger-Maria Mahlke davontrug.

Kempowskis *Deutsche Chronik* samt dem sie fundierend flankierenden *Echolot*, inzwischen unbestritten eine der wichtigsten epischen Gestaltungen des deutschen Bürgertums im 20. Jahrhunderts, galt wegen ihrer traditionellen Saga-Form zu Lebzeiten des Autors den maßgeblichen Kritikern als zu vernachlässigende U-Literatur. Kempowski hat zu seiner Kränkung beispielsweise nie den in seinem Fall nach Meinung vieler überfälligen Büchner-Preis bekommen. In der großen Ausstellung, mit der die Berliner Akademie der Künste im Frühjahr 2007 Kempowskis Leben und schriftstellerisches Wirken würdigte, ernannte ihn Bundespräsident Köhler in seiner Eröffnungsrede stattdessen herablassend zum »Volksdichter«, sonst der deutsche Behelfstitel für Karl May und Ludwig Ganghofer, »weil sehr viele Menschen seine Werke läsen« und weil »er wie kein anderer das Volk selbst zum Sprechen gebracht hat«. Der schwerkranke Kempowski konnte diese späte – immerhin – Anerkennung durch die Akademie und den Bundespräsidenten noch als Nachricht genießen und ließ seinen Sohn in seinem Namen verlesen: »Ich danke all denen, die mein Werk wohlwollend begleiteten, und ich verzeihe jenen, die es ignorierten.«

Seinem Schüler Gerhard Henschel hingegen wurde für seine Familienchronik wie für seine sich anschließende Ich-Saga von Anfang an höchstes Lob zuteil; ein Kritiker nannte die auf knapp 750 Seiten ausgebreiteten Alltagsdurchschnittsfamiliendokumente aus reichlich 50 Jahren »eines der rührendsten, artistischsten [sic!] und intelligentesten [!] Bücher, die ich seit langem gelesen habe« – die Zeiten, in denen die Kritiker wussten, was »gut« und was »schlecht«, was »E« und was »U« war, was ins »Kröpfchen« und was ins »Töpfchen« gehörte, waren einstweilen vorbei. Um eine solche Überschätzung eines Konvoluts weder besonders »intelligenter« noch in irgendeiner Weise »artistischer« Familienbriefe und -dokumente zu erklären, muss man wohl die oben zitierten Goetheworte (s. S. 219) heranziehen: »Wir lieben nur das Individuelle; daher die große Freude an Porträten, Bekenntnissen, Memoiren, Briefen und Anekdoten abgeschiedner selbst unbedeutender Menschen.« Aus diesem Grund waren es wohl 2011 wie 2018 Familiensagas mit klassisch beigefügten Stammbäumen, die mit dem »Deutschen Buchpreis«, dem angesehensten deutschen Preis für ein Einzelwerk, gekrönt wurden – Eugen Ruges *In Zeiten des abnehmenden Lichts* 2011 und Inger-Marias *Archipel* 2018.

EUGEN RUGE: *IN ZEITEN DES ABNEHMENDEN LICHTS*

Eugen Ruge knüpft mit seiner vier Generationen umspannenden Saga, die zugleich zum Abgesang auf die DDR wird, an die wichtige Tradition des proletarischen Generationenromans in der DDR an. Es waren zwei großen Zyklen, Hans Marchwitzas *Die Kumiaks* (1934), *Die Heimkehr der Kumiaks* (1952) und *Die Kumiaks und ihre Kinder* (1959) und Willi Bredels *Verwandte und Bekannte*, eine Trilogie aus *Die Väter* (1941), *Die Söhne* (1949) und *Die Enkel* (1953), die der nur scheinbar neuen DDR eine bis zur Arbeiterbewegung im Kaiserreich zurückreichende eigene Geschichte und damit Legitimation geben sollten: Diese Geschichte zeigte von Marx über Bebel, Luxemburg und Liebknecht bis zu den Gründern des neuen Staats das wahre Deutschland und das bessere Deutschland, gerade wenn man es mit dem kaiserlich nationalistischen, dem Weimarer »sozialfaschistischen«, dem nationalsozialistischen und jetzt dem internationalen monopolkapitalistischen Irrweg verglich. Schon 1871 erkennt Bredels am 01.01.1848 geborener Stammvater Johann Hardekopf, dass der Riss durch die Klassen, nicht die Nationen geht und dass er nicht der Feind des französischen Kommunarden ist, sondern dessen »camarade allemand«. Neben Apitz' für alle Schulstufen verbindlichem Roman *Nackt unter Wölfen* als der Gründungslegende der DDR (s. S. 139 f.) standen Bredels *Die Väter* als die wahre neuere deutsche Geschichte, die der Arbeiterklasse, als Pflichtlektüre auf dem Lehrplan fürs Abitur.

Ruges Familie Powileit/Umnitzer repräsentiert die Folgegeneration von Bredels »Vätern« aus den Anfängen der Arbeiterbewegung. Die Generation der um 1900 Geborenen ist es, die durch Kampf und Verfolgung in der Jugend, Widerstand in Nazizeit und Exil hindurch endlich den Aufbau der DDR im Sinne des Sozialismus gestalten kann. Das Ehepaar Powileit/Umnitzer gehört zur Führungsschicht und beide werden aufgrund ihrer fleckenlosen Parteibücher mit höchsten Positionen betraut, denen zumindest Wilhelm Powileit in keiner Weise gewachsen ist, und lebt so ohne alle beruflichen und materiellen Sorgen. Ihr Sohn Kurt erlebt in der Sowjetunion den Stalinismus bis zu jahrelanger Lagerhaft nach dem Hitler-Stalin-Pakt hautnah mit und führt in der DDR dann wieder in privilegierter Position ein angepasstes Leben. Erst sein ebenfalls noch privilegierter Sohn Alexander geht gegenüber seinen dem System unverbrüchlich verbundenen Eltern und Großeltern zunehmend auf Distanz und verkommt schließlich, auch bedingt durch eine schwere Erkrankung, im Westen – ein fester Topos des alten DDR-Romans bei Kant, Strittmatter oder Christa Wolf: Wer in den Westen geht, egal wie begabt er ist, geht dort unweigerlich vor die Hunde. Der Urenkel Markus verkommt völlig in der McDonalds-, Computerspiel- und Drogenkultur der westlichen Jugend, die sich angesichts ihrer eigenen wie der Perspektivlosigkeit der gesamten kapitalistischen Welt zudröhnt.

Allen vier Generationen sind datierte zeitliche Stationen ab »1952« zugeordnet, bis die Saga im katastrophal verlaufenden und in einem symbolischen Zusammenbruch endenden 90. Ehrengeburtstag des dementen Sippenhaupts am 1. Oktober 1989 gipfelt. Ein Besuch des in seiner Existenz völlig gebrochenen Sohns Alexander beim dementen Vater Kurt bildet »2001« zusammen mit einem ebenfalls »2001« nach »9/11« spielenden Auftritt des wie einst seine Großeltern nach Mexiko geflüchteten Alexander einen so trost- wie perspektivlosen Rahmen. Der insgesamt sechsmal in langsam fortschreitenden zeitlichen Abschnitten erzählte 90. Geburtstag entspricht damit exakt dem Handlungs- und Kulminationspunkt von Bölls Saga *Billard um halbzehn*, dem 80. Geburtstag des Sippenhaupts (s. S. 238) – das nimmt dem Buch etwas von seiner angeblich »dramaturgisch raffinierten Komposition«, um »die Erfahrungen von vier Generationen über 50 Jahre hinweg »zu bändigen«, wie es 2011 in der Begründung der Jury des Deutschen Buchpreises hieß.

Der Titel ließ, gerade im Anschluss an die leuchtende Zukunftsperspektive der Bredel'schen Familienromane, wenigstens für den Anfang Zeiten des strahlendes Lichts erwarten, um dann vielleicht ab den 1970er-Jahren »In Zeiten des abnehmenden Lichts« zu spielen, zumal ja der Autor Eugen Ruge selbst bis 1988 als Privilegierter in bereits dritter Generation die Segnungen des Sozialismus ungefragt genossen hatte. Im Roman erscheinen schon die heroischen Zeiten im mexikanischen Exil von kleinlichen stalinistisch-trotzkistischen Ideologiedebatten, Intrigen wegen wechselseitigem »Abweichlertum« und daraus folgenden Querelen um die Wahl in oder die Abberufung von lächerlichen Pöstchen beherrscht. Zudem ist der dann in der DDR auf den Posten eines Akademiedirektors berufene Altgenosse Wilhelm Powileit »Schlosser, sonst gar nichts«, und »hatte, im Grunde genommen, von nichts eine Ahnung«, wie die eigene Ehefrau befindet. Wo die Jury des Deutschen Buchpreises etwas »von der Utopie des Sozialismus, dem Preis, den sie dem Einzelnen abverlangt, und ihrem allmählichen Verlöschen«, wie es in der Preisbegründung heißt, gelesen haben will, bleibt nach Lektüre des Buchs unerfindlich – es sei denn, die Utopie läge darin, dass die nach Wilhelms Tod und dem fast zeitgleichen Ende der DDR noch folgenden Szenen aus dem Kapitalismus noch grausamer, dümmer, perspektiv- und hoffnungsloser und verkommener sind als 40 Jahre deutscher Sozialismus.

Die DDR im Historischen Roman

Ruges Werk kann man nicht anders nennen als einen Historischen Roman über die DDR, der allerdings bereits etwa 20 Jahre nach deren Ende erscheint und so die von Sir Walter Scott als dem Schöpfer der Gattung einst aufgestellte Regel »Es ist sechzig Jahre her« nicht zu beachten scheint. Ruge steht damit nicht allein, bereits Uwe Tellkamps 2008 mit dem Deutschen Buchpreis bedachter *Der Turm* und Uwe Seilers 2014 ebenfalls so ausgezeichneter Roman *Kruso* waren Historische Romane über ein zwar erst unlängst, aber unwiderruflich untergegangenes Land, das wie die Stadt Vineta seitdem auf dem Meeresgrund lag. Günter Grass hatte dies bereits 1995 in seinem Roman über die untergegangene DDR *Ein weites Feld* als Trick angewandt – er lässt das erzählende Kollektiv »Wir vom Archiv« bisweilen wie aus einer übergroßen zeitlichen Distanz zum Berichteten schreiben, lässt sie betonen »in welch zurückliegender Zeit wir Theo Wuttke, den alle Fonty nannten, aufleben lassen«, die Banane »jene dazumal demonstrativ beliebte Südfrucht« nennen und generell häufig von »damals« sprechen, obwohl ihr Erzählen doch bereits im Herbst 1991 einsetzt. Für die DDR und ihre Geschichtsschreiber Tellkamp, Ruge und Seiler galt, was Grass zu seinem 1959 einsetzenden Schreiben über sein 1945 untergegangenes Danzig gesagt hat: »Etwas, das endgültig verloren ist und ein Vakuum hinterlassen hat, das mit dem Surrogat der einen oder anderen Ersatzheimat nicht aufgefüllt werden konnte, sollte auf weißem Papier Blatt für Blatt erinnert, beschworen, gebannt werden, und sei es verzerrt, wie auf Spiegelscherben eingefangen.« Bereits Mitte der 1990er-Jahre stellte der PDS-Vorsitzende Bisky fest, die DDR lebe noch fort in »einer Kultur-, Erfahrungs- und Erzählgemeinschaft« und der oppositionelle DDR-Schriftsteller Wolfgang Hilbig sagte, erst der Beitritt zur Bundesrepublik habe sie »zu den DDR-Bürgern werden lassen, die wir nie gewesen sind.« Dieser »Erzählgemeinschaft« mit ihrem sozusagen postumen Gemeinschaftsgefühl geben die Historischen Romane aus der DDR eine Stimme.

Die drei Werke von Ruge, Tellkamp und Seiler verhalten sich komplementär zueinander, indem sie jeweils ein besonderes Segment der DDR-Gesellschaft erfassen, Ruge die Welt der privilegierten Nomenklatura in der Hauptstadt Berlin, Tellkamp die Welt arrivierter privilegierter Akademiker im Dresdner Villenvorort Weißer Hirsch, die sich mit dem System arrangiert haben und darin ihre gut gepolsterte Nische gefunden haben – eben eine Gesellschaft im »Turm« des Titels, der auf das Herausgehobene wie auch auf den elitären sprichwörtlichen »Elfenbeinturm« anspielt. Tellkamp erreicht dabei in einzelnen Episoden seines Episodenromans bisweilen die ins Absurde umschlagende Hochkomik Irmtraud Morgners (s. S. 161 ff.), etwa in einer Wettbewerbs-weihnachtsbaumbeschaffungsaktion, deren ebenso absurde, aber bedeutend weniger komische Seite die ständige planwirtschaftliche Mangelwirtschaft ist, samt ihren Folgen einer alltäglichen Not-Korruption. Regelrecht zerstört wird dieses Bild einer »kommoden Diktatur«, wie ein anderer Kulturnischenbewohner, Grass' Theo Wuttke, sich die DDR einmal schönlügen will, in den Passagen, die vom Dienst eines Sprosses dieser Turmgesellschaft bei der NVA und von seiner anschließenden Haftzeit erzählen.

Seiler schildert die gegen Ende der DDR wachsende Welt der Aussteiger auf Hiddensee, immer schon die Insel der Künstler, auch der jungen, die hier in den 1910er-, 20er- und 30er-Jahren zelteten und malten und wo sich Gerhart Hauptmann in einer Mönchskutte bestatten ließ. In den 1980er-Jahren war die Insel als nordwestlichster Punkt der »Republik« oft das Asyl für die auf der Suche nach dem Exil Gestrandeten und sozusagen Angespülten. Tellkamps legendärer »Turm« als Oberschichtnische für die Elite wird bei Seiler zur nicht minder legendären Insel Robinson Crusoes, Exil für den real Schiffbrüchigen, Asyl für Kruso und andere im übertragenen Sinne Schiffbrüchige, Gestrandete und hier Angetriebene (s. dazu S. 50 ff.).

Alle drei Romane spiegeln jeweils die Erfahrungswelt ihrer Autoren wieder – bei Ruge den Spross der Nomenklatura, bei Tellkamp den Nutznießer einer privilegierten Nischenexistenz und bei Seiler den Durchschnittsbürger und -werktätigen mit literarischen Neigungen und eigener Erfahrung als Saisonhilfskraft auf Hiddensee im letzten Sommer der DDR.

Alle drei Romane wurden zu sensationellen Erfolgen bei der Kritik wie auch beim Publikum, im ehemaligen »Osten« aus Freude an der eigenen Stimme und im Westen wohl aus Freude an der Exotik der DDR-Verhältnisse wie am nachdenklichen Blick in den Spiegel: Wie hättest du dich wohl verhalten, wie gelebt und gehandelt »in China, hinter der Mauer«, wie Wolf Biermann einst die DDR besungen hat?

PHILIPP MEYER: *AMERICAN RUST* (2007) UND *THE SON* (2013)

Zwei Jahre nach der Auszeichnung von Ruges *In Zeiten des abnehmenden Lichts* mit dem Deutschen Buchpreis 2011 erschien in den USA Philipp Meyers ebenfalls multipersonal und nach Zeitstufen gegliederte Familiensaga *Der Sohn*, dem mit nahezu einstimmiger Akklamation der gesamten Kritik der größte inoffizielle Titel, den die amerikanische Literaturszene zu vergeben hat, zuerkannt wurde – Philipp Meyer war »The Great American Novel« gelungen, der Roman, in dem eine Nation wie in einem Spiegel das eigene Gesicht sieht.

Philipp Meyers Debütroman *American Rust* (2009), der auch schon vereinzelt mit diesem Titel geehrt wurde, war sozusagen die Fingerübung, eher strukturiert wie eine deutsche Novelle wie man mit Paul Heyse als großem Praktiker wie Theoretiker dieser epischen Kleinform zeigen könnte: »Wenn der Roman ein Kultur- und Gesellschaftsbild im Großen, ein Weltbild im Kleinen entfaltet […], so hat die Novelle in einem einzigen Kreise einen einzelnen Konflikt, eine sittliche oder Schicksals-Idee oder ein entschieden abgegrenztes Charakterbild darzustellen« während sie das »große Ganze des Weltlebens nur in andeutender Abbreviatur durchschimmern« lässt. Meyers »einziger Kreis« besteht aus den zwei Freunden Isaac English und Billy Poe mit ihren Familien, einmal einer im Suizid geendeten Mutter, einem durch einen Arbeitsunfall invaliden Vater und einer Schwester, die dank ihrer Begabung und gefördert durch Stipendien als Juristin den Absprung in die Welt des Erfolgs geschafft hat, und den Poes, die in einem Trailer auf einer Waldlichtung hausen, mit einem kleinkriminellem Tunichtgut als abwesendem Vater und einer als Näherin den Sohn maßlos verwöhnenden Mutter, die zugleich die langjährige Geliebte des lokalen Sheriffs Chief Bud Harris ist. Der »einzelne Konflikt« ergibt sich, als Isaac English, noch begabter als seine Schwester, den Absprung wagen, sich vom Vater als Pflegefall lösen will und mit dessen gestohlenen Ersparnissen nach Berkeley fliehen will: Bei einem letzten Treffen mit Billy Poe in einer Fabrikruine gerät der cholerische Athlet Billy in Todesgefahr infolge eines Streits mit Vagabunden, aus der ihn ein dem Angreifer von Isaac an den Kopf geschleudertes schweres Eisenstück befreit, allerdings mit tödlichem Ausgang. Alle fliehen, Billy flieht nach Hause, während Isaac seine ohnehin soeben begonnene Flucht fortsetzt. Chief Harris kann nicht verhindern, dass die Spuren am Tatort zwangsläufig zu Billys Verhaftung wegen eines Tötungsdelikts führen – Billy deckt Isaac konsequent und verschweigt dessen Beteiligung. Diesen Konflikt wie aus Schillers *Bürgschaft* kann Isaac durch seine freiwillige Rückkehr nach etwa einer Woche nicht mehr lösen; denn Chief Harris hat inzwischen versucht, das Problem durch ein Amtsverbrechen an einem der üblichen Verdächtigen des Orts aus der Welt zu schaffen. Erzählt wird dies streng personal aus der Sicht jeweils eines der sechs Beteiligten, dessen Name dann als Überschrift über den Abschnitten gesetzt ist. Als Vorbilder nennt Meyer die Klassiker der Technik des Bewusstseinsstroms Joyce, Faulkner, Virginia Woolf und den Schotten James Kelman als heutigen Fortentwickler dieses Erzählverfahrens.

Das »große Ganze des Weltlebens« scheint insofern nur »in andeutender Abbreviatur« durch, als die kleine eng umgrenzte Episode mit nur sechs Aktanten im Tal des Monongahela River in Pensylvania spielt, einer zwar landschaftlich schönen, aber wirtschaftlich völlig abgehängten Gegend voller rostender Stahlwerksruinen. Meyers *American Rust* meint dabei nicht nur diesen Rost im regelrecht »rust belt« genannten ehemaligen industriellen Mittelwesten – »rust« kann »Schrott« bedeuten, aber es umfasst auch wie das deutsche Wort »Mehltau« die Lähmung durch Hoffnungs-, Perspektiv- und Ausweglosigkeit, die eine ganz Region befallen hat. Meyers Debütroman wurde deshalb von den meisten Kritikern John Steinbecks großem Sozialroman *Die Früchte des Zorns* (1939) zur Seite gestellt.

Meyer hatte von Anfang an *American Rust* als Eröffnungsband einer Trilogie gesehen; der Folgeband zum »Schöpfungsmythos Amerikas« sollte ebenfalls in der Gegenwart mit sechs oder sieben zentralen Charakteren spielen, dieses Mal aber in einer reichen Familiendynastie, und deren Wurzeln in Krieg und Gewalt zum Thema haben. Bei der Arbeit tauchte in den Gesprächen seiner Personen immer wieder der legendäre Gründer und Stifter des Familienmythos auf und Meyer wurde klar, dass er nicht umhin konnte, eine solche Gestalt als zentralen Charakter auch leibhaftig auftreten zu lassen – die Familiensaga war geboren: Wie die *Buddenbrooks* ihren Johann Buddenbrook den Älteren, wie die drei Generationen der Böll'schen Fähmels den 80-jährigen Gründer Heinrich, wie die DDR-Dynastie der Powileit/Umnitzer den 90-jährigen Wilhelm so bekommen Meyers McCulloughs ihren 100-jährigen »Colonel« Eli als zentrale Gestalt. Dessen Vater war als mittelloser Nobody ins mexikanische Texas gekommen, um wie auch immer Land an sich zu bringen und wie auch immer sein Glück zu machen. Colonel Elis kurz nach seinem 100. Geburtstag auf Tonbändern aufgenommene Lebenserzählung bildet, abschnittsweise in chronologischer Folge abgedruckt, das Gerüst des Buches, zusammen mit dem Tagebuch seines Enkels Peter aus den 1910er-Jahren und den personal erzählten Passagen aus der Perspektive von dessen Tochter Jeanne Anne McCullough. Sie ist die 1926 geborene letzte Trägerin des Namens und hat die Skrupellosigkeit ihres Urgroßvaters geerbt, während ihr nachdenklicher, rechtlich wie menschlich denkender und handelnder Vater Peter im Familiensinn sozusagen das schwarze Schaf ist, für den Leser eher das weiße. Eli McCullough wurde als Kind von den Komantschen als Geisel geraubt und indianisch erzogen und übernahm ihre Ethik: Allein die Sippe als Teil des Stammes bzw. Volkes zählt und dazu bedarf es der Pferde, die man selbstverständlich andern Stämmen stehlen und rauben kann, auch wenn man notfalls deren Besitzer dabei umbringen muss. Mit dieser Ethik raffen Eli wie Jeanne Anne McCullough das Familienimperium zusammen, erst als Viehbarone riesige Weidegebiete, dann als Ölbarone dort entdeckte Ölquellen, bis die letzte McCullough aus dem Familienvermögen eine Bank gründet und u. a. bei der Immobilienblase erst spekuliert und verdient, um sich nach deren Platzen von der öffentlichen Hand retten zu lassen – das erscheint ihr jedenfalls besser als selbst einige hundert Millionen Dollar zu verlieren.

Anne McCullough ist es auch, die in ihren Gedanken anlässlich der Ermordung von Präsident Kennedy in Texas einmal die texanische Geschichte als paradigmatisch für die nordamerikanische wie die globale Geschichte rekapituliert. Die bunte Vielfalt der ursprünglich im amerikanischen Südwesten lebenden Stämme wurde von den Apachen verdrängt, amalgamiert oder ausgerottet, diese dann von den Komantschen, bis diese erst von den Spaniern, dann von den »Gringos« in den Indianerkriegen nahezu vernichtet wurden, während im und nach dem texanischen Krieg die »Spics« und »Mexies« besiegt, verdrängt und entrechtet wurden, und »in dem Jahr, in dem Kennedy starb, lebten noch Texaner, die zugesehen hatten, wie ihre Eltern von Indianern skalpiert worden waren.«

Die riesigen Ländereien der McCulloughs wurden so direkt von den Indianern oder indirekt im Umweg über die Spanier geraubt. Colonel Eli berichtet noch 1936 ungerührt, wie seine Cowboys einst unter einem windigen Vorwand die etwas kleinere Estancia der benachbarten und auch ehemals befreundeten Familie Garcia niedergebrannt, die Familie ermordet und deren Land kassiert haben. Die Vorgänge erinnern in ihrer völligen Absenz von Menschlichkeit, Redlichkeit und elementarster Fragen der Gerechtigkeit oder gar Justiz in vergrößertem Maßstab an die Zerstörung der Mühle und die Vernichtung der Existenz eines jüdischen Müllers im späten 19. Jahrhundert im Osten des deutschen Kaiserreichs durch Nachbarn, Behörden und Justiz, wie sie Johannes Bobrowski in dem Roman *Levins Mühle. 34 Sätze über meinen Großvater* 1965 gestaltet hat.

Dabei gibt es bei den McCulloughs seit dem weiß-schwarzen Schaf Peter eine Garcia-Seitenlinie aus dessen Verbindung mit seiner Jugendliebe Maria Garcia, deren Vertreter von der letzten McCullough bei zwei Konfrontationen mit demütigender Missachtung behandelt werden. Als Jeanne Anne beim zweiten Mal

nicht einmal den Namen verstanden haben will und die Polizei
ruft, lässt der Autor vielleicht etwas viel poetische Gerechtigkeit
walten: Ihr Großneffe Ulises Garcia will wortlos seine Legitima-
tionspapiere wieder an sich nehmen, es kommt zu einem so un-
beabsichtigten wie unglücklichen Zusammenprall; Jeanne Anne stürzt und verletzt sich tödlich am Kaminsims. Ulises sucht
unerkannt das Weite – als Mexikaner allein im Büro einer toten
Weißen der höchsten Kreise gefasst, hätte er im anschließenden
Prozess keinerlei Chance gehabt

Geradezu mythisch wirkt dann des Autors vielleicht etwas
zu massive Vorliebe für poetische Gerechtigkeit, als Eli McCullough vom wohl allerletzten Vergeltungsschlag gegen die allerletzten Indianer berichtet. Aufgrund eines mehr als vagen Ver-
dachts wird noch 1881 ein versprengter Indianertrupp über die
mexikanische Grenze hinweg verfolgt, was nur durch Elis lang-
jähriges indianisches Training möglich ist. Das armselige Tipi-
Dorf wird in einem Mini-Lidice oder -Oradour mit Dynamit in
die Luft gejagt und Greise und Greisinnen, Krüppel, Kinder, ein
Blinder, der auf sie feuert, und seine Tochter, die mit dessen ab-
geschossenem Gewehr auf sie losstürmt, alle werden niederge-
schossen, zuletzt noch die Pferde und Hunde – die Gewehrläu-
fe sind so erhitzt, dass die Henker sich trotz umgewickelter
Lappen die Hände verbrennen. Der Häuptling wird ausgeplün-
dert; in seinem Schild findet sich, zwischen die verschiedenen
Schichten der Bespannung geklemmt, ein von den Weißen ge-
raubtes Buch – Gibbons *Aufstieg und Fall des Römischen Reiches*
als Menetekel für die siegreichen Mörder. Der bedeutungs-
schwere Zufallsfund nimmt das dem gesamten Buch vorangestellte Motto auf:

> »Im 2. Jahrhundert christlicher Zeitrechnung umfasst das römische
> Weltreich den bedeutendsten Teil der Erde und den kulturell höchst-
> stehenden Teil der Menschheit …
>
> … sein Genius war in den Staub getreten; Armeen unbekannter Bar-
> baren, hervorbrechend aus den frostigen Weiten des Nordens, hat-
> ten ihre siegreiche Herrschaft über die schönsten Provinzen Euro-
> pas und Afrikas angetreten.
>
> … die Launen des Schicksals, das weder den Menschen noch die
> stolzesten seiner Werke verschont, … begräbt Imperien wie Städte
> in einem gemeinen Grab.«

Als es tagt, sehen sie, dass ein Junge überlebt hat. Sie lassen ihn am Leben »als Zeugen«, wie Eli ausdrücklich betont. Als sie mittags einen Fluss erreichen, sehen sie, wie er sie von Weitem beobachtet – nur mit einem Bogen bewaffnet ist er ihnen gefolgt, hat dabei mit den Pferden Schritt gehalten und ist über 20 Meilen seinem Tod entgegengelaufen. »Wir ließen ihn am Flussufer zurück. Soweit ich weiß, sucht er heute noch nach mir.«

INGER-MARIA MAHLKE: *ARCHIPEL. ROMAN*

Mit einer Personentabelle nach Generationen in aufsteigender Linie und den Teilen »2015 San Borodon«, »2007 Gofio-Jahre« über »El Carnaval de 1981«, »1975 En ti confío mi alma« oder »1957/58 Amor seco« bis zurück zu »1935 Die Konferenz der Surrealisten«, »Neunzehnhundertneunundzwanzig« und »1919 La Maria Pequena« hat nun auch Teneriffa als einstweilen letzte Region seine Familiensaga, Inger-Maria Mahlkes *Archipel*. Sie soll hier nur erwähnt werden, weil das Werk ernsthaft 2018 mit dem »Deutschen Buchpreis« ausgezeichnet wurde. In der Begründung heißt es u. a., »Inger-Maria Mahlke erzählt auf genaue und stimmige Weise von der Gegenwart bis zurück ins Jahr 1919«, was aber nicht wie bei Melandri aufklärend und erhellend wirkt, sondern eher verwirrend: Beginnt der Leser, sich für eine Gestalt zu interessieren, kann er nur Jahre früher auf Details zu deren Vorgeschichte hoffen, bis sie plötzlich ganz verschwunden ist. So sind es in der Tat »vor allem […] die schillernden Details, die diesen Roman zu einem eindrücklichen Ereignis machen«, »das Alltagsleben, eine beschädigte Landschaft, aber auch das Licht«. Nimmt man Melandris hier sich zum direkten Vergleich anbietende italienische Geschichte unter Mussolini zum Maßstab, ist das Lob, »am äußersten Rand Europas […] verdichte[te]n sich die Kolonialgeschichte und die Geschichte der europäischen Diktaturen im 20. Jahrhundert«, geradezu lachhaft. Ein Kritiker lobte Mahlke deshalb wohl besonders als »eigenständige Stilistin« mit einer »spartanischen« Sprache – nur: Hand aufs Herz – wer kann schon Spartanisch? Auf den unbefangenen Leser wirkt das Buch eher wie schlecht übersetzt, man ertappt sich immer wieder bei der unwillkürlichen Frage, was da wohl im (spartanischen!) Original stehen mag.

Historischer Roman

Als Textsorte hat die Familiensaga Anteil am Historischen Roman, als der sie meist beginnt, wenn der erste McBurroughs ins Komantschenland im mexikanischen Texas zieht, wie am Zeit- oder Gesellschaftsroman, als der sie endet, wenn die letzte Mcburrough überlegt, dass ihre Kinder und Enkel in Zukunft nichts als Erben und Nutznießer eines von Anlagegesellschaften verwalteten Vermögens sein werden. Zeitroman und historischer Roman sind ja ohnehin die beiden Seiten einer Medaille: Der Historische Roman ist ein Gesellschaftsbild aus vergangener Zeit, das nahezu immer in einem Spannungsverhältnis zur Gegenwart steht, während ein wirklichkeitsgesättigter Zeitroman wie Grass' *Blechtrommel* sechzig Jahre später zum farbigen Historischen Roman aus der ersten Hälfte des vorigen Jahrhunderts geworden ist.

Takis Würgers *Stella* ist nicht an außerliterarischen Gründen eines tabuisierten Themas gescheitert, wie der Verlagschef von Hanser meinte, sondern an der Gattung »Historischer Roman«, die krachend verfehlt wurde. Im Plot knüpft Würger an Bernhard Schlinks Sensationserfolg *Der Vorleser* an – ein simplicianischer Ingenu wird von einer älteren, so attraktiven wie erfahrenen Frau in ein erotisch-sexuelles Verhältnis verstrickt, und am Ende stellt sich heraus, dass sich in ihr eine Nazi-Verbrecherin verbirgt. Dafür erfindet Würger die Fabel vom reichen Schweizer Fabrikantensohn, der sich aus Neugier 1942 nach Berlin begibt, um sich ein authentisches Bild von Nazideutschland 1942 zu machen – ein überzeugender Einfall: Berlin 1942, mit fremdem Blick gesehen. Und so erfährt der staunende, wissbegierige Leser, dass man damals mit einem Bündel Schweizer Franken lose in der Tasche monatelang eine Luxussuite in einem Berliner Grandhotel finanzieren, jederzeit unproblematisch zwischen Berlin und Teheran mit dem Zug hin und her fahren und den gesamten übrigen Lebensbedarf mit Franken schwarz an der Hotelrezeption einkaufen konnte, oder wie es auf privaten Empfängen von Nazi-Größen in Wannsee-Villen zuging. Ab und an sitzt man im Luftschutzkeller, wenn man nicht unbemerkt und ungestraft mit einem geladenen Revolver durchs verdunkelte Berlin läuft, um Nazis zur Rechenschaft zu ziehen. Woran erkennt man eben einen guten Historischen Roman? – »Er will« – als Kind des Historismus (s. S. 93 ff.) – »blos zeigen, wie es eigentlich gewesen«, hat Ranke einst formuliert, und dazu fehlt Würgers in einem Nazi-Märchen-Wunderland spielender *Stella* schlichtweg alles.

Als Gisbert Haefs, bis dato bekannt als Verfasser so skurriler wie hochliterarischer Detektivromane, 1989 seinen ersten Historischen Roman *Hannibal. Der Roman Karthagos* vorlegte, fand er beim Gros der führenden Kritiker ein uneingeschränkt positives Echo. Das Werk sei, so der generelle Tenor, zwar ein Historischer Roman und daher eher trivial, aber dennoch qualitativ herausragend; nur einer schrieb, es sei zwar von unbestreitbarer literarischer Qualität, aber eben ein Historischer Roman und daher trivial. Während die danach einsetzende wahre Flut Historischer Romane von der Wanderhure bis zur Wanderhebamme das eingefleischte Vorurteil zu bestätigen schienen, eroberte sich der Historische Roman zugleich im Gefolge Ecos und Haefs' einen eigenen Platz im bunt blühenden Feld der Postmoderne und Eco und Haefs wurden dabei kurzerhand zu »Meistern des intelligenten Unterhaltungsromans« erklärt.

International hatte die Textsorte »Historischer Roman« nie vor diesem Problem gestanden, wie der seit 1969 vergebene »Man Booker Prize for Fiction« zeigt, so etwas wie der »Deutsche Buchpreis« für in Großbritannien erschienene englischsprachige Romane weltweit. In angelsächsischem Pragmatismus weist die Liste der gekrönten Titel kurze kategorische Zuweisungen auf wie »Roman«, »Historischer Roman«, »Philosophischer Roman«, »Experimentalroman« »Mystery novel« usw. ohne jede Diskriminierung. Offensichtlich gelten preiswürdige Historische Romane stillschweigend als »intelligent«, wie Eleanor Cattons 2013 gekrönter Roman *The Luminaries (Die Gestirne)* zeigt, in dem es um geheimnisvolle Vorgänge wie das plötzliche Verschwinden eines wichtigen Mannes und einer großen Menge frischgegossener Goldbarren geht, die ebenso rätselhaft an der falschen Stelle wieder auftauchen – und das Ganze auf dem Höhepunkt des 1860er-Goldrausches von Hokitika auf der neuseeländischen Südinsel. Die spannende Handlung in einem zumindest für mitteleuropäische Leser ungewohnten, historischen Goldgräber-Neuseeland mit Bretterhäusern, billigen Kneipen,

Bordellen und viel Schlamm und Schmutz und Claims und Diggings wird von Eleanor Catton mit einer zusätzlichen Bedeutungsschicht ausgestattet, vergleichbar den Odyssee-Bezügen in Joyces *Ulysses*: Zwölf Gestalten aus dem bunten Personal sind den Tierkreiszeichen zugeordnet, zwei weitere Sonne und Mond, den titelgebenden »Luminaries«, und fünf weitere den erdnächsten Planeten. Da dabei auch die »Konjunktionen«, die »Häuser«, die gesamte Verschiebung des Frühlingspunkts im Tierkreis vom Widder zu den Fischen und dazu wohl auch noch die Mondphasen von Bedeutung sind, mag sich diese zusätzliche »intelligente« Dimension eines exotisch historischen Romans wohl nur dem der Astronomie wie Astrologie Kundigen erschließen – wie auch immer, der in einem komplexen Verfahren jedes Jahr neu ausgewählten Jury erschienen *The Luminaries* 2013 als bester Roman der englischsprachigen Welt.

Daniel Kehlmann

In Deutschland gelang dem Historischen Roman der endgültige Durchbruch zur auch vom puristischsten Kritiker anerkannten Gattung erst, als Daniel Kehlmann sich gerade nicht dem Gebiet des Farbig-Exotischen zuwandte, sondern zwei Helden der Populärwissenschaft porträtierte, Carl Friedrich Gauß, den durch sein Porträt und seine Kurve der Normalverteilung auf dem einstigen Zehnmarkschein bekannten Mathematiker, und Alexander von Humboldt, der u. a. durch eine eigene Ozeanströmung im kollektiven Gedächtnis geblieben ist, sowie beider komplementäre »Vermessung der Welt« um 1800. Auf einem interdisziplinären Treffen erklärte uns ein Vertreter der theoretischen Physik einmal den Unterschied zwischen der Astrophysik und seiner Disziplin: »Die messen, wir denken.« Von dieser Grundopposition eines geometrischen Narziss und eines geographischen Goldmunds, einer intensiven und einer extensiven Welterfahrung lebt Kehlmanns Buch, soweit es lebt, auf 300 Seiten. Humboldts Reisen wirken auf Gauß, als reise jemand um die Welt, um herauszufinden, dass der Himmel überall blau ist, während Humboldt Gauß' Formeln ohne Anschauung als leer empfunden haben wird. Vom Ehepaar Einstein wird erzählt, Frau Einstein habe am Ende einer Sonderführung durch das soeben vollendete gigantische Spiegelteleskop auf dem kalifornischen Mount Palomar gefragt, was genau sie denn hier machten. »Madam, wir enträtseln die Geheimnisse des Weltalls!« »Ah ja, interessant – mein Mann macht das immer auf der Rückseite von einem alten Briefumschlag.« Vielleicht hat dieser Charakter eines vergnüglichen Sachbuchs, das ungeliebtes Schulwissen in teils lustiger Handlung aufbereitet, zu Kehlmanns Erfolg bei Kritikern wie Publikum beigetragen.

Noch stürmischer begrüßt wurden Kehlmanns Bemühungen um die Gestalt des Till Eulenspiegel aus dem Volksbuch um 1510 (s. S. 24), den er in *Tyll. Roman* in die Zeit des Dreißigjährigen Kriegs versetzt. Die Gestalt war hochliterarisch schon von Charles De Coster in den Kampf der Niederlande gegen die Spanier im 16. Jahrhundert versetzt worden, wobei er mit seiner Gefährtin Nele zur Verkörperung des flämischen Geists und der flämischen Seele wurde. Gerhart Hauptmann hatte ihn 1928, unglücklicherweise in einem Hexameter-Epos, zum Vertreter der nach der deutschen Niederlage 1918 nutz- und arbeitslos gewordenen Militärs gemacht, wie sie durch das gleichzeitige Lied *Armer Gigolo* – Louis Amstrongs *Just a gigolo* – weltweit bekannt wurden. So zieht Hauptmanns Pour-le-Mérite-Kampfflieger Anfang der 1920er-Jahre als Gaukler mit Pudel in einem mit den Pferden »Gift« und »Galle« bespannten Wägelchen durch Deutschland, wobei vor allem die ersten der 18 »Abenteuer« viel vom Geist des alten Volksbuchs wie von De Costers Roman bewahren.

Wie in diesen Fällen die alte Form der Schwanksammlung sowohl De Costers wie Hauptmanns Folgetext den Episodencharakter mitgeteilt hat, so stellt auch Kehlmanns gleichermaßen auf das Volksbuch wie auf De Coster gestützter *Tyll. Roman* eine lockere, zudem nicht chronologische Reihung von acht Episoden dar – Kehlmann kannte als *poeta doctus* sicher Goethes als Entwurfsfragment zum *Faust*-Vorspiel überlieferte Maxime der »Lustigen Person«: »Und wenn der Narr durch alle Szenen läuft,/ So ist das Stück genug verbunden.«

Kehlmann beginnt mit dem Bericht eines Kindes von einem Auftritt des schon allgemein als Narr und Gaukler berühmten Till irgendwann im Dreißigjährigen Krieg, mit dem den Zuschauern gespielten Schuhstreich. Dann wird Tills Kindheit erzählt und es begegnet uns eine der beiden historischen Hauptgestalten, die mehr als Tyll selbst die Handlung prägen: Der heute noch als Universalgenie und Polyhistor gerühmte Jesuit Athanasius Kircher tritt mit seinem Ordensbruder Tesimond, dem aus England entkommenen Drahtzieher des »Gunpowder Plot« auf und betreibt mit Verve die Hinrichtung von Tills Vater, eines zum Grübeln, Sinnieren, Studieren und Spekulieren geneigten Müllers, als Ketzer und Hexer. Die nächste Episode springt zur letzten Schlacht des Dreißigjährigen Krieges, der Schlacht von Zusmarshausen am 17. Mai 1648, deren zufälliger Augenzeuge ein dem Gesandten des Hauses Österreich beim Westfälischen Friedenskongress, Georg Ulrich Graf von Wolkenstein-Rodenegg, nachempfundener direkter Nachfahre des Minnesängers Oswald ist. Er ist gerade unterwegs, um Tyll Eulenspiegel auf Einladung des Kaisers nach Wien zu eskortieren. Wenn Wolkenstein später die von ferne gesehene Schlacht, an der er im Verlauf seiner wiederholten Erzählungen schließlich teilgenommen haben will, schildern soll, greift er auf »Grimmelshausens« (dessen Namen als Verfasser man noch gar nicht kannte – s. S. 43) *Simplicius Simplicissimus* zurück, der seinerseits wiederum für seine Schilderung der Schlacht bei Wittstock Barclays *Argenis* ausgeschrieben hat. Wie William von Baskerville seinem Adlatus Adson in Ecos *Namen der Rose* einmal erläutert, bezögen sich Bücher keineswegs immer auf Wirklichkeit – es gebe sogar Bücher, die sich nur mit Büchern unterhielten – erst recht in diesem Buch Kehlmanns, in dem der Schwankheld eines Volksbuchs und dessen Adaptation bei Charles De Coster sich mit dem durch seine Reisebeschreibung nach Persien berühmten Adam Olearius trifft, der um die Hand der von De Coster erfundenen Nele anhält, die nebenbei den jungen Arzt und Dichter Paul Fleming ein altes Volkslied von »Zwei Königskindern« lehrt – der Historische Roman der Scott-Schule lebt davon, erfundenes Personal mit historisch bezeugtem zu mischen. So treten in der vierten und bei Weitem längsten Episode die »Könige im Winter« in ihrem armseligen Exil in Den Haag auf, Friedrich von der Pfalz, als »Winterkönig«, von Mitwelt und Geschichte »erniedrigt und zum Gespött Europas gemacht«, und seine formidable Gemahlin Elisabeth Stuart, Tochter Jakobs I. von England und Schottland und Enkelin König Friedrichs II. von Dänemark und Norwegen, auf die einst der größte englische Renaissancedichter John Donne Gedichte gemacht hat. Aus

ihrer Perspektive erfahren wir von ihrer Heirat, von Winterkö-
nigtum und Exil und sodann aus der ihres unseligen Gatten
vom vergeblichen Antichambrieren bei Gustav Adolf und von
Tylls berühmtem Streich mit dem lesenden Esel. Die nächste Episode »Hunger« schließt sich an die zweite von Tylls Kindheit an
und erzählt seine und Neles Lehr- und Wanderjahre bei einem
fahrenden Gaukler. In Episode sechs, »Die große Kunst von
Licht und Schatten«, nach Kirchers Werk *Ars magna lucis et um-
brae*, begegnen wir Athanasius Kircher wieder, und Tyll, mittlerweile Prinzipal eines Wanderzirkus, kann endlich nach dem Beispiel von Charles De Costers *Ulenspiegel* Rache am einstigen
Mörder seines Vaters nehmen: Er erscheint ihm als Teufel und
dem Jesuiten bleibt nichts als ein nur ein einziges Mal in einem
Leben anzuwendender atropäischer Zauber: die Rezitation der
»Sator«-Formel verbunden mit dem noch nie zuvor gemachten
Geständnis einer geheimen Schande, und in seiner Todesnot ge-
steht Kircher, zeit seines Lebens immer nur gelogen zu haben,
und schließt: »Ich lüge in den Büchern. Ich lüge immer.«

Mit dieser Totaldemontage des barocken Universalgenies
schließt der burleske Strang von Kehlmanns Historischem Roman, der Kirchers bis heute vielgerühmter »Vermessung der
Welt« seiner Zeit galt. Tyll stirbt als Tunnelbauer 1645 bei der Belagerung Brünns, verschüttet und begraben in einem selbstge-
grabenen Schacht (Episode sieben, »Im Schacht«), um sogleich
als Hofnarr bei den Verhandlungen des Westfälischen Friedens
in Osnabrück wieder aufzuerstehen. Hier hat Elisabeth von der
Pfalz einen letzten glänzenden Auftritt: Es gelingt ihr, im Hintergrund inkognito die Fäden ziehend, ihrem Sohn die Pfalzgra-
fenwürde zu sichern und für die Kurpfalz eine Art Restitution
der an Bayern verlorenen Stellung eines Kurfürstentums zu erreichen. Bei einem letzten Treffen gibt Tyll ihr den Rat, »noch
besser als friedlich sterben« sei »Nicht sterben, kleine Liz. Das
ist viel besser«. Als sie sich umsieht, ist Tyll verschwunden – in
die Unsterblichkeit der Literatur, vom Volksbuch über De Coster, Hauptmanns Epos bis hin zu Daniel Kehlmanns *Tyll*. Die
»kleine Liz«, Elisabeth Stuart, aber lebt fort, zum einen als
Stammmutter aller britischen König, seit ihr Enkel Georg I. von
Hannover 1714 den britischen Thron bestieg, und zum anderen
als im tiefsten Unglück ungebeugte »Winterkönigin« in Kehlmanns Historischem Roman *Tyll*. Als viel zu früh im Jahr

Schneefall einsetzt, öffnet sie den Mund und schmeckt den Schnee, »noch so süßlich und kalt wie einst, als sie ein Mädchen gewesen war. Und dann, um ihn besser zu schmecken, und nur weil sie wusste, dass in der Dunkelheit keiner sie sah, streckte sie die Zunge heraus« – die Geste der Weltüberlegenheit und der Weltverachtung, die Geste des Weisen wie des Narren, die Geste Einsteins wie Tyll Ulenspiegels.

HISTORISCHE EXPERIMENTALROMANE

Mit dem angelsächsischen Pragmatismus des »Man Booker Prize« gesehen, fallen die jüngsten Verleihungen in die Kategorie des »historischen Experimentalromans«, hätten mithin, obwohl Historische Romane, sogar Heinrich Vormweg gefallen können und seiner Forderung Genüge getan, »voranzuschreiten und unablässig das Sagbare zu erweitern«, wenn auch auf höchst unterschiedliche Weise. 2017 wurde John Saunders' *Lincoln in the Bardo* ausgezeichnet, 2018 Anna Burns' Roman *Milkman* über den nordirischen Bürgerkrieg in den 1970er-Jahren, während ein weiterer Roman dieser Doppelkategorie es in die Shortlist 2018 schaffte, Robin Robertsons *The Long Take* über Los Angeles und die Lost Generation Amerikas um 1950.

GEORGE SAUNDERS: *LINCOLN IN THE BARDO*

George Saunders ist in den USA vor allem als Verfasser von »Stories« berühmt und äußerst populär – eine Gattung längerer Erzählungen, unserer früheren Novelle vergleichbar, die die heutige deutsche Literatur so gut wie nicht mehr kennt, bestimmt für eine Publikationsform, die bei uns ebenfalls nahezu ausgestorben ist, die populäre Zeitschrift für ein gehobenes Publikum wie *The New Yorker, Harper's Magazine* oder *Gentlemen's Quarterly*, in Deutschland Fischers *Neue Rundschau* im Kaiserreich und in der Weimarer Republik vergleichbar. Auch den Stoff des Lincoln-Romans, der Saunders über 20 Jahre verfolgt hatte, wollte er ursprünglich in einer Erzählung gestalten: Bei einem Besuch in Washington war Saunders auf ein erhöht gelegenes Mausoleum auf einem Friedhof in Georgetown hingewiesen wurden, in dem 1862 der mit zwölf Jahren verstorbene Sohn des Präsidenten, Willie, vorübergehend beigesetzt worden war. Lincoln sei in der darauffolgenden Nacht mehrmals dorthin zurückgekehrt, um den Sohn noch einmal zu sehen und ihn sogar in den Arm zu nehmen. Für Saunders verschmolz sofort die jedem Amerikaner vertraute eindrucksvolle Gestalt des nachdenklich dasitzenden Präsidenten im Lincoln Memorial mit Mi-

chelangelos *Pietà*, woraus nach vielen Jahren Inkubationszeit
»ein Roman« erwuchs, »der in seiner Form und seiner Erzähler-
stimme mit nichts, was Sie je gelesen haben, Ähnlichkeit hat«,
wie es in einer frühen Vorankündigung heißt. Für den deutschen Leser muss man vielleicht darauf hinweisen, dass die
deutsche Geschichte keinen Kaiser, König, Kanzler oder Feld-
herrn aufweist, der Lincoln in Verehrung und Popularität, Moral, Würde, Anstand, politischem Ernst und zugleich historischer Bedeutung an die Seite gestellt werden könnte. Saunders
Bild seines *Lincoln in the Bardo. A Novel* entsteht dabei ausschließlich aus zeitgenössischen Stimmen zu Lincoln und zu Einzelheiten seines Lebens im Februar 1862, auch zu Krankheit und Tod
seines Sohnes, die Saunders mit Quellenangaben aus Biographi-
en, Tagebüchern, Brief- und Dokumentensammlungen entnommen haben will, sowie Stimmen von Toten oder Untoten im
»Bardo«, arrangiert in 108 kurzen Abschnitten. Eine sicherlich
zufällige Parallele bietet in diesem Punkt Uwe Timms Roman
Halbschatten (2008) über das Leben der um 1930 weltberühmten
Fliegerin Marga von Etzdorf, in dem ein Friedhofsführer auf
dem Berliner Invalidenfriedhof die dort mit ihr ruhenden Toten
für den Erzähler immer wieder zum Reden bringt.

Saunders hat seinen für den Roman schlechthin entscheidenden »Bardo« aus tibetanischen Vorstellungen von einem Zwi-
schenreich der Seelen vor ihrer nächsten Reinkarnation konstruiert, aber mit Vorstellungen vom Fegefeuer und wohl auch
Dantes »Purgatorio« verbunden. Wie beim Schreiben von Science Fiction habe er kräftig Aufbauarbeit an einer kompletten eigenen Welt mit ganz eigenen Regeln zu leisten, erläuterte Saunders seinen Arbeitsprozess. Um für sein Personal einen möglichst
authentischen Sprachklang zu erzielen, habe er u. a. zeitgenössische Prozessakten studiert, weil allein sie wortwörtlich – so
die strenge Vorschrift – durch Stenogramm erfasste mündliche
Rede bieten – »und ja, die Leute haben geflucht«, was sonst in
der Zeit zensiert wurde.

Saunders' Personen, die wir nach und nach aus ihren Gesprächen und Gedankenfetzen kennenlernen, hängen aus unter-
schiedlichsten Gründen noch so am Leben, dass sie ihren Tod
nicht akzeptieren können, für eine Krankheit halten und den
Sarg als »Genesungskiste« ansehen, aus der sie bald in ihre frühere Welt zurückkehren werden – der ältere Ehemann, der die

Ehe mit seiner blutjungen Frau nie vollzogen hat, der fromme und frömmelnde und wohl auch ein wenig heuchelnde Reverend, der junge Mann, der nie zu seinem »coming out« durchgebrochen ist, der schneidige Leutnant, der seinen Trupp immer neu in den Sturmangriff treiben will, die schwarzen Sklaven, die nie ein selbstbestimmtes Leben hatten und sich doch danach sehnen. Manche halten auch im Bardo noch an Ibsen'schen Lebenslügen fest, wie wir erfahren. Beenden kann diesen Zwischenzustand nur die gänzliche Absage auch an den letzten materiellen Lebenswunschrest oder die Erkenntnis der Lebenslüge – das führt zum *matterlightblooming phenomenon*, der ›Materienlichtblüte‹ in der deutschen Übersetzung, einem Licht-Schall-Phänomen, bei dem auch der allerletzte materielle »Erdenrest«, wie Goethe gesagt hätte, schlagartig in Licht umgewandelt wird, die Zeit stehen bleibt und »wir in einem einzigen Moment für immer leben«.

Diese Untoten im Bardo können in der Welt der Lebenden zwar nichts mehr bewirken, aber untereinander kommunizieren, ineinander verschmelzen und ins Innere lebender Wesen schlüpfen. In der doppelten *Pietà*-Szene, die ja Anstoß zum Plan einer Erzählung und dann des Romans gab, nimmt einmal Lincoln den toten Sohn ein letztes Mal auf den Schoß, und beim nächsten Besuch setzt sich der untote Willie auf den Schoß des Vaters und die untoten Zeugen, darunter Willie, berichten es uns. Aus den Stimmen der Untoten und den Zeugnissen der Lebenden entsteht im Leser ein Lincoln, der in seiner unendlichen Trauer um den Sohn angefochten wird durch die Verantwortung für Frau und Familie und durch die historischen Stimmen Lebender, die den um einen Sohn Trauernden für den tausendfachen Tod ihrer Söhne verantwortlich machen. Aus der Sicht der Untoten und des kleinen Willie erleben wir den so schmerzhaften Prozess des Loslassens bei Vater und Sohn bis zum endgültigen Abschied – für Willie eine Art Himmelfahrt, für Lincoln ein letzter trauriger einsamer Heimritt auf viel zu kleinem Pferd, wie der Friedhofswärter und eine schlaflose Anwohnerin berichten. Sowohl der unbegreifliche Tod des Sohnes wie die von ihm verantwortete Hinmetzelung vieler Tausender von jungen Männern auf den Schlachtfeldern des Bürgerkriegs lassen Lincoln mit einem verborgenen Gott ringen, keinem liebenden »HE« mehr, sondern einem »IT«, einem großen »Beast«, das unser Verstehen übersteigt und das von Lincoln nun, wie es scheint, »Blut verlangt, mehr Blut, um die Dinge, die so sind,wie sie sind, zu ändern wie ES sie will«.

Für ihn unsichtbar begleitet ihn der Schattenleib des schwarzen Sklavens Haven, den eine eigentümliche Zuneigung zu diesem traurigen, schlaksigen Mann erfasst hat, was ihn erst an dessen Seite treibt und dann in ihn – in wen genau wagt er kaum zu denken. Havens selbst ist noch im Bardo, nicht weil er persönlich mit seinem Leben unzufrieden war, sondern mit dem seiner afroamerikanischen Schicksalsgenossen. Mit seiner kollektiven Trauer darüber hofft er Lincolns abgrundtiefe Trauer zu durchdringen: »Sir, wenn Sie so mächtig sind, wie ich fühle, dass Sie es sind, und wenn Sie so für uns empfinden, wie es scheint, dann wagen Sie etwas für uns zu *tun*, so dass wir etwas für uns tun können. Wir sind bereit, Sir; sind zornig, sind fähig, all unser Hoffen ist bis zum Sprung angespannt, so tödlich wie heilig: Lassen Sie uns frei, Sir; lassen Sie uns an unser Werk, lassen Sie uns zeigen, was wir können.«

Das Buch schließt in Abschnitt CVIII mit der Innensicht in einen unglücklichen Mann, müde und voller Selbstzweifel und doch verpflichtet, »so vieles zu tun, was er doch nicht gut tat und was, wenn er es nicht gut machte, schief gehen würde. Es war hart. Hart für ihn. Hart für mich. Da drinnen zu sein. Ich entschloss mich nichtsdestotrotz zu bleiben.« Und so reiten die Drei, der Präsident, der untote Sklave und das Pony, »weiter in die Nacht, vorbei an den schlafenden Häusern unserer Landsleute«.

Saunders *Lincoln in the Bardo* ist ein exzeptionelles Beispiel für das Janusgesicht aller historischen Dichtung, rückwärtsgewandt und zugleich in die eigene Zeit sprechend: Im Herbst 2016 wird Donald Trump zum künftigen Präsidenten der USA gewählt und als solcher am 20. Januar 2017 inauguriert und im selben Jahr erscheint ein Buch und wird zum besten englischsprachigen Roman des Jahres gewählt, das in bewegender Weise an den ehrwürdigsten, gewissenhaftesten und entscheidungsfestesten Präsidenten erinnert, der um den Preis eines langen, grausamen und blutigen Bürgerkrieges Amerika vom Makel der Sklavenhaltergesellschaft endgültig befreit und so wirklich einig und groß gemacht hat. Keine noch so beredte Kritik an einer »Ära Trump« könnte treffender sein als dieses Buch über einige Tage im Juni 1862.

ANNA BURNS' ROMAN MILKMAN

Dasselbe gilt für Anna Burns' Roman *Milkman*: Im Juni 2016 stimmt die britische Bevölkerung in einem Referendum mit knapper Mehrheit für einen »Brexit«, für den Austritt Großbritanniens aus der Europäischen Gemeinschaft, der bis dahin das britische Nordirland und die Republik Irland gemeinsam angehörten. Die daraus erwachsende Konsequenz einer wieder zu befestigenden, traditionellen Grenze zwischen den beiden doch irgendwie als zusammengehörig empfundenen irischen Gemeinwesen war anfangs nicht bedacht worden, wurde aber sogleich virulent: Erste Anschläge gefährden den mühsamen britisch-irischen modus vivendi in der britischen Provinz. In diese Situation hinein schreibt und veröffentlicht die nordirische, in England lebende Autorin Anna Burns 2018 ihren Roman *Milkman*, der als erster nordirischer Roman überhaupt zum besten englischsprachigen Roman des Jahres den »Man Booker Prize« erhält. Das Buch erzählt von wenigen Wochen aus dem Alltag einer jungen Frau von 18 Jahren in einer nordirischen Großstadt Ende der 1970er-Jahre.

In der Preisbegründung rühmt der in den USA lehrende Afro-Brite Kwame Anthony Appiah als Sprecher der Jury »die Sprache in Burns' ›Milkman‹« als »schlicht wundervoll; das beginnt mit der unverkennbaren und durchgehend gewahrten Stimme der lustigen, unverwüstlichen, gewitzten Ich-Erzählerin, die nie ein Blatt vor den Mund nimmt.« Zum Ton kommt das ungewöhnliche Sprachniveau hinzu: Burns hat ihre Protagonistin – wie, nebenbei gesagt, auch ihr gesamtes Personal – mit einer Reihe von Eigentümlichkeiten ausgestattet, und dazu gehört bei der Erzählerin exzessives Spazierengehen bei gleichzeitiger ebenso exzessiver Lektüre britischer Epiker des 19. Jahrhunderts – das 20. mag sie nicht und daher rühren ihre Grammatik und ihr Wortschatz. Eine eigentliche Erzählsituation als Schreibfiktion fehlt, betont wird nur gelegentlich der große zeitliche Abstand zum »damals« der späten 1970er-Jahre, aus dem heraus der wie mündlich erzählt wirkende Text irgendwie zu Papier gekommen sein muss. Vergleichbar ist diese Erzählhaltung mit absoluter Dominanz des erlebenden Ichs dem Bericht in Kertész' *Roman eines Schicksallosen* oder der Suada des Schreibers und Erzählers Franz Josef Murau in Thomas Bernhards *Verstörung*.

Wie bei Bernhard und Kertész fällt auch Burns' Erzählerin mit der Tür ins Haus und »reißt uns«, wie auch das Votum der Jury betont, »gleich mitten in ›die alltägliche Gewalt ihrer Welt‹«, die zugleich mit ihrem Leben als junges Mädchen untrennbar verwoben ist: »Der Tag, an dem Sowieso McSowieso mir eine Pistole vor die Brust hielt, mich eine Katze nannte und mich zu erschießen drohte, war zugleich der Tag, an dem der Milchmann starb.« Diese rätselhafte Information wird keineswegs sogleich erläutert – der Text wendet sich meist an Eingeweihte und der Leser hat sich eine Welt nach und nach aufzubauen, die ihm so fremd ist wie Saunders' »Bardo«.

Die nie namentlich genannte Stadt ist wohl Belfast und besteht für die Erzählerin aus dem eigenen Territorium, in dem sie mit ihrer Familie und ihrem gesamten Umgang lebt, joggt, einkauft und Kneipen und Verwandte besucht, aus neutralem Terrain mit gewissen Bildungseinrichtungen sowie aus feindlichen Gebieten als no-go-Areas und wenigen Strecken und Straßen als Niemandsland. Die Konfliktpartien werden nie mit identifizierbaren Namen genannt – man selbst ist »renouncer«, offensichtlich jemand, der jede Form von Kompromiss mit Großbritannien – das sind »die überm Wasser« – und deren nordirischen Kollaborateuren ablehnt und von hochangesehenen, geheimen schwerbewaffneten »Paras« kriegerisch repräsentiert wird, die »anderen« sind die Truppen von »überm Wasser« und die als Verräter betrachteten Anhänger oder gar Vertreter der offiziellen nordirischen Regierung, d. h. alle Staatsorgane. Egal was passiert – im Viertel der Erzählerin ruft man die Polizei nur dann, wenn man sie ermorden will, wie sie einmal anschaulich bemerkt. Jede der überaus kinderreichen Familien, die ihren Nachwuchs und deren Anhang einfach nummerieren – zweite Schwester, dritter Schwager –, hat ermordete oder im alltäglichen Krieg gefallene Väter und Söhne, sieht andere durch Autobomben bedroht, verliert Bekannte durch Verwechslungen übereifriger staatlicher Killerkommandos. So ergeht es dem richtigen Milchmann, der wirklich die Milch im Viertel liefert, als er für »Milchmann« gehalten wird, einen so geachteten wie gefürchteten wie geheimen paramilitärischen Führer »Milchmann«, der die Erzählerin zu stalken scheint, sodass sie zum Leidwesen ihrer Mutter als dessen Geliebte gilt – er ist 41 und überdies verheiratet! –, während ihre verwitwete Mutter selbst immer schon den immer noch ledigen Milchmann geliebt haben soll, d. h. den richtigen, nicht den »Milchmann«, hinter dem die Tochter her sein soll – dieses Bäumchenwechseldich der echten, falschen und richtigen Milchmänner und solchen, die die Milch bringen, durchzieht als Running Gag das ganze Buch und zerstört fast das Leben der Erzählerin, die nur friedlich neben ihrem Sozusagen-Freund leben will. Deshalb setzt ihr auch am Ende Sowieso McSowieso die Pistole auf die Brust, als der richtige falsche Milchmann endlich wirklich richtig staatlich liquidiert worden ist, wie wir im ersten Satz erfahren haben, weil jetzt der Weg für Rivalen neben ihrem Sozusagen-Freund frei scheint. Was aus ihrer Sozusagen-Beziehung mit Sozusagen-Freund wird und warum diese jäh und ganz ohne Autobombe endet, sei hier nicht verraten.

Auch wenn man nicht, wie die Jury des »Man Booker Prize«, im Buch »die Erkundung der universalen Erfahrung aller Gesellschaften in der Krise« sehen will, überzeugt Burns schwarze Komik dieser nordirischen bürgerkriegszerfetzten Welt gerade in dem Moment, da dieser Bürgerkrieg 40 Jahre später durch den »Brexit« wieder aufzuflammen droht.

Zeitroman, Gesellschaftsroman und politischer Roman

»Seismograph seiner Epoche«: Michel Houellebecq

Michel Houellebecq (geb. 1958) hat sich mit seinen seit 1995 in kontinuierlicher Folge erscheinenden Romanen rasch die Position des weltweit wichtigsten und zugleich umstrittensten Autors von Romanen über die zeitgenössische Gesellschaft westlich-liberaler Prägung erworben. Entsprechend war er der ideale Kandidat für den ihm 2019, wie zwei Jahre zuvor Karl Ove Knausgård, verliehenen Österreichischen Staatspreis für Europäische Literatur, der jedes Jahr »für das literarische Gesamtwerk eines europäischen Autors verliehen wird, das international besondere Beachtung gefunden hat«. »Er schreibt klar, kompromisslos und präzise über Themen, die unsere europäische Gesellschaft bewegen und wesentlich verändern: von politischem Radikalismus und Terror über Biotechnologie bis hin zum Traum vom ewigen Leben. Houellebecq ist ein Schriftsteller, der niemanden kalt lässt, ein Romancier, der uns bewegt und zur Auseinandersetzung zwingt«, hieß es in der Begründung des Kulturministers.

Houellebecqs Debutroman *Extension du domaine de la lutte* (1994) errang in Frankreich in den Jahren nach seinem Erscheinen allmählich den Status eines Kultbuchs, was dann 1998 eine englische Übersetzung *Whatever* und 1999 eine deutsche *Ausweitung der Kampfzone* nach sich zog. Im »Literarischen Quartett« des ZDF präsentiert, sicherte sie dem Autor sogleich die Aufmerksamkeit weitester Kreise. Ab dann erscheinen Houellebecqs Romane im Deutschen wie allmählich auch im Englischen gleichzeitig mit den französischen Originalen, *Elementarteilchen* 1998, *Plattform* 2002 (Original 2001), *Die Möglichkeit einer Insel* 2005, *Karte und Gebiet* 2011 (Original 2010), *Unterwerfung* 2015, *Serotonin* 2019; und schon 2015 bittet die *New York Times* einen anderen Weltautor, den Norweger Karl Ove Knausgård, Houellebecqs neuestes Buch *Submission* für sie zu besprechen. Unabhängig vom jeweiligen Buch, dessen Thema oder dessen Rezeption in Frankreich ist seit den *Elementarteilchen* jedes Buch Houellebecqs einerseits weltweiten Interesses, andererseits weltweiter Diskussionen sicher. Der Autor ist zum »Seismographen seiner Epoche« geworden, wie der deutsch-französische Literaturwissenschaftler Jürgen Ritte ihn in der *NZZ* nennt, ja, zum »Sartre unserer Gegenwart«, wie die *FAZ* befindet. Diesen Ruf hat Houellebecq sich durch seine so scharfen wie fundierten fiktionalen wie direkten Angriffe auf Phänomene des öffentlichen wie privaten Lebens der westlichen Welt verdient; sie machten ihn zu ihrem wohl einstweilig letzten noch weltweit diskutierten Autor.

Auf Houellebecqs Romane trifft dabei zu, was Heinrich Böll von seinem gesamten Schaffen gesagt hat – es sei die »Fortschreibung« eines einzigen Themas, er könne nur Liebesgeschichten schreiben, die an den wechselnden Zeitumständen scheitern, Houellebecqs Fortschreibung betrifft mutatis mutandis ebenfalls die Themen »Liebe« und »Gesellschaft«, wobei die Individuen im Unterschied zu denen Bölls selbst bereits liebesunfähig sind, weil sie die Normen ihrer depravierten Umwelt vollkommen verinnerlicht haben. Eine weitere Parallele bildet Bölls ironisches wie satirisches Schreiben, das in seiner Zeit von den führenden Kritikern meist übersehen wurde, und Bölls eigener, von ihm auch theoretisch vertretener Satirebegriff: Das Urmeter der klassischen Satire ist Jonathan Swifts »Modest Proposal«, den Hunger und die Überbevölkerung in Irland zugleich zu steuern, indem irisches Säuglingsfleisch, auch gepökelt und konserviert, als Delikatesse für englische Feinschmecker vermarktet wird. Der selbstverständlich satirische Text gibt sich völlig seriös; »Satire« ist kein Textmerkmal, sondern stellt sich erst hinter dem Rücken des Textes in der Kommunikation zwischen Autor und Leser her, während Bölls Satiren von der Übertreibung aktueller Tendenzen bis hin zur Groteske leben, so »Der Wegwerfer«, der in Unternehmen schon in der Poststelle alle unwichtige Post wie Werbung und dergleichen vernichtet und als Traumziel seines Berufes sieht, jegliches Druckwerk dieser Art schon vor dem Versenden gleich nach dem Drucken oder Ausdrucken zu beseitigen. Auf seine Romane angewendet lautete seine Maxime: Wer einen fliegenden Vogel treffen wolle, müsse vor diesen zielen, d. h. auch hier, aktuelle Tendenzen gesteigert in die Zukunft extrapolieren, wie es Böll bei den Presseporträts in *Die Verlorene Ehre der Katharina Blum*, *Fürsorgliche Belagerung* oder *Frauen vor Flußlandschaft* zweifelsohne gelungen ist – die öffentliche Hinrichtung des zehnten Bundespräsidenten 2012 war nichts anderes als eine peinliche Re-Inszenierung von Bölls bekanntestem Werk aus dem Jahr 1974, jetzt nur unter dem Titel »Die verlorene Ehre des Christian Wulff«.

Am klarsten hat Böll dieses Konzept der Übertreibung bis in den Titel hinein in der Ich-Erzählung *Ansichten eines Clowns* (1959) deutlich gemacht – der »Augenblicke« sammelnde Clown ist die Verkörperung von Bölls Poetik wie Ästhetik, wie es die Parallelgestalt des »David1« in *Möglichkeit einer Insel* für Houellebecq ebenfalls ist: Der Erzähler erkennt seine »Berufung zum Clown« als 17-Jähriger in einem Ferienclub als »scharfer Beobachter der gegenwärtigen Realität«, die er an Ort und Stelle im Club-Abendprogramm satirisch in einen »kleinen Sketch« umsetzt; es wird »sein Debüt auf dem Sektor der One-Man-Show, auf dem sich praktisch meine ganze Karriere abspielen sollte«. Auch nach seiner Zeit als Medienstar hört er »aus alter Gewohnheit allen Leuten zu – ich war so etwas wie ein Spion der Menschheit, ein Spion im Ruhestand«. Zugleich leidet er wie Bölls »Clown« an dieser Gesellschaft und erfährt an sich selbst, »welch furchtbarer Schmerz sich hinter dem Ausdruck *ein trauriger Clown* verbirgt«.

Mit seinen Sketchen, live wie auf Videos oder in Filmen, verdient »Daniel1«, vor allem durch die darin enthaltenen Provokationen, ein Vermögen. Seine Show »»Am liebsten Gruppensex mit Palästinenserinnen« war ohne Zweifel der Höhepunkt meiner Karriere«, spätere Rap-Nummern heißen etwa »Fick die Beduinen, Tribute to Ariel Sharon« oder »Reißt auf den Anus der Neger«. Offensichtlich teilt Clown David mit seinem Autor eine Vorliebe für das Pornografische, vielleicht aber auch »für die Parodie eines Pornos«, genau weiß er das selbst nicht. Auch der Leser weiß bei den zahllosen pornographischen Passagen in Houellebecqs Werk nie, ob sie nicht neben ihrer geheimen Sehnsucht nach der Erfahrung von Liebe, wovon noch die Rede sein wird, nicht eher Parodien auf eine sexsüchtige Gesellschaft sind.

Seine explizit von ihm genannten Vorbilder sind »die französischen Moralisten«, die »schon vor dreihundert Jahren« die »moeurs« – daher ihr Name –, die Sitten ihrer Zeit in einem umfassenden Sinn beobachtet und beschrieben hatten, sowie Molière und Balzac als dichterische Gestalter ihrer Zeit, aber Molière scheitert für Houellebecq als Sittenschilderer letztlich daran,

»daß das Leben im Grunde *überhaupt nicht komisch ist*.« Sich selbst nennt Houellebecq deshalb einen »Humoristen«: »Genau wie der Revolutionär stellt sich der Humorist der Brutalität der Welt und antwortet darauf mit noch größerer Brutalität. Seine Aktion zielt jedoch nicht darauf ab, die Welt zu verändern, sondern sie ganz einfach annehmbar zu machen, indem er die Gewalt, die für jede revolutionäre Aktion erforderlich ist, in *Lachen* verwandelt.« So bleibt vor allem Balzac als Vorbild, vor allem dessen *Études de mœurs*, unterteilt in Serien aus den verschiedenen Lebensbereichen in Balzacs Frankreich (s. S. 102). In Balzacs Romanen und Erzählungen sind zum einen das Geld, zum anderen die Liebe die großen Triebkräfte – Houellebecq würde sagen »sexuelle und materielle Gier«. So schreibt Houellebecq seine Szenen aus dem Wissenschaftsleben etwa in *Elementarteilchen* und *Unterwerfung*, Szenen aus der Kunstwelt in *Karte und Gebiet*, Szenen aus der Bühnenwelt in *Die Möglichkeit einer Insel* und solche aus der Agrarwelt in *Serotonin* – Houellebecq ist von seinem Studium her Diplomlandwirt mit dem Schwerpunkt Ökologie.

Die Themen, die er mit der seinem Humorbegriff immanenten »Brutalität« und »Gewalt« aufgreift und angeht, sind in unterschiedlicher Akzentuierung und Auswahl immer dieselben. Am bekanntesten wurde seine Denunziation einer als Toleranz missverstandenen »Unterwerfung« unter den Islam aus falscher Gesinnungsliberalität, verbunden mit dem Verlust oder der Preisgabe eines eigenen Wertebewusstseins. Kaum minder verhängnisvoll ist für ihn »der Wirtschaftsliberalismus« als »die erweiterte Kampfzone, das heißt, er gilt für alle Altersstufen und Gesellschaftsklassen. Ebenso bedeutet der sexuelle Liberalismus die Ausweitung der Kampfzone, ihre Ausdehnung auf alle Altersstufen und Gesellschaftsklassen.« »In einem völlig liberalen Wirtschaftssystem häufen einige wenige beträchtliche Reichtümer an; andere verkommen in der Arbeitslosigkeit und im Elend. In einem völlig liberalen Sexualsystem haben einige ein abwechslungsreiches und erregendes Sexualleben; andere sind auf Masturbation und Einsamkeit beschränkt.« »Jugend. Schönheit, Kraft. Die Kriterien der körperlichen Liebe sind dieselben wie bei den Nazis.« »In der modernen Welt konnte man Swinger, bisexuell, transsexuell, Sodomit oder Sadomaso sein, aber es war verboten, *alt* zu sein« – aber dieses Problem löst schon mittelfristig die wachsende Propagierung des selbst bestimmten Sterbens – der Mensch hat sich mit Abtreibung und Euthanasie längst die Grenzen des Lebens eigenmächtig usurpiert und das Leben selbst ist für die meisten Menschen nur noch durch Uppers und Downers, Antidepressiva und schwerste Schlafmittel, kurz Drogen aller Art, überhaupt zu leben. Warum da noch schreiben?

Die Rolle der Kunst in einer solchen Welt gestaltet Houellebecq in seinen Balzac'schen »Szenen aus dem literarischen Leben«, seinem poetologischen Roman *Die Möglichkeit einer Insel*. Dieser ebenfalls nach dem clownesken Prinzip des Leidens an der Gesellschaft und des Spotts über sie geschriebene Lebensbericht des Künstlers »Daniel1« bildet den Hauptteil der Houellebecq'schen Doppelkonstruktion aus einem Gegenwartsroman um 2000 und einem Science Fiction-Roman, der 2000 Jahre später spielt: Die alte Menschheit ist an ihren oben genannten unausrottbaren Lastern wie Sex- und Habgier, Konkurrenzdenken, Grausamkeit und unkontrollierbarer Aggressivität nach einer Reihe sogar die Erdachse translozierender Atomkriege untergegangen; in irgendwelchen Randzonen haben vegetierende »Wilde« – Huxley lässt grüßen – überlebt, sowie die Neo-Menschen, die zwischen 2000 und 2300 für Auserwählte durch iteratives Klonen eine sukzessive Unsterblichkeit erreicht haben. Durch die »Genetische Standard-Korrektur«, kurz GSK genannt, wurden sie u. a. auf Photosynthese ummanipuliert, für die Licht, Nährsalze und Wasser genügen. So sind die durch Klonen immer wieder als sie selbst reproduzierten Individuen – wie Daniel2ff – von Nahrungsbeschaffung und Fäkalienbeseitigung unabhängig und konnten so alle von der alten Menschheit noch inszenierten globalen Katastrophen überleben. Um solches Fehlverhalten für alle Zukunft auszuschließen, wurden sogleich alle Emotionen mit der Genschere amputiert.

Die schon zu Clown Daniels Lebzeiten um 2000 an der Schöpfung des sozusagen unsterblichen Neo-Menschen als unendliche Kette geklonter emotionsfreier Ichs arbeitende Sekte der »Elohisten« bittet Clown David1 daher als eines der voraussichtlich letzten Exemplare des alten Menschen, sein Leben aufzuschreiben. Seine Intelligenz sei »eher leicht überdurchschnittlich«, aber er »sei nur besonders aufrichtig, und das sei meine ganz persönliche Eigenart; ich sei im Vergleich zu den in der Menschheit üblichen Normen fast unglaublich aufrichtig.« Das erkläre seinen ungeheuren Publikumserfolg als Clown »und das sei auch der Grund, warum mein Lebensbericht einen so unvergleichlich hohen Wert habe«, erklärt ihm der Sektenführer – er gibt den »Neo-Menschen« exotische Kunde von einer für sie völlig unverständlichen Vorform heutigen Neo-Menschseins. Wir lesen also ein von »Daniel1« verfasstes Buch über das europäische Leben um 2000 alter Menschheitsrechung rund 2000 Jahre später mit den Augen und den Kommentaren seiner Klone Daniel24 und Daniel25. Solche Aufzeichnungen aus altmenschlicher Vorzeit dienen der Information über deren Leben, Lieben, Denken, Fühlen, kurz, über alles, was den Neo-Menschen längst abhandengekommen ist.

Besser als in diesem Selbstporträt seines Erzählers »David« kann man Houellebecq und seinen Ruhm und Erfolg nicht erfassen und beschreiben – das Verhältnis zwischen dem Autor und seinen Ich-Erzählern in *Plattform*, *Möglichkeit einer Insel*, *Unterwerfung* und *Serotonin* oder seinen personalen Medien in den andern Werken ist ein schillerndes. Sie alle provozieren den Leser mit ihren Ansichten, darin dem deutschen Autor Günter Grass vergleichbar, der mit seinen Helden vom Oskar der *Blechtrommel* bis zu Wuttke alias Fonty aus *Ein weites Feld* stets provoziert und irritiert hat. Als Oskar 1959 seine extrem negative Weltsicht verkündete, wollte niemand auf dem Höhepunkt des deutschen Nachkriegsoptimismus oder wahlweise erster sozialistischer Frühlingshoffnungen wahrhaben, dass Oskar nach Irene Leonards einsamer Ansicht »a sane element in a crippled society« war – nahezu alle anderen überhäuften den armen Oskar geradezu mit Verbalinjurien: Nicht nur Hans Mayer befand »Menschliches ist nicht an ihm«. Dreieinhalb Jahre nach seinem Totalverriss der *Blechtrommel* vom 01.01.1960 legt Reich-Ranicki in einer angeblichen *Selbstkritik* noch einmal nach und bezichtigt Oskar als bloße »Karikatur« des Menschen des »totale[n] Infantilismus«, ja, »der absolute[n] Inhumanität«. Georg Just ging in seinem Buch zur *Blechtrommel* 1972 davon aus, dass Oskar zur Identifikation total ungeeignet ist – wo er es im dritten Buch gelegentlich werde, wo er unser Mitleid finden kann, liege ein die Wirkung störender Konzeptionsbruch vor. Der Oskar der ersten Bücher sehe die Welt unter einer »amoralischen, apolitischen, ästhetizistischen Perspektive«, die dem Leser keine Verständnishilfen gebe. Wir wissen inzwischen, dass sie doch weitgehend Grass' eigene war wie auch Houellebecq, die eine oder andere narrative Übertreibung abgezogen, die Ansichten seiner Ich-Erzähler und Erzählmedien teilt.

Das eigentliche Ärgernis an Houellebecq ist offenbar, dass er, wie Grass, extrem gegen den herrschenden liberalistischen wie sozialistischen Strom schwimmt. Im 19. Jahrhundert gab es eine klare Scheidung zwischen links und rechts, fortschrittlich und reaktionär, »Rot und Schwarz«, wie nicht nur Stendhal sie nannte: die Stellung zum Dogma von der Erbsünde. Wer daran festhielt, dass »das Dichten des menschlichen Herzens [...] böse von Jugend auf« sei (Gen 8, 21), war ein reaktionärer Finsterling; nur wer es leugnete, besser noch: erbittert bekämpfte und an »das Gute im Menschen«, ja, an den »guten Menschen« schlechthin glaubte, war auf der Höhe der Zeit und »fortschrittlich«. Betrachtet man diesen heute mit der allgemein schwindenden Theologie- und Bibelkenntnis weitgehend vergessenen Gegensatz, so sind Grass wie Houellebecq Konservative mit dem extrem antirousseauistischen Menschenbild von Gen 8, 21 – Oskar spricht in der *Blechtrommel* von »unschuldigen Großmütter[n], die einmal alle verruchte, haßerfüllte Säuglinge waren«, während für Houellebecqs Daniel1 ein Kind »so etwas wie ein lüsterner Zwerg mit angeborener Grausamkeit ist, der sogleich die schlimmsten Züge seiner Gattung zum Ausdruck bringt«. Bei beiden Autoren bestätigt sich dies durch und durch negative Kinderbild in der weiteren Entwicklung noch, wie Oskars Hinterhoferlebnisse mit Kindern im Labesweg und Brunos Internatsgeschichten in Houellebecqs *Elementarteilchen* zeigen

Bei diesem anthropologischen Pessimismus ist das Böse als ontische Macht das positiv Gegebene und beweisbar, während das »Gute« die kontingente Abweichung ist: »Das Gute, dieser Satz steht fest, ist stets das Böse, was man lässt« – Wilhelm Busch, den Theodor Heuss in seinem Porträt in *Die großen Deutschen* den »Illustrator der menschlichen Erbsünde« nennt, hat dies unüberbietbar knapp und klar auf den Punkt gebracht. Houellebecq wie Grass teilen diesen Standpunkt und für beide ist auch die »Funzel Vernunft«, wie es im *Butt* heißt, so fehlerhaft wie alles am Menschen, beide hegen die Furcht, die Vernunft könne angesichts einer Welt, bei der man »mit Vernunft« »nicht durchkommt«, noch gänzlich erlöschen, beide wissen, dass »mit dem Wetter auch das bißchen Vernunft umschlägt«, und dass man »vernünftig« noch das Falscheste als richtig erklären kann. Die Vernunft ist, wie der ebenfalls anthropologisch pessimistische Luther bildlich erklärt hat, ein nützliches Reittier, dem aber die Richtung vorgegeben werden muss, weil es sie aus sich heraus nicht finden kann. Französische Revolution wie Marxismus und Nationalsozialismus beriefen sich jeweils auf eine revolutionäre, eine materialistische und eine biologistische Vernunft, mit deren Hilfe sie noch die grausamsten und unverständlichsten Verbrechen als »vernünftig« erklärten. Die Ethik bedarf der Setzung, und Grass etwa berief sich dafür auf die Bergpredigt und die Menschenrechte der europäischen Aufklärung, die wiederum die Gründungsväter der USA aus ihrem christlichen Erbe heraus als Setzung schlichtweg für »self evident« erklärt hatten.

Als Leszek Kołakowski in einem Gespräch mit der Zeitschrift *Merkur* einmal eher beiläufig als Bild für die ontische Qualität des »Bösen« den Teufel erwähnte, fiel sein Gesprächspartner fast in Ohnmacht, während Iris Radisch auf Houellebecqs Feststellung im Gespräch mit ihr, »der Laizismus, der Rationalismus und die Aufklärung, deren Grundprinzip die Abkehr vom Glauben ist, haben keine Zukunft«, bloß »mit faszinierter Empörung« reagierte – für viele, wie auch für mich, wäre die Feststellung, Laizismus und Rationalismus hätten die Welt freier und glücklicher gemacht, viel empörender und in keiner Weise faszinierend, sondern absurd.

Houellebecq hat nicht nur einen Essay zum bezüglich des Menschen radikal pessimistischen Schopenhauer geschrieben, mit dem ihn im Übrigen auch die große Liebe zum Hund verbindet, sondern in *Karte und Gebiet* auch gestanden, »dass sich der Autor der *Elementarteilchen,* der sein ganzes Leben lang einen kompromisslosen Atheismus vertreten hatte, sechs Monate zuvor in einer Kirche in Courtenay unauffällig hatte taufen lassen« und sich für seine Beerdigung »eine Totenmesse […] einschließlich der Heiligen Kommunion« gewünscht habe. Nach Lejeune (s. S. 220 f.) handelt es sich bei *Karte und Gebiet* um einen explizit autobiographischen Text: Der Name auf dem Titel stimmt mit dem Namen im Buch überein und der im Buch Auftretende ist der Verfasser der Werke des Autors auf dem Titelblatt – selbst wenn er dabei die eigene Ermordung erzählt. Der deutsche Titel ist offensichtlich falsch übersetzt, er müsste »Karte und Gelände« heißen: Houellebecq zitiert darin die Goldene Regel aller Panzerfahrer: »Wenn Karte und Gelände nicht übereinstimmen, hat das Gelände Recht« – ein Satz, der seine Poetik in nuce enthält: Wenn Abstraktionen, seien es Ideologien oder Statements oder Gerede, mit den Fakten nicht übereinstimmen, gelten die Fakten, selbst wenn alle sie bestreiten.

»Being sane makes one lonely« heißt es im Englischen, und die sich einsam im Recht wähnenden Konservativen lieben deshalb wie Grass' glaszersingender Oskar das provozierende Paradox, um ihren Standpunkt demonstrativ darzulegen. G. K. Chesterton, der große und brillante Vertreter eines Hochkonservativismus in der ersten Hälfte des 20. Jahrhunderts, nannte als Urheber seiner Konversion zur katholischen Kirche stets »den Teufel« und begrüßte gegen seine politische Überzeugung Mussolinis erfolgreichen »Marsch auf Rom«, weil der die unsinnige kommunistische Behauptung, die geschichtliche Entwicklung verliefe in Zukunft gesetzmäßig ausschließlich in eine Richtung, nämlich die ihre, schlagend widerlegt habe. Entsprechend ist Houellebecqs weltweit aufsehenerregendes Lob von Präsident Trump im Essay in *Harper's Magazine* im Januar 2019 einzuordnen: Zu Beginn nennt er Trump »einen widerwärtigen *(appalling)* Clown« und solidarisiert sich mit den US-Bürgern, die sich seiner schämen, und am Ende tröstet er sie damit, dass Trump sich aus späterer Sicht vielleicht als »notwendige Prüfung« für die USA erweisen werde, aber inzwischen lobt er ihn, ausdrücklich als Franzose, u. a. deshalb, weil er endlich Schluss mache mit Amerikas »messianischem Militarismus« und G. W. Bushs »Freedom Agenda«, d. h. den unablässigen Versuchen, weltweit noch den entlegensten Völkern Demokratie aufzwingen zu wollen. Natürlich sei Trump persönlich abstoßend und »ein authentischer christlicher Konservativer – d. h. eine ehrenwerte und moralisch integre Persönlichkeit – mit derselben Agenda sei für Amerika besser gewesen« – aber wie dem auch sei, für den Franzosen Houellebecq jedenfalls gilt: »Trump is a good President«, so der Titel seines Essays.

Houellebecqs Provokationen sind keine Marketingstrategie, auch nicht das herkömmliche *épater le bourgeois* der Symbolisten, wie ihm meist unterstellt wird, sondern entstammt dem Instrumentarium der alttestamentlichen Propheten, in deren Reihe er sich ausdrücklich stellt – der Ich-Erzähler und seine geklonten

Doubles, die gemeinsam den Untergang der alten Menschheit bezeugen, heißen samt und sonders nach dem letzten Propheten der Bibel »Daniel« und sein einstweilen jüngstes Werk *Serotonin* schließt mit dem letzten Propheten, der alle seine Vorgänger im Hegel'schen Sinne »aufhebt«: konserviert, weil er deren Inhalte erfüllt, sie dadurch überflüssig macht und zugleich ins Ewige eleviert; Jesus dem Christus, wie Houellebecq ihn tituliert. Die alttestamentlichen Propheten schocken mit drastischen und obszönen Worten wie mit spektakulärer Szenerie, Zeichenhandlungen, Rollenspielen, Pantomimen und Straßentheater. Jesaja läuft barfuß und mit entblößtem Gesäß durch die Stadt, weil so schon bald Israels Verbündete, auf die das Volk sich mehr verlässt als auf Gott, von den Assyrern weggeführt werden (Jes 20, 1–4). Jeremia soll einen Tonkrug kaufen und ihn vor den Augen der Ältesten des Volkes und der Priester zerschmettern, weil JHWH Zebaoth genauso das Volk und die Stadt zerschmettern wird (Jer 19, 1–11a). Wenn Jesus in allen vier Evangelien (Mk 11, 15–17 und Parallelstellen) die Händler und Wechsler aus dem Tempel peitscht und sich dabei auf Jesaja und Jeremia beruft, stellt er sich bewusst in die Tradition solchen prophetischen Zeichenhandelns, und wenn er sagt, eher ginge ein Kamel durch ein Nadelöhr, als dass ein reicher Mann in den Himmel käme, schilt er die Reichen seiner Zeit wie einst der Prophet Amos die reichen Damen in Israel: »Höret dies Wort, ihr fetten Kühe, die ihr auf den Bergen Samarias seid und den Dürftigen Unrecht tut und die Armen zertretet und sprecht zu euren Männern: Bringt her, lasst uns saufen!«

Der biblische Sammelbegriff für dieses Reden wie Handeln der Gottesmänner ist »Zeichen« ganz im Sinne der Zeichentheorie, »bezeichnet« wird damit das Ende des Zeitalters des grenzenlosen Materiellen wie sexuellen Liberalismus, der Hartherzigkeit, des Egoismus und der Unfähigkeit zur Liebe. Verglichen mit dieser ungeheuren Kraft und Wucht biblischer Propheten nennt sich Houellebecqs Prophet, der Clown Daniel, selbstironisch nach Nietzsches modernem Prophetenimitat einen »Zarathustra für den Mittelstand«. Sein jüngstes Werk *Serotonin* schließt: »Und heute verstehe ich den Standpunkt Christi, seinen wiederkehrenden Ärger über die Verhärtung der Herzen: Da sind all die Zeichen, und sie erkennen sie nicht. Muss ich wirklich zusätzlich noch mein Leben für diese Erbärmlichen geben? Muss man wirklich so deutlich werden? Offenbar ja.« Houellebecq paraphrasiert hier Mt 16, 1–4, wo Jesus als letztes warnendes Zeichen, das er geben wird, seine Kreuzigung nennt.

Im Roman setzt der Studienfreund des Erzählers, Aymeric d'Hancourt, dessen Adel und Landbesitz bis auf die Zeit Wilhelms des Eroberers zurückgeht, ein »Zeichen« wie Jesus: »[...] Er hatte einfach nur glücklich sein wollen, er war seinem ländlichen Traum gefolgt, der sich auf eine vernünftige und qualitativ hochwertige Produktion stützte«, aber »die Europäische Union hatte sich mit dieser Milchquoten-Geschichte« dagegen gestellt – er war am Ende: Bei einer Demonstration verzweifelter Milchbauern richtet er vor einer Straßenblockade aus Pick-up-Trucks und zwei riesigen brennenden Landmaschinen sein Gewehr erst auf die heranrückenden Polizisten, wendet es dann gegen sich und schießt sich vor der »Flammensäule« eines gigantischen brennenden Mähdreschers und »einem Hintergrund aus schwarzem Rauch« durch den Kopf.

Houellebecqs Erzähler stellt seinen sterbenden Freund hiermit als Ikone der Revolution in eine Reihe mit den berühmten künstlerischen Gestaltungen des sozialen Protestes in Théodore Géricaults *Floß der Medusa* von 1819 und des politischen in Eugène Delacroix' *Die Freiheit führt das Volk* von 1830, die beide heute im Louvre hängen, und artikuliert damit die Hoffnung, dass Kunst vielleicht trotz allem soziale und politische Folgen haben kann.

Deshalb setzt Houellebecq in allen Werken immer wieder dem globalisierten ökonomischen Liberalismus wie auch dem »unterhaltsamen Libidinal-Massenkonsum« »Die Möglichkeit einer Insel« entgegen, die »Möglichkeit des Glücks«, die identisch ist mit der »bedingunglosen Liebe«: »Daß bedingungslose Liebe die Voraussetzung für die Möglichkeit des Glücks ist, das wußten schon die Menschen«, sagt Daniel25 in *Die Möglichkeit einer Insel*; den Neo-Menschen ist die Empfindung »Liebe« längst weg-genmanipuliert worden. Eine Ahnung davon erfahren sie in der Liebe ihrer »unsterblich« geklonten Hunde »Fox2ff«, die alle »Daniels2ff« begleitet haben, seit »Daniel1« den genetischen Code seines Fox entschlüsseln und aufbewahren ließ, weil »mit ihm die bedingungslose Liebe« Einzug in sein Leben gehalten hatte.

Sind für die Neo-Menschen »Güte, Mitleid, Treue, Altruismus
[...] unergründliche Geheimnisse, die auf den begrenzten Raum
der körperlichen Hülle des Hundes beschränkt bleiben«, so kann
der alte Mensch sie in der Liebe erfahren. Unter den Neo-Menschen kursiert noch das Gedicht, das Daniel1 nach Beendigung
seiner Autobiographie vor seinem Selbstmord an seine Geliebte
Esther richtete, von der er sich verraten fühlte:

> »Mit Sehnsucht wollte ich das kennenlernen,
> was das Leben an Schönstem birgt,
> Wenn zwei Körper das höchste Glück erfahren,
> Sich vereinigen und stets neu geboren werden
> [...]
> Und die Liebe, die alles so leicht macht,
> Dir alles schenkt, und zwar sogleich;
> Es gibt in der Mitte der Zeit
> Die Möglichkeit einer Insel.«

Für den deutschen Leser sind natürlich die Stichworte »Sehnsucht« und »sich vereinigen und stets *(sans fin)* neu geboren werden« Reminiszenzen an Goethes »Selige Sehnsucht« mit ihrer
Feier des Verschmelzungserlebnisses als »Stirb und werde!«, bei
Houellebecq können sie selbständig aus dem Erleben von *la petite mort* erwachsen sein. In seinem allerletzten Eintrag kommt
Daniel25 noch einmal auf die höchste Liebe als Möglichkeit des
Glücks zurück und zitiert zur Erklärung aus Platons *Symposion*
den Mythos des Aristophanes von den Kugelmenschen, die zer-
teilt wurden und erst in der Liebe die ursprüngliche Einheit wie-
derfinden – »Eros« ist nichts anderes als »das Verlangen und das
Streben nach der Ganzheit.« Dieses Ur-Menschliche, das den
Neo-Menschen ewig fremd bleibt, verbindet Daniel25 mit der
Botschaft der Bibel, die ihm vom menschlichen Erbe geblieben
ist, und zitiert den Schöpfungsmythos Gen 2, 24 »Darum wird
ein Mann seinen Vater und seine Mutter verlassen und seiner
Frau anhangen, und sie werden sein ein Fleisch« und dessen
Wiederaufnahme bei Paulus im Brief an die Epheser 5, 31 f.: »›Da-
rum wird ein Mann Vater und Mutter verlassen und an seiner
Frau hängen, und die zwei werden ein Fleisch sein‹. Dies Ge-
heimnis ist groß; ich deute es aber auf Christus und die Gemeinde.« Als in *Elementarteilchen* der Pfarrer bei der Trauung seines
Halbbruders Bruno über diesen Paulustext predigt, bestätigt

ihm der Biophysiker Michel, die Vereinigung zweier Elementarteilchen im EPR-Paradoxon zu einem »unteilbaren Ganzen« könne »einen direkten Bezug zu dieser Geschichte mit dem einen
Fleisch haben« – »ontologisch gesehen, kann man ihnen einen
Einheitsvektor in einem Hilbert-Raum zuordnen«.

Diesen somit im Grund der Welt- oder Schöpfungsordnung
gelegten göttlichen Ursprung der geschlechtlichen Vereinigung,
haben die beiden letzten Menschengenerationen, darunter auch
Houellebecqs Helden und Erzähler und ihre jeweiligen Partne-
rinnen, durch ihre konzeptuelle Trennung von Liebe und Sex
radikal gekappt. Sie wurden nicht »ein Fleisch« – *nos chairs étai-
ent distinctes* – ›unsere Fleische blieben verschieden‹, beklagt Daniel sein Versagen gegenüber der »Möglichkeit einer Insel«. Den
göttlichen Ursprung dieser möglichen Insel spricht Houellebecqs Erzähler am Schluss von *Serotonin* direkt aus:

> »Ich hätte eine Frau glücklich machen können. Oder vielmehr zwei;
> ich habe gesagt, um wen es sich handelte. Es war von Beginn an al-
> les klar, ausgesprochen klar, aber wir haben es nicht begriffen. Sind
> wir Illusionen von individueller Freiheit, von einem offenen Leben,
> von unbegrenzten Möglichkeiten erlegen? Das mag sein, diese Ge-
> danken entsprachen dem Zeitgeist; […] wir haben uns damit zufrie-
> dengegeben uns ihnen anzupassen, uns von ihnen zerstören zu las-
> sen und dann sehr lange darunter zu leiden.
> Gott kümmert sich tatsächlich um uns, er denkt in jedem Augenblick
> an uns, und manchmal gibt er uns sehr genaue Weisungen. Seine
> überschwängliche Liebe, die in unsere Brust strömt, bis es uns den
> Atem verschlägt, seine Erleuchtungen, seine Verzückungen, uner-
> klärlich angesichts unserer biologischen Natur, unserer Stellung als
> einfache Primaten sind äußerst klare Zeichen.«

Schon der extrem materialistische Physiker und Chemiker leitet
in den *Elementarteilchen* »aus der Analogie mit dem Verhalten
des superflüssigen Heliums« eine »kurze Theorie der menschlichen Freiheit« ab, nach der »das menschliche Verhalten – sowohl
in seinen groben Zügen wie auch in den Einzelheiten – ebenso
streng determiniert ist wie das jedes anderen natürlichen Sys-
tems«, muss aber zugeben, dass »unter manchen, äußerst seltenen Umständen – die Christen nannten es das *Wirken der Gna-
de* – etwas völlig anderes entsteht, das man gemeinhin eine *freie
Handlung* nennt.«

Auch Houellebecqs gesamtes episches Werk setzt »äußerst klare Zeichen«, drastische gegen die, »welcher Ende ist die Verdammnis, welchen der Bauch [und der Schwanz, darf man Paulus ergänzen – V. N.] ihr Gott ist, und deren Ehre zu Schanden wird, die irdisch gesinnt sind« (Phil 3, 19), und Winke an die, die in der Liebe noch die Ganzheit und die Vereinigung mit dem Geliebten und letztlich mit Gott suchen – »das Geheimnis ist groß«.

Schon 1991 hieß es in seinem Manifest »Am Leben bleiben«: »Legen Sie Ihren Finger auf die Wunde und drücken Sie fest zu. Schneiden Sie Themen an, von denen niemand etwas hören will [...] Sprechen Sie vom Tod und vom Vergessen. Von der Eifersucht, der Gleichgültigkeit, der Frustration, der Lieblosigkeit. Seien Sie niederträchtig, dann werden Sie wahr sein.« Dem ist Michel Houellebecq bis heute treu geblieben.

Juli Zeh: *Unterleuten*, Robert Menasse: *Die Hauptstadt* und Saša Stanišić: *Vor dem Fest*

Die massive Wiederkehr des politischen Zeitromans markieren in Deutschland zwei gleichermaßen erfolgreiche multiperspektivische Zeitpanoramen, die sich zugleich komplementär ergänzen: 2016 erscheint Juli Zehs Roman über das fiktive brandenburgische 200-Seelendorf »Unterleuten« und 2017 Robert Menasses Roman *Die Hauptstadt* über Brüssel als Kapitale für über 500 Millionen EU-Bürger; in beiden Romanen wird aus der Sicht eines guten Dutzends personaler Medien der Verlauf eines Projekts in den wenigen Wochen von seiner Planung bis zu seinem Scheitern erzählt. Bei Zeh ist es die Auswahl eines Geländes für eine Windkraftanlage, die das, wie es heute heißt, »abgehängte« Dorf noch einmal sanieren soll; bei Menasse sind es zwei Ereignisse: Ein EU-Jubiläum soll zum »Big Jubilee Project« aufgeplustert werden, um das auf einen Tiefpunkt gerutschte Image der EU aufzupolieren. Zur Federführung wird die Kulturabteilung bestimmt, die sowieso schon als der *anus commissionis* gilt. Dort kommt man auf den Einfall, an eine – von Menasse frei erfundene – Rede des 1958 zum Kommissionspräsidenten der neugegründeten EWG gewählten Walter Hallstein anzuknüpfen, die der in Auschwitz gehalten haben soll und in der er

den Komplex »Auschwitz« zum Gründungsmythos der Europäischen Union erklärt habe. Letzte Auschwitz-Überlebende sollen
beim »Big Jubilee Project« die Ehrengäste sein. Robert Menasse
hat dieses Motiv weitestgehend frei erfunden, was ihm eine bor-
nierte Kritik besonders angekreidet hat, zumal er dasselbe auch
außerhalb seiner Fiktion behauptet hat. Dabei liegt ihm gerade
dieses Thema besonders am Herzen: Sein Vater Hans Menasse
ist wohl als einziger seiner Familie dem Holokaust entronnen,
weil er achtjährig mit einem Kindertransport nach England ver-
schickt wurde.

Offiziell kann natürlich kein Mitgliedsstaat gegen ein solches
Projekt sein; richtig dafür aber auch keiner, und so versickert es
im Getriebe der Ausschüsse und Kommissionen der Brüsseler
Bürokratie – Musils *Mann ohne Eigenschaften*, dessen Titel schon
früh beiläufig erwähnt wird, lässt grüßen (s. S. 154). Der wirklich
letzte Überlebende von Auschwitz, den die Kommission vergeb-
lich sucht und den der Leser von Anfang an kennt, wird unter-
des Opfer eines Terroranschlags auf eine Brüsseler U-Bahnsta-
tion. Seine Zeit war ohnehin lange vorbei – als ein Teeniemädchen
die Tätowierung auf seinem Arm sieht, fragt sie »Ist das echt?
Cool!« – sie hat nur »Klebetattoos – Ich darf noch nicht echt«.

Menasses zweites Projekt hat ein Kritiker »einen Krimi um
die europäische Fleischindustrie« genannt: Bei seinem viel ge-
rühmten Verfahren, der EU-Bürokratie ein persönliches Gesicht
zu verleihen, lässt Menasse einen österreichischen Funktionär
vom Land kommen, wo sein Bruder den elterlichen Bauernhof
in eine Schweinemastanlage verwandelt hat. Ein EU-Vertrag mit
China würde es erlauben, Millionen und Abermillionen von
Schweineohren, -schwänzen und -pfoten nach China zu liefern,
wo als Delikatesse gilt, was hier Schlachtabfall ist. »Think Pig!«
ist der Kampagnentitel in der Schweineverbandszeitung; Österreich allein könnte dies nie leisten. Als der Plan scheitert, schließt
der Mäster den ererbten elterlichen Betrieb, lebt einstweilen von
der Stilllegungsprämie, um dann bei einem noch größeren deutschen Mastbetrieb einzusteigen.

Damit per Stichwort verbunden ist der Running Gag – in diesem Fall wortwörtlich! – eines durch Brüssel laufenden Schweins,
mit dem der Roman beginnt und mit dessen Verschwinden er
endet, sowie die Kneipe »Het lachende Varken«, in er das Big Jubilee Project von seinen Sachbearbeitern intern beerdigt wird.

Eine Sau ist durchs EU-Millionendorf getrieben worden und es wird nicht die letzte sein. »Wenn Brüssel ein offenes Buch war, dann war es ein Comicband.« Der Roman schließt mit *À suivre* – ›Fortsetzung folgt‹.

Zehs zentrales Projekt in *Unterleuten* – auf Titelblättern wie Buchrücken heißt es stets »UNTER/LEUTEN« mit dem Zeilenumbruch hinter dem »R«, sodass der Leser sich zugleich schlicht generell »unter Leuten« wähnen darf – ist die Zurverfügungstellung eines für einen Windpark geeigneten Grundstücks. Hierfür müssten sich wie bei einem kooperativen Brettspiel zwei von drei Teileigentümern zusammentun – in der Tat wird aus den schwankhaften Ereignissen im Sommer 2010 letztlich außer dem Roman selbst ein Computerspiel eines im Ort zufällig angespülten Spieleentwicklers.

Menasse zeigt im Gegensatz zu Juli Zeh das wohl wichtigste Merkmal des Epikers: Er liebt, wenn auch durchgehend aus ironischer Distanz, seine in Brüssel angespülten Gestalten, wie schon Thomas Mann das ganze schräge, bunte auf dem »Zauberberg« (1924) mehr oder weniger gestrandete Völkchen liebte, während Juli Zehs Verweilen unter Leuten einem allzulangen Aufenthalt in einem satirischen Panoptikum gleicht. Wie bei Thomas' Bruder Heinrich im *Untertan* (1918) wird das gesamte Personal bis auf den alten Buck nur denunziert und karikiert – Ausnahme ist bei Zeh einzig der ans Tragische streifende Großbauer, dann LPG-Vorsitzende und danach GmbH-Geschäftsführer Rudolf Gombrowski, den seine Erfinderin nach einem angestrengten Leben voller Mühsal als »benevolent despot« endgültig gescheitert die letzte Ruhe im Trinkwasserbrunnen finden lässt, von wo aus er »sein« Dorf noch lange unentdeckt verseucht – eine für die Leser so abscheuliche wie massiv übersymbolisierte Vorstellung, zumal wir irgendwann erfahren haben, dass ganz »Unterleuten« wortwörtlich von Grund auf mit »Sondermüll« vergiftet ist – »Hat doch nie einer was weggeräumt in der DDR«. Dass dieser schockierend unappetitliche Vorfall in die überregionale Presse gelangt, ruft eine Journalisten auf den Plan, womit Juli Zeh sogar noch eine Entstehungsfiktion nachliefert – der Roman, den man soeben aus der Hand legt, ist aus deren Recherchen entwachsen.

Für beide Romane gilt Houellebecqs Einwand gegen den glänzenden Sittenschilderer Molière: »[...] daß das Leben im

Grunde *überhaupt nicht komisch ist*«. Und Balzacs Rang, der gleichermaßen Komik wie Tragik kommandierte, erreichen Zeh und Menasse nie; ihnen gelingen höchstens tragikomische Momente. Beiden fehlt Houellebecqs »Brutalität« aus Wut über die »Brutalität der Welt« und die darin wurzelnde humoristische »Aktion«, »die Welt« zwar nicht »zu verändern, sondern sie ganz einfach annehmbar zu machen, indem er die Gewalt, die für jede revolutionäre Aktion erforderlich ist, in *Lachen* verwandelt« (s. S. 268).

Besser als es die Pressemeldung des ZDF vom 13.10.2016 zu *Unterleuten* tut, kann man die Romane Zehs wie mutatis mutandis Menasses nicht kennzeichnen:

> »Auf einen Roman wie ›Unterleuten‹ haben wir gewartet. Er ist der wirkliche Gesellschaftsroman dieses Jahrzehnts und stellt in großer Sympathie für seine sehr unterschiedlichen Figuren die richtigen Fragen nach Qualität und Zukunft unseres privaten wie gesellschaftlichen Zusammenlebens«, so ZDF-Programmdirektor Norbert Himmler: »Der Roman mit seinem Kosmos, seinem Personal und seinen Erzählbögen ist eine exzellente Vorlage für eine Event-Serie, und ich freue mich sehr, dass wir das Kreativ-Duo Geschonneck/ Vattrodt dafür gewinnen konnten, Juli Zehs ›Unterleuten‹ ins Fernsehen zu bringen. Derzeit werden die Drehbücher entwickelt; wann die Dreharbeiten stattfinden, steht noch nicht fest.«

Dass das ZDF nicht gleichermaßen auf *Die Hauptstadt* als Vorlage einer Mini-Serie gewartet hat, mag an dem Sturm im Wasserglas um Menasses »Auschwitzlüge« gelegen haben. Vermutlich war der Hauptgrund, dass man nicht einmal beim ZDF an den Unterhaltungswert der EU glauben mochte.

Rätselhaft bleibt im Falle Juli Zehs nur das Lob angesehener Kritiker wie Dennis Schecks »literarischer Triumph« eines »furchtlos vor jedem Klischee ins Herz der bundesrepublikanischen Wirklichkeit zielenden Gesellschaftsromans« und Volker Weidermanns »Roman der Stunde« (s. S. 196) oder Isenschmids »Raffinesse [gemeint ist Raffinement – V. N.] des politischen Romanciers« bei Menasse oder gar die Begründung der Buchpreis-Jury, »Dramaturgisch gekonnt gräbt er leichthändig in den Tiefenschichten jener Welt, die wir die unsere nennen« – bei diesem »dramaturgisch gekonnten, leichthändigen Graben in Tiefenschichten unserer Welt« würde man gerne mal zusehen. So gelingt es dem Roman in der Tat überzeugend, dass »sich Zeitgenossen im Werk wiedererkennen und Nachgeborene diese Zeit besser verstehen werden«, nämlich als Epoche der »Fraubaserei«, wie Marx einst nach einem Wort Goethes für Klatsch und Tratsch die kleinbürgerliche Sicht auf die Weltgeschichte genannt hat, nach der dort alles auf der Grundlage undurchsichtiger persönlicher Beziehungen durch Tratsch und Kungeln zerredet und letztlich alles unerledigt auf der langen Bank Liegende erfolgreich unter den Teppich gekehrt wird.

Juli Zehs Gesellschaftsroman aus einem Brandenburgischen Dorf, der wie Menasses »Hauptstadt«-Roman an Vicki Baums Gesellschaftspanoramen aus den Zwanzigerjahren anknüpft, hat einen kuriosen Vorgänger in Saša Stanišićs 2014 erschienenem *Vor dem Fest*. Der Roman spielt ebenfalls in einem brandenburgischen Dorf, geht aber bewusst in die Zeit vor Vicki Baum zurück und knüpft an die Dorfgeschichten und -romane von Keller und Storm bis hin zur Heimatkunstbewegung an, und zwar an deren Idyllik, die Keller wie Storm ja durchaus oft unterlaufen – die Postmoderne macht sogar die Rückkehr der Idylle möglich. Stanišićs »Fürstenfelde« liegt in Storms lyrischem gesellschaftlichem *Abseits* von 1847: »Kaum zittert durch die Mittagsruh/Ein Schlag der Dorfuhr, der entfernten; [...] – Kein Klang der aufgeregten Zeit/Drang noch in diese Einsamkeit.« Wie denn auch: Das erste Kapitel beginnt mit »Wir haben keinen Fährmann mehr. Der Fährmann ist tot« und das zweite: »Die Tankstelle hat dichtgemacht.« Und der einzige aktuelle »Klang der aufgeregten Zeit« im Roman ist das Wiederauftauchen der Wölfe – einer von ihnen frisst am Ende die Jungen der Fuchsfähe, einer der Hautpersonen des Buchs, und »das Hauptereignis des Jahres ist« nicht einmal mehr Minders »Bundesschützenfest« (s. S. 101), sondern ein nie näher erklärtes lokales »Annenfest«.

Genau das aber hat die Jury für den Preis der Leipziger Buchmesse 2014 überzeugt. »Stanišić hat ein Dorf aus Sprache erfunden, ein Kaleidoskop, einen Kosmos aus vielen Stimmen, Klangfarben, Jargons, die Welt in nuce, magisch zusammengehalten von einem kollektiven Erzähler, der dazugehört, einem, der verschmitzt ist und gewitzt und klug und ein bisschen weise. Als gälte es, das Zerrbild des Antiheimatromans geradezurichten.« Dieses Vorhaben wäre natürlich löblich, ginge es sprachlich nicht so grauenhaft daneben, aber Stanišić ist so etwas wie ein

Schweizer Kleinmeister ohne Meisterschaft oder ein Spitzweg mit dessen Motiven, aber ohne dessen Pinselbeherrschung. Kein Ton in seinem »Kosmos aus vielen Stimmen« will Stanišić gelingen; beim Erzählen einer heilen Welt verfällt er immer wieder in deren Jargon, in den sogar die Kritik mit einstimmt, wenn die *Süddeutsche Zeitung* vor allem das »Wir« der »chorischen Erzählstimme« bewundert, »weil es Legenden und alte Chroniken, Volkes Stimme und Wirtshausslang, Lokalnachrichten, Heimatgesang und Familiengeschichten vereint aus diesem Dorf in der Uckermark« – so das Referat im *Perlentaucher.*

Stanišić wie seine Laudatoren übersehen und überhören dabei, dass dieser Anti-Antiheimatroman durch seine schlichte Andacht zum einfachen Leben und aus Unkenntnis früherer Dorferzählungen immer wieder in den Ton der Heimatkunstbewegung verfällt, die sich einst, wie Stanišić jetzt, um »das Unbegrenzte, Unordentliche, Dunkle, das Seelische, Versonnene, Gütige, das seelisch Mutige und Mutmachende, gläubig um Mut sich Mühende« abmüht. Für sein Personen- wie Zeitenspektrum von der Fuchsfähe bis zur Ortsmalerin (die, das sei nebenbei angemerkt, in ihrem überreichen Werk die Poetik des Autors gestaltet und verkündet), vom Dreißigjährigen Krieg bis heute ist Stanišić in seinen auktorial wie personal erzählten Passagen durchaus bemüht, »für jeden Einzelnen des dörflichen Chores eine Stimme« *(NZZ)* zu finden, aber gelingen will ihm keine. Von der schon erwähnten Fähe heißt es: »Das Oben trägt bullernd den Donner. Es gefällt ihm nicht, dass die Fähe unterwegs ist. Es warnt sie. Droht ihr«, und von der Dorfmalerin: »Wer wird uns malen, wenn Frau Kranz nicht länger malt? Wer malt unser Werkzeug und unsere Hände, die es halten? Wer malt die Kochlöffel, die wir schnitzen?

Wer malt die von Lada entrümpelten Häuser?« »Wer malt die neuen Bewohner? […] Wer malt den stummen Suzi? […] Wer malt Annas letzten Lauf durch unsere Nacht?« Am schlimmsten vergreift sich der auktoriale Erzähler selbst auf seinem verstimmten Stilklavier. »Von hier oben, wo wir schweben«, teilt er uns mit: »Der Wind summt die Motordrehzahl, wummert einen dumpfen Beat, trägt heran einen Duft, von Trauben süß.«

»Im Kiecker, dem alten Wald, meißelt der Specht die Millisekunden unserer Sterblichkeit ab. Der Herbst ist ja da. Das Rudel ist wach.«

»DIE NACHT TRÄGT HEUTE DREI LIVREEN. Was War. Was Ist. Was Wird Geschehen.« Es lohnt sich nicht, weiter zu zitieren, so gern man es täte – ich versichere aber, dass sich die Beispiele beliebig vermehren ließen.

Dass diese raunend geschilderte heile Welt sogleich zur beliebten Schullektüre wurde und seit Frühjahr 2019 sogar durch ein Kommentarbändchen in der seit 1897 erscheinenden Reihe »Königs Erläuterungen« zu deutschen Klassikern kanonisiert wurde, schockiert zwar einerseits, verwundert andererseits aber nicht. Endlich ist der Schulkanon zur Linie Stifter, Keller, Rosegger, Schiestl-Bentlage, Waggerl und manchem von Hesse zurückgekehrt, von der er nach 1968 jäh und für fast fünf Jahrzehnte verjagt worden war.

EIN POSTMODERNER MÄRCHENROMAN –
HANYA YANAGIHARA: *A LITTLE LIFE – EIN WENIG LEBEN*

Wie Stanišićs dörfliche Idylle mit ihrem Glück im Winkel ist auch Yanagiharas Roman und erst recht seine weltweite Resonanz nur in der Postmoderne denkbar – ein Roman, der im ausgehenden 20. und frühen 21. Jahrhundert in New York und Neuengland in einer Welt der selbstverständlich Reichen spielt, in einem Amerika ohne politische oder gar militärische Konflikte, ohne soziale Spannungen, ohne Rassenprobleme, ohne Migranten, ohne Kriminalität, voller erfüllter Leben ohne Rückschläge, ohne Scheitern – kurz, ganz ohne jedes Element eines wie auch immer gearteten »Realismus«, einer »mimesis« unserer täglichen Welt, also in einer Welt, der man vielleicht einmal bei einem Blick in schlichteste Heftchenromane begegnet ist – aber episch breit entfaltet auf den 720 eng bedruckten Seiten der britischen Paperbackausgabe und den nahezu tausend Seiten der deutschen Übersetzung. Zeitlich vor dieser nachgerade vollkommenen Welt liegt im Unerzählten und erst nach und nach ans Licht Kommenden, im wie in einer Psychoanalyse Ausgegrabenen, Rekonstruierten eine Gegenwelt des absolut Bösen, in der ein Kind von seinen Eltern ausgesetzt wird, um danach jahrelang von monströsen Wesen gequält und missbraucht zu werden; seine Kindheit endet in einem *rite de passage*, bei dem der seinem letzten satanischen Gefangenenwärter entflohene Junge von diesem mit einem PKW so lange über einen Acker gehetzt wird, bis er zusammenbricht, und der Gestürzte durch mehrfaches Überfahren mit dem Auto wortwörtlich gerädert wird, um danach in die eingangs beschriebene Gegenwelt des absolut Guten einzutreten.

Ich lese den Titel als Shakespeare-Zitat, als Prosperos Wort aus *Der Sturm*, das Stephan Kleiners für seine deutsche Übersetzung *Ein wenig Leben* offensichtlich übersehen hat: *We are such stuff/As dreams are made on, and our little life/Is rounded with a sleep*, in deutscher Übersetzung: ›Wir sind vom Stoff/aus dem die Träume, und unser kleines Leben/Umschließt ein Schlaf.‹

Der große Roman der Hawaiianerin Hanya Yanagihara böte sich dann unter Überspringen von 200 Jahren Geschichte des realistischen Romans als unmittelbarer Rückgriff auf den romantischen Märchen- oder Traumroman oder verwandte Novellen dar, mit derselben märchenhaften Dichotomie von Gut und Böse wie »Hänsel und Gretel«, »Schneewittchen« oder »Aschenputtel«. Vier junge Männer treffen durch Zufall als Bewohner desselben Wohnheimzimmers in einem kleinen College in Massachusetts zusammen, in fast peinlich politisch korrekter Ausgewogenheit: Ganz von unten kommen die Weißen Jude, den Franziskaner in einer Abfalltonne gefunden haben, und Willem, Sohn zweier aus Norwegen kommender Hilfsarbeiter auf einer Farm und Waisenkind, während die beiden afroamerikanischen Freshmen JB und Malcolm dem gehobenen Mittelstand entstammen; des einen Vater ist Starjurist, des anderen Mutter Collegedozentin. Für ihre Studien spielt das dank des exzellent ausgebauten amerikanischen Stipendiensystems keine Rolle; ihre samt und sonders nach dem Märchentyp »Vier kommen durch die Welt« steil nach oben führenden Lebenswege bilden im Roman den »Stoff, aus dem die Träume sind«. »A Little Life« wäre dann wahlweise Prosperos kollektives »We« und bezöge sich auf alle vier, deren Leben der Roman erzählt, oder auf das »little life« Judes, des am stärksten vom Leben gezeichneten und gerädertern Findelkindes. Malcolm wird Stararchitekt, JB hochpreisiger Maler, um dessen Werke sich die Sammler mit dem MOMA prügeln, und Willem, sein engster Freund und schließlich Ehemann, wird national bekannter Film- und Bühnenstar.

Von Anfang an liegt auf Jude mit seinen außergewöhnlichen Begabungen, seiner fast magischen Ausstrahlung und seinen unübersehbaren, rätselhaften physischen wie psychischen Traumata, über die er nie spricht, das Schwergewicht des Interesses am Glückskleeblatt. Aus seiner Perspektive sind die meisten Passagen des multipersonal-auktorial erzählten Romans gestaltet; hinzu kommen Ich-Berichte eines Harvardprofessors, der sich zusammen mit seiner Frau Judes besonders annimmt und ihn schließlich adoptiert. Judes eigene Erinnerungen sind nach Art einer Selbstanalyse gestaltet und enthüllen nach und nach über das ganze Buch hinweg seine grauenvolle Kindheit: Von einer etwas dubiosen Franziskanerbruderschaft erzogen und zugleich regelmäßig missbraucht, lässt er sich vom ihm am meisten liebevoll zugetanen Bruder als Zuhälter zu einem Wanderleben entführen, in dem Jude als Wanderhure für Pädophile das schäbige Motelleben der beiden finanziert, bis sein schon lange von der Polizei gesuchter Freund endlich auffliegt. Es folgt die schon erwähnte Gefangenschaft bei einem durch und durch perversen Arzt und dann die Peripetie »rags to riches«: Er kann erst ein College besuchen, dann die Harvard University, wird Star der Mathematikabteilung wie der Law School und macht eine sensationelle Juristenkarriere, erst in der US-Finanzverwaltung, dann als einer der erfolgreichsten Firmenanwälte seiner Generation. Seine Glückssträhnen wollen nicht abreißen – einer der besten Ärzte New Yorks organisiert aus tiefer Zuneigung zu Jude den immer schwieriger werdenden Kampf um seine ruinierte Gesundheit; als er eine Wohnung sucht, findet sich, dass ein entfernterer Freund von seinen eigentlich schlichten Großeltern eine Reihe bescheidener Lagerhäuser in Manhattan geerbt hat, in eins davon kann auf einer Etage vom Architektenfreund Malcolm ein Loft für Jude und seinen Partner Willem mit Schwimmbad auf der Etage darunter eingebaut werden. Später kommt nördlich von New York auf einem Riesenanwesen mit Wäldern, Berg und See ein auch wieder von Malcolm großzügig entworfener Landsitz hinzu. Einmal noch bricht das märchenhaft radikal Böse in Judes Leben ein, als er in einer Phase relativen Wohlbefindens seine tiefe pathologische Störung überwindet und sich, noch vor der Vertiefung seiner Beziehung zu Willem, auf eine Liaison mit einem Manager aus der Modebranche einlässt. Der wiederum ist von seiner Kindheit mit einer stets leidenden Mutter her geschädigt und verliert Contenance und Beherrschung, als sich Judes Zustand verschlechtert und er ihn überraschend im Rollstuhl erleben muss: Er demütigt ihn grausam, vergewaltigt ihn mehrmals, schlägt hemmungslos auf ihn ein und wirft ihn samt Rollstuhl die typische New Yorker Feuertreppe hinunter.

Im Gegensatz zum Märchen – sind die Figuren dieses »kleinen Lebens aus dem Stoff der Träume« sterblich: Judes so große wie verlässliche Liebe Willem kommt auf der Fahrt zu ihrem Traumdomizil bei New York durch den Zusammenstoß mit einem betrunkenen Autofahrer ums Leben und sein durch seine tief verstörte Sexualität, seinen geschundenen Körper und seinen unheilbaren Hang zu schwersten Selbstverletzungen ohnehin ruinierter physisch-psychischer Status zerbricht unter diesem Schlag – er begeht Selbstmord. »Wir sind vom Stoff/aus dem die Träume, und unser kleines Leben/Umschließt ein Schlaf.«

Der Dichter, Schriftsteller und Kritiker Garth Greenwell, u. a. Spezialist für schwul-lesbische Literatur, begrüßte das Buch in *The Atlantic* als »den schon lange erwarteten homosexuellen Roman«. »Er bedient sich ästhetischer Verfahren, die seit langem schwul codiert sind: des Melodrams, einer gefühlsbetonten Erzählweise, der Großen Oper. Indem er alle Regeln des aktuellen literarischen Geschmacks verletzt und Melodram, Übertreibungen und Gefühl einsetzt, erreicht der Roman eine Wahrheit der Gefühle, die bescheideneren Ausdrucksmitteln versagt bleibt.«

Ein Blick in die Kristallkugel –
Roman und Medienwandel und die
Rückkehr der Transzendenz

Der Nachruf der *New York Times* auf den Schriftsteller James Salter (1925–2015) trug den Titel »James Salter ›Ein Schriftsteller für Schriftsteller‹ – weniger Verkäufe, aber umso mehr Beifall«. In seinem letzten Roman *Alles was ist*, den Salter 2013 mit 88 Jahren vorlegte, schildert er in personaler Perspektive das Leben eines jungen Offiziers der US-Marine, Philipp Bowman, der nach dem Krieg eine erfolgreiche Karriere im literarischen Verlagswesen antritt, in das der Leser mit wirklichen wie verschlüsselten Namen einen lebhaften Eindruck gewinnt. Neben einem Buch über viele Spielarten der Liebe in Bowmans und seiner Freunde und Kollegen Leben ist es so eines »writers' writer« Buch über Bücher. Gegen Ende blickt Bowman auf seine Tätigkeit zurück:

> »Die machtvolle Rolle des Romans in der Kultur der Nation war schwächer geworden. Das war nach und nach geschehen. Es war etwas, was jeder bemerkte, aber alle ignorierten. Alles ging seinen Gang wie zuvor, das war das Schöne daran. Der Glanz war zwar verblasst, aber ständig tauchten neue Gesichter auf, die dazugehören wollten, die ins Verlagsgeschäft strebten, dem immer noch ein Hauch von Eleganz anhaftete, wie ein Paar hochglanzpolierter Schuhe an den Füßen eines bankrotten Mannes.«

Was Salter in seinem Verlegerroman für die USA konstatiert, gilt auch für den deutschen Sprachraum und beschreibt einen Medienwandel, wie er unseren gesamten bisherigen Darlegungen zur Romangeschichte zugrunde gelegen hat, wenn sie den Weg vom verachteten Kellerkind über den Gefährten im tadelnswerten Müßiggang zum Medium, in dem Nationen sich über ihre grundlegenden Werte und deren Wandel verständigen, nachgezeichnet haben. Diesen Rang, den der Roman etwa von 1830 bis 1970 eingenommen hatte, verlor er »nach und nach«, wie Salter bemerkt. Ein symbolisches Datum könnte gewesen sein, als mit Günter Grass' *Ein weites Feld*, ein Roman, der das Zeug zum »Großen deutschen Roman« hatte und alle politischen, ökono-

mischen und kulturellen Fragen ansprach, die Ost- wie Westdeutschland in den Jahren nach dem plötzlichen Zusammenbruch der DDR umtrieben, vom damaligen Papst der deutschen
Literaturkritik in einem letztem großen Autodafé vernichtet
wurde und das in den meinungsbildenden Kreisen tonangeben-
de Presseorgan auf dem Titelblatt nicht wie früher den Autor des
Werks, sondern dessen Kritiker im Akt des Zerreißens zeigte.
Der Kampf um die Deutungshoheit bezüglich der »Wiedervereinigung« eines einigen großen Deutschlands oder des sang-
und klanglosen »Anschlusses« eines schwächeren eigenen
Staatsgebildes an ein größeres ist heute noch so lebendig wie in
Grass' *Weitem Feld*, aber er wurde damals wie heute nicht länger
in Form von Romanen oder überhaupt über das Medium Buch
oder auch sonstige Druckmedien geführt. Zeitungen und Zeitschriften haben dieselben Probleme wie der Buchhandel, und
schon zur Zeit des Entstehens und Erscheinens von *Ein weites
Feld* war zur Treuhand im Wirtschaftsteil der *FAZ* dasselbe zu
lesen wie bei Grass im Roman, aber der öffentliche Diskurs hatte sich bereits in Fernsehen, Funk und Feuilleton verlagert und
nahm thematisch einschlägige Romane nicht mehr als Diskus-
sionsbeiträge zur Kenntnis. Einer der letzten erfolgreichen, öffentlich diskutierten und beachteten Buchautoren, Ferdinand
von Schirach, hat am 28.02.2019 in einem Interview des *ZEITma-
gazin* erklärt, dass er heute nicht mehr Buchautor würde, sondern »Drehbuchschreiber in Hollywood. Wenn ich heute 20 wäre, würde ich dorthin gehen. Was der Roman im 19. Jahrhundert
war, sind heute die Serien auf Netflix und Amazon. Daran
schreiben die begabtesten Leute ihrer Generation.« (Just in diesem Moment, da ich dies schreibe, wird gemeldet, die Autoren
der Serie *Game of Thrones*, David Benioff und Dan Weiss, wech-
selten nach zehn Jahren beim Fernsehsender HBO für 200 Millionen Dollar zum Streaminganbieter Netflix.)
   Der letzte konventionelle Buchautor, der heute noch mit Romanen Aufsehen erregen, Skandale auslösen und Diskussionen an-
stoßen kann, und das weltweit, ist Michel Houellebecq. Einen
grundsätzlichen Medienwandel, wie Ältere ihn in den letzten
Jahrzehnten fassungslos bis schulterzuckend beobachten konnten, wird auch er nicht aufhalten: Wie die griechische Tragödie,
die römische Satura, das mittelalterlich-höfische Epos oder das
kirchliche Osterspiel untergegangen sind, so verschwanden zu

unseren Lebzeiten das gesellige Lied, das Schauspiel und jetzt mehr und mehr der Roman aus der Öffentlichkeit: Noch bis in die 1950er-Jahre wurde jedes gereimte Gedicht in Versen von seinem Autor als »Lied« gedichtet, d. h. als Vorlage für eine Vertonung, die wieder gemeinsam gesungen werden konnte und sollte – der Missbrauch dieses Dreischritts durch HJ, FDJ und Co. hat wohl dessen Ende beschleunigt. Keinem heutigen Schüler oder Studenten ist bewusst, dass er es beim beliebten Interpretieren eines solchen »Liedes« im Unterricht in gedruckter Form nur mit einem kümmerlichen Torso zu tun hat, dem der musikalische Leib und dessen Realisation im aktuellen Gesang fehlen. Heute würden weder Bertolt Brecht noch Wolf Biermann extrem erfolgreiche Karrieren als »Liedermacher« beginnen können, weil es ein lebendiges »Lied«, an das sie anknüpfen könnten, nicht mehr gibt.

Nach dem Lied ist auch das Theater als Medium, über das sich die eine Schaubühne tragende Gesellschaft über ihre grundlegenden Werte und deren Wandel verständigte, wie die griechische Polis es einst erfunden hat, in der westlichen Welt irgendwann in den 1960er-Jahren abgestorben. Die Gesellschaftsstücke von Eugene O'Neill über Thornton Wilder bis zu Arthur Miller, Rolf Hochhuths oder Peter Weiss' Stücke aus der jüngsten Vergangenheit, das absurde Theater Frankreichs, die existentialistischen Parabeln Becketts' waren sein Schwanengesang; Heiner Müllers Extravaganzen seine letzten galvanischen Zuckungen. Schon 1975 berichtete Alfred Grosser in einem Vortrag, die deutschen Theater gäben mehr für die Reinigung der Häuser als für Tantiemen an lebende Autoren aus.

Natürlich gibt es immer noch Lieder einstudierende und singende Chöre; es gibt weltweit Theater und sie spielen auch neue Stücke und so wird es auch weiterhin Romane geben, sie sind nur nicht mehr die gesellschaftlichen Ereignisse, zu denen sie mit den Romanen Richardsons, Rousseaus und Goethes *Werther* einst aufgestiegen sind und seit der Erfindung der Schnellpresse und des Zeitungsromans und des Bestsellers unbestritten waren. Der Roman kehrt sozusagen an seinen Anfang zurück, zum einsamen Leser vor dem Buch, in dem er versinkt (s. S. 34) – »Geburtskammer des Romans ist das Individuum in seiner Einsamkeit, das sich über seine wichtigsten Anliegen nicht mehr exemplarisch aussprechen kann«, wie Walter Benjamin einmal sagte, oder, mit Wallace'scher Drastik ausgedrückt: »Fiction's about what it is to be a fucking human being« oder auch der Rat des Herausgebers von Werthers Nachlass: »[...] laß das Büchlein deinen Freund sein, wenn du aus Geschick oder eigener Schuld keinen nähern finden kannst.« Und all das leistet nach wie vor nicht die zählende Wissenschaft, sondern die erzählende Literatur, fügt sich doch eines jeden Leben und Erleben zum Narrativ, erleben wir doch unsere Familie, unseren Staat, unsere Zeit, unsere Welt als Narrativ, als Erzählung, als Roman – Romane umfassen in ihrer Gesamtheit wie im einzelnen Text *All That Man Is*.

Unter diesem nun wahrlich umfassenden Titel hat David Szalay 2016 ein Werk vorgelegt, das in vielfacher Weise die Vitalität der Gattung beweist: Formal beschreitet es auf dem in über 2000 Jahren vielbegangenen Terrain des Romans einen neuen Weg: Es besteht aus neun jeweils personal erzählten Episoden aus dem Leben höchst verschiedener europäischer Männer, die sich nur zweimal berühren, wie noch zu zeigen sein wird. Der Titel ist im Grunde unübersetzbar; zum einen, weil »man« im Englischen gleichermaßen »Mensch« und »Mann« heißt und deshalb immer das biblische »man« mitschwingt; »What is man, that thou art mindful of him?« (Psalm 8, 4). Während im Englischen also in den neun Männergeschichten neben dem Gender auch immer das generell Anthropologische mitschwingt, vereinheitlicht der deutsche Titel *Was ein Mann ist* notgedrungen, zum andern verkürzt er das Elliptische des Originals, das des Kontextes bedarf: »*Is that all?«* »*[Yes], all that man is.«* Im Buch klingt diese Konstruktion einmal an, als der pensionierte hohe britische Beamte, der inklusive Ritterschlag alles erreicht hat, was man in solcher Position erreichen kann und auch stolz darauf ist, seine tiefe Depression erklärt: »It's just, that that it's now« – ›Bloß, dass es das jetzt ist.‹ So entspricht es dem Schluss des Fontane'schen Altersgedichts »Summa summarum!«, in dem er die Bilanz seines Lebens zieht: »Alles in allem – es war nicht viel.« oder dem Ausruf des sich unter den unerträglichen Krämpfen seines verkrebsten Magens am Boden wälzenden Kommissär Bärlach in Dürrenmatts *Der Richter und sein Henker*: »»Was ist der Mensch?‹ stöhnte er leise. ›Was ist der Mensch?‹«

Es mag am wohl notgedrungen verkürzenden deutschen Titel *Was ein Mann ist* gelegen haben, dass keine der von mir eingesehenen Besprechungen in den bekannten führenden Feuilletons Szalays grundlegende Erörterung und Gestaltung der *conditio humana* bemerkt hat – im Gegensatz zur geradezu hymnischen englischsprachigen Rezeption verkürzte man hierzulande unter Absehen von allen Motti und Zitaten, vom kunstvollen Arrangement und von der Übernahme des unerbittlichen Lebensbogens wie des alle gleich machenden Totentanzmotivs Szalays Werk zu einem nicht sonderlich geglückten Genderbuch voller kurioser Männercharaktere. Vielleicht liegt es auch am schwindenden religiösen und theologischen Horizont, dass die Rezensenten nur psychologische und soziale Gründe für das Scheitern des »heutigen« Mannes bei Szalay ausmachen konnten. Vorstellungen von Religion beschränken sich wohl nur noch auf den Glauben an abstruse Wunder und einen vorsintflutlichen ethischen Rigorismus. Als Thomas Mann nach vier Jahrzehnten intensiver Lutherverehrung und -verachtung kurz vor seinem Tod zum ersten Mal in einem soeben erschienene Fischer-Bändchen einige wenige Seiten von Luther im Original liest, notiert er verblüfft: »Tiefster Schopenhauerscher Pessimismus in Dingen des Menschengeschlechts«, ganz so als hätte Schopenhauer Luther beeinflusst und nicht etwa Manns tumber »Gottesbarbar« den verehrten Philosophen.

In den englischen wie den deutschen Besprechungen wurde gleichermaßen gefragt, ob eine solche rahmenlose Sammlung unverbundener Episoden als »Roman« anzusehen ist – ein Etikett, das der Autor vermieden hat. Zum Roman wird Szalays Buch in der Tat durch sekundäre Elemente, die wie in Joyces *Ulysses* die Homer-Anspielungen oder die astronomisch-astrologischen Bezüge in Cattons *Luminaries* den Text überspannen und verklammern. Es sind dies zum einen die klassischen neun Stationen der bis ins 15. Jahrhundert zurückreichenden populären Bilderbogen, mit den menschlichen Altersstufen von der Geburt bis zum hohen Alter, zum anderen der Totentanz, der alle Stände in seinen Reigen zieht, vom russischen Milliardär und dem höchsten Karrierebeamten Großbritanniens bis zum Kleinstrentner, der vom Vermieten seines Häuschens in England an der »kroatischen Riviera« als angeblich sorgenfreier Rentier ein kümmerliches Dasein mühsam fristet, oder zum Laufburschen und Gorilla eines bestenfalls drittklassigen Zuhälters. Als dritte Klammer dient der Lauf eines Jahres, dessen zwölf Monate in einem von einem italienischen Kind geträllerten Kindergartenlied aufgezählt werden und dem die Stationen ein Jahr hindurch folgen, vom »schneerei-

chen Januar« zum »Dezember mit Jesus«. Zwei Berührungen
wurden erwähnt – zum einen entpuppt sich im Sinne des Bogens
der Altersstufen und des Jahresverlaufs der junge Mann, der in
der ersten Episode mit einem Freund auf der Jagd nach dem Verlust seiner Jungfräulichkeit mit Interrail durch Europa kreuzt, als
Enkel des hohen britischen Pensionärs Sir Somebody; ein Bildge-
dicht, das er irgendwann zwischen erster und letzter Episode verfasst, wird von seinem Großvater in der letzten gelesen. Zum andern treffen sich kurz die beiden Endpunkte der sozialen Skala:
In Episode acht betrachtet der jetzt völlig bankrotte englische
Scheinrentier die riesige und grotesk überdimensionierte Yacht
des russischen Oligarchen und versucht, deren verschiedene
Decks zu zählen, während deren Besitzer in Episode sieben genau dasselbe getan hat: Er besitzt seit einem missglückten Coup
keinen Cent seiner früheren Milliarden mehr und ist mit der
Yacht, deren Mannschaft er nicht einmal mehr löhnen könnte, ein
letztes Mal ausgelaufen, um von ihr unbemerkt ins Meer zu springen – nur von welchem der vielen Decks ginge das überhaupt?

Nicht nur im Scheitern, auch im Erfolg etwa des jungen Wis-
senschaftlers, des Journalisten, des Urlaubsimmobilienentwick-
lers erleben alle Episodenhelden »Stunden grässlicher Negativi-
tät. Letztlich ein Gefühl, dass er sein ganzes Leben vergeudet
habe, und jetzt sei es vorbei.« Es ist das Gefühl der universellen
Eitelkeit und Nichtigkeit allen Lebens und Strebens des *Buches
Kohelet*, dem Szalay auch das Motto des Buches, »Ein jegliches
hat seine Zeit, und alles Vorhaben unter dem Himmel hat seine
Stunde«, entnommen hat; des Predigers einleitende Verse bilden
den Grundakkord von Szalays gesamtem Roman: »Es ist alles
ganz eitel, sprach der Prediger, es ist alles ganz eitel. Was hat der
Mensch [engl. *a man*] für Gewinn von all seiner Mühe, die er hat
unter der Sonne?« Dem deutschen Leser mag Gryphius' bekannte Paraphrase zur Illustration dienen:

Es ist alles Eitel:
Der hohen thaten ruhm muß wie ein traum vergehn.
Soll denn das spiel der zeit, der leichte mensch bestehn?
Ach, was ist alles diß, was wir vor köstlich achten,
Als schlechte nichtigkeit, als schatten, staub und Wind,
Als eine wiesen blum, die man nicht wieder find't!
Noch wil, was ewig ist, kein einig mensch betrachten.

Nach seiner achtmaligen Beschwörung der Eitelkeit alles menschlichen Tuns und Trachtens vollzieht Szalay auch Gryphius' verkünderische Volte mit, nicht etwa weil er vielleicht den Text gekannt hätte, sondern aus derselben Tradition heraus. Gryphius' abschließendes »Noch wil, was ewig ist, kein einig mensch betrachten« wird Szalay zum Leitmotiv in den letzten Abschnitten der neunten Episode und damit im Schlussteil des ganzen Buches. Der britische Pensionär besucht im »Dezember mit Jesus« die in der Nachbarschaft seines langjährigen Feriensitzes in der Provinz Ferrara gelegene ehemalige Benediktinerabtei Pomposa und die Inschrift eines alten Grabsteins wird ihm zum Ohrwurm: *Amemus aeterna et non peritura* – ein Wort Alkuins. Sein Schullatein reicht für eine Übersetzung: ›Lasset uns das Ewige lieben und nicht das Vergängliche‹ – auf der Rückfahrt verursacht er einen Unfall, den er nur zufällig überlebt.

Aus allem letztlichen Scheitern, das nach Fontane die »Summa Summarum« von unser aller Leben ausmacht, aus dem kümmerlichen »All That Man Is«, das am Ende von Szalays Buch noch vom Mann wie vom Menschen übrigbleibt, aus dem geradezu grotesken Scheitern der Hoffnung, die der Kommunismus anderthalb Jahrhunderte lang und Kontinente umfassend geweckt hat, nach dem ebenso grausigen Scheitern eines nicht mehr gebremsten neoliberalen »Laissez faire, laissez aller – le monde va de de lui-même«, in dessen Strudeln wir uns jetzt noch befinden, erwächst nicht nur bei David Szalay ein Hunger nach dem ewigen Wort, entsteht das Verlangen »Amemus aeterna et non peritura«. Wir finden diese Sehnsucht nach dem unsere Nichtigkeit und Vergänglichkeit Transzendierenden, nach dem Ewigen, nach der ewigen Liebe in der Jenseitsvision Ulla Hahns, in dem samt und sonders jenseits unseres irdischen Lebens spielenden *Lincoln in the Bardo* von Saunders und in der Predigt von Houellebecqs Erzähler am Schluss von *Serotonin*, »Gott kümmert sich tatsächlich um uns, er denkt in jedem Augenblick an uns«. 200 Jahre ist es ziemlich genau her, dass zum letzten Mal in einem kanonischen Roman vom christlichen Glauben geredet wurde, 1815 in der Eingangsszene von Eichendorffs *Ahnung und Gegenwart*:

»Hohe Bergschluften umgeben den wunderbaren Ort. In der Mitte des Stromes steht ein seltsam geformter Fels, von dem ein hohes Kreuz trost- und friedenreich in den Sturz und Streit der empörten Wogen hinabschaut. Kein Mensch ist hier zu sehen, kein Vogel singt, nur der Wald von den Bergen und der furchtbare Kreis, der alles Leben in seinen unergründlichen Schlund hinabzieht, rauschen hier seit Jahrhunderten gleichförmig fort. Der Mund des Wirbels öffnet sich von Zeit zu Zeit dunkelblickend, wie das Auge des Todes. Der Mensch fühlt sich auf einmal verlassen in der Gewalt des feindseligen, unbekannten Elements, und das Kreuz auf dem Felsen tritt hier in seiner heiligsten und größten Bedeutung hervor.«

Die Postmoderne – anything goes! – erlaubt es nun offenbar wieder – Gottseidank! Dies und vieles andere. Auch wenn der Roman heute vielleicht nicht mehr, wie einst *Werthers Leiden* oder *Onkel Toms Hütte*, eine ganze Generation und eine halbe Nation erschüttern kann, ist seine Geschichte noch lange nicht am Ende. Der große Fabulierer Günter Grass schloss 1999 seine »Rede anläßlich der Verleihung des Nobelpreises für Literatur« mit den Worten:

»Schließlich muß unser aller Roman fortgesetzt werden. Und selbst wenn eines Tages nicht mehr geschrieben und gedruckt werden wird oder darf, und sei es nur, weil der Markt das nicht mehr trägt und hergibt, wenn Bücher als Überlebensmittel nicht mehr zu haben sind, wird es Erzähler geben, die uns von Mund zu Ohr beatmen, indem sie die alten Geschichten aufs neue zu Fäden spinnen: laut und leise, hechelnd und verzögert, manchmal dem Lachen, manchmal dem Weinen nahe.«

Grass' Rede hieß: »Fortsetzung folgt ...«

Register

LITERATURVERZEICHNIS

Nachschlagewerk:
Jens, W. (Hg.): Kindlers Neues Literaturlexikon, Reinbek 1996, auf CD-Rom, München 2000.

Beißner, F.: Der Erzähler Franz Kafka, Frankfurt a. M. 1983.
Cholevius, L.: Die bedeutendsten deutschen Romane des siebzehnten Jahrhunderts, 1866, Nachdruck Darmstadt 1965.
Helm, R.: Der antike Roman, Berlin 1948. Zweite Auflage, Göttingen 1956.
Holzberg, N. Der antike Roman: Eine Einführung, dritte, überarbeitete Auflage Darmstadt 2006.
Koopmann, H. (Hg): Handbuch des deutschen Romans, Düsseldorf 1983.
Lämmert, E.: Bauformen des Erzählens, Stuttgart 1955.
Lämmert, E. (Hg.): Romantheorie. Dokumentation ihrer Geschichte in Deutschland 1620–1880, Köln/Berlin 1971.
Lukácz, G.: Die Theorie des Romans, Neuwied/Berlin 1963 ff.
Mielke, H.: Der Deutsche Roman des 19. Jahrhunderts, [3]Berlin 1898.
Neckam, J.: 500 Romane in einem Satz, Köln 2007.
Neuhaus, V.: Typen multiperspektivischen Erzählens, Köln, Wien 1971.
Neuhaus, V.: »Die ganze Welt auf fünf Pfund Papier« – Das Große Welttheater der Irmtraud Morgner und die Gefahr seiner Schließung, in: Freipass, Schriften der Günter und Ute Grass Stiftung 1, Berlin 2015, S. 34–69.
Stanzel, F. K.: Typische Formen des Romans, Göttingen 1964.
Weber, D.: Theorie des analytischen Erzählens, München 1975.

Bibliografische Information der Deutschen Nationalbibliothek
Die Deutsche Nationalbibliothek verzeichnet diese Publikation in der
Deutschen Nationalbibliografie; detaillierte bibliografische Daten sind
im Internet über
http://dnb.d-nb.de abrufbar.

Das Werk stellt eine durchgehende, umfassende Überarbeitung,
Erweiterung und Fortschreibung meines vergriffenen Buchs
Schnellkurs Roman, Köln 2008 dar.

© by marixverlag in der Verlagshaus Römerweg GmbH, Wiesbaden 2019
Lektorat: Stefan Gücklhorn
Covergestaltung: Anja Carrà, Weimar
Bildnachweis: © shutterstock / Rawpixel.com
Satz und Bearbeitung: SATZstudio Josef Pieper, Bedburg-Hau
Der Titel wurde in der Palatino Linotype gesetzt.
Gesamtherstellung: CPI books GmbH, Leck – Germany

ISBN: 978-3-7374-1125-7

Mehr über Ideen, Autoren und Programm des Verlags finden Sie auf
www.verlagshausroemerweg.de und in Ihrer Buchhandlung.